NTC's
Dictionary
of
AMERICAN
ENGLISH
PRONUNCIATION

10/18/93

To: Betty

Sol was a source
of great interest and support,
which was very important to
me. With best wishes,

Bernie

NTC's
Dictionary
of
AMERICAN
ENGLISH
PRONUNCIATION

Bernard Silverstein, Ph.D.

National Textbook Company
a division of *NTC Publishing Group* • Lincolnwood, Illinois USA

CONTENTS

Introduction   vii

How to Use the Dictionary   ix

Notes on the Dictionary   ix

Terms and Abbreviations   xii

Our Queer Language (Poem)   xiii

PRONUNCIATION GUIDE   P-1 through P-53

Notes on the Tables   P-2

Table 1. Vowels and Diphthongs   P-5

Table 2. Vowel Sound Production   P-6

Table 3. Diphthongs and Triphthongs, [l] and [r]   P-7

Table 4. Consonants   P-8

Table 5. Consonant Sound Production   P-9

Table 6. Final Sounds—Plural Nouns   P-10

Table 7. Final Sounds—Verbs   P-11

Table 8. Consonant Blends   P-12

Table 9. Final Clusters   P-13

Vowel, Diphthong, and Triphthongs Sounds
    of American English—Production   P-14

Vowel, Diphthong, and Triphthongs Sounds
    of American English—Pronunciation   P-16

Vowel Sounds and Symbols
    [i], [ɪ], [e], [ɛ], [æ], [ɚ], [ə], [u], [ʊ],
    [o], [ɔ], [ɑ], [ɑɪ], [æʊ], [ɔɪ]   P-18 through P-25

The Consonant Sounds of American
    English—Production   P-26

The Consonant Sounds of American
    English—Pronunciation   P-28

Consonant Sounds and Symbols

[p], [b], [t], [d], [k], [g], [ʍ], [f], [v],

[θ], [ð], [s], [z], [ʃ], [ʒ], [h], [tʃ], [dʒ],

[m], [n], [ŋ], [w], [l], [r], [j]   P-30 through P-53

VOCABULARY   1-326

About the Author   327

INTRODUCTION

NTC's *Dictionary of American English Pronunciation* is ideal for native and nonnative speakers of English who would like to improve their ability to speak, spell, and read American English.

Learning to pronounce and spell English words is especially difficult because some sounds of the language can be spelled in many different ways. For example, the vowel sound in the word *eat*, represented by the phonetic symbol [i], can be spelled thirteen different ways, as illustrated in the following English words: C*ae*sar, b*e*, s*ea*, b*ee*, rec*ei*ve, L*eigh*, k*ey*, safar*i*, bel*ie*f, subp*oe*na, q*uay*, mosqu*i*to and funn*y*. Pronunciation is especially difficult to learn because the correct pronunciation for each word often must be memorized, rather than determined by the way it is spelled.

The dictionary is divided into two sections. First is a detailed Pronunciation Guide that instructs the reader in the use of phonetic symbols, how to produce the sounds that go with them, and the way the sounds are used in English. To learn the IPA symbols, the dictionary user can enlist the services of a volunteer model speaker or use a prerecorded audiocassette made for this book. The model speaker should be an American English speaker with good, clear pronunciation. Instructions for serving as a model speaker can be found in the Pronunciation Guide. This guide is designed to help the dictionary user learn the correct perception and production for all the vowel, diphthong, and triphthong sounds of American English as well as the consonant sounds and consonant blends.

In addition, the material helps the user process the sounds in words better and to remember the sounds in their proper sequence. Information on speech syllabification and syllable stress improves both the comprehension and production of American English speech.

This is followed by the dictionary itself, consisting of a listing of over 22,000 English words, each followed by one typical and acceptable pronunciation.

This dictionary makes American English pronunciation easy to learn, by using a simplified version of the International Phonetic Alphabet (IPA) in which each sound of the language is represented by one phonetic symbol. The dictionary has been compiled to meet the special needs of a number of different groups.

1. Students of English as a Second Language, in the United States and throughout the world, who wish to improve their articulation, pronunciation, reading, and spelling skills.

2. Nonnative speakers of English who are teachers of English as a Second Language who wish to improve their articulation, pronunciation, syllabification, and syllable stress.

3. Native speakers of American English who wish to acquire a General American English pronunciation.

4. Persons with significantly defective speech sound production who wish to improve articulation and pronunciation skills.

5. Persons with hearing impairment who wish to learn how to produce the speech sounds of English and how to pronounce a large vocabulary.

6. Persons who wish to learn how to read English, or improve their reading and spelling skills and increase their vocabulary.

7. Students of phonetics who wish to learn to read and write broad phonetic transcription using the International Phonetic Alphabet and learn speech syllabification and syllable stress.

8. Professional speakers, students of radio or television broadcasting, and singers who wish to have a pronunciation reference guide and material for improving their articulation and pronunciation skills.

9. Teachers of English as a Second Language, audiologists and speech-language pathologists, teachers of the hearing impaired, reading specialists, teachers of reading, and teachers of phonetics.

How to Use the Dictionary

1. Make sure you know what sounds the phonetic symbols stand for. Use the Pronunciation Guide to help you learn which sounds the phonetic symbols used in the dictionary actually stand for. Use a model speaker—either on the audiotape or a live volunteer—to learn the sounds.

2. Look up the word you want to pronounce in the dictionary and pronounce the phonetic symbols.

3. Use the descriptions of the individual phonetic symbols in the Pronunciation Guide to help you with the individual symbols when it is not possible to use a model speaker.

4. Read the following notes on *NTC's Dictionary of American English Pronunciation* to learn about the organization of the dictionary entries.

Notes on the Dictionary

1. **Word list.** There are over 22,000 entries in the dictionary. Included are frequently used words and compounds, contractions, the names of the states and the larger cities, irregular noun plurals, and irregular verb forms.

2. **Phonetic symbols.** The transcription used is a broad American English implementation of the symbols of the International Phonetic Alphabet.

3. **Order.** The entries are listed in alphabetical order. In this alphabetical order, the hyphen is treated the same as a space.

4. **Typical pronunciation.** Each entry is provided with *only one* typical and acceptable pronunciation. Many words in Standard English have two or more frequently used and equally acceptable pronunciations. This dictionary provides the user with *only one* generally acceptable and widely used variant—while recognizing that there may be additional acceptable forms. Variation in the pronunciation of words is to be expected in all languages. Words may be pronounced differently in different parts of the country. Groups of people who differ in language, social, or educational backgrounds also contribute variant pronunciations. The goal of this dictionary is to give the user a single typical and acceptable pronunciation of each of the 22,000 words. The pronunciation generally conforms to what is called the General American dialect—the variety of American English most free of regional markers.

5. **Open o.** The dictionary makes a distinction between [ɑ] and open [ɔ] as found in the contrasting pronunciations of *cot* and *caught*, even though many speakers use a vowel that is somewhere between [ɑ] and [ɔ] in both *cot* and *caught*. Users of this dictionary should feel free to use the "in-between vowel." The speaker on the audiocassette distinguishes [ɑ] and [ɔ], but the model speaker you use for the exercises in the pronunciation guide may use the "in-between vowel."

6. **Voiceless [w].** The dictionary makes a distinction between voiced [w] and voiceless [ʍ] as found in the contrasting pronunciations of *witch* and *which*, even though a growing majority uses only the [w], so that *witch* and *which* sound exactly the same. Users of this dictionary should feel free to use the [w] for the voiceless [ʍ] in all cases. The speaker on the audiocassette distinguishes [w] and [ʍ], but the model speaker you use for the exercises in the pronunciation guide may not make this distinction.

7. **Schwa and schwar.** The symbol [ə] (schwa) is used for both the stressed and unstressed mid central vowel, as in the word *cut*. The primary stress mark ['] distinguishes the stressed [ə] from the unstressed [ə]. Similarly, the symbol [ɚ] (schwar) is used for both the stressed and unstressed vowel [r]. The primary stress mark, ['], distinguishes the stressed [ɚ] from the unstressed [ɚ]. The schwar, [ɚ], is used for all instances of vocalic [r].

8. **Offglides.** The dictionary uses a broad transcription that does not indicate the typical [ɪ] offglide on [e] or the typical [ʊ] offglide on [o].

9. **Vocalic consonants.** This dictionary often groups a vocalic [l, r, m] or [n] with the sounds that precede it. See, for instance, **fashion** [fæʃn]. This is done to encourage the dictionary user to say the vocalic sound with as little stress or emphasis as possible. Other possible transcriptions might be ['fæ ʃn] or ['fæʃən] for this word, but these transcriptions typically lead the dictionary user to place too much stress or emphasis on the vocalic sound. Technically, these vocalic consonants usually function as separate syllables, but they never receive significant stress or emphasis.

10. **Stress.** Primary and secondary syllable stresses are indicated with the standard I.P.A. ['] at the beginning of the syllable having primary stress and with the standard I.P.A. [ˌ] at the beginning of the syllable having secondary stress. Heavy stress occurs, but is not shown on single syllable words—words that do not contain a marked syllable boundary. The stresses shown here are for words pronounced in isolation, and these stresses may change when the words are used in context or because of normal linguistic variation.

11. **Syllable boundaries.** Speech syllable boundaries are indicated in the phonetic transcriptions by a space, with the exceptions noted above in number 9. These boundaries are very often quite different from the syllable boundaries that are used to break and hyphenate words at the end of a line of writing or printing. These speech syllable boundaries do not indicate a pause or break, but show which of the sounds are grouped together, and this grouping will have an effect on the way the sounds are pronounced. Heavy stress occurs, but is not indicated, on words that do not contain a marked syllable boundary.

12. **Parts of speech.** Words that are spelled the same but pronounced differently, depending on their parts of speech, are entered in the dictionary with their parts of speech marked. See, for instance, the entry for **abuse.** Where necessary, brief defining notes are included to distinguish the words. See, for instance, the entry for **bow.**

Terms and Abbreviations

blend See *consonant blend.*

cluster See *consonant cluster.*

consonant a speech sound that constricts the speech tract the most, usually introducing some sort of obstruction to alter the sound. (For example, *p, t, m, d.*)

consonant blend a sequence of *consonants* that occurs at the beginning of a *syllable.*

consonant cluster a sequence of *consonants* occurring in the same *syllable.*

dialect a variety of a language.

diphthong an unbroken sequence of two *vowels.*

International Phonetic Alphabet a standard set of symbols for writing human speech sounds.

IPA the *International Phonetic Alphabet*

offglide a short or minor *vowel* sound occurring after a full or regular *vowel.*

primary stress the heaviest or loudest *stress* in a word.

schwa the *vowel* sound in the word *nut.*

schwar the *vowel* sound in the word *turn.*

secondary stress the second heaviest or loudest *stress* in a word.

stress emphasis on a *syllable*, usually involving greater loudness, greater duration, and higher pitch.

syllable a group of speech sounds that is a subdivision of a word. (A syllable usually has a *vowel* or a *vocalic consonant* as its core. Syllables are the key units in the stress and rhythm patterns of language.)

triphthong an unbroken sequence of three *vowels.*

vocalic consonant a consonant sound functioning as a *vowel.*

vowel a smooth and sustainable voiced speech sound that is usually made with the mouth somewhat open and is usually found at the core of a syllable. (For example, *i, e, o, u.*)

OUR QUEER LANGUAGE

When the English tongue we speak,
Why is "break" [brek] not rhymed with "freak" [frik]?
Will you tell me why it's true
We say "sew" [so] but likewise "few" [fju];
And the maker of a verse
Cannot cap his "horse" [hɔɚs] with "worse" [wɚs] ?
"Beard" [bɪɚd] sounds not the same as "heard" [hɚd];
"Cord" [kɔɚd] is different from "word" [wɚd];
Cow is "cow" [kæʊ] but low is "low"[lo];
"Shoe" [ʃu] is never rhymed with "foe" [fo].
Think of "hose" [hoz] and "dose" [dos] and "lose" [luz];
And think of "goose" [gus] and yet of "choose" [tʃuz].
Think of "comb" [kom] and "tomb" [tum] and "bomb" [bɑm];
"Doll" [dɑl] and "roll" [rol] and "home" [hom] and "some" [səm];
And since "pay" [pe] is rhymed with "say" [se];
Why not "paid" [ped] with "said" [sɛd], I pray?
We have "blood" [bləd] and "food" [fud] and "good" [gʊd];
"Mould" [mold] is not pronounced like "could" [kʊd].
Wherefore "done" [dən] but "gone" [gɔn] and "lone" [lon]?
Is there any reason known?
And, in short, it seems to me
Sounds and letters disagree.

(*Author unknown*)
Phonetic transcriptions have been
added to the original poem

PRONUNCIATION GUIDE

Notes on the Tables

Refer to Tables 1–9 on pages P-5 through P-13.

Table 1 The Vowel and Diphthong Sounds of American English

Column 1 contains the I.D. number for each of the vowel sounds of American English and the vowel combinations for the three phonemic diphthongs. The same numbers are found in Table 2.

Column 2 contains the I.P.A. vowel symbols for the vowel and diphthong sounds used throughout this dictionary. It is a simplified set of symbols representing all the vowel and diphthong sounds used in General American English, except those made with [l] and [r].

Column 3 contains the most typical spelling for each of the vowel and diphthong sounds. Alternative common spelling equivalents are also indicated in the basic information provided with the practice lists for each of the sounds.

Columns 4, 5, and 6 contain common, frequently used illustrative words for each sound in the initial, medial, and final positions in words. A dash (—) is used to indicate that a sound does not occur in one or more of these positions in American English.

Table 2 American English Vowel Sound Production

Table 2 contains information about how the twelve vowel sounds are produced. Each sound has its own vowel quality based on where in the mouth it is produced. For example, the vowel sounds 1–5 are all produced in the front of the mouth. But as Table 2 indicates, the position of the tongue is pulled back somewhat as the tongue is lowered slightly for some and more for others.

This information is also found in the basic information provided for each sound, which accompanies the word lists for each vowel sound. Table 2 does not provide information on the presence or absence of tongue tension, which modifies the texture of the mouth cavity and helps determine the vowel quality.

Lowering the position of the tongue within the oral cavity is made possible by increasing the mouth opening by lowering the jaw.

The degree of mouth opening along with the shape of the lips determines the visible components of the vowel and diphthong sounds.

Table 3 The Vowels [l] and [ɚ] Diphthong and Triphthong Sounds of American English

Column 1 contains the I.D. numbers for the vowel and diphthong sounds that combine with the vowel [l] and [ɚ] sounds to produce diphthongs and triphthongs. Column 2 contains the I.P.A. phonetic symbols for the sounds. Columns 3, 4, and 5 contain commonly used illustrative words for each diphthong and triphthong in the initial, medial, and final positions. A dash is used to indicate that the combination does not occur in a particular position.

Table 4 The Consonant Sounds of American English

Column 1 contains the I.D. numbers for the consonant sounds. The sequence of numbers is based on the alphabetical order of the typical spelling equivalents listed in column 3.

Column 2 contains the I.P.A. phonetic symbols for the consonant sounds. Columns 4, 5, and 6 contain commonly used illustrative words for each consonant sound in the initial, medial, and final positions. A dash is used to indicate that the sound does not occur in a particular position.

Table 5 American English Consonant Sound Production

Table 5 contains classification information for the consonant sounds. The table organizes the sounds by similarities and differences in their production and helps to explain why they sound the way they do. In classifying a sound the voicing information is usually mentioned first, followed by the place of articulation and then the manner of production. For example, the [p] sound is referred to as a "voiceless, bilabial, stop-plosive" and the [ʃ] sound is a "voiceless, alveolar-palatal, fricative." Descriptive information about the five manners of production may be found on pages 000.

It should be noted that the two affricate sounds [tʃ] and [dʒ] are combinations of two sounds that have different places of articulation. To produce these sounds the tongue moves back from the alveolar ridge to the area of the hard palate.

Table 6 Final Sounds for Plural Nouns in American English

This table indicates how nouns are normally pluralized depending on the final sound of the noun. The Table does not include the consonant sounds [h], [l], [r], [w], [ʍ], [j] because these sounds either do not occur in the final position of words or are considered to be vowel sounds in the final position.

There are a few exceptions to the rules of pluralizing words such as the words *foot* and *feet*, *tooth* and *teeth*, *man* and *men*, *woman* and *women*, *life* and *lives* etc. This dictionary does not normally include regular plural nouns, but does include third person singular, present tense verbs which are spelled and pronounced the same as the plural nouns.

Table 7 **Final Sounds for Past and Present Tense Verbs in American English**

This table indicates how verbs are normally changed to the past tense or third person singular, present tense depending on the final sound of the root word.

Column 2 indicates if the final sound of the root verb is voiced (V) or voiceless (Vs) and column 3 provides a list of illustrative words that are changed to the past tense in column 4 and the third person singular present tense in Column 5. The pronunciations of these tense endings are presented in phonetic transcription in the last column.

Table 8 **Consonant Blends in the Initial Position in Words in American English**

This table provides a list of illustrative words for the various [l] [r] [s] and [w] blends or clusters that occur in the initial position of words. The lists are in an alphabetical order based on the spelling equivalents of the consonant sounds that produce the blends.

Table 9 **Consonant and Vowel [l] and [ɚ] Clusters in the Final Position in Words in American English**

Columns 1 and 2 provide lists of words for the vowel [l] and vowel [ɚ] sounds preceded by various consonant sounds listed in alphabetical order of the spelling equivalents. It should be noted that no vowel sound is produced between the consonant and the vowel [l] or vowel [ɚ].

Columns 3 and 4 provide lists of words in which the vowel [l] and vowel [ɚ] sounds are followed by various consonant sounds listed in alphabetical order.

Table 1. **The Vowel and Diphthong Sounds of American English**

I.D. Numbers	Phonetic Symbol	Typical Spelling	Initial Position	Medial Position	Final Position
V-1	[i]	ee	eat	beat	see
V-2	[ɪ]	i	it	bit	—
V-3	[e]	ay	ate	bait	say
V-4	[ɛ]	e	edge	bet	—
V-5	[æ]	a	at	bat	—
V-6	[ɚ]	er	earn	burn	her
V-7	[ə]	u	up	but	sofa
V-8	[u]	oo	ooze	boot	two
V-9	[ʊ]	ou	—	book	—
V-10	[o]	o	okay	boat	sew
V-11	[ɔ]	aw	ought	bought	saw
V-12	[ɑ]	ah	opera	bottle	spa
D-12+2	[ɑɪ]	igh	ice	bite	high
D-5+9	[æʊ]	ow	out	bout	cow
D-11+2	[ɔɪ]	oy	oyster	boys	toy

Table 2 American English Vowel Sound Production

Place of Articulation in the Oral Cavity

Height of Tongue	Front Vowels	Central Vowels	Back Vowels	*Degree of Mouth Opening*
High Low-High	1 [i] 2[ɪ]		8 [u] 9[ʊ]	Narrow
Mid Low-Mid	3[e] 4 [ɛ]	6 [ɚ] 7 [ə]	10 [o]	Medium
Low Low-Low	5 [æ]		11 [ɔ] 12 [ɑ]	Wide

Table 3. The Vowel [l] and [ɚ] Diphthong and Triphthong Sounds of American English

I.D. Numbers	Phonetic Symbol	Initial Position	Medial Position	Final Position
D-1+l	[il]	eel	peels	peel
D-2+l	[ɪl]	ill	pills	pill
D-3+l	[el]	ale	fails	fail
D-4+l	[ɛl]	else	sells	sell
D-5+l	[æl]	alto	pals	pal
D-6+l	[ɚl]	earl	pearls	pearl
D-7+l	[əl]	ultra	pulse	mull
D-8+l	[ul]	—	pools	pool
D-9+l	[ʊl]	—	pulls	pull
D-10+l	[ol]	old	poles	pole
D-11+l	[ɔl]	all	falls	fall
D-12+l	[ɑl]	olive	dolls	doll
T-12,2+l	[ɑɪl]	I'll	piles	pile
T-5,9+l	[æʊl]	owl	owls	towel
T-11,2+l	[ɔɪl]	oil	boils	boil
D-2+6	[ɪɚ]	ear	clearing	fear
D-3+6	[eɚ]	—	players	mayor
D-4+6	[ɛɚ]	air	pairs	fair
D-8+6	[uɚ]	—	sewers	bluer
D-9+6	[ʊɚ]	—	touring	sure
D-10+6	[oɚ]	—	mowers	slower
D-11+6	[ɔɚ]	or	boring	four
D-12+6	[ɑɚ]	arch	farther	far
T-12,2+6	[ɑɪɚ]	iron	tires	fire
T-5,9+6	[æʊɚ]	our	showers	sour
T-11,2+6	[ɔɪɚ]	—	foyers	foyer

Table 4. The Consonant Sounds of American English

I.D. Numbers	Phonetic Symbol	Typical Spelling	Initial Position	Medial Position	Final Position
C-1	[b]	b	bow	table	rub
C-2	[tʃ]	ch	choke	teacher	watch
C-3	[d]	d	doe	ready	bed
C-4	[f]	f	foe	before	off
C-5	[g]	g	go	begin	dog
C-6	[h]	h	hoe	behind	—
C-7	[dʒ]	j	joke	danger	page
C-8	[k]	k	coat	because	book
C-9	[l]	l	low	only	—
C-10	[m]	m	mow	summer	home
C-11	[n]	n	no	funny	done
C-12	[ŋ]	ng	—	singer	ring
C-13	[p]	p	poke	happy	cup
C-14	[r]	r	row	around	—
C-15	[s]	s	so	also	face
C-16	[ʃ]	sh	show	washing	wish
C-17	[t]	t	toe	better	eat
C-18	[θ]	th	throw	nothing	mouth
C-19	[ð]	th	though	father	bathe
C-20	[v]	v	vote	over	give
C-21	[w]	w	woe	away	—
C-22	[ʍ]	wh	which	anywhere	—
C-23	[j]	y	yoke	million	—
C-24	[z]	z	zone	busy	his
C-25	[ʒ]	zh	genre	measure	garage

Table 5. American English Consonant Sound Production

Manner of Formation and Voicing

Place of Articulation	Stop-Plosive		Fricative		Affricate		Nasal	Glide
	Vs	V	Vs	V	Vs	V	V	V
Bilabial	[p] 13	[b] 1	wh [ʍ] 22				[m] 10	[w] 21
Labio-dental			[f] 4	[v] 20				
Inter-dental			th [θ] 18	<u>th</u> [ð] 19				
Alveolar	[t] 17	[d] 3	[s] 15	[z] 24			[n] 11	[l] 9
Alveolar-palatal			sh [ʃ] 16	zh [ʒ] 25	ch [tʃ] 2	j [dʒ] 7		y [r] [j] 14 23
Velar	[k] 8	[g] 5					ng [ŋ] 12	
Glottal			[h] 6					

[ ]   = International Phonetic Alphabet Symbol for Sound
V   = Voiced (produced with vocal fold vibration)
Vs   = Voiceless (produced without vocal fold vibration)
Number = in Alphabetical Order of Spelling Equivalent

Bilabial (both lips)
Labio-dental (lower lip and upper front teeth)
Inter-dental (tongue tip between the front teeth)
Alveolar (gum ridge, behind the upper front teeth)
Alveolar-Palatal (gum ridge and hard palate, or just hard palate)
Velar (back of tongue to front of soft palate)
Glottal (between the vocal folds)

Table 6. Final Sounds for Plural Nouns in American English

Final Sound of Root Words	Voiced (V) or Voiceless (Vs) Final Sound	Example Words	Plural Words	Plural Endings
[b]	v	cab	cabs	[bz]
[tʃ]	vs	match	matches	[tʃ ɪz]
[d]	v	bed	beds	[dz]
[f]	vs	safe	safes	[fs]
[g]	v	bug	bugs	[gz]
[dʒ]	v	cage	cages	[dʒ ɪz]
[k]	vs	book	books	[ks]
[m]	v	name	names	[mz]
[n]	v	ton	tons	[nz]
[ŋ]	v	ring	rings	[ŋz]
[p]	vs	cup	cups	[ps]
[s]	vs	house	houses	[s ɪz]
[ʃ]	vs	dish	dishes	[ʃ ɪz]
[t]	vs	cat	cats	[ts]
[θ]	vs	bath	baths	[θs]
[ð]	v	lathe	lathes	[ðz]
[v]	v	stove	stoves	[vz]
[z]	v	nose	noses	[z ɪz]
[ʒ]	v	corsage	corsages	[ʒ ɪz]

As indicated above, nouns which end in voiced (V) consonant sounds are pluralized by adding a [z] sound to the root word. Nouns ending in a voiceless (vs) consonant are pluralized by adding an [s] sound to the root word. The exceptions to these rules are root words that end in the [tʃ], [dʒ], [s], [z], [ʃ] or [ʒ] sounds, since [s] or [z] plural endings would be difficult to say or hear, and therefore an additional syllable [ɪz] is produced following the final sound of the root word.

Since all vowel, diphthong, and triphthong sounds are voiced, nouns which end in these sounds are pluralized by adding a [z] sound to the root word.

Table 7. Final Sounds for Past and Present Tense Verbs in American English

Final Sound of Root Word	Voiced (V) or Voiceless (Vs) Final Sound	Example Words	Past Tense	Present Tense	Tense Endings
[b]	v	rob	robbed	robs	[bd, bz]
[tʃ]	vs	reach	reached	reaches	[tʃt, tʃ ɪz]
[d]	v	need	needed	needs	[d ɪd, dz]
[f]	vs	cough	coughed	coughs	[ft, fs]
[g]	v	beg	begged	begs	[gd, gz]
[dʒ]	v	judge	judged	judges	[dʒd, dʒ ɪz]
[k]	vs	like	liked	likes	[kt, ks]
[m]	v	climb	climbed	climbs	[md, mz]
[n]	v	fan	fanned	fans	[nd, nz]
[ŋ]	v	long	longed	longs	[ŋd, ŋz]
[p]	vs	help	helped	helps	[pt, ps]
[s]	vs	miss	missed	misses	[st, s ɪz]
[ʃ]	vs	push	pushed	pushes	[ʃt, ʃ ɪz]
[t]	vs	want	wanted	wants	[t ɪd, ts]
[ð]	v	bathe	bathed	bathes	[ðd, ðz]
[v]	v	move	moved	moves	[vd, vz]
[z]	v	use	used	uses	[zd, z ɪz]
[ʒ]	v	rouge	rouged	rouges	[ʒd, ʒ ɪz]

As indicated above, verbs that end in voiced (V) consonant sounds will have a past tense ending of [d] added to the root verb. Verbs that end in voiceless (Vs) consonants will have a past tense ending of [t] added to the root word. The exception to these rules are root words that end in [d] or [t] when an additional syllable [ɪd] is produced following the root word. Present tense endings for third person singular verbs ending in voiced (v) consonants will have a [z] sound added. Words ending in a voiceless (vs) sound will have an [s] sound added. The exceptions for these rules are for verbs ending in [tʃ], [dʒ], [s], [z], [ʃ] or [ʒ], when an additional syllable [ɪz] is produced following the final sound of the root word.

Since all vowel, diphthong, and triphthong sounds are voiced, all verbs that end in these sounds will have a past tense ending of [d] and a present tense ending of [z] for third person singular words.

Table 8. Consonant Blends in the Initial Position of Words in American English

[l] Blends	[r] Blends	[s] Blends	[w] Blends
[bl] blue	[br] brown	[sk] skin	[dw] dwell
[fl] flag	[dr] drive	[sl] sleep	[kw] quit
[gl] glass	[fr] fresh	[sm] small	[sw] swim
[kl] clock	[gr] green	[sn] snow	[tw] twin
[pl] plate	[kr] crack	[sp] spell	
[sl] slip	[pr] proud	[st] stop	
[spl] split	[ʃr] shrimp	[sw] sweet	
	[tr] trip	[spl] splash	
	[θr] throw	[spr] spray	
	[skr] scream	[str] strong	
	[spr] spring		
	[str] street		

Table 9. **Consonant and Vowel [l] and [ɚ] Clusters in the Final Position in Words in American English**

Consonant plus Vowel [l] _Clusters_	_Consonant Plus_ [ɚ] _Clusters_	_Vowel_ [l] _Plus Consonant Clusters_	_Vowel_ [ɚ] _Plus Consonant Clusters_
[bl] bubble	[bɚ] number	[lb] bulb	[ɚb] curb
[dl] ladle	[dɚ] ladder	[ld] build	[ɚtʃ] church
[tʃl] satchel	[tʃɚ] butcher	[lf] gulf	[ɚd] heard
[fl] waffle	[fɚ] wafer	[lk] bulk	[ɚf] surf
[gl] giggle	[gɚ] anger	[lm] film	[ɚdʒ] purge
[kl] wrinkle	[kɚ] broker	[lp] help	[ɚk] turk
[ml] camel	[mɚ] armor	[ls] pulse	[ɚl] pearl
[nl] funnel	[nɚ] corner	[lt] built	[ɚm] germ
[pl] people	[pɚ] paper	[lz] pulls	[ɚn] turn
[sl] whistle	[sɚ] answer		[ɚp] burp
[ʃl] bushel	[ʃɚ] censure		[ɚs] purse
[tl] little	[tɚ] actor		[ɚt] hurt
[θl] brothel	[θɚ] ether		[ɚθ] dearth
[zl] puzzle	[ðɚ] either		[ɚv] curve
	[zɚ] miser		

THE VOWEL, DIPHTHONG, AND TRIPHTHONG SOUNDS OF AMERICAN ENGLISH

PRODUCTION

All vowel sounds are produced with vocal fold vibration, which results when air is pushed from the lungs and passes between the two vocal folds (located in the larynx) that have been brought together, but not closed tightly. As the vowel sounds are produced, this vibration can be felt by placing the thumb and index finger on the front of the neck where the "voice box" is located.

Vocal fold vibration, or "voicing" as it is sometimes called, creates a complex sound that can be modified by changes in the size, shape, or texture of the mouth cavity. The mouth functions as a resonator that selectively changes the laryngeal sound to produce the different vowel sounds of the language.

Table 2, page P-6 contains information for each of the twelve American English vowel sounds, explaining how each of the sounds is produced. The position of the entire tongue plays a major role in producing the different vowel sounds. The tongue can be moved along two dimensions in the mouth, higher or lower and more front or more back. The front vowels, [i] [ɪ] [e] [ɛ] [æ], which are numbered 1 through 5, are made with the tongue more toward the front of the mouth, with the front of the tongue at its highest for [i] and its lowest for [æ]. The central vowels, [ɚ] [ə], which are numbered 6 through 7, are made with the tongue midway between high and low and midway between front and back. The back vowels, [u] [ʊ] [o] [ɔ] [ɑ], which are numbered 8 through 12, are made with the tongue more toward the back of the mouth, with the back of the tongue at its highest for [u] and its lowest for [ɑ]. Some degree of lip rounding accompanies the higher back vowels and [ɚ]. A greater degree of tongue muscle tension in the pronunciation of [i] [e] [u] [o] [ɔ] tends to lengthen these vowels slightly.

When attempting to imitate American English sounds, you should listen very carefully to a model speaker and try to match the sounds you hear by varying the position of the tongue and the size of the mouth cavity, and by changing the lip shape or the muscular tension of the articulators.

Diphthongs, e.g., [ɑɪ] [æʊ] [ɔɪ], are two vowel sounds produced in a sequence with articulators moving from the position of one vowel to the other. Triphthongs, e.g., [ɑɪl] [æʊl] [ɔɪl], and [ɑɪɚ], [æʊɚ], [ɔɪɚ] are three vowel sounds produced in sequence, with the articulators moving from the position of the first vowel, through the position of the second vowel, and reaching the position of the third vowel.

Additional specific information about each vowel and diphthong sound of the language will be found with the word lists for each sound.

THE VOWEL, DIPHTHONG, AND TRIPHTHONG SOUNDS OF AMERICAN ENGLISH

PRONUNCIATION

The following exercises utilize the pronunciation of a native speaker of American English as a model. You can use either the audiocassette available for use with this book or the services of the American English speaker who will read the lists of sounds and words in the tables that follow. The model speaker should pronounce the lists of words clearly and *naturally*. The speaker should *not* pronounce each syllable separately and should not emphasize any syllable that is not normally emphasized. Normal and natural American English is the goal.

First, turn to Table 1 on page P-5. Column 2 contains the IPA symbol for each of the vowel sounds and the diphthong sounds of English (except those that involve the vowel [l] or [ɚ]. Please note in column 1 the identification number for each vowel (V) and diphthong (D) sound.

Please listen to side A of the audiocassette or ask your model speaker to read from the columns as instructed below.

OBJECTIVE 1. To learn the phonetic symbol and identification number for each of the vowel and diphthong sounds.

Procedures:

A. As the model speaker says each sound, listen carefully and point to its phonetic symbol in column 2. Play the tape or ask an English speaker to pronounce the sounds in column 2 in order. (The speaker can identify the correct sound by saying first the example words in columns 4, 5, and 6.)

B. As the model speaker says each sound, write the correct phonetic symbols and I.D. number.
Repeat this procedure until you feel comfortable with the symbols.

OBJECTIVE 2. To be able to identify the vowel and diphthong symbols when they are presented in random order.

Procedures:

A. As the model speaker says the sounds in column 2 in random order, listen carefully and point to the proper symbols. Play the tape or ask an English speaker to pronounce the sounds in column 2 in random order.

B. The model speaker on the audiotape will identify the correct symbol by saying the I.D. number. The English speaker can simply point to the correct symbol.

OBJECTIVE 3. To be able to listen to two vowel or diphthong sounds and decide if the same sound was heard twice or if different sounds were heard.

Procedures:

A. Listen to paired sounds. B. Decide I.D. numbers of sounds heard. C. Listen for correct I.D. numbers. D. Repeat as necessary. (Use the audiotape or a model speaker.)

OBJECTIVE 4. To learn to say each vowel and diphthong sound correctly.

Procedures:

A. Listen to the sound. B. Imitate sound out loud. C. Point to its phonetic symbol. D. Write symbol. E. Listen for correct I.D. number. F. Repeat as necessary. (Use the audiotape or a model speaker.)

OBJECTIVE 5. To learn to identify the diphthong and triphthong sounds involving the vowel [l] and vowel [ɚ] and their phonetic transcriptions.

Procedures:

A. Turn to Table 1. B. Listen to combination of sounds. C. Point to their phonetic symbols. D. Imitate the sound out loud. E. Write the phonetic symbols. F. Listen to the correct I.D. number. G. Repeat as often as necessary. (Use the audiotape or a model speaker.)

OBJECTIVE 6. To listen to the correct production of word lists for each of the vowel and diphthong sounds of American English in the various word positions in which they occur. To learn how to read the phonetic transcriptions of the words and to say them with correct pronunciation.

Procedures:

A. Turn to page P-18 for the word lists for vowel [i]. B. Listen to words with the [i] sound in the initial position. C. Imitate the words heard while looking at the phonetic transcription. D. Continue with word lists for other positions and those with contrasting sounds. E. Continue with the word lists for the other vowel and diphthong sounds. F. Repeat as often as necessary. (Use the audiotape or a model speaker.)

[i]

1. Phonetic symbol and I.D. number: [i], V-1
2. Production information: a high, front, tense vowel
3. Positions in words: initial, medial, and final
4. Typical spellings: she, sea, see
5. Visible information: narrow mouth opening, lips spread

[i] Word List

Initial	Medial	Final
east [ist]	keep [kip]	me [mi]
equal ['i kwəl]	need [nid]	free [fri]
even ['i vn]	please [pliz]	key [ki]
eagle ['i gl]	mean [min]	tea [ti]
eager ['i gɚ]	these [ðiz]	she [ʃi]

Contrasting Vowels:

[i]	[ɪ]		[i]	[ɛ]
each [itʃ] —	itch [ɪtʃ]		feed [fid] —	fed [fɛd]
eat [it] —	it [ɪt]		speed [spid] —	sped [spɛd]
green [grin] —	grin [grɪn]		deed [did] —	dead [dɛd]
feel [fil] —	fill [fɪl]		lease [lis] —	less [lɛs]
least [list] —	list [lɪst]		bleed [blid] —	bled [blɛd]

---

1. Phonetic symbol and I.D. number: [ɪ], V-2
2. Production information: a low-high, front, lax vowel
3. Positions in words: initial and medial
4. Typical spelling: ship
5. Visible information: narrow mouth opening, lips relaxed

[ɪ] Word List

Initial	Medial
inch [ɪntʃ]	big [bɪg]
ink [ɪŋk]	give [gɪv]
is [ɪz]	him [hɪm]
in [ɪn]	built [bɪlt]
if [ɪf]	city ['sɪt i]

Contrasting Vowels:

[ɪ]	[i]		[ɪ]	[ɛ]
hill [hɪl] —	heel [hil]		hid [hɪd] —	head [hɛd]
fit [fɪt] —	feet [fit]		sit [sɪt] —	set [sɛt]
sin [sɪn] —	seen [sin]		lid [lɪd] —	led [lɛd]
dip [dɪp] —	deep [dip]		pin [pɪn] —	pen [pɛn]
ill [ɪl] —	eel [il]		pig [pɪg] —	peg [pɛg]

[e]

1. Phonetic symbol and I.D. number: [e], V-3
2. Production information: a mid, front, tense vowel
3. Positions in words: initial, medial, and final
4. Typical spellings: **ate**, **ai**d, **way**
5. Visible information: medium mouth opening, with the lips spread, often followed by a narrow-relaxed movement

[e] Word List

Initial	*Medial*	*Final*
eight [et]	name [nem]	pay [pe]
ace [es]	rain [ren]	day [de]
acre ['e kɚ]	same [sem]	they [ðe]
ache [ek]	great [gret]	stay [ste]
aim [em]	cake [kek]	play [ple]

Contrasting Vowels:

[e]	[ɛ]		[e]	[æ]
age [edʒ] —	edge [ɛdʒ]	made [med] —	mad [mæd]
sale [sel] —	sell [sɛl]	plane [plen] —	plan [plæn]
wait [wet] —	wet [wɛt]	aid [ed] —	add [æd]
date [det] —	debt [dɛt]	baked [bekt] —	backed [bækt]
raid [red] —	red [rɛd]	lame [lem] —	lamb [læm]

[ɛ]

1. Phonetic symbol and I.D. number: [ɛ], V-4
2. Production information: a low-mid, front, lax vowel
3. Positions in words: initial and medial
4. Typical spelling: **be**d
5. Visible information: medium mouth opening, lips spread

[ɛ] Word List

Initial	*Medial*
else [ɛls]	help [hɛlp]
etch [ɛtʃ]	said [sɛd]
egg [ɛg]	neck [nɛk]
any ['ɛn i]	guess [gɛs]
enter ['ɛn tɚ]	men [mɛn]

Contrasting Vowels:

[ɛ]	[æ]		[ɛ]	[ə]
end [ɛnd] —	and [ænd]	pep [pɛp] —	pup [pəp]
leg [lɛg] —	lag [læg]	fled [flɛd] —	flood [fləd]
pen [pɛn] —	pan [pæn]	deck [dɛk] —	duck [dək]
send [sɛnd] —	sand [sænd]	ten [tɛn] —	ton [tən]
then [ðɛn] —	than [ðæn]	net [nɛt] —	nut [nət]

[æ]

1. Phonetic symbol and I.D. number: [æ], V-5
2. Production information: a low, front, lax vowel
3. Positions in words: initial and medial
4. Typical spelling: s**a**d
5. Visible information: wide mouth opening, lips spread

[æ] Word List

Initial	*Medial*
at [æt]	map [mæp]
ask [æsk]	has [hæz]
am [æm]	bag [bæg]
add [æd]	had [hæd]
as [æz]	that [ðæt]

Contrasting Vowels:

[æ]		[ɑ]		[æ]		[ə]
sad [sæd]	—	sod [sɑd]		pat [pæt]	—	putt [pət]
hat [hæt]	—	hot [hɑt]		mad [mæd]	—	mud [məd]
map [mæp]	—	mop [mɑp]		lack [læk]	—	luck [lək]
cat [kæt]	—	cot [kɑt]		bad [bæd]	—	bud [bəd]
pad [pæd]	—	pod [pɑd]		bat [bæt]	—	but [bət]

---

1. Phonetic symbol and I.D. number: [ɚ], V-6
2. Production information: a mid, central, tense vowel
3. Positions in words: initial, medial and final
4. Typical spellings: h**er**, d**ir**t, w**or**k, h**ur**t
5. Visible information: medium mouth opening, lips puckered or drawn up at the corners

[i] Word List

Initial	*Medial*	*Final*
urge [ɚdʒ]	first [fɚst]	were [wɚ]
earn [ɚn]	serve [sɚv]	stir [stɚ]
err [ɚ]	curl [kɚl]	her [hɚ]
earnest ['ɚ nɪst]	clerk [klɚk]	over ['o vɚ]
early ['ɚ li]	heard [hɚd]	letter ['lɛt ɚ]

Contrasting Vowels and Diphthongs:

[ɚ]		[ə]		[ɚ]		[ɪɚ]
girl [gɚl]	—	gull [gəl]		purr [pɚ]	—	pier [pɪɚ]
third [θɚd]	—	thud [θəd]		fur [fɚ]	—	fear [fɪɚ]
stern [stɚn]	—	stun [stən]		word [wɚd]	—	weird [wɪɚd]
burn [bɚn]	—	bun [bən]		burr [bɚ]	—	beer [bɪɚ]
hurt [hɚt]	—	hut [hət]		bird [bɚd]	—	beard [bɪɚd]

[ə]

1. Phonetic symbol and I.D. number: [ə], V-7
2. Production information: a mid, central, lax vowel
3. Positions in words: initial, medial, and final
4. Typical spellings: **a**way, **o**ther, **u**s
5. Visible information: medium mouth opening, lips relaxed

[ə] Word List

Initial	Medial	Final
under ['ən dɚ]	mother ['mʌð ɚ]	data ['de tə]
other ['əð ɚ]	one [wən]	soda ['so də]
about [ə 'bæʊt]	balloon [bə 'lun]	vista ['vɪs tə]
oven ['əvn]	love [ləv]	zebra ['zi brə]
asleep [ə 'slip]	done [dən]	arena [ə 'ri nə]

Contrasting Vowels:

[ə]	[ɪ]		[ə]	[ɑ]
love [ləv]	— live [lɪv]		hut [hət]	— hot [hɑt]
sunk [səŋk]	— sink [sɪŋk]		luck [lək]	— lock [lɑk]
rust [rəst]	— wrist [rɪst]		shut [ʃət]	— shot [ʃɑt]
bug [bəg]	— big [bɪg]		putt [pət]	— pot [pɑt]
truck [trək]	— trick [trɪk]		bum [bəm]	— bomb [bɑm]

---

[u]

1. Phonetic symbol and I.D. number: [u], V-8
2. Production information: a high, back, puckered, tense vowel
3. Positions in words: initial, medial, and final
4. Typical spellings: ch**ew**, d**o**, n**oo**n, tr**ue**
5. Visible information: narrow mouth opening, lips puckered

[u] Word List

Initial	Medial	Final
ooze [uz]	moon [mun]	shoe [ʃu]
oozed [uzd]	soon [sun]	too [tu]
oozing ['uz ɪŋ]	whose [huz]	who [hu]
	tomb [tum]	blue [blu]
	rule [rul]	grew [gru]

Contrasting Vowels and [u] and [ju]:

[u]	[ʊ]		[u]	[ju]
fool [ful]	— full [fʊl]		food [fud]	— feud [fjud]
cooed [kud]	— could [kʊd]		coo [ku]	— cue [kju]
wooed [wud]	— would [wʊd]		moot [mut]	— mute [mjut]
who'd [hud]	— hood [hʊd]		booty ['bu ti]	— beauty ['bju ti]
stewed [stud]	— stood [stʊd]		whose [huz]	— hues [hjuz]

1. Phonetic symbol and I.D. number: [ʊ], V-9
2. Production information: a low-high, back, puckered, lax vowel
3. Position in words: medial
4. Typical spellings: **loo**k, **fu**ll
5. Visible information: medium mouth opening, lips puckered

[ʊ] Word List

Medial
put [pʊt]
could [kʊd]
good [gʊd]
push [pʊʃ]
took [tʊk]

Contrasting Vowels:

[ʊ]	[ə]		[ʊ]	[o]
put [pʊt] —	putt [pət]		full [fʊl] —	foal [fol]
took [tʊk] —	tuck [tək]		cook [kʊk] —	coke [kok]
look [lʊk] —	luck [lək]		pull [pʊl] —	pole [pol]
book [bʊk] —	buck [bək]		should [ʃʊd] —	showed [ʃod]
could [kʊd] —	cud [kəd]		brook [brʊk] —	broke [brok]

---

1. Phonetic symbol and I.D. number: [o], V-10
2. Production information: a mid-back, puckered, tense vowel
3. Positions in words: initial, medial, and final
4. Typical spellings: **go**, **coa**t, **co**de, **toe**, sh**ow**
5. Visible information: contracting puckered movement

[o] Word List

Initial	*Medial*	*Final*
own [on]	soap [sop]	toe [to]
old [old]	both [boθ]	go [go]
oath [oθ]	known [non]	low [lo]
odor ['o dɚ]	wrote [rot]	foe [fo]
open ['o pn]	goes [goz]	though [ðo]

Contrasting Vowels:

[o]	[a]		[o]	[ɔ]
soak [sok] —	sock [sak]		woke [wok] —	walk [wɔk]
cope [kop] —	cop [kap]		coal [kol] —	call [kɔl]
robe [rob] —	rob [rab]		loan [lon] —	lawn [lɔn]
comb [kom] —	calm [kam]		hole [hol] —	haul [hɔl]
hope [hop] —	hop [hap]		boat [bot] —	bought [bɔt]

[ɔ]

1. Phonetic symbol and I.D. number: [ɔ], V-11
2. Production information: a low, back, puckered, tense vowel
3. Positions in words: initial, medial, and final
4. Typical spellings: also, auto, law
5. Visible information: wide mouth opening, lips puckered

[ɔ] Word List

Initial	*Medial*	*Final*
all [ɔl]	walk [wɔk]	law [lɔ]
auto ['ɔ to]	cause [kɔz]	jaw [dʒɔ]
office ['ɔ fɪs]	hawk [hɔk]	raw [rɔ]
author ['ɔ θɚ]	caught [kɔt]	thaw [θɔ]
awful ['ɔ fl]	fought [fɔt]	draw [drɔ]

Contrasting Vowels and Diphthongs:

[ɔ]	[ə]		[ɔ]	[ɔɪ]
gone [gɔn] —	gun [gən]		jaw [dʒɔ] —	joy [dʒɔɪ]
talk [tɔk] —	tuck [tək]		tall [tɔl] —	toil [tɔɪl]
caught [kɔt] —	cut [kət]		saw [sɔ] —	soy [sɔɪ]
pawn [pɔn] —	pun [pən]		all [ɔl] —	oil [ɔɪl]
balk [bɔk] —	buck [bək]		pause [pɔz] —	poise [pɔɪz]

[ɑ]

1. Phonetic symbol and I.D. number: [ɑ], V-12
2. Production information: low-low, back, lax vowel
3. Positions in words: initial and medial
4. Typical spelling: pot, calm
5. Visible information: wide mouth opening, lips relaxed

[ɑ] Word List

Initial	*Medial*
honest ['ɑn ɪst]	doll [dɑl]
opera ['ɑp rə]	calm [kɑm]
art [ɑɚt]	upon [ə 'pɑn]
olive ['ɑl ɪv]	mop [mɑp]
arm [ɑɚm]	car [kɑɚ]

Contrasting Vowels:

[ɑ]	[æ]		[ɑ]	[ɔ]
mop [mɑp] —	map [mæp]		sod [sɑd] —	sawed [sɔd]
cot [kɑt] —	cat [kæt]		nod [nɑd] —	gnawed [nɔd]
pot [pɑt] —	pat [pæt]		hock [hɑk] —	hawk [hɔk]
hot [hɑt] —	hat [hæt]		car [kɑɚ] —	core [kɔɚ]
not [nɑt] —	gnat [næt]		pod [pɑd] —	pawed [pɔd]

[aɪ]

1. Phonetic symbol and I.D. number: [aɪ], D-12 and 2
2. Production information: the [a] sound followed by the [ɪ] sound
3. Positions in words: initial, medial, and final
4. Typical spellings: **i**vy, d**ie**, r**i**de, n**igh**t, b**y**
5. Visible information: wide-relaxed, followed by narrow relaxed

[aɪ] Word List

Initial	Medial	Final
idea [aɪ 'di ə]	kind [kaɪnd]	tie [taɪ]
eyes [aɪz]	cried [kraɪd]	buy [baɪ]
ivory ['aɪ vri]	light [laɪt]	guy [gaɪ]
aisle [aɪl]	guide [gaɪd]	my [maɪ]
idle [aɪdl]	fine [faɪn]	rye [raɪ]

Contrasting Vowels and Diphthongs:

[aɪ]	[a]		[aɪ]	[ɔɪ]
like [laɪk] —	lock [lak]		buy [baɪ] —	boy [bɔɪ]
wide [waɪd] —	wad [wad]		bile [baɪl] —	boil [bɔɪl]
type [taɪp] —	top [tap]		pint [paɪnt] —	point [pɔɪnt]
night [naɪt] —	knot [nat]		tile [taɪl] —	toil [tɔɪl]
tire [taɪɚ] —	tar [taɚ]		vice [vaɪs] —	voice [vɔɪs]

[æʊ]

1. Phonetic symbol and I.D. number: [æʊ], D-5 and 9
2. Production information: the [æ] sound followed by the [ʊ] sound
3. Positions in words: initial, medial, and final
4. Typical spellings: **ou**ch, h**ow**
5. Visible information: wide-spread, followed by a medium-puckered

[æʊ] Word List

Initial	Medial	Final
out [æʊt]	found [fæʊnd]	vow [væʊ]
hour [æʊɚ]	brown [bræʊn]	now [næʊ]
owl [æʊl]	house [hæʊs]	cow [kæʊ]
ouch [æʊtʃ]	loud [læʊd]	bough [bæʊ]
ounce [æʊns]	doubt [dæʊt]	allow [ə 'læʊ]

Contrasting Vowels and Diphthongs:

[æʊ]	[æ]		[æʊ]	[aɪ]
town [tæʊn] —	tan [tæn]		noun [næʊn] —	nine [naɪn]
pout [pæʊt] —	pat [pæt]		loud [læʊd] —	lied [laɪd]
rout [ræʊt] —	rat [ræt]		found [fæʊnd] —	find [faɪnd]
bout [bæʊt] —	bat [bæt]		mouse [mæʊs] —	mice [maɪs]
loud [læʊd] —	lad [læd]		tower [tæʊɚ] —	tire [taɪɚ]

1. Phonetic symbol and I.D. number: [ɔɪ], D-11 and 2
2. Production information: the [ɔ] sound followed by the [ɪ] sound
3. Positions in words: initial, medial, and final
4. Typical spellings: b**oi**l, b**oy**
5. Visible information: wide-puckered, followed by a narrow-relaxed

[ɔɪ] Word List

Initial	*Medial*	*Final*
oil [ɔɪl]	point [pɔɪnt]	toy [tɔɪ]
ointment ['ɔɪnt mənt]	boil [bɔɪl]	joy [dʒɔɪ]
oyster ['ɔɪs tɚ]	noise [nɔɪz]	boy [bɔɪ]
oily ['ɔɪl i]	coin [kɔɪn]	annoy [ə 'nɔɪ]
oiler ['ɔɪl ɚ]	voice [vɔɪs]	employ [ɛm 'plɔɪ]

Contrasting Vowels and Diphthongs:

[ɔɪ]	[æʊ]		[ɔɪ]	[ɑɪ]
boy [bɔɪ] —	bough [bæʊ]		boys [bɔɪz] —	buys [bɑɪz]
coy [kɔɪ] —	cow [kæʊ]		toyed [tɔɪd] —	tied [tɑɪd]
foil [fɔɪl] —	foul [fæʊl]		poise [pɔɪz] —	pies [pɑɪz]
oil [ɔɪl] —	owl [æʊl]		foil [fɔɪl] —	file [fɑɪl]
ploy [plɔɪ] —	plow [plæʊ]		boil [bɔɪl] —	bile [bɑɪl]

THE CONSONANT SOUNDS OF AMERICAN ENGLISH

PRODUCTION

Table 4, page P-8, contains information for each of the twenty-five American English consonant sounds, explaining how each sound is produced. The phonetic symbol for each sound is enclosed in brackets and the spelling equivalent is also indicated if it differs from the phonetic symbol.

It should be noted that some of the consonant sounds are voiceless (Vs), which means they are produced without vocal fold vibration, and others are voiced (V), and are produced with vocal fold vibration. The consonant sounds are also differentiated by their place of articulation, which indicates where the shaping of the sounds takes place. Lastly, the consonant sounds are classified by their manner of formation, or how they are produced.

1. THE STOP-PLOSIVE SOUNDS:

The [p] [b], [t] [d], and [k] [g] sounds are described as stop-plosive sounds because of their manner of formation, which can result in an audible release of air that sounds like a small "explosion." When these sounds are produced at the beginning of a word or syllable, they function as releasing consonants and are produced as plosive sounds. When these sounds are produced at the end of a word or syllable, they function as arresting consonants and may be produced as a stop or a plosive.

When these sounds are produced as plosives, the exhaled breath stream is blocked by the lips or tongue and air pressure is built up in the oral cavity and released when the articulators are separated. The released air can be heard for both the voiceless and voiced plosive sounds, but is stronger for the voiceless sounds. The bilabial plosives are produced with the greatest release of air and the velar plosives with the least amount of air released.

If the palm of the hand or several fingers are placed in front of the lips, a release of air can be felt when the sounds are produced. The vocal fold vibration for the voiced sounds can be felt by putting the thumb and index finger on the larynx. Voicing can also be heard very distinctly when the ears are closed with the fingers.

When the plosive sounds are produced as stops, the articulators make contact, but no buildup of pressure or release of air takes place. When the sounds are produced as stops they are less easily identified by the listener than when produced as plosive sounds.

2. THE FRICATIVE SOUNDS:

The [ʍ], [f] [v], [θ] [ð], [s] [z], [ʃ] [ʒ], and [h] sounds are described as fricative sounds, because of the audible friction noises that result when the exhaled air, under pressure, passes between surfaces or through spaces of different size or shape.

The fricative sounds, like the stop-plosive sounds, often come in pairs with the same place of articulation, one being voiceless and the other voiced. The voiceless sound of the pair will have more air flow than the voiced one and will have a stronger friction sound. The fricative sounds produced with smaller openings will tend to be higher-pitched sounds.

3. THE AFFRICATE SOUNDS:

The affricate sounds [tʃ] [dʒ] are sounds produced as a fusion of a plosive sound followed by a fricative sound. The place of articulation of the tongue moves from the alveolar ridge for the plosive sound to the alveolar palatal position for the fricative sound. Like the stop-plosive and fricative sounds, the affricates are produced with a buildup of breath pressure and a release of air, which is greater for the voiceless sound. The affricate sounds are some times referred to as "affricative" sounds.

4. THE NASAL SOUNDS:

The nasal sounds [m] [n] [ŋ] are voiced sounds that are resonated in both the oral and nasal cavities. The nasal resonance can be felt by placing the thumb and index fingers on the bones of the nose where the vibration can be felt. The nasal quality can be observed by pinching and releasing the nostrils while the sound is being produced. This variation in sound will not be present in the absence of nasal resonance or in the normal production of the American English vowel, diphthong, and triphthong sounds or other voiced consonant sounds.

5. THE GLIDE SOUNDS:

The glides [w] [l] [r] [j] are voiced sounds that are sometimes referred to as "semivowels." When they are produced as releasing conso-nants at the beginning of words or syllables they are produced as move-ments of the articulators, moving or gliding to the following vowel, diph-thong, or triphthong sound. When the [l] and [r] sounds are produced in the arresting position, at the end of words or syllables, they function as vowel sounds and the tongue moves to the place of articulation rather than away from it.

Additional specific information about each consonant sound of the lan-guage will be found with the word lists for each sound.

THE CONSONANT AND CONSONANT BLEND SOUNDS OF AMERICAN ENGLISH

PRONUNCIATION

The following exercises, which primarily focus on the consonant sounds of American English, utilize the pronunciation of a native speaker of American English as a model. You can use either the audiocassette recorded for use with this book or the services of an American English speaker who will read the lists of sounds and words in the tables that follow. The model speaker should pronounce the lists of words clearly and *naturally*. The speaker should *not* pronounce each syllable separately and should not emphasize any syllable that is not normally emphasized. Normal and natural American English is the goal.

Please turn to Table 4 on page P-8. Column 2 contains the IPA symbol in brackets for each of the consonant sounds of English. Please note in column 1 the identification number of each sound, which corresponds to the alphabetical sequence of the consonant sound symbols. Please listen to side 2 of the audiocassette or ask your model speaker to read from the columns as instructed below.

OBJECTIVE 1. To learn the phonetic symbol that represents each of the consonant sounds.

Procedures:

A. As the model speaker says each consonant sound in isolation or combined with a vowel sound, listen carefully and point to the phonetic symbol in column 2 that represents that sound. Play the tape or ask an American English speaker to pronounce the sounds in column 2 in order. (The English speaker can identify the correct sound by saying first the example words in columns 4, 5, and 6.)

B. As the model speaker says each sound, write down the correct phonetic symbol and I.D. number. Repeat this procedure until you feel comfortable with the symbols.

OBJECTIVE 2. To be able to identify the correct consonant symbols when the sounds are presented in random order or grouped by their manner of production.

Procedures:

A. As the model speaker says the sounds in column 2 in random order or in specific groups, listen carefully and point to the proper symbols. (Play the tape or ask an American English speaker to pronounce the sounds in random order or grouped by manner of production.)
B. The model speaker on the audiotape will identify the correct symbol by saying the I.D. number. (The English speaker can simply point to the correct symbol.)

OBJECTIVE 3. To be able to listen to two consonant sounds and decide correctly if the same sound was heard twice or if different sounds were heard.

Procedures:

A. Listen to paired consonant sounds. B. Decide I.D. numbers of sounds heard. C. Listen to correct I.D. numbers. D. Repeat as necessary. (Use the audiotape or a model speaker.)

OBJECTIVE 4. To learn to correctly imitate each consonant sound.

Procedures:

A. Listen to the sound. B. Imitate sound out loud. C. Point to its phonetic symbol. D. Write symbol. E. Listen for correct I.D. number. F. Repeat as necessary. (Use the audiotape or a model speaker.)

OBJECTIVE 5. To listen to the correct production of word lists for each consonant sound of American English in the various word positions in which they occur. To learn how to read the phonetic transcriptions of the words and to say them with correct pronunciation.

Procedures:

A. Turn to page P-30 for the word lists for consonant [p]. B. Listen to the words for the [p] sound in the initial position. C. Imitate each word while looking at its phonetic transcription. D. Continue with word lists for other positions and those with contrasting sounds. E. Continue with the word lists for the other consonants with the same manner of production and then other manners of production. F. Repeat as often as necessary. (Use the audiotape or a model speaker.)

[p]

1. Phonetic symbol and I.D. number: [p], C-13
2. Production information: a voiceless, bilabial stop-plosive sound, the cognate of [b]
3. Positions in words: initial, medial, and final
4. Typical spellings: **p**eak, su**pp**er, ri**p**e
5. Use as a silent letter of the alphabet: **p**salm, **p**sychic, **p**sychosis
6. Visible information: lips opening from closed position (same as [b] and [m])
7. Initial blends: [pl] play; [pr] price; [sp] speak; [spl] splash
8. Final blends: [ps] wipes, cups; [pt] stopped, wiped

[p] Word List

Initial	*Medial*	*Final*
pet [pɛt]	apple [æpl]	rope [rop]
pole [pol]	rapid ['ræp ɪd]	cap [kæp]
pack [pæk]	carpet ['kɑɚ pɪt]	help [hɛlp]
pull [pʊl]	report [rɪ 'pɔɚt]	jump [dʒəmp]
palm [pɑm]	oppose [ə 'poz]	stop [stɑp]

Contrasting Consonants:

[p]	[f]		[p]	[b]
pour [pɔɚ] —	four [fɔɚ]		pair [pɛɚ] —	bear [bɛɚ]
peel [pil] —	feel [fil]		pat [pæt] —	bat [bæt]
pin [pɪn] —	fin [fɪn]		pill [pɪl] —	bill [bɪl]
pit [pɪt] —	fit [fɪt]		plank [plæŋk] —	blank [blæŋk]
plea [pli] —	flea [flɪ]		pride [prɑɪd] —	bride [brɑɪd]

[b]

1. Phonetic symbol and I.D. number: [b], C-1
2. Production information: a voiced, bilabial stop-plosive sound, the cognate of [p]
3. Positions in words: initial, medial, and final
4. Typical spellings: **be**, ri**bb**on, ro**be**
5. Use as a silent letter of the alphabet: bom**b**, num**b**, lim**b**, com**b**, de**b**t
6. Visible information: lips opening from closed position (same as [p] and [m])
7. Initial blends: [bl] blue, black; [br] brown, bring; [bj] beauty
8. Final blends: [bz] cabs, ribs; [bd] robbed, robed

[b] Word List

Initial	*Medial*	*Final*
ball [bɔl]	rabbit ['ræb ɪt]	web [wɛb]
been [bɪn]	robber ['rɑb ɚ]	cab [kæb]
box [bɑks]	above [ə 'bəv]	rib [rɪb]
barn [bɑɚn]	number ['nəm bɚ]	robe [rob]
be [bi]	about [ə 'bæʊt]	rob [rɑb]

Contrasting Consonants:

[b]		[p]		[b]		[d]
bath [bæθ]	—	path [pæθ]		bait [bet]	—	date [det]
beer [bɪɚ]	—	peer [pɪɚ]		bent [bɛnt]	—	dent [dɛnt]
bees [biz]	—	peas [piz]		bore [bɔɚ]	—	door [dɔɚ]
cab [kæb]	—	cap [kæp]		bribe [braɪb]	—	bride [braɪd]
lab [læb]	—	lap [læp]		robe [rob]	—	rode [rod]

[t]

1. Phonetic symbol and I.D. number: [t], C-17
2. Production information: a voiceless, alveolar stop-plosive, the cognate of [d]
3. Positions in words: initial, medial, and final
4. Typical spellings: **t**o, be**tt**er, no**t**e
5. Use as a silent letter of the alphabet: lis**t**en, fas**t**en
6. Visible information: the front of the tongue touching the upper gum ridge (same as [d] and [n])
7. Initial blends: [tr] try, treat; [tw] twin, twelve; [st] stop
8. Final blends: [ts] pets, puts; [ft] left; [kt] liked; [st] cost

[t] Word List

Initial	*Medial*	*Final*
tie [taɪ]	party ['paɚ ti]	cut [kət]
tree [tri]	after ['æf tɚ]	fast [fæst]
tool [tul]	latter ['læt ɚ]	left [lɛft]
tip [tɪp]	pretty ['prɪt i]	cat [kæt]
town [tæʊn]	sister ['sɪs tɚ]	liked [laɪkt]

Contrasting Consonants:

[t]		[d]		[t]		[θ]
tear [tɪɚ]	—	dear [dɪɚ]		tin [tɪn]	—	thin [θɪn]
time [taɪm]	—	dime [daɪm]		true [tru]	—	threw [θru]
writing ['raɪt ɪŋ]	—	riding ['raɪd ɪŋ]		eater ['it ɚ]	—	ether ['i θɚ]
waiting ['wet ɪŋ]	—	wading ['wed ɪŋ]		debt [dɛt]	—	death [dɛθ]
mat [mæt]	—	mad [mæd]		boat [bot]	—	both [boθ]

1. Phonetic symbol and I.D. number: [d], C-3
2. Production information: a voiced, alveolar stop-plosive sound, the cognate of [t].
3. Positions in words: initial, medial, and final
4. Typical spellings: **d**eep, la**dd**er, ri**de**
5. Visible information: the front of the tongue touching the upper gum ridge (same as [t] and [n])
7. Initial blends: [dr] drink, dry; [dw] dwarf, dwindle
8. Final blends: [dz] beds, feeds; [bd] bribed, sobbed

[d] Word List

Initial	*Medial*	*Final*
down [dæʊn]	window ['wɪn do]	food [fud]
dress [drɛs]	louder ['læʊd ɚ]	hand [hænd]
dear [dɪɚ]	radio ['re di ˌo]	bread [brɛd]
door [dɔɚ]	candy ['kæn di]	hide [haɪd]
do [du]	today [tə 'de]	find [faɪnd]

Contrasting Consonants:

[d]	[t]		[d]	[dʒ]
do [du] —	to [tu]		dam [dæm] —	jam [dʒæm]
done [dən] —	ton [tən]		aiding ['ed ɪŋ] —	aging ['edʒ ɪŋ]
down [dæʊn] —	town [tæʊn]		paid [ped] —	page [pedʒ]
padding ['pæd ɪŋ] —	patting ['pæt ɪŋ]		debt [dɛt] —	jet [dʒɛt]
need [nid] —	neat [nit]		bud [bəd] —	budge [bədʒ]

[k]

1. Phonetic symbol and I.D. number: [k], C-8
2. Production information: a voiceless, velar stop-plosive sound, the cognate of [g]
3. Positions in words: initial, medial, and final
4. Typical spellings: **k**ill, ma**k**e, **c**ap, a**cc**ount, ne**ck**
5. Use as a silent letter of the alphabet: **k**now, **k**not, **k**nack
6. Visible information: lifting of the adam's apple, frequently identified by context (same as [g])
7. Initial blends: [kl] clean, class; [kr] cross, cry
8. Final blends: [ks] books, makes; [kt] looked, talked

[k] Word List

Initial	*Medial*	*Final*
come [kəm]	walking ['wɔk ɪŋ]	cook [kuk]
cool [kul]	picnic ['pɪk nɪk]	take [tek]
count [kæʊnt]	likely ['laɪk li]	look [lʊk]
can [kæn]	second ['sɛk nd]	milk [mɪlk]
catch [kætʃ]	biscuit ['bɪs kɪt]	work [wɚk]

Contrasting Consonants:

[k]		[g]		[k]		[t]
cab [kæb]	—	gab [gæb]		key [ki]	—	tea [ti]
core [kɔɚ]	—	gore [gɔɚ]		kick [kɪk]	—	tick [tɪk]
backing ['bæk ɪŋ]	—	bagging ['bæg ɪŋ]		kill [kɪl]	—	till [tɪl]
tacking ['tæk ɪŋ]	—	tagging ['tæg ɪŋ]		can [kæn]	—	tan [tæn]
tack [tæk]	—	tag [tæg]		back [bæk]	—	bat [bæt]

[g]

1. Phonetic symbol and I.D. number: [g], C-5
2. Production information: a voiced, velar stop-plosive sound, the cognate of [k].
3. Positions in words: initial, medial, and final
4. Typical spellings: **go**, **egg**
5. Use as a silent letter of the alphabet: si**g**n, rin**g**
6. Visible information: lifting of the adam's apple, frequently identified by context (same as [k])
7. Initial blends: [gl] glad, glue; [gr] group, grey
8. Final blends: [gd] begged, fogged; [gz] bugs, digs

[g] Word List

Initial	Medial	Final
guess [gɛs]	legal ['li gl̩]	leg [lɛg]
gone [gɔn]	ago [ə 'go]	bug [bəg]
got [gɑt]	began [bɪ 'gæn]	egg [ɛg]
gun [gən]	forget [fɚ 'gɛt]	dig [dɪg]
game [gem]	organ [ɔɚ 'gn̩]	fog [fɑg]

Contrasting Consonants:

[g]	[k]		[gl]	[kr]
goal [gol]	— coal [kol]		glue [glu]	— crew [kru]
gap [gæp]	— cap [kæp]		glow [glo]	— crow [kro]
goat [got]	— coat [kot]		[gl]	[kl]
rag [ræg]	— rack [ræk]		glass [glæs]	— class [klæs]
nag [næg]	— knack [næk]		[gr]	[kr]
			great [gret]	— crate [kret]
			grab [græb]	— crab [kræb]

[ʍ]

1. Phonetic symbol and I.D. number: [ʍ], C-22
2. Production information: a voiceless, bilabial fricative sound
3. Positions in words: initial and medial
4. Typical spelling: **wh**ile
5. Visible information: the lips being drawn together or puckered (same as [w])

[ʍ] Word List

Initial	*Medial*
when [ʍɛn]	awhile [ə ˈʍɑɪl]
where [ʍɛɚ]	nowhere [ˈno ˌʍɛɚ]
what [ʍət]	everywhere [ˈɛv ri ˌʍɛɚ]
why [ʍɑɪ]	somewhat [ˈsəm ˌʍət]
which [ʍɪtʃ]	somewhere [ˈsəm ˌʍɛɚ]

Contrasting Consonants:

[ʍ]	[w]		[ʍ]	[h]
where [ʍɛɚ] —	wear [wɛɚ]		whim [ʍɪm] —	him [hɪm]
whine [ʍɑɪn] —	wine [wɑɪn]		which [ʍɪtʃ] —	hitch [hɪtʃ]
which [ʍɪtʃ] —	witch [wɪtʃ]		when [ʍɛn] —	hen [hɛn]
wheel [ʍil] —	we'll [wil]		whack [ʍæk] —	hack [hæk]
whether [ˈʍɛð ɚ] —	weather [ˈwɛð ɚ]	white [ʍɑɪt] —	height [hɑɪt]

1. Phonetic symbol and I.D. number: [f], C-4
2. Production information: a voiceless, labio-dental fricative, the cognate of [v]
3. Positions in words: initial, medial, and final
4. Typical spellings: **f**eet, cu**ff**, sa**f**e, tou**gh**, **ph**one
5. Visible information: movement of the lower lip to the upper teeth (same as [v])
6. Initial blends: [fl] flight, flat; [fr] fruit, free
7. Final blends: [fs] coughs, loafs; [ft] staffed, left

[f] Word List

Initial	*Medial*	*Final*
for [fɔɚ]	coffee ['kɔ fi]	life [laɪf]
fat [fæt]	suffer ['səf ɚ]	off [ɔf]
first [fɚst]	effort ['ɛf ɚt]	safe [sef]
fool [ful]	afraid [ə 'fred]	knife [naɪf]
find [faɪnd]	careful ['kɛɚ fl]	cough [kɔf]

Contrasting Consonants:

[f]	[v]		[f]	[θ]
fat [fæt]	— vat [væt]		free [fri]	— three [θri]
fine [faɪn]	— vine [vaɪn]		frill [frɪl]	— thrill [θrɪl]
fast [fæst]	— vast [væst]	roofless ['ruf lɪs]	— ruthless ['ruθ lɪs]
half [hæf]	— have [hæv]		deaf [dɛf]	— death [dɛθ]
safe [sef]	— save [sev]		reef [rif]	— wreath [riθ]

[v]

1. Phonetic symbol and I.D. number: [v], C-20
2. Production information: a voiced, labio-dental fricative, the cognate of [f]
3. Positions in words: initial, medial, and final
4. Typical spellings: **v**ase, di**v**e
5. Visible information: movement of the lower lip to the upper teeth (same as [f])
6. Final blends: [vd] loved, dived; [vz] lives, gives

[v] Word List

Initial	*Medial*	*Final*
visit ['vɪz ɪt]	never ['nɛv ɚ]	five [faɪv]
very ['vɛɚ i]	ever ['ɛv ɚ]	drive [draɪv]
view [vju]	diving ['daɪv ɪŋ]	stove [stov]
vowel [væʊl]	seven [sɛvn]	have [hæv]
veil [vel]	cover ['kəv ɚ]	move [muv]

Contrasting Consonants:

[v]		[f]		[v]		[b]
vase [ves]	—	face [fes]		very ['vɛɚ i]	—	berry ['bɛɚ i]
vast [væst]	—	fast [fæst]		vent [vɛnt]	—	bent [bɛnt]
vat [væt]	—	fat [fæt]		vote [vot]	—	boat [bot]
have [hæv]	—	half [hæf]		veil [vel]	—	bail [bel]
save [sev]	—	safe [sef]		vest [vɛst]	—	best [bɛst]

[θ]

1. Phonetic symbol and I.D. number: [θ], C-18
2. Production information: a voiceless, inter-dental fricative sound, the cognate of [ð]
3. Positions in words: initial, medial, and final
4. Typical spelling: **th**ing
5. Visible information: the tip of the tongue showing between the front teeth (same as [ð])
6. Initial blends: [θr] three, throat
7. Final blends: [θs] deaths, months

[θ] Word List

Initial	*Medial*	*Final*
think [θɪŋk]	birthday ['bɚθ ˌde]	north [nɔɚθ]
three [θri]	healthy ['hɛl θi]	south [sæʊθ]
thank [θæŋk]	anything ['ɛn i ˌθɪŋ]	bath [bæθ]
thin [θɪn]	something ['səm θɪŋ]	teeth [tiθ]
thick [θɪk]	everything ['ɛv ri ˌθɪŋ]	month [mənθ]

Contrasting Consonants:

[θ]		[s]		[θ]		[t]
thick [θɪk]	—	sick [sɪk]		thank [θæŋk]	—	tank [tæŋk]
thing [θɪŋ]	—	sing [sɪŋ]		thigh [θaɪ]	—	tie [taɪ]
thin [θɪn]	—	sin [sɪn]		thinker ['θɪŋk ɚ]	—	tinker ['tɪŋk ɚ]
think [θɪŋk]	—	sink [sɪŋk]		thought [θɔt]	—	taught [tɔt]
thank [θæŋk]	—	sank [sæŋk]		three [θri]	—	tree [tri]

[ð]

1. Phonetic symbol and I.D. number: [ð], C-19
2. Production information: a voiced inter-dental fricative sound, the cognate of [θ]
3. Positions in words: initial, medial, and final
4. Typical spellings: **th**em, tee**the**
5. Visible information: the tip of the tongue showing between the front teeth (same as [θ])
6. Final blends: [ðd] breathed, bathed; [ðz] breathes, bathes

[ð] Word List

Initial	*Medial*	*Final*
this [ðɪs]	mother ['məð ɚ]	breathe [brið]
that [ðæt]	brother ['brəð ɚ]	smooth [smuð]
the [ðə]	another [ə 'nəð ɚ]	clothe [kloð]
them [ðɛm]	weather ['wɛð ɚ]	teethe [tið]
those [ðoz]	bother ['bað ɚ]	wreathe [rið]

Contrasting Consonants:

[ð]	[θ]		[ð]	[d]
teethe [tið]	— teeth [tiθ]		then [ðɛn]	— den [dɛn]
bathe [beð]	— bath [bæθ]		they [ðe]	— day [de]
wreathe [rið]	— wreath [riθ]		there [ðɛɚ]	— dare [dɛɚ]
either ['i ðɚ]	— ether ['i θɚ]		though [ðo]	— dough [do]
sheathe [ʃið]	— sheath [ʃiθ]		those [ðoz]	— dose [doz]

1. Phonetic symbol and I.D. number: [s], C-15
2. Production information: a voiceless, alveolar fricative sound, the cognate of [z]
3. Positions in words: initial, medial, and final
4. Typical spellings: sit, loss, loose, city, nice
5. Visible information: narrow mouth opening, teeth close together, lips spread (same as [z])
6. Initial blends: [sk] skin; [sl] slip; [sm] smoke; [sn] snow; [sp] speak
7. Final blends: [sk] task; [sp] lisp; [st] last; [sps] grasps; [sks] risks

[s] Word List

Initial	Medial	Final
school [skul]	lesson [lɛsn]	miss [mɪs]
sing [sɪŋ]	listen [lɪsn]	us [əs]
said [sɛd]	mister ['mɪs tɚ]	nice [naɪs]
six [sɪks]	missing ['mɪs ɪŋ]	once [wəns]
sat [sæt]	eraser [ə 'res ɚ]	pass [pæs]

Contrasting Consonants:

[s]	[z]		[s]	[ʃ]
seal [sil]	— zeal [zil]		sock [sɑk]	— shock [ʃɑk]
sip [sɪp]	— zip [zɪp]		seat [sit]	— sheet [ʃit]
sag [sæg]	— zag [zæg]		gas [gæs]	— gash [gæʃ]
bus [bəs]	— buzz [bəz]		mass [mæs]	— mash [mæʃ]
loose [lus]	— lose [luz]		class [klæs]	— clash [klæʃ]

[z]

1. Phonetic symbol and I.D. number: [z], C-24
2. Production information: a voiced, alveolar fricative sound, the cognate of [s]
3. Positions in words: initial, medial, and final
4. Typical spellings: **z**ipper, bu**zz**, pri**z**e, ea**s**y, ri**s**e
5. Visible information: narrow mouth opening, teeth close together, lips spread (same as [s])
6. Final blends: [zd] pleased, used; [bz] cabs; [dz] seeds; [gz] bugs; [lz] calls; [mz] names; [nz] coins; [vz] lives

[z] Word List

Initial	*Medial*	*Final*
zero ['zɪɚ o]	dozen ['də zn]	has [hæz]
zoo [zu]	easy ['i zi]	nose [noz]
zone [zon]	lazy ['le zi]	size [saɪz]
zeal [zil]	music ['mju zɪk]	as [æz]
zest [zɛst]	dizzy ['dɪz i]	use [juz]

Contrasting Consonants:

[z]	[s]		[z]	[ð]
raising ['rez ɪŋ]	— racing ['res ɪŋ]	bays [bez]	— bathe [beð]
razor ['rez ɚ]	— racer ['res ɚ]	tease [tiz]	— teethe [tið]
prizes ['praɪz ɪz]	— prices ['praɪs ɪz]	lays [lez]	— lathe [leð]
muzzle [məzl]	— muscle [məsl]		[z]	[ðz]
lazy ['le zi]	— lacy ['les i]	close [kloz]	— clothes [kloðz]
		ties [taɪz]	— tithes [taɪðz]

[ʃ]

1. Phonetic symbol and I.D. number: [ʃ], C-16
2. Production information: a voiceless, alveolar-palatal fricative sound, the cognate of [ʒ]
3. Positions in words: initial, medial, and final
4. Typical spellings: **s**ure, pre**ss**ure, **sh**oe, mo**ti**on, ra**ci**al, o**ce**an
5. Visible information: lips are thrust forward or projected (same as [ʒ], [tʃ], and [dʒ])
6. Initial blends: [ʃr] shrine, shrimp
7. Final blends: [ʃt] pushed, cashed

[ʃ] Word List

Initial	*Medial*	*Final*
shop [ʃɑp]	machine [mə 'ʃin]	wash [wɑʃ]
should [ʃʊd]	ocean ['o ʃn]	push [pʊʃ]
shut [ʃət]	motion ['mo ʃn]	fish [fɪʃ]
shine [ʃɑɪn]	fishing ['fɪʃ ɪŋ]	dish [dɪʃ]
shout [ʃæʊt]	ashamed [ə 'ʃemd]	cash [kæʃ]

Contrasting Consonants:

[ʃ]	[tʃ]		[ʃ]	[s]
ship [ʃɪp]	— chip [tʃɪp]		shave [ʃev]	— save [sev]
shoe [ʃu]	— chew [tʃu]		shake [ʃek]	— sake [sek]
shin [ʃɪn]	— chin [tʃɪn]		shed [ʃɛd]	— said [sɛd]
cash [kæʃ]	— catch [kætʃ]		mesh [mɛʃ]	— mess [mɛs]
wish [wɪʃ]	— witch [wɪtʃ]		fashion [fæʃn]	— fasten [fæsn]

[ʒ]

1. Phonetic symbol and I.D. number: [ʒ], C-25
2. Production information: a voiced, alveolar-palatal fricative sound, the cognate of [ʃ]
3. Positions in words: initial, medial, and final
4. Typical spellings: vision, measure, garage, seizure
5. Visible information: lips are thrust forward or projected (same as [ʃ], [tʃ], [dʒ])
6. Final blends: [ʒd] garaged, camouflaged

[ʒ] Word List

Initial	Medial	Final
genre [ˈʒɑn rə]	usual [ˈju ʒu əl]	mirage [mɪ ˈrɑʒ]
	casual [ˈkæʒ u əl]	corsage [kɔɚ ˈsɑʒ]
	vision [vɪʒn]	beige [beʒ]
	visual [ˈvɪʒ u əl]	rouge [ruʒ]
	seizure [ˈsi ʒɚ]	prestige [prɛs ˈtiʒ]

Contrasting Consonants:
[ʒ]   [dʒ]
lesion [ˈli ʒn] — legion [ˈli dʒn]
version [ˈvɚ ʒn] — virgin [ˈvɚ dʒn]

---

1. Phonetic symbol and I.D. number: [h], C-6
2. Production information: a voiceless, glottal fricative sound.
3. Positions in words: initial and medial
4. Typical spelling: hand
5. Use as a silent letter of the alphabet: honor, hours, ghost
6. Visible information: no visible component, must be obtained from context

[h] Word List

Initial	Medial
he [hi]	behave [bɪ ˈhev]
hello [hɛ ˈlo]	anyhow [ˈɛn i ˌhæʊ]
half [hæf]	ahead [ə ˈhɛd]
hear [hɪɚ]	behind [bɪ ˈhɑɪnd]
horse [hɔɚs]	perhaps [pɚ ˈhæps]

Contrasting Consonants:

[h]	[ʍ]		[h]	[æ, i, ɪ]
hair [hɛɚ]	— where [ʍɛɚ]		hat [hæt]	— at [æt]
hip [hɪp]	— whip [ʍɪp]		heat [hit]	— eat [it]
heat [hit]	— wheat [ʍit]		had [hæd]	— add [æd]
hail [hel]	— whale [ʍel]		has [hæz]	— as [æz]
heel [hil]	— wheel [ʍil]		hear [hɪɚ]	— ear [ɪɚ]

1. Phonetic symbol and I.D. number: [tʃ], C-2
2. Production information: a voiceless, alveolar-palatal affricate sound, the cognate of [dʒ]
3. Positions in words: initial, medial, and final
4. Typical spellings: **ch**ain, ca**tch**, na**t**ure, men**t**ion
5. Visible information: lips are thrust forward or projected (same as [dʒ], [ʃ] and [ʒ])
6. Final blends: [tʃt] perched, reached; [ntʃt] lunched, pinched

[tʃ] Word List

Initial	*Medial*	*Final*
chew [tʃu]	kitchen [kɪtʃn]	lunch [ləntʃ]
chair [tʃɛɚ]	pitcher ['pɪtʃɚ]	catch [kætʃ]
chase [tʃes]	teaching ['titʃ ɪŋ]	much [mətʃ]
check [tʃɛk]	butcher ['bʊtʃ ɚ]	reach [ritʃ]
change [tʃendʒ]	ketchup ['kɛtʃ əp]	rich [rɪtʃ]

Contrasting Consonants:

[tʃ]	[ʃ]		[tʃ]	[dʒ]
cheap [tʃip] —	sheep [ʃip]	chunk [tʃəŋk] —	junk [dʒəŋk]
cheat [tʃit] —	sheet [ʃit]	chin [tʃɪn] —	gin [dʒɪn]
watching ['watʃ ɪŋ] —	washing ['waʃ ɪŋ]		
catch [kætʃ] —	cash [kæʃ]	rich [rɪtʃ] —	ridge [rɪdʒ]
ditch [dɪtʃ] —	dish [dɪʃ]	choke [tʃok] —	joke [dʒok]
		batch [bætʃ] —	badge [bædʒ]

[dʒ]

1. Phonetic symbol and I.D. number: [dʒ], C-7
2. Production information: a voiced, alveolar-palatal affricate sound, the cognate of [tʃ]
3. Positions in words: initial, medial, and final
4. Typical spellings: **j**oin, ma**g**ic, ca**g**e, lo**dg**ing, ba**dg**e, a**g**ent, sol**d**ier
5. Visible information: lips are thrust forward or projected
6. Final blends: [dʒd] caged, paged; [ndʒd] hinged, ranged

[dʒ] Word List

Initial	Medial	Final
jar [dʒɑɚ]	magic ['mædʒ ɪk]	edge [ɛdʒ]
jacket ['dʒæk ɪt]	soldier ['sol dʒɚ]	large [lɑɚdʒ]
juice [dʒus]	engine ['ɛn dʒn]	bridge [brɪdʒ]
just [dʒəst]	agent ['e dʒənt]	huge [hjudʒ]
jail [dʒel]	region ['ri dʒn]	cage [kedʒ]

Contrasting Consonants:

[dʒ]		[tʃ]	[dʒ]		[z]
jest [dʒɛst]	—	chest [tʃɛst]	gypped [dʒɪpt]	—	zipped [zɪpt]
gyp [dʒɪp]	—	chip [tʃɪp]	jealous ['dʒɛl əs]	—	zealous ['zɛl əs]
jeer [dʒɪɚ]	—	cheer [tʃɪɚ]	budged [bədʒd]	—	buzzed [bəzd]
edge [ɛdʒ]	—	etch [ɛtʃ]	raging ['redʒ ɪŋ]	—	raising ['rez ɪŋ]
lunge [ləndʒ]	—	lunch [ləntʃ]	wage [wedʒ]	—	ways [wez]

[m]

1. Phonetic symbol and I.D. number: [m], C-10
2. Production information: a voiced, bilabial nasal sound.
3. Positions in words: initial, medial, and final
4. Typical spellings: **me**, su**mm**er, na**m**e
5. Visible information: lips opening from a closed position (same as [p] and [b])
6. Initial blends: [sm] smile, small
7. Final blends: [md] named, combed; [mz] comes, dimes; [mp] lamp, stamp; [mpt] camped, limped; [mps] jumps, camps

[m] Word List

Initial	*Medial*	*Final*
mast [məst]	farmer ['faɚm ɚ]	some [səm]
might [maɪt]	almost ['ɔl most]	time [taɪm]
may [me]	hammer ['hæm ɚ]	came [kem]
mood [mud]	coming ['kəm ɪŋ]	from [frəm]
make [mek]	empty ['ɛmp ti]	climb [klaɪm]

Contrasting Consonants:

[m]	[b]		[m]	[b]
make [mek] —	bake [bek]	rum [rəm] —	rub [rəb]
mill [mɪl] —	bill [bil]	Mom [mam] —	mob [mab]
match [mætʃ] —	batch [bætʃ]	roam [rom] —	robe [rob]
meat [mit] —	beat [bit]	rim [rɪm] —	rib [rɪb]
mug [məg] —	bug [bəg]	psalm [sam] —	sob [sab]

[n]

1. Phonetic symbol and I.D. number: [n], C-11
2. Production information: a voiced, alveolar nasal sound
3. Positions in words: initial, medial, and final
4. Typical spellings: **n**ot, fu**nn**y, o**n**e
5. Visible information: the front of the tongue touching the upper gum ridge (same as [t] and [d])
7. Initial blend: [sn] snow, sniff
8. Final blends: [nd] bend, burned; [nz] cans, trains; [ns] once, fence; [nt] went, paint; [nts] pants, wants; [ntʃ] pinch, ranch; [ndʒ] range, lounge

[n] Word List

Initial	*Medial*	*Final*
new [nu]	many ['mɛn i]	sun [sən]
knee [ni]	under ['ən dɚ]	fun [fən]
night [nɑɪt]	any ['ɛn i]	on [ɔn]
nest [nɛst]	raining ['ren ɪŋ]	ten [tɛn]
near [nɪɚ]	into ['ɪn tu]	ran [ræn]

Contrasting Consonants:

[n]	[d]		[n]	[ŋ]
noun [næʊn]	— down [dæʊn]	win [wɪn]	— wing [wɪŋ]
need [nid]	— deed [did]	sin [sɪn]	— sing [sɪŋ]
nip [nɪp]	— dip [dɪp]	thin [θɪn]	— thing [θɪŋ]
nor [nɔɚ]	— door [dɔɚ]	ran [ræn]	— rang [ræŋ]
rain [ren]	— raid [red]	lawn [lɔn]	— long [lɔŋ]

[ŋ]

1. Phonetic symbol and I.D. number: [ŋ], C-12
2. Production information: a voiced, velar nasal sound
3. Positions in words: medial and final
4. Typical spellings: si**ng**, ba**nk**
5. Visible information: identified by context
6. Final blends: [ŋd] hanged, ringed; [ŋz] sings, things; [ŋk] think, sink; [ŋks] thanks, banks; [ŋkt] banked, honked

[ŋ] Word List

Medial	*Final*
singer ['sɪŋ ɚ]	sang [sæŋ]
banker ['bæŋk ɚ]	going ['go ɪŋ]
monkey ['məŋ ki]	lung [ləŋ]
ringing ['rɪŋ ɪŋ]	making ['mek ɪŋ]
single ['sɪŋ gl]	long [lɔŋ]

Contrasting Consonants:

[ŋ]	[g]		[ŋ]	[ŋk]
rang [ræŋ]	— rag [ræg]		sing [sɪŋ]	— sink [sɪŋk]
hung [həŋ]	— hug [həg]		bang [bæŋ]	— bank [bæŋk]
lung [ləŋ]	— lug [ləg]		rang [ræŋ]	— rank [ræŋk]
sang [sæŋ]	— sag [sæg]		ring [rɪŋ]	— rink [rɪŋk]
gang [gæŋ]	— gag [gæg]		thing [θɪŋ]	— think [θɪŋk]

[w]

1. Phonetic symbol and I.D. number: [w], C-21
2. Production information: a voiced, bilabial glide sound
3. Positions in words: initial and medial
4. Typical spellings: **w**ill, **o**ne, q**u**ick
5. Use as a silent letter of the alphabet: kno**w**, se**w**, sa**w**, **w**rong
6. Visible information: the lips being drawn together or puckered

[w] Word List

Initial	*Medial*
water ['wɔ tɚ]	awake [ə 'wek]
we [wi]	always ['ɔl wez]
way [we]	anyway ['ɛn i ˌwe]
went [wɛnt]	everyone ['ɛv ri ˌwən]
were [wɚ]	sandwich ['sænd wɪtʃ]

Contrasting Consonants:

[w]		[v]		[w]		[r]
went [wɛnt]	—	vent [vɛnt]		wake [wek]	—	rake [rek]
wine [waɪn]	—	vine [vaɪn]		went [wɛnt]	—	rent [rɛnt]
worse [wɚs]	—	verse [vɚs]		wipe [waɪp]	—	ripe [raɪp]
wail [wel]	—	veil [vel]		weight [wet]	—	rate [ret]
wet [wɛt]	—	vet [vɛt]		ways [wez]	—	rays [rez]

1. Phonetic symbol and I.D. number: [l], C-9
2. Production information: a voiced, alveolar glide sound
3. Positions in words: initial and medial
4. Typical spellings: like, hello
5. Use as a silent letter of the alphabet: calm, palm
6. Visible information: movement of tongue tip leaving the gum ridge
7. Initial blends: [bl] blame, bleed; [fl] flag, flame; [gl] glad, glue; [kl] climb, clean; [pl] play, plenty; [sl] sleep, slow

[l] Word List

Initial	Medial
live [lɪv]	believe [bɪ 'liv]
like [laɪk]	solo ['so lo]
land [lænd]	follow ['fɑl o]
letter ['lɛt ə˞]	careless ['kɛə˞ lɪs]
last [læst]	yellow ['jɛl o]

Contrasting Consonants and Blends:

[l]		[r]	[l] blends		[r] blends
law [lɔ]	—	raw [rɔ]	flee [fli]	—	free [fri]
lake [lek]	—	rake [rek]	cloud [klæʊd]	—	crowd [kræʊd]
lace [les]	—	race [res]	clue [klu]	—	crew [kru]
lie [laɪ]	—	rye [raɪ]	glass [glæs]	—	grass [græs]
limb [lɪm]	—	rim [rɪm]	fly [flaɪ]	—	fry [fraɪ]

[r]

1. Phonetic symbol and I.D. number: [r], C-14
2. Production information: a voiced, alveolar-palatal glide sound
3. Positions in words: initial and medial
4. Typical spellings: **r**ight, ca**rr**y
5. Visible information: the lips drawing together or puckering
7. Initial blends: [br] bright, broom; [dr] drink, dream; [gr] grow, great; [kr] cream, cross; [pr] price, proud; [ʃr] shrink, shread; [tr] trip, trap; [θr] three, thread

[r] Word List

Initial	*Medial*
road [rod]	every ['ɛv ri]
ride [raɪd]	already [ɔl 'rɛd i]
room [rum]	caress [kə 'rɛs]
wrap [ræp]	arrest [ə 'rɛst]
round [ræʊnd]	around [ə 'ræʊnd]

Contrasting Consonants:

[r]		[w]	[r]		[l]
run [rən]	—	one [wən]	erect [ə 'rɛkt] —		elect [ə 'lɛkt]
rate [ret]	—	wait [wet]	correct [kə 'rɛkt] —		collect [kə 'lɛkt]
rise [raɪz]	—	wise [waɪz]	berry ['bɛɚ i] —		belly ['bɛl i]
ride [raɪd]	—	wide [waɪd]	bereaved [bɪ 'rivd]	—	believed [bɪ 'livd]
rare [rɛɚ]	—	wear [wɛɚ]	berated [bɪ 'ret ɪd]	—	belated [bɪ 'let ɪd]

1. Phonetic symbol and I.D. number: [j], C-23
2. Production information: a voiced-alveolar, palatal glide sound
3. Positions in words: initial and medial
4. Typical spellings: **yes, onion, val**ue
5. Visible information: narrow mouth opening, relaxed lips, often revealed by context
6. Initial blends: [bju] beauty, abuse; [kju] cute, accuse; [mju] mule, amuse

[j] Word List

Initial	*Medial*
yes [jɛs]	onion ['ən jən]
year [jɪɚ]	amuse [ə 'mjuz]
your [jʊɚ]	loyal ['lɔɪ (j)əl]
you [ju]	abuse [ə 'bjuz]
yet [jɛt]	million [ˌmɪl jən]

Contrasting Sounds:

[ju]	[u]		[j]	[dʒ]
feud [fjud]	— food [fud]		yam [jæm]	— jam [dʒæm]
mute [mjut]	— moot [mut]		yell [jɛl]	— jell [dʒɛl]
beauty ['bju ti]	— booty ['bu ti]		yacht [jɑt]	— jot [dʒɑt]
Butte [bjut]	— boot [but]		use [jus]	— juice [dʒus]
use [juz]	— ooze [uz]		yet [jɛt]	— jet [dʒɛt]

VOCABULARY

Hints on Using *NTC's Dictionary of American English Pronunciation*

1. Make sure you know what sounds the phonetic symbols stand for. Use the Pronunciation Guide at the beginning of the book, pages P-1 through P-53, to help you learn which sounds the phonetic symbols used in the dictionary actually stand for. Use a model speaker—either on the audiotape or a live volunteer—to help you learn the sounds.

2. Use the descriptions of the individual phonetic symbols in the Pronunciation Guide to help you with the individual symbols when it is not possible to use a model speaker.

3. Look up the word you want to pronounce in the dictionary and pronounce the phonetic symbols.

A

A [e]

a [ə]

à la carte [ˌɑ lə 'kɑɚt]

à la mode [ˌɑ lə 'mod]

abandon [ə 'bæn dn]

abandoned [ə 'bæn dnd]

abandoning [ə 'bæn dn ɪŋ]

abandons [ə 'bæn dnz]

abbreviate [ə 'bri vi ˌet]

abbreviated [ə 'bri vi ˌet ɪd]

abbreviates [ə 'bri vi ˌets]

abbreviating [ə 'bri vi ˌet ɪŋ]

abbreviation [ə ˌbri vi 'e ʃn]

abdicate ['æb də ˌket]

abdicated ['æb də ˌket ɪd]

abdicating ['æb də ˌket ɪŋ]

abdication [ˌæb də 'ke ʃn]

abdomen ['æb də mən]

abdominal [ˌæb 'dam ə nl]

abduct [æb 'dəkt]

abducted [æb 'dək tɪd]

abducting [æb 'dək tɪŋ]

aberration [ˌæb ə 're ʃn]

abeyance [ə 'be əns]

abhorrent [ˌæb 'hɔɚ ənt]

abide [ə 'baɪd]

ability [ə 'bɪl ə ti]

able ['e bl]

abnormal [æb 'nɔɚ ml]

abnormalities
  [ˌæb nɔɚ 'mæl ɪ tiz]

abnormality
  [ˌæb nɔɚ 'mæl ɪ ti]

aboard [ə 'bɔɚd]

abolish [ə 'bal ɪʃ]

abolished [ə 'bal ɪʃt]

abolishes [ə 'bal ɪʃ ɪz]

abolishing [ə 'bal ɪʃ ɪŋ]

abominable [ə 'bam ə nə bl]

abort [ə 'bɔɚt]

aborted [ə 'bɔɚ tɪd]

abortion [ə 'bɔɚ ʃn]

abound [ə 'bæʊnd]

about [ə 'bæʊt]

above [ə 'bəv]

aboveboard [ə 'bəv ˌbɔɚd]

abrasion [ə 'bre ʒn]

abrasive [ə 'bre sɪv]

abroad [ə 'brɔd]

abrupt [ə 'brəpt]

abruptly [ə 'brəpt li]

abscess ['æb sɛs]

abscessed ['æb sɛst]

absence ['æb səns]

absent ['æb sənt]

absentee [ˌæb sən 'ti]

absolute ['æb sə ˌlut]

absolutely [ˌæb sə 'lut li]

absolve [æb 'zɑlv]

absolved [æb 'zɑlvd]

absorb [æb 'zɔɚb]

absorbed [æb 'zɔɚbd]

absorbing [æb 'zɔɚb ɪŋ]

absorbs [æb 'zɔɚbz]

absorption [æb 'sɔɚp ʃn]

abstain [æb 'sten]

abstained [æb 'stend]

abstaining [æb 'sten ɪŋ]

abstains [æb 'stenz]

abstinence ['æb stə nəns]

abstract n., adj. ['æb ˌstrækt] v. [æb 'strækt]

abstracted [æb 'stræk tɪd]

abstracting [æb 'stræk tɪŋ]

abstraction [æb 'stræk ʃn]

absurd [æb 'sɚd]

abundance [ə 'bən dns]

abundant [ə 'bən dnt]

abuse n. [ə 'bjus] v. [ə 'bjuz]

abused [ə 'bjuzd]

abuses n. [ə 'bjus ɪz] v. [ə 'bjuz ɪz]

abusing [ə 'bjuz ɪŋ]

abusive [ə 'bjus ɪv]

abysmal [ə 'bɪz ml]

abyss [ə 'bɪs]

academic [ˌæk ə 'dɛm ɪk]

academy [ə 'kæd ə mi]

accelerate [æk 'sɛl ə ˌret]

accelerated [æk 'sɛl ə ˌret ɪd]

accelerates [æk 'sɛl ə ˌrets]

accelerating [æk 'sɛl ə ˌret ɪŋ]

acceleration [æk ˌsɛl ə 're ʃn]

accelerator [æk 'sɛl ə ˌre tɚ]

accent ['æk sɛnt]

accented ['æk sɛn tɪd]

accenting ['æk sɛn tɪŋ]

accentuate [æk 'sɛn tʃu ˌet]

accentuated [æk 'sɛn tʃu ˌet ɪd]

accentuates [æk 'sɛn tʃu ˌets]

accentuating [æk 'sɛn tʃu ˌet ɪŋ]

accept [æk 'sɛpt]

acceptable [æk 'sɛp tə bl]

acceptance [æk 'sɛp tns]

accepted [æk 'sɛp tɪd]

accepting [æk 'sɛp tɪŋ]

accepts [æk 'sɛpts]

access ['æk sɛs]

accessed ['æk sɛst]

accessibility [æk ˌsɛs ə 'bɪl ə ti]

accessible [æk 'sɛs ə bl]

accessory [æk 'sɛs ə ri]

accident ['æk sɪ dnt]

accident-prone ['æk sɪ dnt 'pron]

accidental [ˌæk sɪ 'dɛn tl]

accidentally [ˌæk sɪ 'dɛnt li]

acclaim [ə 'klem]

acclamation [ˌæk lə 'me ʃn]

acclimate ['æk lə ˌmet]

acclimated ['æk lə ˌmet ɪd]

acclimating ['æk lə ˌmet ɪŋ]

accommodate [ə 'kɑm ə ˌdet]

accommodated
[ə 'kam ə ˌdet ɪd]

accommodating
[ə 'kam ə ˌdet ɪŋ]

accommodation
[ə ˌkam ə 'de ʃn]

accompanied   [ə 'kəm pə ˌnid]

accompaniment
[ə 'kəm pə nɪ mənt]

accompanist   [ə 'kəm pə nɪst]

accompany   [ə 'kəm pə ni]

accompanying
[ə 'kəm pə nɪ ɪŋ]

accomplice   [ə 'kam plɪs]

accomplish   [ə 'kam plɪʃ]

accomplished   [ə 'kam plɪʃt]

accomplishing   [ə 'kam plɪʃ ɪŋ]

accomplishment
[ə 'kam plɪʃ mənt]

accord   [ə 'kɔɚd]

accordance   [ə 'kɔɚ dns]

accorded   [ə 'kɔɚ dɪd]

according   [ə 'kɔɚ dɪŋ]

accordingly   [ə 'kɔɚ dɪŋ li]

accordion   [ə 'kɔɚ di ən]

account   [ə 'kæʊnt]

accountable   [ə 'kæʊnt ə bl]

accountant   [ə 'kæʊnt nt]

accounted   [ə 'kæʊnt ɪd]

accounting   [ə 'kæʊnt ɪŋ]

accrue   [ə 'kru]

accrued   [ə 'krud]

accrues   [ə 'kruz]

accruing   [ə 'kru ɪŋ]

accumulate   [ə 'kju mjə ˌlet]

accumulated
[ə 'kju mjə ˌlet ɪd]

accumulates   [ə 'kju mjə ˌlets]

accumulating
[ə 'kju mjə ˌlet ɪŋ]

accumulation
[ə ˌkju mjə 'le ʃn]

accuracy   ['æk jɚ ɪ si]

accurate   ['æk jɚ ɪt]

accurately   ['æk jɚ ɪt li]

accusation   [ˌæk jə 'ze ʃn]

accuse   [ə 'kjuz]

accused   [ə 'kjuzd]

accusing   [ə 'kjuz ɪŋ]

accustomed   [ə 'kəs tmd]

ace   [es]

ache   [ek]

ached   [ekt]

achieve   [ə 'tʃiv]

achieved   [ə 'tʃivd]

achievement   [ə 'tʃiv mənt]

achieving   [ə 'tʃiv ɪŋ]

aching   ['ek ɪŋ]

acid   ['æs ɪd]

acid rain   ['æs ɪd 'ren]

acidity   [ə 'sɪd ə ti]

acknowledge   [æk 'nal ɪdʒ]

acknowledged   [æk 'nal ɪdʒd]

acknowledgement
[æk 'nal ɪdʒ mənt]

acknowledging   [æk 'nal ɪdʒ ɪŋ]

acne   ['æk ni]

acorn   ['e kɔɚn]

acoustic   [ə 'ku stɪk]

acoustical   [ə 'ku stɪ kl]

acquaint   [ə 'kwent]

acquaintance   [ə 'kwen tns]

acquainted   [ə 'kwen tɪd]

acquire   [ə 'kwaɪɚ]

acquired   [ə 'kwaɪɚd]

acquiring [ə 'kwɑɪɚ ɪŋ]

acquisition [ˌæk wɪ 'zɪʃn]

acquisitive [ə 'kwɪz ɪ tɪv]

acquit [ə 'kwɪt]

acquittal [ə 'kwɪtl]

acquitted [ə 'kwɪt ɪd]

acquitting [ə 'kwɪt ɪŋ]

acre ['e kɚ]

acreage ['e kɚ ɪdʒ]

acrid ['æk rɪd]

acrimony ['æk rɪ ˌmo ni]

acrobat ['æk rə ˌbæt]

acrobatics [ˌæk rə 'bæt ɪks]

across [ə 'krɔs]

acrylic [ə 'krɪl ɪk]

act [ækt]

acted ['æk tɪd]

acting ['æk tɪŋ]

action ['æk ʃn]

activate ['æk tə ˌvet]

activated ['æk tə ˌvet ɪd]

activating ['æk tə ˌvet ɪŋ]

active ['æk tɪv]

actively ['æk tɪv li]

activism ['æk tə ˌvɪzm]

activity [æk 'tɪv ɪ ti]

actor ['æk tɚ]

actress ['æk trɪs]

actual ['æk tʃu əl]

actuality [ˌæk tʃu 'æl ɪ ti]

actually ['æk tʃu ə li]

actuary ['æk tʃu ˌɛɚ i]

actuate ['æk tʃu ˌet]

acuity [ə 'kju ɪ ti]

acumen [ə 'kju mən]

acute [ə 'kjut]

acutely [ə 'kjut li]

ad [æd]

ad infinitum [æd ˌɪn fɪ 'nɑɪ tm]

ad-lib ['æd 'lɪb]

ad-libbed ['æd 'lɪbd]

ad-libbing ['æd 'lɪb ɪŋ]

ad-libs ['æd 'lɪbz]

adage ['æd ɪdʒ]

adamant ['æd ə mənt]

adapt [ə 'dæpt]

adaptable [ə 'dæp tə bl]

adaptation [ˌæ dæp 'te ʃn]

adapted [ə 'dæp tɪd]

adapting [ə 'dæp tɪŋ]

adaptor [ə 'dæp tɚ]

add [æd]

added ['æd ɪd]

addict n. ['æ ˌdɪkt]
    v. [ə 'dɪkt]

addicted [ə 'dɪk tɪd]

addicting [ə 'dɪk tɪŋ]

addiction [ə 'dɪk ʃn]

addictive [ə 'dɪk tɪv]

adding ['æd ɪŋ]

addition [ə 'dɪʃn]

additional [ə 'dɪʃ ə nl]

additive ['æd ɪ tɪv]

address n. ['æ drɛs]
    v. [ə 'drɛs]

addressed [ə 'drɛst]

adenoids ['æd nɔɪdz]

adept [ə 'dɛpt]

adequacy ['æd ə kwə si]

adequate ['æd ə kwɪt]

adequately ['æd ə kwɪt li]

adhere [æd 'hɪɚ]

adhered [æd 'hɪɚd]

adherence [æd 'hɪɚ əns]

adherent   [æd 'hɪɚ nt]

adhering   [æd 'hɪɚ ɪŋ]

adhesion   [æd 'hi ʒn]

adhesive   [æd 'hi sɪv]

adhesive tape   [æd 'hi sɪv ˌtep]

adjacent   [ə 'dʒe snt]

adjective   ['æ dʒɪk tɪv]

adjoining   [ə 'dʒɔɪn ɪŋ]

adjourn   [ə 'dʒɚn]

adjourned   [ə 'dʒɚnd]

adjourning   [ə 'dʒɚn ɪŋ]

adjudge   [ə 'dʒədʒ]

adjudged   [ə 'dʒədʒd]

adjunct   ['æd ʒəŋkt]

adjust   [ə 'dʒəst]

adjustable   [ə 'dʒəst ə bl]

adjusted   [ə 'dʒəs tɪd]

adjusting   [ə 'dʒəs tɪŋ]

adjustment   [ə 'dʒəst mənt]

administer   [æd 'mɪn ɪs tɚ]

administered   [æd 'mɪn ɪs tɚd]

administering
   [æd 'mɪn ɪs tɚ ɪŋ]

administration
   [æd ˌmɪn ɪs 'tre ʃn]

administrative
   [æd 'mɪn ɪs ˌtre tɪv]

administrator
   [æd 'mɪn ɪs ˌtre tɚ]

admirable   ['æd mɚ ə bl]

admirably   ['æd mɚ ə bli]

admiral   ['æd mɚ əl]

admiration   [ˌæd mə 're ʃn]

admire   [æd 'maɪɚ]

admired   [æd 'maɪɚd]

admirer   [æd 'maɪɚ ɚ]

admiring   [æd 'maɪɚ ɪŋ]

admissible   [æd 'mɪs ə bl]

admission   [æd 'mɪʃn]

admit   [æd 'mɪt]

admittance   [æd 'mɪt ns]

admitted   [æd 'mɪt ɪd]

admittedly   [æd 'mɪt ɪd li]

admitting   [æd 'mɪt ɪŋ]

admonish   [æd 'man ɪʃ]

admonished   [æd 'man ɪʃt]

admonishing   [æd 'man ɪʃ ɪŋ]

admonition   [ˌæd mə 'nɪ ʃn]

adolescence   [ˌæ də 'lɛs ns]

adolescent   [ˌæ də 'lɛs nt]

adopt   [ə 'dɑpt]

adopted   [ə 'dɑp tɪd]

adopting   [ə 'dɑp tɪŋ]

adoption   [ə 'dɑp ʃn]

adoptive   [ə 'dɑp tɪv]

adopts   [ə 'dɑpts]

adorable   [ə 'dɔɚ ə bl]

adore   [ə 'dɔɚ]

adored   [ə 'dɔɚd]

adores   [ə 'dɔɚz]

adorn   [ə 'dɔɚn]

adrenalin   [ə 'drɛn ə lɪn]

adroit   [ə 'drɔɪt]

adulation   [ˌædʒ ə 'le ʃn]

adult   [ə 'dəlt]

adulterate   [ə 'dəl tə ˌret]

adulterated   [ə 'dəl tə ˌre tɪd]

adultery   [ə 'dəl tə ri]

advance   [æd 'væns]

advanced   [æd 'vænst]

advancement
   [æd 'væns mənt]

advancing   [æd 'væns ɪŋ]

advantage   [æd 'væn tɪdʒ]

advantageous
[ˌæd væn ˈte dʒɪs]

adventure [æd ˈvɛn tʃɚ]

adventurer [æd ˈvɛn tʃɚ ɚ]

adventurous [æd ˈvɛn tʃɚ əs]

adverb [ˈæd vɚb]

adversary [ˈæd vɚ ˌsɛɚ i]

adverse [æd ˈvɚs]

adversity [æd ˈvɚ sɪ ti]

advertise [ˈæd vɚ ˌtaɪz]

advertised [ˈæd vɚ ˌtaɪzd]

advertisement
[ˌæd vɚ ˈtaɪz mənt]

advertises [ˈæd vɚ ˌtaɪz ɪz]

advertising [ˈæd vɚ ˌtaɪz ɪŋ]

advice [æd ˈvaɪs]

advisability [æd ˌvaɪz ə ˈbɪl ɪ ti]

advisable [æd ˈvaɪz ə bl]

advise [æd ˈvaɪz]

advised [æd ˈvaɪzd]

advises [æd ˈvaɪz ɪz]

advising [æd ˈvaɪz ɪŋ]

advisor [æd ˈvaɪz ɚ]

advisory [æd ˈvaɪz ə ri]

advocacy [ˈæd və kə si]

advocate [ˈæd və ˌket]

advocated [ˈæd və ˌket ɪd]

advocates [ˈæd və ˌkets]

advocating [ˈæd və ˌket ɪŋ]

aerodynamics
[ˌɛɚ o ˌdaɪ ˈnæm ɪks]

aeronautical [ˌɛɚ ə ˈnɔ tɪ kl]

aeronautics [ˌɛɚ ə ˈnɔ tɪks]

aerosol [ˈɛɚ ə ˌsol]

aerospace [ˈɛɚ o ˌspes]

aesthetics [ɛs ˈθɛt ɪks]

affair [ə ˈfɛɚ]

affect [ə ˈfɛkt]

affected [ə ˈfɛk tɪd]

affecting [ə ˈfɛk tɪŋ]

affection [ə ˈfɛk ʃn]

affectionate [ə ˈfɛk ʃə nɪt]

affects [ə ˈfɛkts]

affidavit [ˌæf ɪ ˈde vɪt]

affiliate *n.* [ə ˈfɪl i ɪt]
 v. [ə ˈfɪl i ˌet]

affiliated [ə ˈfɪl i ˌet ɪd]

affiliating [ə ˈfɪl i ˌet ɪŋ]

affiliation [ə ˌfɪl i ˈe ʃn]

affinity [ə ˈfɪn ɪ ti]

affirm [ə ˈfɚm]

affirmation [ˌæ fɚ ˈme ʃn]

affirmative [ə ˈfɚ mə tɪv]

affirmed [ə ˈfɚmd]

afflict [ə ˈflɪkt]

afflicted [ə ˈflɪk tɪd]

afflicting [ə ˈflɪk tɪŋ]

affliction [ə ˈflɪk ʃn]

afflicts [ə ˈflɪkts]

affluence [ˈæ ˌflu əns]

affluent [ˈæ flu ənt]

afford [ə ˈfɔɚd]

afforded [ə ˈfɔɚ dɪd]

affricate [ˈæf rɪ kɪt]

afoot [ə ˈfʊt]

aforementioned
[ə ˈfɔɚ ˈmɛn ʃənd]

afraid [ə ˈfred]

African [ˈæf rɪ kn]

after [ˈæf tɚ]

aftereffects [ˈæf tɚ ə ˌfɛkts]

aftermath [ˈæf tɚ ˌmæθ]

afternoon [ˌæf tɚ ˈnun]

afterthought [ˈæf tɚ ˌθɔt]

afterward ['æf tɚ wɚd]

afterwards ['æf tɚ wɚdz]

again [ə 'gɛn]

against [ə 'gɛnst]

age [edʒ]

aged [edʒd]

ageless ['edʒ lɪs]

agency ['e dʒən si]

agenda [ə 'dʒɛn ˌdə]

agent ['e dʒənt]

aggrandize [ə 'græn ˌdaɪz]

aggravate ['æg rə ˌvet]

aggravated ['æg rə ˌvet ɪd]

aggravating ['æg rə ˌvet ɪŋ]

aggravation [ˌæg rə 've ʃn]

aggregate ['æg rə gɪt]

aggression [ə 'grɛʃn]

aggressive [ə 'grɛs ɪv]

aggressively [ə 'grɛs ɪv li]

aggressor [ə 'grɛs ɚ]

aghast [ə 'gæst]

agile [ædʒl]

aging ['edʒ ɪŋ]

agitate ['ædʒ ɪ ˌtet]

agitated ['ædʒ ɪ ˌtet ɪd]

agitating ['ædʒ ɪ ˌtet ɪŋ]

agitation [ˌædʒ ɪ 'te ʃn]

agitator ['ædʒ ɪ ˌte tɚ]

agleam [ə 'glim]

aglow [ə 'glo]

agnostic [æg 'nas tɪk]

agnosticism [æg 'nas tɪ ˌsɪzm]

ago [ə 'go]

agonize ['æg ə ˌnaɪz]

agonizes ['æg ə ˌnaɪz ɪz]

agonizing ['æg ə ˌnaɪz ɪŋ]

agony ['æg ə ni]

agrarian [ə 'grɛɚ i ən]

agree [ə 'gri]

agreeable [ə 'gri ə bl]

agreed [ə 'grid]

agreeing [ə 'gri ɪŋ]

agreement [ə 'gri mənt]

agrees [ə 'griz]

agricultural
  [ˌæg rə 'kəl tʃɚ əl]

agriculture ['æg rə ˌkəl tʃɚ]

agronomy [ə 'gran ə mi]

ahead [ə 'hɛd]

aid [ed]

aide [ed]

aided ['ed ɪd]

aiding ['ed ɪŋ]

AIDS [edz]

aids [edz]

ail [el]

ailing ['el ɪŋ]

ailment ['el mənt]

ails [elz]

aim [em]

aimless ['em lɪs]

air [ɛɚ]

air bag ['ɛɚ ˌbæg]

air conditioner
  ['ɛɚ kən ˌdɪʃn ɚ]

airborne ['ɛɚ ˌbɔɚn]

aircraft ['ɛɚ ˌkræft]

aired [ɛɚd]

airing ['ɛɚ ɪŋ]

airline ['ɛɚ ˌlaɪn]

airmail ['ɛɚ ˌmel]

airplane ['ɛɚ ˌplen]

airport ['ɛɚ ˌpɔɚt]

airs [ɛɚz]

airspace [ˈɛɚ ˌspes]

airstrip [ˈɛɚ ˌstrɪp]

airtight [ˈɛɚ ˌtaɪt]

aisle [aɪl]

ajar [ə ˈdʒɑɚ]

akin [ə ˈkɪn]

Akron (OH) [ˈæk rən]

Alabama [ˌæl ə ˈbæm ə]

alarm [ə ˈlaɚm]

alarmed [ə ˈlaɚmd]

alarming [ə ˈlaɚm ɪŋ]

alarmist [ə ˈlaɚm ɪst]

alarms [ə ˈlaɚmz]

Alaska [ə ˈlæs kə]

Albany (NY) [ˈɔl bə ni]

albino [ˌæl ˈbaɪ no]

album [ˈæl bəm]

Albuquerque (NM) [ˈæl bə ˌkɚ ki]

alcohol [ˈæl kə ˌhɔl]

alcoholic [ˌæl kə ˈhɔl ɪk]

alcoholism [ˈæl kə ˌhɔl ɪzm]

alcove [ˈæl ˌkov]

ale [el]

alert [ə ˈlɚt]

alerted [ə ˈlɚt ɪd]

alerting [ə ˈlɚt ɪŋ]

alfalfa [æl ˈfæl fə]

algae [ˈæl dʒi]

algebra [ˈæl dʒə brə]

alias [ˈe li əs]

alibi [ˈæl ɪ baɪ]

alibied [ˈæl ɪ baɪd]

alibiing [ˈæl ɪ baɪ ɪŋ]

alien [ˈe li ən]

alienate [ˈe li ə ˌnet]

alienated [ˈe li ə ˌnet ɪd]

alienating [ˈe li ə ˌnet ɪŋ]

alienation [e ˌli ə ˈne ʃn]

align [ə ˈlaɪn]

aligned [ə ˈlaɪnd]

alike [ə ˈlaɪk]

alimony [ˈæl ə ˌmo ni]

aline [ə ˈlaɪn]

alive [ə ˈlaɪv]

all [ɔl]

all-American [ˌɔl ə ˈmɛɚ ə kn]

all-around [ˈɔl ə ˈræʊnd]

all-important [ˈɔl ɪm ˈpɔɚt nt]

all-inclusive [ˈɔl ɪn ˈklu sɪv]

all-night [ˈɔl ˈnaɪt]

all-out [ˈɔl ˈæʊt]

all right [ˈɔl ˈraɪt]

all-round [ˈɔl ˈræʊnd]

all-star n. [ˈɔl ˌstaɚ]
  adj. [ˈɔl ˈstaɚ]

all-time [ˈɔl ˈtaɪm]

allegation [ˌæl ə ˈge ʃn]

allege [ə ˈlɛdʒ]

alleged [ə ˈlɛdʒd]

allegedly [ə ˈlɛdʒ ɪd li]

alleges [ə ˈlɛdʒ ɪz]

allegiance [ə ˈli dʒəns]

allegory [ˈæl ə ˌgɔɚ i]

Allentown (PA) [ˈæl ən ˌtæʊn]

allergenic [ˌæl ɚ ˈdʒɛn ɪk]

allergic [ə ˈlɚ dʒɪk]

allergist [ˈæl ɚ dʒɪst]

allergy [ˈæl ɚ dʒi]

alleviate [ə ˈli vi ˌet]

alleviated [ə ˈli vi ˌet ɪd]

alleviates [ə ˈli vi ˌets]

alleviating [ə ˈli vi ˌet ɪŋ]

alleviation [ə ˌli vi ˈe ʃn]

alley ['æl i]

alliance [ə 'laɪ əns]

allied ['æl aɪd]

allies ['æl aɪz]

alligator ['æl ɪ ˌge tɚ]

allocate ['æl ə ˌket]

allocated ['æl ə ˌket ɪd]

allocates ['æl ə ˌkets]

allocating ['æl ə ˌket ɪŋ]

allocation [ˌæl ə 'ke ʃn]

allot [ə 'lɑt]

allotment [ə 'lɑt mənt]

allotted [ə 'lɑt ɪd]

allotting [ə 'lɑt ɪŋ]

allow [ə 'læʊ]

allowance [ə 'læʊ əns]

allowed [ə 'læʊd]

allowing [ə 'læʊ ɪŋ]

allows [ə 'læʊz]

allude [ə 'lud]

alluded [ə 'lud ɪd]

alludes [ə 'ludz]

alluding [ə 'lud ɪŋ]

allure [ə 'lʊɚ]

allusion [ə 'lu ˌʒn]

ally n. ['æl aɪ] v. [ə 'laɪ]

alma mater ['æl mə 'ma tɚ]

almanac ['ɔl mə ˌnæk]

almighty [ɔl 'maɪ ti]

almond ['a mənd]

almost ['ɔl most]

alms [amz]

along [ə 'lɔŋ]

alongside [ə 'lɔŋ 'saɪd]

aloof [ə 'luf]

aloofness [ə 'luf nɪs]

aloud [ə 'læʊd]

alphabet ['æl fə ˌbɛt]

alphabetical [ˌæl fə 'bɛt ɪ kl]

alphabetically [ˌæl fə 'bɛt ɪk li]

alphabetize ['æl fə bɪ ˌtaɪz]

already [ɔl 'rɛd i]

also ['ɔl so]

also-ran ['ɔl so ˌræn]

altar ['ɔl tɚ]

alter ['ɔl tɚ]

alteration [ˌɔl tɚ 'e ʃn]

altercation [ˌɔl tɚ 'ke ʃn]

altered ['ɔl tɚd]

altering ['ɔl tɚ ɪŋ]

alternate n., adj. ['ɔl tɚ nət]
  v. ['ɔl tɚ ˌnet]

alternated ['ɔl tɚ ˌnet ɪd]

alternately ['ɔl tɚ ˌnɪt li]

alternates n. ['ɔl tɚ nəts]
  v. ['ɔl tɚ ˌnets]

alternating ['ɔl tɚ ˌnet ɪŋ]

alternative [ɔl 'tɚ nə tɪv]

although [ɔl 'ðo]

altimeter [æl 'tɪm ə tɚ]

altitude ['æl tɪ ˌtud]

alto ['æl to]

altogether [ˌɔl tə 'gɛð ɚ]

Altoona (PA) [ˌæl 'tu nə]

altruism ['æl tru ˌɪzm]

altruist ['æl tru ɪst]

altruistic [ˌæl tru 'ɪs tɪk]

aluminum [ə 'lu mə nəm]

alumna [ə 'ləm nə]

alumni [ə 'ləm naɪ]

alumnus [ə 'ləm nəs]

always ['ɔl wez]

am [æm]

Amarillo (TX)   [ˌæm ə 'rɪl o]
amateur   ['æ mə ˌtʃʊɚ]
amateurish   ['æ mə ˌtʃʊɚ ɪʃ]
amaze   [ə 'mez]
amazed   [ə 'mezd]
amazement   [æ 'mez mənt]
amazing   [ə 'mez ɪŋ]
ambassador   [æm 'bæs ə dɚ]
ambassadorial
  [æm ˌbæs ə 'dɔɚ i əl]
amber   ['æm bɚ]
ambiance   ['æm bi əns]
ambidextrous
  [ˌæm bɪ 'dɛk strəs]
ambiguity   [ˌæm bɪ 'gju ɪ ti]
ambiguous   [æm 'bɪg ju əs]
ambition   [æm 'bɪʃn]
ambitious   [æm 'bɪʃ əs]
ambivalence   [æm 'bɪv ə ləns]
ambivalent   [æm 'bɪv ə lənt]
amble   ['æm bl]
ambled   ['æm bld]
ambrosia   [æm 'bro ʒə]
ambulance   ['æm bjə ləns]
ambulate   ['æm bjə ˌlet]
ambulation   [ˌæm bjə 'le ʃn]
ambulatory
  ['æm bjə lə ˌtɔɚ i]
ambush   ['æm bʊʃ]
ambushed   ['æm bʊʃt]
ambushing   ['æm bʊʃ ɪŋ]
ameliorate   [ə 'mil jə ˌet]
amen   ['a 'mɛn]
amenable   [ə 'mɛn ə bl]
amend   [ə 'mɛnd]
amended   [ə 'mɛnd ɪd]
amending   [ə 'mɛnd ɪŋ]

amendment   [ə 'mɛnd mənt]
amends   [ə 'mɛndz]
amenity   [ə 'mɛn ɪ ti]
American   [ə 'mɛɚ ə kn]
amiable   ['em i ə bl]
amicable   ['æm ə kə bl]
Amish   ['a mɪʃ]
ammonia   [ə 'mon jə]
ammunition   [ˌæm jə 'nɪʃn]
amnesia   [æm 'ni ʒə]
amnesty   ['æm nɪs ti]
among   [ə 'məŋ]
amorous   ['æm ɚ əs]
amorphous   [ə 'mɔɚ fəs]
amortization   [ˌæm ɚ tɪ 'ze ʃn]
amortize   ['æ mɚ ˌtaɪz]
amortized   ['æ mɚ ˌtaɪzd]
amount   [ə 'mæʊnt]
amounted   [ə 'mæʊnt ɪd]
amounting   [ə 'mæʊnt ɪŋ]
amphibian   [æm 'fɪb i ən]
amphibious   [æm 'fɪb i əs]
amphitheater   ['æm fə ˌθi ə tɚ]
ample   ['æm pl]
amplification
  [ˌæm plɪ fɪ 'ke ʃn]
amplified   ['æm plɪ ˌfaɪd]
amplifier   ['æm plɪ ˌfaɪ ɚ]
amplify   ['æm plɪ ˌfaɪ]
amplitude   ['æm plɪ ˌtud]
amply   ['æm pli]
amputate   ['æm pjʊ ˌtet]
amputated   ['æm pjʊ ˌtet ɪd]
amputating   ['æm pjʊ ˌtet ɪŋ]
amputation   [ˌam pjʊ 'te ʃn]
amputee   [ˌæm pjʊ 'ti]
amuse   [ə 'mjuz]

amused [ə 'mjuzd]
amusement [ə 'mjuz mənt]
amusing [ə 'mjuz ɪŋ]
an [æn]
analgesic [ˌæn əl 'dʒi zɪk]
analogous [ə 'næl ə gəs]
analogy [ə 'næl ə dʒi]
analyses [ə 'næl ə ˌsiz]
analysis [ə 'næl ə sɪs]
analyst ['æn ə lɪst]
analytical [ˌæn ə 'lɪt ɪ kl]
analyzable ['æn ə ˌlaɪz ə bl]
analyze ['æn ə ˌlaɪz]
analyzed ['æn ə ˌlaɪzd]
analyzing ['æn ə ˌlaɪz ɪŋ]
anarchy ['æn ɚ ki]
anatomical [ˌæn ə 'tam ɪ kl]
anatomy [ə 'næt ə mi]
ancestor ['æn ˌsɛs tɚ]
ancestral [æn 'sɛs trəl]
anchor ['æŋ kɚ]
Anchorage (AK) ['æŋ kɚ ɪdʒ]
anchored ['æŋ kɚd]
ancient ['en ʃnt]
and [ænd]
Anderson (IN) ['æn dɚ sn]
anecdote ['æn ɪk ˌdot]
anemia [ə 'ni mi ə]
anemic [ə 'ni mɪk]
anesthesia [ˌæn ɪs 'θi ʒə]
anesthesiologist
    [ˌæn ɪs ˌθi zi 'al ə dʒɪst]
anesthetic [ˌæn ɪs 'θɛt ɪk]
anesthetist [ə 'nɛs θɪ tɪst]
anesthetize [ə 'nɛs θɪ ˌtaɪz]
anesthetized [ə 'nɛs θɪ ˌtaɪzd]
angel ['en dʒl]

angelic [æn 'dʒɛl ɪk]
anger ['æŋ gɚ]
angered ['æŋ gɚd]
angering ['æŋ gɚ ɪŋ]
angina [æn 'dʒaɪ nə]
angle ['æŋ gl]
angled ['æŋ gld]
angler ['æŋ glɚ]
angrily ['æŋ grɪ li]
angry ['æŋ gri]
anguish ['æŋ gwɪʃ]
angular ['æŋ gjə lɚ]
animal ['æn ə ml]
animate ['æn ə ˌmet]
animated ['æn ə ˌmet ɪd]
animosity [ˌæn ə 'mas ɪ ti]
ankle ['æŋ kl]
Ann Arbor (MI) [ˌæn 'aɚ bɚ]
annals ['æn əlz]
Annapolis (MD) [ə 'næp ə lɪs]
annex n. ['æn ɛks]
    v. [ə 'nɛks]
annexation [ˌæn ɛk 'se ʃn]
annexed [ə 'nɛkst]
annexing [ə 'nɛks ɪŋ]
annihilate [ə 'naɪ ə ˌlet]
annihilated [ə 'naɪ ə ˌlet ɪd]
annihilating [ə 'naɪ ə ˌlet ɪŋ]
annihilation [ə ˌnaɪ ə 'le ʃn]
anniversary [ˌæn ə 'vɚ sɚ i]
annotated ['æn o ˌtet ɪd]
annotation [ˌæn o 'te ʃn]
announce [ə 'næʊns]
announced [ə 'næʊnst]
announcement
    [ə 'næʊns mənt]
announcer [ə 'næʊn sɚ]

announcing [ə 'næʊns ɪŋ]

annoy [ə 'nɔɪ]

annoyance [ə 'nɔɪ əns]

annoyed [ə 'nɔɪd]

annoying [ə 'nɔɪ ɪŋ]

annual ['æn ju əl]

annually ['æn ju ə li]

annuities [ə 'nu ɪ tiz]

annuity [ə 'nu ɪ ti]

annul [ə 'nəl]

annulled [ə 'nəld]

annulment [ə 'nəl mənt]

anoint [ə 'nɔɪnt]

anomaly [ə 'nam ə li]

anonymity [ˌæn ə 'nɪm ɪ ti]

anonymous [ə 'nan ə məs]

another [ə 'nəð ɚ]

answer ['æn sɚ]

answerable ['æn sɚ ə bl]

answered ['æn sɚd]

answering ['æn sɚ ɪŋ]

ant [ænt]

antacid [ænt 'æs ɪd]

antagonism [æn 'tæg ə ˌnɪzm]

antagonist [æn 'tæg ə nɪst]

antagonistic
   [æn ˌtæg ə 'nɪs tɪk]

antagonize [æn 'tæg ə ˌnaɪz]

antagonized [æn 'tæg ə ˌnaɪzd]

antagonizing
   [æn 'tæg ə ˌnaɪz ɪŋ]

ante ['æn ti]

antebellum ['æn ti 'bɛl əm]

antecedent [ˌæn tɪ 'sid nt]

antelope ['æn tə ˌlop]

antenna [æn 'tɛn ə]

anterior [æn 'tɪɚ i ɚ]

anthem ['æn θəm]

anthology [æn 'θal ə dʒi]

anthropoid ['æn θrə ˌpɔɪd]

anti-Semitism
   [ˌæn ti 'sɛm ɪ tɪzm]

antiaircraft [ˌæn ti 'ɛɚ ˌkræft]

antibacterial
   ['æn ti ˌbæk 'tɪɚ i əl]

antibiotic [ˌæn ti baɪ 'at ɪk]

antibody ['æn ti ˌbad i]

anticipate [æn 'tɪs ə ˌpet]

anticipating [æn 'tɪs ə ˌpet ɪŋ]

anticipation [æn ˌtɪs ə 'pe ʃn]

anticipatory [æn 'tɪs ə pə ˌtɔɚ i]

anticlimactic
   [ˌæn tɪ klaɪm 'æk tɪk]

anticlimax [ˌæn tɪ 'klaɪ mæks]

antics ['æn tɪks]

antidepressant
   [ˌæn ti dɪ 'prɛs ənt]

antidote ['æn tɪ ˌdot]

antifreeze ['æn tɪ ˌfriz]

antigen ['æn tɪ dʒn]

antihistamine
   [ˌæn tɪ 'hɪs tə ˌmin]

antipathy [æn 'tɪp ə θi]

antiperspirant
   [ˌæn ti 'pɚ spɚ ənt]

antiquated ['æn tə ˌkwet ɪd]

antique [æn 'tik]

antiquing [æn 'tik ɪŋ]

antiquity [æn 'tɪk wɪ ti]

antiseptic [ˌæn tɪ 'sɛp tɪk]

antisocial [ˌæn ti 'so ʃl]

antithesis [æn 'tɪθ ɪ sɪs]

antitoxin [ˌæn ti 'tak sn]

antitrust [ˌæn ti 'trəst]

antonym ['æn tə nɪm]

anus ['e nəs]

anvil ['æn vɪl]

anxiety [ˌæŋ 'zaɪ ɪ ti]

anxious ['æŋk ʃəs]

anxiously ['æŋk ʃəs li]

any ['ɛn i]

anybody ['ɛn i ˌbad i]

anyhow ['ɛn i ˌhæʊ]

anyone ['ɛn i ˌwən]

anyplace ['ɛn i ˌples]

anything ['ɛn i ˌθɪŋ]

anyway ['ɛn i ˌwe]

anywhere ['ɛn i ˌʍɛɚ]

aorta [e 'ɔɚ tə]

apart [ə 'paɚt]

apartheid [ə 'paɚt ˌhaɪt]

apartment [ə 'paɚt mənt]

apathetic [ˌæ pə 'θɛt ɪk]

apathy ['æ pə θi]

ape [ep]

aperture ['æp ɚ tʃɚ]

apex ['e pɛks]

aphasia [ə 'fe ʒə]

aphrodisiac [ˌæf rə 'diz i æk]

apiece [ə 'pis]

apologetic [ə ˌpal ə 'dʒɛt ɪk]

apologize [ə 'pal ə ˌdʒaɪz]

apologized [ə 'pal ə ˌdʒaɪzd]

apologizing
   [ə 'pal ə ˌdʒaɪz ɪŋ]

apology [ə 'pal ə dʒi]

apostle [ə 'pasl]

apostrophe [ə 'pas trə fi]

appall [ə 'pɔl]

appalled [ə 'pɔld]

appalling [ə 'pɔl ɪŋ]

apparatus [ˌæp ə 'ræt əs]

apparel [ə 'pæɚ əl]

apparent [ə 'pæɚ ənt]

apparently [ə 'pæɚ ənt li]

appeal [ə 'pil]

appealed [ə 'pild]

appealing [ə 'pil ɪŋ]

appeals [ə 'pilz]

appear [ə 'pɪɚ]

appearance [ə 'pɪɚ əns]

appeared [ə 'pɪɚd]

appearing [ə 'pɪɚ ɪŋ]

appears [ə 'pɪɚz]

appease [ə 'piz]

appeased [ə 'pizd]

appeasement [ə 'piz mənt]

appeasing [ə 'piz ɪŋ]

appendage [ə 'pɛn dɪdʒ]

appendectomy
   [ˌæ pən 'dɛk tə mi]

appendices [ə 'pɛn dɪ ˌsiz]

appendicitis
   [ə ˌpɛn dɪ 'saɪ tɪs]

appendix [ə 'pɛn dɪks]

appetite ['æp ə ˌtaɪt]

appetizer ['æp ə ˌtaɪ zɚ]

appetizing ['æp ə ˌtaɪz ɪŋ]

applaud [ə 'plɔd]

applauded [ə 'plɔd ɪd]

applauding [ə 'plɔd ɪŋ]

applause [ə 'plɔz]

apple [æpl]

applesauce ['æpl sɔs]

Appleton (WI) ['æpl tn]

appliance [ə 'plaɪ əns]

applicable ['æp lə kə bl]

applicant ['æp lə kənt]

application [ˌæp lə 'ke ʃn]
applicator ['æp lə ˌke tɚ]
applied [ə 'plaɪd]
applique [ˌæp lə 'ke]
apply [ə 'plaɪ]
applying [ə 'plaɪ ɪŋ]
appoint [ə 'pɔɪnt]
appointed [ə 'pɔɪn tɪd]
appointing [ə 'pɔɪn tɪŋ]
appointment [ə 'pɔɪnt mənt]
apportion [ə 'pɔɚ ʃn]
apportioned [ə 'pɔɚ ʃnd]
appraisal [ə 'prezl]
appraise [ə 'prez]
appraised [ə 'prezd]
appraiser [ə 'prez ɚ]
appraising [ə 'prez ɪŋ]
appreciable [ə 'priʃ ə bl]
appreciably [ə 'priʃ ə bli]
appreciate [ə 'priʃ i ˌet]
appreciated [ə 'priʃ i ˌet ɪd]
appreciation [ə ˌpriʃ i 'e ʃn]
appreciative [ə 'priʃ i ə tɪv]
apprehend [ˌæp ri 'hɛnd]
apprehended [ˌæp ri 'hɛn dɪd]
apprehending [ˌæp ri 'hɛn dɪŋ]
apprehension [ˌæp ri 'hɛn ʃn]
apprehensive [ˌæp ri 'hɛn sɪv]
apprentice [ə 'prɛn tɪs]
apprenticing [ə 'prɛn tɪs ɪŋ]
approach [ə 'protʃ]
approachable [ə 'protʃ ə bl]
approached [ə 'protʃt]
approaching [ə 'protʃ ɪŋ]
appropriate adj. [ə 'pro pri ɪt]
    v. [ə 'pro pri ˌet]
appropriated [ə 'pro pri ˌet ɪd]

appropriating
    [ə 'pro pri ˌet ɪŋ]
appropriation [ə ˌpro pri 'e ʃn]
approval [ə 'pru vl]
approve [ə 'pruv]
approved [ə 'pruvd]
approving [ə 'pruv ɪŋ]
approximate
    adj. [ə 'prak sə ˌmɪt]
    v. [ə 'prak sə ˌmet]
approximately
    [ə 'prak sə mɪt li]
approximation
    [ə ˌprak sə 'me ʃn]
apricot ['e prə ˌkat]
April ['e prəl]
apron ['e prən]
apropos [ˌæ prə 'po]
apt [æpt]
aptitude ['æp tɪ ˌtud]
aquarium [ə 'kwɛɚ i əm]
aquatic [ə 'kwat ɪk]
aqueduct ['æ kwɪ ˌdəkt]
aqueous ['e kwi əs]
Arab ['æɚ əb]
Arabian [ə 're bi ən]
Arabic ['æɚ ə bɪk]
arbitrary ['aɚ bɪ ˌtrɛɚ i]
arbitrate ['aɚ bɪ ˌtret]
arbitration [ˌaɚ bɪ 'tre ʃn]
arbor ['aɚ bɚ]
arc [aɚk]
arcade [aɚ 'ked]
arch [aɚtʃ]
archaeological
    [ˌaɚ ki ə 'la dʒɪ kl]
archaeologist
    [ˌaɚ ki 'al ə dʒɪst]

archaeology [ˌɑɚ ki ˈɑl ə dʒi]
archaic [ɑɚ ˈke ɪk]
archbishop [ˈɑɚtʃ ˈbɪʃ əp]
arched [ɑɚtʃt]
archenemy [ˈɑɚtʃ ˈɛn ə mi]
archer [ˈɑɚ tʃɚ]
archery [ˈɑɚ tʃə ri]
archetype [ˈɑɚ kɪ ˌtaɪp]
architect [ˈɑɚ kɪ ˌtɛkt]
architectural
    [ˌɑɚ kɪ ˈtɛkt tʃɚ əl]
architecturally
    [ˌɑɚ kɪ ˈtɛk tʃɚ ə li]
architecture [ˈɑɚ kɪ ˌtɛk tʃɚ]
archives [ˈɑɚ kaɪvz]
archway [ˈɑɚtʃ ˌwe]
arctic [ˈɑɚ tɪk]
ardent [ˈɑɚ dnt]
ardor [ˈɑɚ dɚ]
arduous [ˈɑɚ dʒu əs]
are [ɑɚ]
area [ˈɛɚ i ə]
area code [ˈɛɚ i ə ˌkod]
arena [ə ˈri nə]
aren't [ɑɚnt]
arguable [ˈɑɚ gju ə bl]
argue [ˈɑɚ gju]
argued [ˈɑɚ gjud]
arguing [ˈɑɚ gju ɪŋ]
argument [ˈɑɚ gjə mənt]
argumentative
    [ˌɑɚ gjə ˈmɛn tə tɪv]
argyle [ˈɑɚ gaɪl]
aria [ˈɑɚ i ə]
arid [ˈæɚ ɪd]
arise [ə ˈraɪz]
aristocracy [ˌæɚ ɪ ˈstak rə si]

aristocrat [ə ˈrɪs tə ˌkræt]
aristocratic [ə ˌrɪs tə ˈkræt ɪk]
arithmetic [ə ˈrɪθ mə tɪk]
arithmetical [ˌæɚ ɪθ ˈmɛt ɪ kl]
Arizona [ˌæɚ ɪ ˈzo nə]
ark [ɑɚk]
Arkansas [ˈɑɚ kn ˌsɔ]
arm [ɑɚm]
armada [ɑɚ ˈma də]
armament [ˈɑɚ mə mənt]
armchair [ˈɑɚm ˌtʃɛɚ]
armed [ɑɚmd]
armful [ˈɑɚm ˌfʊl]
armhole [ˈɑɚm ˌhol]
armistice [ˈɑɚ mɪ stɪs]
armor [ˈɑɚ mɚ]
armored [ˈɑɚ mɚd]
armory [ˈɑɚ mə ri]
armpit [ˈɑɚm ˌpɪt]
armrest [ˈɑɚm ˌrɛst]
army [ˈɑɚ mi]
aroma [ə ˈro mə]
aromatic [ˌæɚ ə ˈmæt ɪk]
around [ə ˈræʊnd]
arouse [ə ˈræʊz]
aroused [ə ˈræʊzd]
arraign [ə ˈren]
arraignment [ə ˈren mənt]
arrange [ə ˈrendʒ]
arranged [ə ˈrendʒd]
arrangement [ə ˈrendʒ mənt]
arranger [ə ˈrendʒ ɚ]
arranging [ə ˈrendʒ ɪŋ]
array [ə ˈre]
arrears [ə ˈrɪɚz]
arrest [ə ˈrɛst]
arrested [ə ˈrɛs tɪd]

arresting [ə 'rɛs tɪŋ]

arrival [ə 'raɪ vl]

arrive [ə 'raɪv]

arrived [ə 'raɪvd]

arriving [ə 'raɪv ɪŋ]

arrogance ['æɚ ə gəns]

arrogant ['æɚ ə gənt]

arrow ['æɚ o]

arrowhead ['æɚ o ˌhɛd]

arsenal ['aɚ sə nl]

arsenic ['aɚs nɪk]

arson ['aɚ sn]

arsonist ['aɚ sn ɪst]

art [aɚt]

arteriosclerosis
  [aɚ ˌtɪɚ i o sklə 'ro sɪs]

artery ['aɚ tə ri]

arthritis [aɚ 'θraɪ tɪs]

article ['aɚ tɪ kl]

articulate adj. [aɚ 'tɪk jə lɪt]
  v. [aɚ 'tɪk jə ˌlet]

articulated [aɚ 'tɪk jə ˌlet ɪd]

articulating [aɚ 'tɪk jə ˌlet ɪŋ]

articulation [aɚ ˌtɪk jə 'le ʃn]

artifact ['aɚ tə ˌfækt]

artificial [ˌaɚ tə 'fɪʃl]

artificially [ˌaɚ tə 'fɪʃ ə li]

artisan ['aɚ tɪ zn]

artist ['aɚ tɪst]

artistic [aɚ 'tɪs tɪk]

artistry ['aɚ tɪ stri]

as [æz]

asbestos [æz 'bɛs təs]

ascend [ə 'sɛnd]

ascended [ə 'sɛn dɪd]

ascending [ə 'sɛn dɪŋ]

ascent [ə 'sɛnt]

ascertain [ˌæ sɚ 'ten]

ascribe [ə 'skraɪb]

ascribed [ə 'skraɪbd]

aseptic [e 'sɛp tɪk]

asexual [e 'sɛk ʃu əl]

ash [æʃ]

ashamed [ə 'ʃemd]

ashen [æʃn]

Asheville (NC) ['æʃ vɪl]

Ashland (KY) ['æʃ lənd]

ashore [ə 'ʃɔɚ]

ashtray ['æʃ ˌtre]

Asiatic [ˌe ʒi 'æt ɪk]

aside [ə 'saɪd]

asinine ['æs ə ˌnaɪn]

ask [æsk]

askew [ə 'skju]

asking ['æsk ɪŋ]

asleep [ə 'slip]

asocial [e 'so ʃl]

asparagus [ə 'spæɚ ə gəs]

aspect ['æs pɛkt]

aspersion [ə 'spɚ ʒn]

asphalt ['æs ˌfɔlt]

asphyxiate [æs 'fɪk si ˌet]

aspiration [ˌæs pə 're ʃn]

aspirator ['æs pə ˌre tɚ]

aspire [ə 'spaɪɚ]

aspired [ə 'spaɪɚd]

aspirin ['æs prɪn]

aspiring [ə 'spaɪɚ ɪŋ]

assail [ə 'sel]

assailant [ə 'sel ənt]

assassin [ə 'sæs ɪn]

assassinate [ə 'sæs ə ˌnet]

assassinated [ə 'sæs ə ˌnet ɪd]

assassinating [ə 'sæs ə ˌnet ɪŋ]

assassination [ə ˌsæs ə 'ne ʃn]

assault [ə 'sɔlt]

assaulted [ə 'sɔlt ɪd]

assay *n.* ['æs e] *v.* [ə 'se]

assemblage [ə 'sɛm blɪdʒ]

assemble [ə 'sɛm bl]

assembled [ə 'sɛm bld]

assemblies [ə 'sɛm bliz]

assembling [ə 'sɛm blɪŋ]

assembly [ə 'sɛm bli]

assemblyman
    [ə 'sɛm bli mən]

assemblymen [ə 'sɛm bli mɛn]

assent [ə 'sɛnt]

assert [ə 'sɚt]

asserted [ə 'sɚ tɪd]

asserting [ə 'sɚ tɪŋ]

assertion [ə 'sɚ ʃn]

assess [ə 'sɛs]

assessment [ə 'sɛs mənt]

assessor [ə 'sɛs ɚ]

asset ['æs ɛt]

assiduous [ə 'sɪdʒ u əs]

assiduously [ə 'sɪdʒ u əs li]

assign [ə 'saɪn]

assigned [ə 'saɪnd]

assignment [ə 'saɪn mənt]

assimilate [ə 'sɪm ə ˌlet]

assimilated [ə 'sɪm ə ˌlet ɪd]

assimilating [ə 'sɪm ə ˌlet ɪŋ]

assimilation [ə ˌsɪm ə 'le ʃn]

assist [ə 'sɪst]

assistance [ə 'sɪs təns]

assistant [ə 'sɪs tənt]

assisted [ə 'sɪs tɪd]

assisting [ə 'sɪs tɪŋ]

associate *n., adj.* [ə 'so ʃi ɪt]

v. [ə 'so ʃi ˌet]

associated [ə 'so ʃi ˌet ɪd]

associating [ə 'so ʃi ˌet ɪŋ]

association [ə ˌso ʃi 'e ʃn]

assorted [ə 'sɔɚ tɪd]

assortment [ə 'sɔɚt mənt]

assume [ə 'sum]

assumed [ə 'sumd]

assuming [ə 'sum ɪŋ]

assumption [ə 'səmp ʃn]

assurance [ə 'ʃʊɚ əns]

assure [ə 'ʃʊɚ]

assured [ə 'ʃʊɚd]

assuredly [ə 'ʃʊɚ əd li]

assuring [ə 'ʃʊɚ ɪŋ]

asterisk ['æs tɚ ɪsk]

asthma ['æz mə]

astigmatism
    [ə 'stɪg mə ˌtɪzm]

astonish [ə 'stɑn ɪʃ]

astonished [ə 'stɑn ɪʃt]

astonishing [ə 'stɑn ɪʃ ɪŋ]

astonishment
    [ə 'stɑn ɪʃ mənt]

astound [ə 'stæʊnd]

astounded [ə 'stæʊn dɪd]

astounding [ə 'stæʊn dɪŋ]

astride [ə 'straɪd]

astrologer [ə 'strɑl ə dʒɚ]

astrological [ˌæs trə 'lɑdʒ ɪ kl]

astrology [ə 'strɑl ə dʒi]

astronaut ['æs trə ˌnɑt]

astronomer [ə 'strɑn ə mɚ]

astronomic [ˌæs trə 'nɑm ɪk]

astronomical
    [ˌæs trə 'nɑm ɪ kl]

astronomy [ə 'strɑn ə mi]

astrophysicist
[ˌæs tro 'fɪz ɪ sɪst]

astrophysics [ˌæs tro 'fɪz ɪks]

astute [ə 'stut]

asylum [ə 'sɑɪ ləm]

at [æt]

ate [et]

atheism ['e θi ˌɪzm]

atheist ['e θi ɪst]

atheistic [ˌe θi 'ɪs tɪk]

athlete ['æθ lit]

athlete's foot ['æθ lits ˌfʊt]

athletic [ˌæθ 'lɛt ɪk]

Atlanta (GA) [æt 'læn tə]

Atlantic City (NJ)
[æt 'læn tɪk 'sɪt i]

atlas ['æt ləs]

atmosphere ['æt məs ˌfɪɚ]

atmospheric [ˌæt məs 'fɛɚ ɪk]

atom ['æt əm]

atomic [ə 'tɑm ɪk]

atomizer ['æt ə ˌmɑɪ zɚ]

atone [ə 'ton]

atoned [ə 'tond]

atonement [ə 'ton mənt]

atoning [ə 'ton ɪŋ]

atop [ə 'tɑp]

atrium ['e tri əm]

atrocious [ə 'tro ʃəs]

atrociously [ə 'tro ʃəs li]

atrocity [ə 'trɑs ɪ ti]

atrophy ['æ trə fi]

atrophying ['æ trə fi ɪŋ]

attach [ə 'tætʃ]

attache case [ˌæ ˌtæ 'ʃe ˌkes]

attached [ə 'tætʃt]

attaching [ə 'tætʃ ɪŋ]

attachment [ə 'tætʃ mənt]

attack [ə 'tæk]

attacked [ə 'tækt]

attacking [ə 'tæk ɪŋ]

attain [ə 'ten]

attainable [ə 'ten ə bl]

attained [ə 'tend]

attaining [ə 'ten ɪŋ]

attainment [ə 'ten mənt]

attempt [ə 'tɛmpt]

attempted [ə 'tɛmp tɪd]

attempting [ə 'tɛmp tɪŋ]

attend [ə 'tɛnd]

attendance [ə 'tɛn dəns]

attendant [ə 'tɛn dənt]

attended [ə 'tɛn dɪd]

attending [ə 'tɛn dɪŋ]

attention [ə 'tɛn ʃn]

attentive [ə 'tɛn tɪv]

attenuate [ə 'tɛn ju ˌet]

attenuated [ə 'tɛn ju ˌet ɪd]

attic ['æt ɪk]

attire [ə 'tɑɪɚ]

attitude ['æt ɪ ˌtud]

attorney [ə 'tɚ ni]

attorney general
[ə 'tɚ ni 'dʒɛn rəl]

attract [ə 'trækt]

attracted [ə 'træk tɪd]

attracting [ə 'træk tɪŋ]

attraction [ə 'træk ʃn]

attractive [ə 'træk tɪv]

attractively [ə 'træk tɪv li]

attractiveness
[ə 'træk tɪv nəs]

attributable [ə 'trɪ bjə tə bl]

attribute *n.* ['æ trə bjut]

v. [ə 'trɪb jut]
attributed [ə 'trɪb ju tɪd]
attune [ə 'tun]
atypical [e 'tɪp ɪ kl]
au jus [o 'ʒu]
auburn ['ɔ bɚn]
auction ['ɔk ʃn]
auctioned ['ɔk ʃnd]
auctioneer [ˌɔk ʃə 'nɪɚ]
auctioning ['ɔk ʃn ɪŋ]
audacious [ɔ 'de ʃəs]
audacity [ɔ 'dæs ɪ ti]
audibility [ˌɔ də 'bɪl ɪ ti]
audible ['ɔ də bl]
audience ['ɔ di əns]
audio ['ɔ di ˌo]
audiology [ˌɔ di 'al ə dʒi]
audiometer [ˌɔ di 'am ə tɚ]
audiovisual ['ɔ di ˌo 'vɪʒ u əl]
audiovisual aids
   [ˌɔ di ˌo 'vɪʒ u əl 'edz]
audit ['ɔ dɪt]
audited ['ɔ dɪt ɪd]
auditing ['ɔ dɪt ɪŋ]
audition [ɔ 'dɪʃn]
auditioned [ɔ 'dɪʃnd]
auditioning [ɔ 'dɪʃn ɪŋ]
auditor ['ɔ dɪ tɚ]
auditorium [ˌɔ dɪ 'tɔɚ i əm]
auditory ['ɔ də ˌtɔɚ i]
augment *n.* ['ɔg mɛnt]
   v. [ɔg 'mɛnt]
augur ['ɔ gɚ]
August ['ɔ gəst]
august [ɔ 'gəst]
Augusta (GA) [ɔ 'gəs tə]
aunt [ænt]

auspicious [ˌɔ 'spɪ ʃəs]
auspiciously [ɔ 'spɪ ʃəs li]
austere [ɔ 'stɪɚ]
austerity [ˌɔ 'stɛɚ ɪ ti]
Austin (TX) ['ɔ stn]
Australian [ˌɔ 'strel jən]
authentic [ɔ 'θɛn tɪk]
authentically [ɔ 'θɛn tɪk li]
authentication [ɔ ˌθɛn tɪ 'ke ʃn]
authenticity [ˌɔ θɛn 'tɪs ɪ ti]
author ['ɔ θɚ]
authoritarian
   [ə ˌθɔɚ ə 'tɛɚ i ən]
authoritative [ə 'θɔɚ ɪ ˌte tɪv]
authority [ə 'θɔɚ ɪ ti]
authorization [ˌɔ θɚ ɪ 'ze ʃn]
authorize ['ɔ θə ˌraɪz]
authorized ['ɔ θə ˌraɪzd]
authorizing ['ɔ θə ˌraɪz ɪŋ]
authorship ['ɔ θɚ ˌʃɪp]
autism ['ɔ tɪzm]
auto ['ɔ to]
autobiographical
   [ˌɔ tə baɪ ə 'græf ɪ kl]
autobiography
   [ˌɔ tə baɪ 'ag rə fi]
autocracy [ɔ 'tak rə si]
autocrat ['ɔ tə ˌkræt]
autograph ['ɔ tə ˌgræf]
automat ['ɔ tə ˌmæt]
automatic [ˌɔ tə 'mæt ɪk]
automatically [ˌɔ tə 'mæt ɪk li]
automation [ˌɔ tə 'me ʃn]
automobile [ˌɔ tə mə 'bil]
automotive [ˌɔ tə 'mo tɪv]
autonomous [ɔ 'tan ə məs]
autonomy [ɔ 'tan ə mi]

autopsy   ['ɔ tɑp si]
autumn   ['ɔ təm]
auxiliary   [ɔg 'zɪl jə ri]
avail   [ə 'vel]
availability   [ə ˌvel ə 'bɪl ɪ ti]
available   [ə 'vel ə bl]
availed   [ə 'veld]
avalanche   ['æ və ˌlæntʃ]
avant-garde   [ə vɑnt 'gɑɚd]
avarice   ['æv ɚ ɪs]
avenge   [ə 'vɛndʒ]
avenged   [ə 'vɛndʒd]
avenger   [ə 'vɛndʒ ɚ]
avenging   [ə 'vɛndʒ ɪŋ]
avenue   ['æv ə ˌnju]
average   ['æv rɪdʒ]
averaged   ['æv rɪdʒd]
averaging   ['æv rɪdʒ ɪŋ]
averse   [ə 'vɚs]
aversion   [ə 'vɚ ʒn]
avert   [ə 'vɚt]
averted   [ə 'vɚt ɪd]
averting   [ə 'vɚt ɪŋ]
aviary   ['e vi ˌɛɚ i]
aviation   [ˌe vi 'e ʃn]
aviator   ['e vi ˌe tɚ]
avid   ['æv ɪd]
avidly   ['æv ɪd li]
avocation   [ˌæv ə 'ke ʃn]
avoid   [ə 'vɔɪd]
avoidable   [ə 'vɔɪd ə bl]
avoidance   [ə 'vɔɪd əns]
avoided   [ə 'vɔɪd ɪd]
avoiding   [ə 'vɔɪd ɪŋ]
avow   [ə 'væʊ]
await   [ə 'wet]
awaited   [ə 'wet ɪd]

awaiting   [ə 'wet ɪŋ]
awake   [ə 'wek]
awaken   [ə 'we kn]
awakened   [ə 'we knd]
awakening   [ə 'we kn ɪŋ]
award   [ə 'wɔɚd]
awarded   [ə 'wɔɚd ɪd]
awarding   [ə 'wɔɚd ɪŋ]
aware   [ə 'wɛɚ]
awareness   [ə 'wɛɚ nɪs]
away   [ə 'we]
awestruck   ['ɔ ˌstrʌk]
awesome   ['ɔ səm]
awful   ['ɔ fl]
awfully   ['ɔf li]
awhile   [ə 'ʍɑɪl]
awkward   ['ɔk wɚd]
awkwardly   ['ɔk wɚd li]
awkwardness   ['ɔk wɚd nɪs]
awning   ['ɔ nɪŋ]
awoke   [ə 'wok]
axe   [æks]
axiom   ['æk si əm]
axis   ['æk sɪs]
axle   ['æk sl]
azalea   [ə 'zel jə]
azure   ['æʒ ɚ]

B

B [bi]

babble [bæbl]

babbled [bæbld]

babbling ['bæb lɪŋ]

babe [beb]

babied ['be bid]

baboon [bæ 'bun]

baby ['be bi]

baby-sit ['be bi ˌsɪt]

baby-sitter ['be bi ˌsɪt ɚ]

baby-sitting ['be bi ˌsɪt ɪŋ]

babying ['be bi ɪŋ]

babyish ['be bi ɪʃ]

bachelor ['bætʃ lɚ]

back [bæk]

backboard ['bæk ˌbɔɚd]

backbone ['bæk ˌbon]

backbreaking ['bæk ˌbre kɪŋ]

backed [bækt]

backer ['bæk ɚ]

backfield ['bæk ˌfild]

backfire ['bæk ˌfaɪɚ]

background ['bæk ˌgræʊnd]

backhand ['bæk ˌhænd]

backhanded ['bæk ˌhæn dɪd]

backing ['bæk ɪŋ]

backlash ['bæk ˌlæʃ]

backlog ['bæk ˌlag]

backorder ['bæk 'ɔɚ dɚ]

backpack ['bæk ˌpæk]

backpedal ['bæk ˌpɛdl]

backrest ['bæk ˌrɛst]

backside ['bæk ˌsaɪd]

backslapper ['bæk ˌslæp ɚ]

backslide ['bæk ˌslaɪd]

backspace ['bæk ˌspes]

backstage ['bæk 'stedʒ]

backstop ['bæk ˌstap]

backstretch ['bæk ˌstrɛtʃ]

backstroke ['bæk ˌstrok]

backup ['bæk ˌəp]

backward ['bæk wɚd]

backwards ['bæk wɚdz]

backwoods ['bæk 'wʊdz]

backyard ['bæk 'jaɚd]

bacon ['be kn]

bacteria [ˌbæk 'tɪɚ i ə]

bacterial [ˌbæk 'tɪɚ i əl]

bacteriologist
[bæk ˌtɪɚ i 'al ə dʒɪst]

bacteriology
[bæk ˌtɪɚ i 'ɑl ə dʒi]

bad [bæd]

badge [bædʒ]

badger ['bædʒ ɚ]

badgered ['bædʒ ɚd]

badgering ['bædʒ ɚ ɪŋ]

badgers ['bædʒ ɚz]

badly ['bæd li]

badminton ['bæd mɪn tn]

baffle [bæfl]

baffled [bæfld]

baffling ['bæf lɪŋ]

bag [bæg]

bagel ['be gl]

baggage ['bæg ɪdʒ]

bagged [bægd]

bagging ['bæg ɪŋ]

baggy ['bæg i]

bagpipes ['bæg ˌpɑɪps]

bail [bel]

bailed [beld]

bailiff ['be lɪf]

bait [bet]

baited ['bet ɪd]

bake [bek]

baked [bekt]

baker ['bek ɚ]

Bakersfield (CA) ['bek ɚz ˌfild]

bakery ['bek ə ri]

baking ['bek ɪŋ]

baking powder
['bek ɪŋ ˌpæʊ dɚ]

balance ['bæl əns]

balanced ['bæl ənst]

balancing ['bɑl ən sɪŋ]

balcony ['bæl kə ni]

bald [bɔld]

bald eagle ['bɔld 'i gl]

balding ['bɔld ɪŋ]

baldness ['bɔld nɪs]

bale [bel]

balk [bɔk]

ball [bɔl]

ballad ['bæl əd]

ballast ['bæl əst]

ballerina [ˌbæl ə 'ri nə]

ballet [bæ 'le]

ballistics [bə 'lɪs tɪks]

balloon [bə 'lun]

ballooned [bə 'lund]

ballot ['bæl ət]

Baltimore (MD) ['bɔl tɪ ˌmɔɚ]

bamboo [bæm 'bu]

ban [bæn]

banana [bə 'næn ə]

band [bænd]

Band-Aid ['bæn ˌded]

bandage ['bæn dɪdʒ]

bandaged ['bæn dɪdʒd]

bandaging ['bæn dɪdʒ ɪŋ]

bandit ['bæn dɪt]

bandwagon ['bænd ˌwægn]

bang [bæŋ]

banged [bæŋd]

banging ['bæŋ ɪŋ]

Bangor (ME) ['bæŋ ˌgɔɚ]

banish ['bæn ɪʃ]

banished ['bæn ɪʃt]

banishing ['bæn ɪʃ ɪŋ]

banishment ['bæ nɪʃ mənt]

banjo ['bæn dʒo]

bank [bæŋk]

bank account ['bæŋk ə ˌkæʊnt]

bank card   ['bæŋk 'kaə-d]

banked   [bæŋkt]

banker   ['bæŋk ə-]

banking   ['bæŋ kɪŋ]

bankrupt   ['bæŋk rəpt]

bankruptcy   ['bæŋk rəp si]

banks   [bæŋks]

banned   [bænd]

banner   ['bæn ə-]

banning   ['bæn ɪŋ]

banquet   ['bæŋ kwɪt]

baptism   ['bæp tɪzm]

Baptist   ['bæp tɪst]

baptize   [bæp 'taɪz]

baptized   [bæp 'taɪzd]

baptizing   [bæp 'taɪz ɪŋ]

bar   [baə-]

barbell   ['baə- ˌbɛl]

bar code   ['baə- ˌkod]

bar mitzvah   [baə- 'mɪts və]

barbarian   [ˌbaə- 'bɛə- i ən]

barbaric   [ˌbaə- 'bæə- ɪk]

barbecue   ['baə- bə ˌkju]

barbecued   ['baə- bə ˌkjud]

barbecuing   ['baə- bə ˌkju ɪŋ]

barber   ['baə- bə-]

bard   [baə-d]

bare   [bɛə-]

bareback   ['bɛə- ˌbæk]

bared   [bɛə-d]

barefaced   ['bɛə- ˌfest]

barefoot   ['bɛə- ˌfʊt]

barefooted   ['bɛə- ˌfʊt ɪd]

barehanded   ['bɛə- ˌhænd ɪd]

bareheaded   ['bɛə- ˌhɛd ɪd]

barely   ['bɛə- li]

bargain   ['baə- gɪn]

bargained   ['baə- gɪnd]

bargaining   ['baə- gɪn ɪŋ]

barge   [baə-dʒ]

barged   [baə-dʒd]

barging   ['baə-dʒ ɪŋ]

baritone   ['bæə- ɪ ˌton]

barium   ['bæə- i əm]

bark   [baə-k]

barked   [baə-kt]

barker   ['baə- kə-]

barking   ['baə- kɪŋ]

barley   ['baə- li]

barn   [baə-n]

barnstorm   ['baə-n ˌstɔə-m]

barnstormed   ['baə-n ˌstɔə-md]

barnstorming   ['baə-n ˌstɔə-m ɪŋ]

barnyard   ['baə-n ˌjaə-d]

barometer   [bə 'ram ɪ tə-]

baron   ['bæə- ən]

baroness   ['bæə- ə nɪs]

barracks   ['bæə- əks]

barracuda   [ˌbæə- ə 'ku də]

barrage   [bə 'raʒ]

barred   [baə-d]

barrel   ['bæə- əl]

barreled   ['bæə- əld]

barreling   ['bæə- ə lɪŋ]

barren   ['bæə- ən]

barrette   [bə 'rɛt]

barricade   ['bæə- ə ˌked]

barricaded   ['bæə- ə ˌked ɪd]

barricading   ['bæə- ə ˌked ɪŋ]

barrier   ['bæə- i ə-]

barring   ['baə- ɪŋ]

barroom   ['baə- ˌrum]

bartender   ['baə- ˌtɛn də-]

barter   ['baə- tə-]

bartered   ['bɑɚ təd]
bartering   ['bɑɚ tə ɪŋ]
base   [bes]
baseball   ['bes ˌbɔl]
baseboard   ['bes ˌbɔɚd]
based   [best]
baseless   ['bes lɪs]
baseline   ['bes ˌlaɪn]
basement   ['bes mənt]
bases   ['be siz]
bash   [bæʃ]
bashed   [bæʃt]
bashful   ['bæʃ fl]
bashfulness   ['bæʃ fl nɪs]
bashing   ['bæʃ ɪŋ]
basic   ['be sɪk]
basically   ['be sɪk li]
basin   ['be sn]
basis   ['be sɪs]
basket   ['bæs kɪt]
basketball   ['bæs kɪt ˌbɔl]
bass   [bes]
bassinet   [ˌbæs ə 'nɛt]
bassoon   [bə 'sun]
bastard   ['bæs tɚd]
baste   [best]
basted   ['bes tɪd]
basting   ['bes tɪŋ]
bastion   ['bæs tʃn]
bat   [bæt]
bat mitzvah   [bɑt 'mɪts və]
batch   [bætʃ]
bath   [bæθ]
bath towel   ['bæθ ˌtæʊl]
bathe   [beð]
bathed   [beðd]
bathes   [beðz]

bathing   ['beð ɪŋ]
bathrobe   ['bæθ ˌrob]
bathroom   ['bæθ ˌrum]
bathtub   ['bæθ ˌtəb]
baton   [bə 'tɑn]
Baton Rouge (LA)
  [ˌbætn 'ruʒ]
battalion   [bə 'tæl jən]
batted   ['bæt ɪd]
batter   ['bæt ɚ]
battered   ['bæt ɚd]
battering ram   ['bæt ə rɪŋ ˌræm]
battery   ['bæt ə ri]
batting   ['bæt ɪŋ]
battle   [bætl]
battled   [bætld]
battlefield   ['bætl ˌfild]
battleship   ['bætl ˌʃɪp]
battling   ['bæt lɪŋ]
bauble   ['bɔ bl]
bawl   [bɔl]
bawled   [bɔld]
bawling   ['bɔl ɪŋ]
bay   [be]
bayonet   ['be ə ˌnɛt]
bayou   ['baɪ u]
bays   [bez]
bazaar   [bə 'zɑɚ]
bazooka   [bə 'zu kə]
be   [bi]
beach   [bitʃ]
beachcomber   ['bitʃ ˌko mɚ]
beachhead   ['bitʃ ˌhɛd]
beacon   ['bi kn]
bead   [bid]
beaded   ['bid ɪd]
beading   ['bid ɪŋ]

beagle ['bi gl]

beak [bik]

beam [bim]

beamed [bimd]

beaming ['bim ɪŋ]

bean [bin]

beansprouts ['bin ˌspræʊts]

bear [bɛɚ]

bearable ['bɛɚ ə bl]

beard [bɪɚd]

bearded ['bɪɚd ɪd]

bearing ['bɛɚ ɪŋ]

beast [bist]

beastly ['bist li]

beat [bit]

beaten [bitn]

beater ['bit ɚ]

beating ['bit ɪŋ]

beats [bits]

Beaumont (TX) ['bo mɑnt]

beautician [ˌbju 'tɪʃn]

beauties ['bju tiz]

beautification
   [ˌbju tə fɪ 'ke ʃn]

beautified [ˌbju tə 'faɪd]

beautiful ['bju tə fl]

beautifully ['bju tə fli]

beautify ['bju tə ˌfaɪ]

beautifying ['bju tɪ ˌfaɪ ɪŋ]

beauty ['bju ti]

beaver ['bi vɚ]

became [bɪ 'kem]

because [bɪ 'kɔz]

beckon [bɛkn]

beckoned [bɛknd]

beckoning ['bɛkn ɪŋ]

become [bɪ 'kəm]

becoming [bɪ 'kəm ɪŋ]

bed [bɛd]

bedazzle [bɪ 'dæzl]

bedclothes ['bɛd ˌkloz]

bedded ['bɛd ɪd]

bedding ['bɛd ɪŋ]

bedeck [bɪ 'dɛk]

bedecked [bɪ 'dɛkt]

bedfast ['bɛd ˌfæst]

bedfellow ['bɛd ˌfɛl o]

bedlam ['bɛd ləm]

bedpan ['bɛd ˌpæn]

bedridden ['bɛd ˌrɪdn]

bedrock ['bɛd ˌrɑk]

bedroll ['bɛd ˌrol]

bedroom ['bɛd ˌrum]

bedside ['bɛd ˌsaɪd]

bedsore ['bɛd ˌsɔɚ]

bedspread ['bɛd ˌsprɛd]

bedtime ['bɛd ˌtaɪm]

bee [bi]

beef [bif]

beefsteak ['bif ˌstek]

beehive ['bi ˌhaɪv]

beekeeper ['bi ˌki pɚ]

beeline ['bi ˌlaɪn]

been [bɪn]

beep [bip]

beeper ['bip ɚ]

beer [bɪɚ]

bees [biz]

beeswax ['biz ˌwæks]

beet [bit]

beetle [bitl]

befall [bɪ 'fɔl]

befit [bɪ 'fɪt]

befitting [bɪ 'fɪt ɪŋ]

before   [bɪ 'fɔ˞]
beforehand   [bɪ 'fɔ˞ ˌhænd]
befuddle   [bɪ 'fədl]
beg   [bɛg]
began   [bɪ 'gæn]
beggar   ['bɛg ˞]
begged   [bɛgd]
begging   ['bɛg ɪŋ]
begin   [bɪ 'gɪn]
beginner   [bɪ 'gɪn ˞]
beginning   [bɪ 'gɪn ɪŋ]
begrudge   [bɪ 'grədʒ]
begun   [bɪ 'gən]
behalf   [bɪ 'hæf]
behave   [bɪ 'hev]
behaved   [bɪ 'hevd]
behaving   [bɪ 'hev ɪŋ]
behavior   [bɪ 'hev jə˞]
behead   [bɪ 'hɛd]
beheld   [bɪ 'hɛld]
behind   [bɪ 'haɪnd]
behold   [bɪ 'hold]
beige   [beʒ]
being   ['bi ɪŋ]
belabor   [bɪ 'le bə˞]
belated   [bɪ 'let ɪd]
belch   [bɛltʃ]
belched   [bɛltʃt]
belching   ['bɛltʃ ɪŋ]
Belgian   ['bɛl dʒn]
belief   [bɪ 'lif]
believe   [bɪ 'liv]
believed   [bɪ 'livd]
believer   [bɪ 'liv ˞]
believing   [bɪ 'liv ɪŋ]
belittle   [bɪ 'lɪtl]
bell   [bɛl]

bellicose   ['bɛl ə ˌkos]
belligerency   [bə 'lɪdʒ ˞ ən si]
belligerent   [bə 'lɪdʒ ˞ ənt]
belligerently   [bə 'lɪdʒ ˞ ənt li]
belly   ['bɛl i]
bellyache   ['bɛl i ˌek]
belong   [bɪ 'lɔŋ]
belonged   [bɪ 'lɔŋd]
belongings   [bɪ 'lɔŋ ɪŋz]
belongs   [bɪ 'lɔŋz]
beloved   [bɪ 'ləvd]
below   [bɪ 'lo]
belt   [bɛlt]
beltway   ['bɛlt ˌwe]
bench   [bɛntʃ]
bend   [bɛnd]
bendable   ['bɛnd ə bl]
bending   ['bɛnd ɪŋ]
beneath   [bɪ 'niθ]
benediction   [ˌbɛn ə 'dɪk ʃn]
benefactor   ['bɛn ə ˌfæk tə˞]
beneficence   [bə 'nɛf ɪ səns]
beneficial   [ˌbɛn ə 'fɪʃl]
beneficiary   [ˌbɛn ə 'fɪʃ ə ri]
benefit   ['bɛn ə fɪt]
benefited   ['bɛn ə fɪt ɪd]
benefiting   ['bɛn ə fɪt ɪŋ]
benevolence   [bə 'nɛv ə ləns]
benevolent   [bə 'nɛv ə lənt]
benign   [bɪ 'naɪn]
bent   [bɛnt]
bequeath   [bɪ 'kwɪð]
bequeathed   [bɪ 'kwɪðd]
bequeathing   [bɪ 'kwɪð ɪŋ]
bequest   [bɪ 'kwɛst]
berate   [bɪ 'ret]
berated   [bɪ 'ret ɪd]

berating [bɪ 'ret ɪŋ]
bereaved [bɪ 'rivd]
bereavement [bɪ 'riv mənt]
beret [bə 're]
berries ['bɛɚ iz]
berry ['bɛɚ i]
berserk [bɚ 'zɚk]
berth [bɚθ]
beset [bɪ 'sɛt]
beside [bɪ 'saɪd]
besides [bɪ 'saɪdz]
best [bɛst]
bestial ['bis ti əl]
bet [bɛt]
Bethlehem (PA) ['bɛθ lɪ ˌhɛm]
betray [bɪ 'tre]
betrothed [bɪ 'troðd]
Bettendorf (IA) ['bɛtn ˌdɔɚf]
better ['bɛt ɚ]
betterment ['bɛt ɚ mənt]
betting ['bɛt ɪŋ]
between [bɪ 'twin]
bevel [bɛvl]
beverage ['bɛv rɪdʒ]
bevy ['bɛv i]
beware [bɪ 'wɛɚ]
bewilder [bɪ 'wɪl dɚ]
bewildered [bɪ 'wɪl dɚd]
bewildering [bɪ 'wɪl dɚ ɪŋ]
bewilderment [bɪ 'wɪl dɚ mənt]
beyond [bi 'jand]
biannual [baɪ 'æn ju əl]
bias ['baɪ əs]
biased ['baɪ əst]
bib [bɪb]
Bible ['baɪ bl]
biblical ['bɪb lɪ kl]

bibliography [ˌbɪb li 'ag rə fi]
bicker ['bɪk ɚ]
bicycle ['baɪ sɪ kl]
bicycled ['baɪ sɪ kld]
bicycling ['baɪ sɪk lɪŋ]
bid [bɪd]
biddable ['bɪd ə bl]
bidder ['bɪd ɚ]
bidding ['bɪd ɪŋ]
biennial [baɪ 'ɛn i əl]
bier [bɪɚ]
bifocals ['baɪ ˌfo klz]
big [bɪg]
bigamy ['bɪg ə mi]
bigger ['bɪg ɚ]
bigheaded ['bɪg ˌhɛd ɪd]
bighearted ['bɪg ˌhaɚ tɪd]
bigot ['bɪg ət]
bigoted ['bɪg ə tɪd]
bigotry ['bɪg ə tri]
bike [baɪk]
biker ['baɪk ɚ]
bikini [bɪ 'ki ni]
bilabial [baɪ 'leb i əl]
bilateral [baɪ 'læt ɚ əl]
bile [baɪl]
bilingual [baɪ 'lɪŋ gwəl]
bilk [bɪlk]
bilked [bɪlkt]
bill [bɪl]
billboard ['bɪl ˌbɔɚd]
billed [bɪld]
billfold ['bɪl ˌfold]
billiards ['bɪl jɚdz]
billing ['bɪl ɪŋ]
Billings (MT) ['bɪl ɪŋz]
billion ['bɪl jən]

billow ['bɪl o]

Biloxi (MS) [bɪ 'lək si]

bimonthly [baɪ 'mənθ li]

bin [bɪn]

binary ['baɪ nə ri]

binaural [baɪ 'nɔꜛ əl]

bind [baɪnd]

binder ['baɪnd ɚ]

binding ['baɪnd ɪŋ]

binge [bɪndʒ]

binged [bɪndʒd]

Binghamton (NY) ['bɪŋ əm tn]

binging ['bɪndʒ ɪŋ]

bingo ['bɪŋ go]

binoculars [bə 'nak jə lɚz]

biochemistry
  [ˌbaɪ o 'kɛm ɪs tri]

biodegradable
  [ˌbaɪ o də 'gred ə bl]

biographer [ˌbaɪ 'ag rə fɚ]

biographical [ˌbaɪ ə 'græf ɪ kl]

biography [ˌbaɪ 'ag rə fi]

biological [ˌbaɪ ə 'ladʒ ɪ kl]

biologist [ˌbaɪ 'al ə dʒɪst]

biology [ˌbaɪ 'al ə dʒi]

bionics [ˌbaɪ 'an ɪks]

biophysics [ˌbaɪ o 'fɪz ɪks]

biopsy ['baɪ ˌap si]

bipartisan [baɪ 'paꜛ tɪ zn]

biracial [baɪ 're ʃl]

birch [bɚtʃ]

bird [bɚd]

bird's-eye view ['bɚdz aɪ ˌvju]

Birmingham (AL)
  ['bɚ mɪŋ ˌhæm]

birth [bɚθ]

birth certificate
  ['bɚθ sɚ 'tɪf ɪ kət]

birthday ['bɚθ ˌde]

birthmark ['bɚθ ˌmaꜛk]

birthplace ['bɚθ ˌples]

birthrate ['bɚθ ˌret]

birthright ['bɚt ˌraɪt]

birthstone ['bɚθ ˌston]

biscuit ['bɪs kɪt]

bisect ['baɪ ˌsɛkt]

bisexual [baɪ 'sɛk ʃu əl]

bishop ['bɪʃ əp]

bit [bɪt]

bitch [bɪtʃ]

bite [baɪt]

biting ['baɪt ɪŋ]

bitten [bɪtn]

bitter ['bɪt ɚ]

bitterly ['bɪt ɚ li]

bitterness ['bɪt ɚ nɪs]

biweekly [baɪ 'wik li]

bizarre [bɪ 'zaꜛ]

black [blæk]

blackball ['blæk ˌbɔl]

blackberry ['blæk ˌbɛꜛ i]

blackbird ['blæk ˌbɚd]

blackboard ['blæk ˌbɔꜛd]

blacken ['blæk ən]

blackened ['blæk ənd]

blackjack ['blæk ˌdʒæk]

blacklist ['blæk ˌlɪst]

blackmail ['blæk ˌmel]

blackmailed ['blæk ˌmeld]

blackmailing ['blæk ˌmel ɪŋ]

blackness ['blæk nɪs]

blackout ['blæk ˌæʊt]

blacksmith ['blæk ˌsmɪθ]

blacktop ['blæk ,tap]
bladder ['blæd ɚ]
blade [bled]
blame [blem]
blamed [blemd]
blameless ['blem lɪs]
blaming ['blem ɪŋ]
bland [blænd]
blank [blæŋk]
blank check ['blæŋk 'tʃɛk]
blanket ['blæŋ kɪt]
blare [blɛɚ]
blasphemy ['blæs fə mi]
blast [blæst]
blasted ['blæst ɪd]
blasting ['blæst ɪŋ]
blatant ['blet nt]
blaze [blez]
blazed [blezd]
blazer ['ble zɚ]
blazing ['blez ɪŋ]
bleach [blitʃ]
bleached [blitʃt]
bleachers ['blitʃ ɚz]
bleak [blik]
bleary ['blɪɚ i]
bleary-eyed ['blɪɚ i 'aɪd]
bled [blɛd]
bleed [blid]
bleeding ['blid ɪŋ]
bleep [blip]
blemish ['blɛm ɪʃ]
blemished ['blɛm ɪʃt]
blend [blɛnd]
blended ['blɛnd ɪd]
blender ['blɛnd ɚ]
blending ['blɛnd ɪŋ]

bless [blɛs]
blessed [blɛst]
blessing ['blɛs ɪŋ]
blew [blu]
blight [blaɪt]
blimp [blɪmp]
blind [blaɪnd]
blinded ['blaɪnd ɪd]
blindfold ['blaɪnd ,fold]
blinding ['blaɪnd ɪŋ]
blindly ['blaɪnd li]
blindness ['blaɪnd nɪs]
blink [blɪŋk]
blinked [blɪŋkt]
blinkers ['blɪŋ kɚz]
blinking ['blɪŋ kɪŋ]
bliss [blɪs]
blissfully ['blɪs fə li]
blister ['blɪs tɚ]
blithe [blaɪð]
blizzard ['blɪz ɚd]
bloated ['blot ɪd]
blob [blab]
block [blak]
blockade [bla 'ked]
blockage ['blak ɪdʒ]
blockbuster ['blak ,bəs tɚ]
blocked [blakt]
blocking ['blak ɪŋ]
blond [bland]
blonde [bland]
blood [bləd]
blood poisoning
  ['bləd ,pɔɪz ə nɪŋ]
bloodhound ['bləd ,haʊnd]
bloodless ['bləd lɪs]
bloodshed ['bləd ,ʃɛd]

bloodshot [ˈbləd ˌʃat]

bloodstream [ˈbləd ˌstrim]

bloody [ˈbləd i]

bloom [blum]

bloomed [blumd]

blooming [ˈblum ɪŋ]

blooper [ˈblu pɚ]

blossom [blasm]

blossomed [blasmd]

blot [blat]

blotch [blatʃ]

blotted [ˈblat ɪd]

blotter [ˈblat ɚ]

blouse [blæʊs]

blow [blo]

blowing [ˈblo ɪŋ]

blubber [ˈbləb ɚ]

bludgeon [blədʒn]

blue [blu]

blue cheese [ˈblu ˌtʃiz]

blue jay [ˈblu ˌdʒe]

blue jeans [ˈblu ˌdʒinz]

blueberry [ˈblu ˌbɛɚ i]

bluebird [ˈblu ˌbɚd]

bluer [ˈblu ɚ]

blueprint [ˈblu ˌprɪnt]

bluff [bləf]

bluffed [bləft]

bluffing [ˈbləf ɪŋ]

blunder [ˈblən dɚ]

blunt [blənt]

bluntly [ˈblənt li]

blur [blɚ]

blurred [blɚd]

blurring [ˈblɚ ɪŋ]

blurry [ˈblɚ i]

blurt [blɚt]

blurted [ˈblɚt ɪd]

blurting [ˈblɚt ɪŋ]

blush [bləʃ]

blushed [bləʃt]

blushing [ˈbləʃ ɪŋ]

bluster [ˈbləs tɚ]

board [bɔɚd]

boarded [ˈbɔɚd ɪd]

boarder [ˈbɔɚd ɚ]

boarding [ˈbɔɚd ɪŋ]

boarding school [ˈbɔɚd ɪŋ ˌskul]

boardinghouse [ˈbɔɚd ɪŋ ˌhæʊs]

boardwalk [ˈbɔɚd ˌwɔk]

boast [bost]

boasted [ˈbost ɪd]

boasting [ˈbost ɪŋ]

boat [bot]

boating [ˈbot ɪŋ]

bobsled [ˈbab ˌslɛd]

bodice [ˈbad ɪs]

bodily [ˈbad ə li]

body [ˈbad i]

bodybuilding [ˈbad i ˈbɪld ɪŋ]

bodyguard [ˈbad i ˌgaɚd]

bodywork [ˈbad i ˌwɚk]

bogey [ˈbʊg i]

bogeyman [ˈbʊg i ˌmæn]

boggle the mind
    [ˈbagl ðə ˌmaɪnd]

bogus [ˈbo gəs]

boil [bɔɪl]

boiled [bɔɪld]

boiler [ˈbɔɪl ɚ]

boiling [ˈbɔɪl ɪŋ]

Boise (ID) [ˈbɔɪ zi]

boisterous [ˈbɔɪs trəs]

bold [bold]

boldfaced ['bold 'fest]

boldly ['bold li]

boldness ['bold nıs]

bolero [bə 'lɛɚ o]

bolster ['bol stɚ]

bolt [bolt]

bolted ['bolt ıd]

bomb [bɑm]

bombard [bɑm 'bɑɚd]

bombarded [bɑm 'bɑɚd ıd]

bombardier [ˌbɑm bə 'dıɚ]

bombarding [bɑm 'bɑɚd ıŋ]

bombardment
 [bɑm 'bɑɚd mənt]

bombed [bɑmd]

bomber ['bɑm ɚ]

bombing ['bɑm ıŋ]

bombshell ['bɑm ˌʃɛl]

bona fide ['bon ə ˌfaɪd]

bonanza [bə 'næn zə]

bond [bɑnd]

bondage ['bɑn dıdʒ]

bonded ['bɑn dıd]

bonding ['bɑn dıŋ]

bondsman ['bɑndz mən]

bone [bon]

bone-dry ['bon 'draɪ]

boned [bond]

boneless ['bon lıs]

bonfire ['bɑn ˌfaɪɚ]

bong [bɑŋ]

bongo drum ['bɑŋ go ˌdrəm]

bonnet ['bɑn ıt]

bonus ['bo nəs]

boo [bu]

boo-boo ['bu ˌbu]

booby trap ['bu bi ˌtræp]

booed [bud]

booing ['bu ıŋ]

book [bʊk]

bookcase ['bʊk ˌkes]

booked [bʊkt]

bookend ['bʊk ˌɛnd]

booking ['bʊk ıŋ]

bookish ['bʊk ıʃ]

bookkeeper ['bʊk ˌki pɚ]

bookkeeping ['bʊk ˌki pıŋ]

booklet ['bʊk lıt]

bookmark ['bʊk ˌmɑɚk]

bookstore ['bʊk ˌstɔɚ]

bookworm ['bʊk ˌwɚm]

boom [bum]

boomed [bumd]

boomerang ['bu mə ˌræŋ]

booming ['bum ıŋ]

boon [bun]

boor [bʊɚ]

boost [bust]

boosted ['bus tıd]

boosting ['bus tıŋ]

boot [but]

booted ['but ıd]

booth [buθ]

bootleg ['but ˌlɛg]

booty ['bu ti]

booze [buz]

border ['bɔɚ dɚ]

borderline ['bɔɚ dɚ ˌlaın]

bore [bɔɚ]

boredom ['bɔɚ dm]

boring ['bɔɚ ıŋ]

born [bɔɚn]

borough ['bɚ o]

borrow ['bɑɚ o]

31

borrowed ['baɚ od]

borrowing ['baɚ o ɪŋ]

bosom [bʊzm]

boss [bɔs]

bossy ['bɔs i]

Boston (MA) ['bɔs tn]

botany ['bat ə ni]

both [boθ]

bother ['bað ɚ]

bothered ['bað ɚd]

bothering ['bað ɚ ɪŋ]

bottle [batl]

bottle-opener ['batl ˌo pə nɚ]

bottled [batld]

bottleneck ['batl ˌnɛk]

bottom [batm]

botulism ['batʃ ə ˌlɪzm]

bough [bæʊ]

bought [bɔt]

bouillon ['bʊl jən]

boulder ['bol dɚ]

boulevard ['bʊl ə ˌvaɚd]

bounce [bæʊns]

bounced [bæʊnst]

bouncer ['bæʊn sɚ]

bouncing ['bæʊn sɪŋ]

boundary ['bæʊn dri]

bountiful ['bæʊn tə fl]

bouquet [bo 'ke]

bourbon ['bɚ bn]

bout [bæʊt]

boutique [bu 'tik]

boutonniere [ˌbut ə 'nɪɚ]

bovine ['bo vaɪn]

bow n. a decorative knot [bo] v. to bend into a curve [bo] n. an act of bending the body in deference [bæʊ] v. to bend the body in deference [bæʊ]

bow tie ['bo 'taɪ]

bowels ['bæʊlz]

bowl [bol]

bowled [bold]

bowlegged ['bo ˌlɛg ɪd]

bowler ['bol ɚ]

bowling ['bol ɪŋ]

bowling ball ['bol ɪŋ ˌbɔl]

Bowling Green (KY, OH) ['bol ɪŋ ˌgrin]

box [baks]

boxcar ['baks ˌkaɚ]

boxed [bakst]

boxer ['baks ɚ]

boxing ['baks ɪŋ]

boxing gloves ['baks ɪŋ ˌgləvz]

boy [bɔɪ]

boycott ['bɔɪ ˌkat]

boycotted ['bɔɪ ˌkat ɪd]

boycotting ['bɔɪ ˌkat ɪŋ]

boyfriend ['bɔɪ ˌfrɛnd]

boyhood ['bɔɪ ˌhʊd]

boys [bɔɪz]

bra [bra]

brace [bres]

braced [brest]

bracelet ['bres lɪt]

bracing ['bres ɪŋ]

bracket ['bræk ɪt]

brackish ['bræk ɪʃ]

brad [bræd]

brag [bræg]

braggart ['bræg ɚt]

bragged [brægd]

bragging ['bræg ɪŋ]

braid [bred]

braided ['bred ɪd]

Braille [brel]

brain [bren]

brainchild ['bren ˌtʃaɪld]

brainless ['bren lɪs]

brainstorm ['bren ˌstɔɚm]

brainwash ['bren ˌwɑʃ]

brainwave ['bren ˌwev]

brainy ['bre ni]

braise [brez]

brake [brek]

braked [brekt]

brakeman ['brek mən]

braking ['brek ɪŋ]

bran [bræn]

branch [bræntʃ]

branched [bræntʃt]

branching ['bræntʃ ɪŋ]

brand [brænd]

brand-new ['brænd 'nu]

brandish ['bræn dɪʃ]

brandy ['bræn di]

brash [bræʃ]

brashness ['bræʃ nɪs]

brass [bræs]

brassiere [brə 'zɪɚ]

brat [bræt]

bravado [brə 'vɑ do]

brave [brev]

braved [brevd]

bravely ['brev li]

bravery ['brev ə ri]

braving ['brev ɪŋ]

bravo ['brɑ vo]

brawl [brɔl]

brawny ['brɔ ni]

brazen ['bre zn]

breach [britʃ]

breached [britʃt]

bread [brɛd]

breadbox ['brɛd ˌbɑks]

breadcrumbs ['brɛd ˌkrəmz]

breadth [brɛdθ]

breadwinner ['brɛd ˌwɪn ɚ]

break [brek]

breakneck ['brek ˌnɛk]

breakable ['brek ə bl]

breakage ['brek ɪdʒ]

breakdown ['brek ˌdæʊn]

breaker ['brek ɚ]

breakfast ['brɛk fəst]

breakfront ['brek ˌfrənt]

breaking ['brek ɪŋ]

breakthrough ['brek ˌθru]

breast [brɛst]

breast-fed ['brɛst ˌfɛd]

breast-feed ['brɛst ˌfid]

breastbone ['brɛst ˌbon]

breaststroke ['brɛst ˌstrok]

breath [brɛθ]

breathe [brið]

breathed [briðd]

breather ['bri ðɚ]

breathing ['brið ɪŋ]

breathless ['brɛθ lɪs]

breathlessly ['brɛθ lɪs li]

breathtaking ['brɛθ ˌte kɪŋ]

breathy ['brɛθ i]

bred [brɛd]

breech [britʃ]

breeches ['britʃ ɪz]

breed [brid]

breeding   [ˈbrid ɪŋ]
breeze   [briz]
breezed   [brizd]
breezeway   [ˈbriz ˌwe]
breezy   [ˈbriz i]
brevity   [ˈbrɛv ɪ ti]
brew   [bru]
brewed   [brud]
brewer   [ˈbru ɚ]
brewery   [ˈbru ə ri]
brewing   [ˈbru ɪŋ]
bribe   [braɪb]
bribed   [braɪbd]
bribery   [ˈbraɪb ə ri]
bribing   [ˈbraɪb ɪŋ]
brick   [brɪk]
bricklayer   [ˈbrɪk ˌle ɚ]
bridal   [braɪdl]
bride   [braɪd]
bridegroom   [ˈbraɪd ˌgrum]
bridesmaid   [ˈbraɪdz ˌmed]
bridge   [brɪdʒ]
bridged   [brɪdʒd]
Bridgeport (CT)   [ˈbrɪdʒ ˌpɔɚt]
bridgework   [ˈbrɪdʒ ˌwɚk]
bridging   [ˈbrɪdʒ ɪŋ]
bridle   [braɪdl]
brief   [brif]
briefcase   [ˈbrif ˌkes]
briefed   [brift]
briefing   [ˈbrif ɪŋ]
briefly   [ˈbrif li]
brier   [braɪɚ]
bright   [braɪt]
brighten   [braɪtn]
brightly   [ˈbraɪt li]
brightness   [ˈbraɪt nɪs]

brilliance   [ˈbrɪl jəns]
brilliant   [ˈbrɪl jənt]
brilliantly   [ˈbrɪl jənt li]
brim   [brɪm]
brimful   [ˈbrɪm ˈfʊl]
brimming   [ˈbrɪm ɪŋ]
brine   [braɪn]
bring   [brɪŋ]
brink   [brɪŋk]
brinkmanship   [ˈbrɪŋk mən ˌʃɪp]
brisk   [brɪsk]
briskly   [ˈbrɪsk li]
bristle   [brɪsl]
bristled   [brɪsld]
British   [ˈbrɪt ɪʃ]
brittle   [brɪtl]
broad   [brɔd]
broad-minded   [ˈbrɔd ˈmaɪn dɪd]
broadcast   [ˈbrɔd ˌkæst]
broadcaster   [ˈbrɔd ˌkæs tɚ]
broadcasting   [ˈbrɔd ˌkæs tɪŋ]
broaden   [brɔdn]
broadly   [ˈbrɔd li]
broadside   [ˈbrɔd ˌsaɪd]
broccoli   [ˈbrak ə li]
brochure   [bro ˈʃʊɚ]
brogue   [brog]
broil   [brɔɪl]
broiled   [brɔɪld]
broiler   [ˈbrɔɪl ɚ]
broke   [brok]
broken   [ˈbro kn]
broken-down   [ˈbro kn ˈdæʊn]
brokenhearted
    [ˈbro kn ˈhaɚ tɪd]
broker   [ˈbro kɚ]
brokerage   [ˈbro kɚ ɪdʒ]

bronchitis [ˌbrɑŋ 'kaɪ tɪs]

bronco ['brɑŋ ko]

bronze [brɑnz]

bronzed [brɑnzd]

brood [brud]

brook [brʊk]

broom [brum]

broomstick ['brum ˌstɪk]

broth [brɔθ]

brothel [brɔθl]

brother ['brɑð ɚ]

brother-in-law ['brɑð ɚ ɪn ˌlɔ]

brotherhood ['brɑð ɚ ˌhʊd]

brotherly ['brɑð ɚ li]

brought [brɔt]

brow [braʊ]

brown [braʊn]

brownie ['braʊ ni]

brownish ['braʊn ɪʃ]

brownout ['braʊn ˌaʊt]

browse [braʊz]

browsed [braʊzd]

browsing ['braʊz ɪŋ]

bruise [bruz]

bruised [bruzd]

bruiser ['bru zɚ]

bruising ['bruz ɪŋ]

brunch [brəntʃ]

brunette [bru 'nɛt]

brunt [brənt]

brush [brəʃ]

brushed [brəʃt]

brushing ['brəʃ ɪŋ]

brusque [brəsk]

brutal [brutl]

brutality [bru 'tæl ɪ ti]

brutalization [ˌbrut ə lɪ 'ze ʃn]

brutalize ['brut ə ˌlaɪz]

brutalized ['brut ə ˌlaɪzd]

brute [brut]

bubble [bəbl]

bubbled [bəbld]

bubbling ['bəb lɪŋ]

buck [bək]

bucked [bəkt]

bucket ['bək ɪt]

bucket seat ['bək ɪt 'sit]

buckle [bəkl]

buckled [bəkld]

buckshot ['bək ˌʃɑt]

buckskin ['bək ˌskɪn]

bucktooth ['bək 'tuθ]

bud [bəd]

budded ['bəd ɪd]

budding ['bəd ɪŋ]

buddy ['bəd i]

budge [bədʒ]

budged [bədʒd]

budget ['bədʒ ɪt]

budgetary ['bədʒ ɪ ˌtɛɚ i]

buff [bəf]

buffalo ['bəf ə ˌlo]

Buffalo (NY) ['bəf ə ˌlo]

buffed [bəft]

buffer ['bəf ɚ]

buffet [bə 'fe]

buffoon [bə 'fun]

bug [bəg]

bugged [bəgd]

buggies ['bəg iz]

bugging ['bəg ɪŋ]

buggy ['bəg i]

bugle   ['bju gl]

bugler   ['bju glɚ]

build   [bɪld]

builder   ['bɪld ɚ]

building   ['bɪld ɪŋ]

built   [bɪlt]

built-in   *n.* ['bɪlt ˌɪn]
   adj. ['bɪlt 'ɪn]

bulb   [bəlb]

bulge   [bəldʒ]

bulged   [bəldʒd]

bulging   ['bəldʒ ɪŋ]

bulk   [bəlk]

bulky   ['bəlk i]

bull   [bʊl]

bulldog   ['bʊl ˌdɔg]

bulldoze   ['bʊl ˌdoz]

bulldozed   ['bʊl ˌdozd]

bulldozer   ['bʊl ˌdo zɚ]

bulldozing   ['bʊl ˌdoz ɪŋ]

bullet   ['bʊl ɪt]

bulletin   ['bʊl ɪ tn]

bulletproof   ['bʊl ɪt ˌpruf]

bullfight   ['bʊl ˌfaɪt]

bullfighter   ['bʊl ˌfaɪt ɚ]

bullfighting   ['bʊl ˌfaɪt ɪŋ]

bullfrog   ['bʊl ˌfrag]

bullheaded   ['bʊl ˌhɛd ɪd]

bullhorn   ['bʊl ˌhɔɚn]

bullish   ['bʊl ɪʃ]

bullpen   ['bʊl ˌpɛn]

bullring   ['bʊl ˌrɪŋ]

bulls-eye   ['bʊlz ˌaɪ]

bully   ['bʊl i]

bum   [bəm]

bumblebee   ['bəm bl ˌbi]

bump   [bəmp]

bumped   [bəmpt]

bumper   ['bəm pɚ]

bumpy   ['bəm pi]

bun   [bən]

bunch   [bəntʃ]

bundle   [bəndl]

bundled   [bəndld]

bundling   ['bənd lɪŋ]

bungalow   ['bəŋ gə ˌlo]

bungle   ['bəŋ gl]

bunion   ['bən jən]

bunk   [bəŋk]

bunk beds   ['bəŋk ˌbɛdz]

bunked   [bəŋkt]

bunker   ['bəŋ kɚ]

bunny   ['bən i]

bunt   [bənt]

buoy   ['bu i]

buoyant   ['bɔɪ ənt]

burden   ['bɚ dn]

burdened   ['bɚ dnd]

burdening   ['bɚ dn ɪŋ]

burdensome   ['bɚ dn səm]

bureau   ['bjʊɚ o]

bureaucracy   [bjʊɚ 'ak rə si]

bureaucrat   ['bjʊɚ ə ˌkræt]

bureaucratic   [ˌbjʊɚ ə 'kræt ɪk]

burglar   ['bɚ glɚ]

burglar alarm
   ['bɚ glɚ ə ˌlaɚm]

burglarize   ['bɚ glə ˌraɪz]

burglarized   ['bɚ glə ˌraɪzd]

burglary   ['bɚ glə ri]

burial   ['bɛɚ i əl]

burlap   ['bɚ læp]

burlesque   [bɚ 'lɛsk]

Burlington (VT)   ['bɚ lɪŋ tn]

burly ['bɚ li]

burn [bɚn]

burned [bɚnd]

burning ['bɚn ɪŋ]

burnish ['bɚ nɪʃ]

burnt [bɚnt]

burp [bɚp]

burr [bɚ]

burrow ['bɚ o]

bursitis [bɚ 'saɪ tɪs]

burst [bɚst]

bursting ['bɚst ɪŋ]

bury ['bɛɚ i]

bus [bəs]

bus stop ['bəs ,stap]

busboy ['bəs ,bɔɪ]

bush [bʊʃ]

bushed [bʊʃt]

bushel [bʊʃl]

bushy ['bʊʃ i]

busier ['bɪz i ɚ]

busiest ['bɪz i ɪst]

busily ['bɪz ə li]

business ['bɪz nɪs]

businesslike ['bɪz nɪs ,laɪk]

businessman ['bɪz nɪs ,mæn]

businesswoman
['bɪz nɪs ,wʊ mən]

busing ['bəs ɪŋ]

bussed [bəst]

bustle [bəsl]

busy ['bɪz i]

busybody ['bɪ zi ,bad i]

but [bət]

butcher ['bʊ tʃɚ]

butler ['bət lɚ]

Butte (MT) [bjut]

butter ['bət ɚ]

buttercup ['bət ɚ ,kəp]

butterfat ['bət ɚ ,fæt]

butterfly ['bət ɚ ,flaɪ]

butterfly stroke
['bət ɚ ,flaɪ 'strok]

buttermilk ['bət ɚ ,mɪlk]

buttocks ['bət əks]

button [bətn]

buttoned [bətnd]

buttonhole ['bətn ,hol]

buttoning ['bətn ɪŋ]

buttons [bətnz]

buxom ['bək sm]

buy [baɪ]

buyer ['baɪ ɚ]

buys [baɪz]

buzz [bəz]

buzzard ['bəz ɚd]

buzzed [bəzd]

buzzer ['bəz ɚ]

buzzing ['bəz ɪŋ]

by [baɪ]

by-product ['baɪ ,pra dəkt]

bye [baɪ]

bye-bye ['baɪ 'baɪ]

bylaw ['baɪ ,lɔ]

byline ['baɪ ,laɪn]

bypass ['baɪ ,pæs]

bypassed ['baɪ ,pæst]

bypassing ['baɪ ,pæs ɪŋ]

bystander ['baɪ ,stæn dɚ]

byte [baɪt]

C

C [si]

cab [kæb]

cabana [kə 'bæn ə]

cabaret [ˌkæ bə 're]

cabbage ['kæb ɪdʒ]

cabby ['kæb i]

cabin [kæbn]

cabinet ['kæb ə nɪt]

cabinetmaker
  ['kæb ə nɪt ˌme kɚ]

cable ['ke bl]

cable-gram ['ke bl ˌgræm]

caboose [kə 'bus]

cackle [kækl]

cactus ['kæk təs]

cad [kæd]

cadaver [kə 'dæv ɚ]

cadet [kə 'dɛt]

cafe [kæ 'fe]

cafeteria [ˌkæf ɪ 'tɪɚ i ə]

caffeine [kæ 'fin]

cage [kedʒ]

caged [kedʒd]

cahoots [kə 'huts]

cajole [kə 'dʒol]

cajoled [kə 'dʒold]

cajoling [kə 'dʒol ɪŋ]

cake [kek]

caked [kekt]

calamity [kə 'læm ɪ ti]

calcify ['kæl sə ˌfaɪ]

calcium ['kæl si əm]

calculate ['kæl kjə ˌlet]

calculated ['kæl kjə ˌlet ɪd]

calculating ['kæl kjə ˌlet ɪŋ]

calculation [ˌkæl kjə 'le ʃn]

calculator ['kæl kjə ˌle tɚ]

calculus ['kæl kjə ləs]

calendar ['kæl ən dɚ]

calf [kæf]

calfskin ['kæf ˌskɪn]

caliber ['kæl ə bɚ]

calibrate ['kæl ə ˌbret]

calibrating ['kæl ə ˌbret ɪŋ]

calibration [ˌkæl ə 'bre ʃn]

calibrator ['kæl ə ˌbre tɚ]

California [ˌkæl ə 'fɔɚn jə]

calisthenics [ˌkæl ɪs 'θɛn ɪks]

call [kɔl]

call-in ['kɔl ˌɪn]

called [kɔld]
caller ['kɔl ɚ]
calligraphy [kə 'lɪg rə fi]
calling ['kɔl ɪŋ]
callous ['kæl əs]
callously ['kæl əs li]
callousness ['kæl əs nɪs]
calls [kɔlz]
callus ['kæl əs]
calm [kɑm]
calmed [kɑmd]
calming ['kɑm ɪŋ]
calmly ['kɑm li]
caloric [kə 'lɔɚ ɪk]
calorie ['kæl ə ri]
calves [kævz]
camaraderie [ˌkɑ mə 'rɑ də ri]
came [kem]
camel ['kæml]
cameo ['kæm i ˌo]
camera ['kæm rə]
cameraman ['kæm rə ˌmæn]
camouflage ['kæm ə ˌflɑʒ]
camouflaged ['kæm ə ˌflɑʒd]
camouflaging ['kæm ə ˌflɑʒ ɪŋ]
camp [kæmp]
campaign [kæm 'pen]
campaigned [kæm 'pend]
campaigning [kæm 'pen ɪŋ]
camped [kæmpt]
camper ['kæm pɚ]
campfire ['kæmp ˌfaɪɚ]
camphor ['kæm fɚ]
camping ['kæm pɪŋ]
camps [kæmps]
campsite ['kæmp ˌsaɪt]
campus ['kæm pəs]

can [kæn]
Canadian [kə 'ne di ən]
canal [kə 'næl]
canary [kə 'nɛɚ i]
cancan ['kæn ˌkæn]
cancel ['kæn sl]
canceled ['kæn sld]
canceling ['kæn sl ɪŋ]
cancellation [ˌkæn sə 'le ʃn]
cancer ['kæn sɚ]
cancerous ['kæn sɚ əs]
candid ['kæn dɪd]
candidate ['dæn dɪ ˌdet]
candidly ['kæn dɪd li]
candied ['kæn did]
candies ['kæn diz]
candle ['kæn dl]
candlestick ['kæn dl ˌstɪk]
candor ['kæn dɚ]
candy ['kæn di]
cane [ken]
canine ['ke ˌnaɪn]
canister ['kæn ɪ stɚ]
canker ['kæŋ kɚ]
canned [kænd]
cannery ['kæn ə ri]
cannibal ['kæn ə bl]
cannibalize ['kæn ə bə ˌlaɪz]
canning ['kæn ɪŋ]
cannon ['kæn ən]
cannot [kə 'nɑt]
canny ['kæn i]
canoe [kə 'nu]
canoeing [kə 'nu ɪŋ]
canonize ['kæn ə ˌnaɪz]
canopy ['kæn ə pi]
can't [kænt]

cantaloupe   ['kæn tə ˌlop]

cantankerous   [kæn 'tæŋ kɚ əs]

cantata   [kən 'tɑ tə]

canteen   [kæn 'tin]

canter   ['kæn tɚ]

Canton (OH)   [kæntn]

canvas   ['kæn vəs]

canvass   ['kæn vəs]

canvassed   ['kæn vəst]

canvassing   ['kæn və sɪŋ]

canyon   ['kæn jən]

cap   [kæp]

capability   [ˌke pə 'bɪl ɪ ti]

capable   ['ke pə bl]

capably   ['ke pə bli]

capacity   [kə 'pæs ɪ ti]

cape   [kep]

caper   ['ke pɚ]

capillary   ['kæp ə ˌlɛɚ i]

capital   ['kæp ɪ tl]

capitalism   ['kæp ɪ tl ˌɪzm]

capitalist   ['kæp ɪ tl ɪst]

capitalize   ['kæp ɪ tl ˌaɪz]

capitalized   ['kæp ɪ tl ˌaɪzd]

capitalizing   ['kæp ɪ tl ˌaɪz ɪŋ]

capitol   ['kæp ɪ tl]

capitulate   [kə 'pɪtʃ ə ˌlet]

capped   [kæpt]

capping   ['kæp ɪŋ]

capricious   [kə 'pri ʃəs]

capsize   ['kæp ˌsaɪz]

capsized   ['kæp ˌsaɪzd]

capsizing   ['kæp ˌsaɪz ɪŋ]

capsule   ['kæp sl]

captain   ['kæp tn]

caption   ['kæp ʃn]

captioned   ['kæp ʃnd]

captioning   ['kæp ʃn ɪŋ]

captivate   ['kæp tə ˌvet]

captive   ['kæp tɪv]

captivity   ['kæp ˌtɪv ɪ ti]

captor   ['kæp tɚ]

capture   ['kæp tʃɚ]

captured   ['kæp tʃɚd]

captures   ['kæp tʃɚz]

car   [kɑɚ]

carafe   [kə 'ræf]

caramel   ['kaɚ ml]

carat   ['kæɚ ət]

carbohydrates   [ˌkaɚ bə 'haɪ drets]

carbon   ['kaɚ bn]

carbon dioxide   ['kaɚ bn daɪ 'ak ˌsaɪd]

carbon monoxide   ['kaɚ bn mən 'ak ˌsaɪd]

carburetor   ['kaɚ bɚ ˌe tɚ]

carcass   ['kaɚ kəs]

carcinogen   [kaɚ 'sɪn ə dʒn]

carcinogenic   [ˌkaɚ sɪn ə 'dʒɛn ɪk]

carcinoma   [ˌkaɚ sə 'no mə]

card   [kaɚd]

cardboard   ['kaɚd ˌbɔɚd]

cardiac   ['kaɚ di ˌæk]

cardiac arrest   ['kaɚ di ˌæk ə ˌrɛst]

cardigan   ['kaɚ də gn]

cardinal   ['kaɚd nl]

cardiogram   ['kaɚ di ə ˌgræm]

cardiology   [ˌkaɚ di 'al ə dʒi]

care   [kɛɚ]

cared   [kɛɚd]

career   [kə 'rɪɚ]

carefree   ['kɛɚ ˌfri]

careful   ['kɛɚ fl]

carefully   ['kɛɚ fə li]

careless   ['kɛɚ lɪs]

carelessly   ['kɛɚ lɪs li]

carelessness   ['kɛɚ lɪs nɪs]

cares   [kɛɚz]

caress   [kə 'rɛs]

caressed   [kə 'rɛst]

caressing   [kə 'rɛs ɪŋ]

caretaker   ['kɛɚ ˌte kɚ]

carfare   ['kɑɚ ˌfɛɚ]

cargo   ['kɑɚ go]

carhop   ['kɑɚ ˌhɑp]

caricature   ['kæɚ ə kə ˌtʃɚ]

caries   ['kæɚ iz]

caring   ['kɛɚ ɪŋ]

carload   ['kɑɚ ˌlod]

carnation   [kɑɚ 'ne ʃn]

carnival   ['kɑɚ nə vl]

carnivorous   [kɑɚ 'nɪv ɚ əs]

carol   ['kæɚ əl]

caroled   ['kæɚ əld]

caroling   ['kæɚ ə lɪŋ]

carousel   [ˌkæɚ ə 'sɛl]

carp   [kɑɚp]

carpenter   ['kɑɚ pən tɚ]

carpentry   ['kɑɚ pən tri]

carpet   ['kɑɚ pɪt]

carpeted   ['kɑɚ pɪ tɪd]

carpeting   ['kɑɚ pɪ tɪŋ]

carport   ['kɑɚ ˌpɔɚt]

carriage   ['kæɚ ɪdʒ]

carried   ['kæɚ id]

carrier   ['kæɚ i ɚ]

carries   ['kæɚ iz]

carrot   ['kæɚ ət]

carry   ['kæɚ i]

carryon   ['kæɚ i ˌɑn]

carryover   ['kæɚ i ˌo vɚ]

carsick   ['kɑɚ ˌsɪk]

Carson City (NV)   ['kɑɚ sn 'sɪt i]

cart   [kɑɚt]

carte blanche   ['kɑɚt 'blɑntʃ]

cartel   [kɑɚ 'tɛl]

cartilage   ['kɑɚt lɪdʒ]

carton   [kɑɚtn]

cartoon   [kɑɚ 'tun]

cartoonist   [kɑɚ 'tun ɪst]

cartridge   ['kɑɚ trɪdʒ]

carve   [kɑɚv]

carved   [kɑɚvd]

carving   ['kɑɚv ɪŋ]

carwash   ['kɑɚ ˌwɑʃ]

case   [kes]

cash   [kæʃ]

cashed   [kæʃt]

cashes   ['kæ ʃɪz]

cashew   [kæʃ'u]

cashier   [kæ 'ʃɪɚ]

cashing   ['kæʃ ɪŋ]

cashmere   ['kæʒ ˌmɪɚ]

casino   [kə 'si no]

cask   [kæsk]

casket   ['kæs kɪt]

Casper (WY)   ['kæs pɚ]

casserole   ['kæs ə ˌrol]

cassette   [kə 'sɛt]

cassette player   [kə 'sɛt pleɚ]

cassette recorder
   [kə 'sɛt rə 'kɔɚ dɚ]

cast   [kæst]

castanets   [ˌkæs tə 'nɛts]

castaway   ['kæs tə ˌwe]

caste [kæst]

castigate ['kæs tə ˌget]

casting ['kæs tɪŋ]

castle ['kæ sl]

castrate ['kæs ˌtret]

casual ['kæʒ u əl]

casually ['kæʒ u ə li]

casualness ['kæʒ u əl nɪs]

casualty ['kæʒ u əl ti]

cat [kæt]

cataclysm ['kæt ə ˌklɪzm]

catalog ['kæt ə ˌlɑg]

catalyst ['kæt ə lɪst]

catamaran [ˌkæt ə mə 'ræn]

catapult ['kæt ə ˌpʊlt]

cataract ['kæt ə ˌrækt]

catastrophe [kə 'tæs trə fi]

catch [kætʃ]

catchall ['kætʃ ˌɔl]

catching ['kætʃ ɪŋ]

categorical [ˌkæt ə 'gɔꭤ ɪ kl]

categorize ['kæt ə gə ˌraɪz]

category ['kæt ə ˌgɔꭤ i]

cater ['ke tꭤ]

caterer ['ke tꭤ ꭤ]

catering ['ke tꭤ ɪŋ]

caterpillar ['kæt ə ˌpɪl ꭤ]

catfish ['kæt ˌfɪʃ]

catgut ['kæt ˌgət]

catharsis [kə 'θɑꭤ sɪs]

cathartic [kə 'θɑꭤ tɪk]

cathedral [kə 'θi drəl]

catheter ['kæθ ɪ tꭤ]

catheterize ['kæθ ɪ tꭤ ˌaɪz]

Catholic ['kæθ lɪk]

catnap ['kæt ˌnæp]

catnapping ['kæt ˌnæp ɪŋ]

cattle ['kætl]

catty ['kæt i]

catwalk ['kæt ˌwɔk]

Caucasian [kɔ 'ke ʒn]

caucus ['kɔ kəs]

caucusing ['kɔ kəs ɪŋ]

caudal ['kɔ dl]

caught [kɔt]

cauliflower ['kɑl ə ˌflæʊ ꭤ]

caulk [kɔk]

causal ['kɔ zl]

causality [kɔ 'zæl ɪ ti]

causation [kɔ 'ze ʃn]

cause [kɔz]

cause way ['kɔz ˌwe]

caused [kɔzd]

causes ['kɔz ɪz]

causing ['kɔz ɪŋ]

caustic ['kɔ stɪk]

cauterize ['kɔt ə ˌraɪz]

caution ['kɔ ʃn]

cautionary ['kɔ ʃn ˌɛꭤ i]

cautious ['kɔ ʃəs]

cautiously ['kɔ ʃəs li]

cavalcade [ˌkæ vl 'ked]

cavalier [ˌkæ və 'lɪꭤ]

cavalry ['kæ vl ri]

cave [kev]

cave-in ['kev ˌɪn]

caved [kevd]

cavern ['kæv ꭤn]

caviar ['kæv i ˌɑꭤ]

caving ['kev ɪŋ]

cavity ['kæv ɪ ti]

cavort [kə 'vɔꭤt]

cease [sis]

cease-fire ['sis 'faɪꭤ]

ceased [sist]

ceaseless ['sis lɪs]

ceaselessly ['sis lɪs li]

cedar ['si dɚ]

Cedar Rapids (IA)
  ['si dɚ 'ræp ɪdz]

ceded ['sid ɪd]

ceiling ['si lɪŋ]

celebrate ['sɛl ə ˌbret]

celebrated ['sɛl ə ˌbret ɪd]

celebrating ['sɛl ə ˌbret ɪŋ]

celebration [ˌsɛl ə 'bre ʃn]

celebrity [sə 'lɛb rɪ ti]

celery ['sɛl ə ri]

celestial [sə 'lɛs tʃl]

celibacy ['sɛl ə bə si]

celibate ['sɛl ə bət]

cell [sɛl]

cellar ['sɛl ɚ]

cellist ['tʃɛl ɪst]

cello ['tʃɛl o]

cellular ['sɛl jə lɚ]

cellulose ['sɛl jə ˌlos]

cement [sɪ 'mɛnt]

cemetery ['sɛm ɪ ˌtɛɚ i]

censor ['sɛn sɚ]

censored ['sɛn sɚd]

censoring ['sɛn sɚ ɪŋ]

censors ['sɛn sɚz]

censorship ['sɛn sɚ ˌʃɪp]

censure ['sɛn ʃɚ]

censured ['sɛn ʃɚd]

censuring ['sɛn ʃɚ ɪŋ]

census ['sɛn səs]

cent [sɛnt]

centenarian [ˌsɛn tə 'nɛɚ i ən]

centennial [ˌsɛn 'tɛn i əl]

center ['sɛn tɚ]

centerpiece ['sɛn tɚ ˌpis]

centigrade ['sɛn tə ˌgred]

centimeter ['sɛn tə ˌmi tɚ]

centipede ['sɛn tə ˌpid]

central ['sɛn trəl]

centralize ['sɛn trə ˌlaɪz]

centrally ['sɛn trə li]

centrifugal [sɛn 'trɪf ə gl]

centrifuge ['sɛn trə ˌfjudʒ]

centripetal [sɛn 'trɪp ɪ tl]

centrist ['sɛn trɪst]

century ['sɛn tʃə ri]

cephalic [sə 'fæl ɪk]

ceramic [sə 'ræm ɪk]

cereal ['sɪɚ i əl]

cerebral ['sɛɚ ə brəl]

cerebral palsy
  ['sɛɚ ə brəl 'pɔl zi]

cerebration [ˌsɛɚ ə 'bre ʃn]

ceremonial [ˌsɛɚ ə 'mo ni əl]

ceremonious [ˌsɛɚ ə 'mo ni əs]

ceremony ['sɛɚ ə ˌmo ni]

certain ['sɚtn]

certainly ['sɚtn li]

certainty ['sɚtn ti]

certifiable ['sɚ tə ˌfaɪ ə bl]

certificate [sɚ 'tɪf ə kɪt]

certification [ˌsɚ tə fɪ 'ke ʃn]

certified ['sɚt ə ˌfaɪd]

certify ['sɚ tə ˌfaɪ]

certitude ['sɚ tɪ ˌtud]

cervical ['sɚ vɪ kl]

cervix ['sɚ vɪks]

cessation [sɛ 'se ʃn]

cesspool ['sɛs ˌpul]

chafe [tʃef]

chaff   [tʃæf]

chafing dish   ['tʃef ɪŋ ˌdɪʃ]

chagrin   [ʃə 'grɪn]

chain   [tʃen]

chain smoker   ['tʃen ˌsmok ɚ]

chain store   ['tʃen ˌstɔɚ]

chained   [tʃend]

chair   [tʃɛɚ]

chaired   [tʃɛɚd]

chairing   ['tʃɛɚ ɪŋ]

chairlift   ['tʃɛɚ ˌlɪft]

chairman   ['tʃɛɚ mən]

chairmanship   ['tʃɛɚ mən ˌʃɪp]

chairs   [tʃɛɚz]

chaise lounge   ['tʃez 'læʊndʒ]

chalet   [ʃæ 'le]

chalice   ['tʃæl ɪs]

chalk   [tʃɔk]

chalkboard   ['tʃɔk ˌbɔɚd]

chalky   ['tʃɔk i]

challenge   ['tʃæl ɪndʒ]

challenged   ['tʃæl ɪndʒd]

challenging   ['tʃæl ɪndʒ ɪŋ]

chamber   ['tʃem bɚ]

chamber music
   ['tʃem bɚ ˌmju zɪk]

chambermaid   ['tʃem bɚ ˌmed]

chameleon   [kə 'mil jən]

champ   [tʃæmp]

champagne   [ʃæm 'pen]

Champaign (IL)   [ʃæm 'pen]

champion   ['tʃæm pi ən]

championship   ['tʃæm pi ən ˌʃɪp]

chance   [tʃæns]

chancellor   ['tʃæns lɚ]

chancy   ['tʃæn si]

chandelier   [ˌʃæn də 'lɪɚ]

change   [tʃendʒ]

changeable   ['tʃendʒ ə bl]

changed   [tʃendʒd]

changeover   ['tʃendʒ ˌo vɚ]

changes   ['tʃendʒ ɪz]

changing   ['tʃendʒ ɪŋ]

channel   [tʃænl]

channeled   [tʃænld]

channeling   ['tʃænl ɪŋ]

chant   [tʃænt]

chanted   ['tʃænt ɪd]

chanting   ['tʃænt ɪŋ]

chants   [tʃænts]

chaos   ['ke ˌɑs]

chap   [tʃæp]

chapel   [tʃæpl]

chaplain   ['tʃæp lɪn]

chapped   [tʃæpt]

chapter   ['tʃæp tɚ]

character   ['kæɚ ɪk tɚ]

characteristic
   [ˌkæɚ ɪk tə 'rɪs tɪk]

characterization
   [ˌkæɚ ɪk tə rɪ 'ze ʃn]

characterize   ['kæɚ ɪk tə ˌrɑɪz]

characterized   ['kæɚ ɪk tə ˌrɑɪzd]

charades   [ʃə 'redz]

charcoal   ['tʃɑɚ ˌkol]

charcoaled   ['tʃɑɚ ˌkold]

charge   [tʃɑɚdʒ]

charged   [tʃɑɚdʒd]

charges   ['tʃɑɚdʒ ɪz]

charging   ['tʃɑɚdʒ ɪŋ]

chariot   ['tʃæɚ i ət]

charisma   [kə 'rɪz mə]

charitable   ['tʃæɚ ɪ tə bl]

charity   ['tʃæɚ ɪ ti]

charlatan [ˈʃɑɚ lə tn]

Charleston (SC, WV)
  [ˈtʃɑɚlz tn]

Charlotte (NC) [ˈʃɑɚ lət]

charm [tʃɑɚm]

charmed [tʃɑɚmd]

charmer [ˈtʃɑɚm ɚ]

charming [ˈtʃɑɚm ɪŋ]

charred [tʃɑɚd]

chart [tʃɑɚt]

charter [ˈtʃɑɚ tɚ]

charter flight [ˈtʃɑɚ tɚ ˌflaɪt]

chartered [ˈtʃɑɚ tɚd]

chartering [ˈtʃɑɚ tɚ ɪŋ]

chase [tʃes]

chased [tʃest]

chases [ˈtʃes ɪz]

chasing [ˈtʃes ɪŋ]

chasm [kæzm]

chassis [ˈtʃæs i]

chaste [tʃest]

chasten [ˈtʃe sn]

chastise [tʃæs ˈtaɪz]

chastity [ˈtʃæs tɪ ti]

Chattanooga (TN)
  [ˌtʃæt ə ˈnu gə]

chatter [ˈtʃæt ɚ]

chatterbox [ˈtʃæt ɚ ˌbaks]

chauffeur [ˈʃo fɚ]

chauvinism [ˈʃo və nɪzm]

cheap [tʃip]

cheapskate [ˈtʃip ˌsket]

cheapen [ˈtʃi pən]

cheaper [ˈtʃip ɚ]

cheapest [ˈtʃip ɪst]

cheaply [ˈtʃip li]

cheat [tʃit]

cheated [ˈtʃit ɪd]

cheating [ˈtʃit ɪŋ]

cheats [tʃits]

check [tʃɛk]

checkbook [ˈtʃɛk ˌbʊk]

checked [tʃɛkt]

checkerboard [ˈtʃɛk ɚ ˌbɔɚd]

checkered [ˈtʃɛk ɚd]

checkers [ˈtʃɛk ɚz]

checking [ˈtʃɛk ɪŋ]

checkmate [ˈtʃɛk ˌmet]

checkout [ˈtʃɛk ˌæʊt]

checkroom [ˈtʃɛk ˌrum]

checkup [ˈtʃɛk ˌəp]

cheddar cheese [ˈtʃɛd ɚ ˌtʃiz]

cheek [tʃik]

cheekbone [ˈtʃik ˌbon]

cheep [tʃip]

cheer [tʃɪɚ]

cheered [tʃɪɚd]

cheerful [ˈtʃɪɚ fl]

cheerfully [ˈtʃɪɚ fə li]

cheerfulness [ˈtʃɪɚ fl nɪs]

cheerily [ˈtʃɪɚ ə li]

cheering [ˈtʃɪɚ ɪŋ]

cheerleader [ˈtʃɪɚ ˌlid ɚ]

cheery [ˈtʃɪɚ i]

cheese [tʃiz]

cheeseburger [ˈtʃiz ˌbɚ gɚ]

cheesecake [ˈtʃiz ˌkek]

cheetah [ˈtʃi tə]

chef [ʃɛf]

chemical [ˈkɛm ɪ kl]

chemist [ˈkɛm ɪst]

chemistry [ˈkɛm ɪs tri]

chemotherapy [ˌkim ə ˈθɛɚ ə pi]

cherish [ˈtʃɛɚ ɪʃ]

cherished   ['tʃɛɚ ɪʃt]

cherry   ['tʃɛɚ i]

chess   [tʃɛs]

chessboard   ['tʃɛs ˌbɔɚd]

chest   [tʃɛst]

chestnut   ['tʃɛs ˌnət]

chew   [tʃu]

chewable   ['tʃu ə bl]

chewed   [tʃud]

chewing   ['tʃu ɪŋ]

chewy   ['tʃu i]

Cheyenne (WY)   [ʃaɪ 'æn]

chic   [ʃik]

Chicago (IL)   [ʃɪ 'ka go]

chick   [tʃɪk]

chicken   [tʃɪkn]

chicken pox   ['tʃɪkn ˌpaks]

chide   [tʃaɪd]

chided   ['tʃaɪd ɪd]

chiding   ['tʃaɪd ɪŋ]

chief   [tʃif]

chief executive
   ['tʃif ɛg 'zɛk jə tɪv]

chiefly   ['tʃif li]

chigger   ['tʃɪg ɚ]

child   [tʃaɪld]

childbirth   ['tʃaɪld ˌbɚθ]

childhood   ['tʃaɪld ˌhʊd]

childish   ['tʃaɪld ɪʃ]

childishness   ['tʃaɪld ɪʃ nɪs]

childless   ['tʃaɪld lɪs]

childlike   ['tʃaɪld ˌlaɪk]

children   ['tʃɪl drɪn]

chili   ['tʃɪl i]

chill   [tʃɪl]

chill factor   ['tʃɪl ˌfæk tɚ]

chilled   [tʃɪld]

chilly   ['tʃɪl i]

chime   [tʃaɪm]

chimed   [tʃaɪmd]

chiming   ['tʃaɪm ɪŋ]

chimney   ['tʃɪm ni]

chimp   [tʃɪmp]

chimpanzee   [ˌtʃɪm 'pæn zi]

chin   [tʃɪn]

china   ['tʃaɪ nə]

Chinese   [tʃaɪ 'niz]

chinning   ['tʃɪn ɪŋ]

chintz   [tʃɪnts]

chintzy   ['tʃɪnt si]

chip   [tʃɪp]

chipmunk   ['tʃɪp ˌməŋk]

chipped   [tʃɪpt]

chipper   ['tʃɪp ɚ]

chipping   ['tʃɪp ɪŋ]

chiropodist   [ʃə 'rap ə dɪst]

chirp   [tʃɚp]

chirped   [tʃɚpt]

chisel   [tʃɪzl]

chiseled   [tʃɪzld]

chiseling   ['tʃɪzl ɪŋ]

chivalrous   ['ʃɪvl rəs]

chivalry   ['ʃɪvl ri]

chives   [tʃaɪvz]

chlorinate   ['klɔɚ ə ˌnet]

chlorine   ['klɔɚ in]

chock-full   ['tʃak 'fʊl]

chocolate   ['tʃak lɪt]

choice   [tʃɔɪs]

choir   [kwaɪɚ]

choirboy   ['kwaɪɚ ˌbɔɪ]

choke   [tʃok]

choked   [tʃokt]

chokes   [tʃoks]

choking [ˈtʃok ɪŋ]

cholesterol [kə ˈlɛs tə ˌol]

choose [tʃuz]

choosy [ˈtʃu zi]

chop [tʃap]

chop suey [ˌtʃap ˈsu i]

chopped [tʃapt]

chopping [ˈtʃap ɪŋ]

choppy [ˈtʃap i]

chopsticks [ˈtʃap ˌstɪks]

chord [kɔɚd]

chore [tʃɔɚ]

choreograph [ˈkɔɚ i ə ˌgræf]

choreographer [ˌkɔɚ i ˈag rə fɚ]

choreography [ˌkɔɚ i ˈag rə fi]

chorus [ˈkɔɚ əs]

chose [tʃoz]

chosen [ˈtʃo zn]

chow mein [ˌtʃæʊ ˈmen]

chowder [ˈtʃæʊ dɚ]

Christ [kraɪst]

christen [krɪsn]

christening [ˈkrɪsn ɪŋ]

Christian [ˈkrɪs tʃn]

Christianity [ˌkrɪs tʃi ˈæn ɪ ti]

Christmas [ˈkrɪs məs]

Christmas Eve [ˈkrɪs məs ˈiv]

Christmas tree [ˈkrɪs məs ˌtri]

chromatic [kro ˈmæt ɪk]

chrome [krom]

chromosome [ˈkro mə ˌsom]

chronic [ˈkran ɪk]

chronicle [ˈkran ɪkl]

chronological [ˌkran ə ˈladʒ ɪ kl]

chronology [krə ˈnal ə dʒi]

chrysanthemum
  [krɪ ˈsæn θə məm]

chubby [ˈtʃəb i]

chuck [tʃək]

chuckhole [ˈtʃək ˌhol]

chuckle [tʃəkl]

chuckled [tʃəkld]

chuckles [tʃəklz]

chuckling [ˈtʃək lɪŋ]

chug [tʃəg]

chugging [ˈtʃəg ɪŋ]

chump [tʃəmp]

chunk [tʃəŋk]

chunky [ˈtʃəŋ ki]

church [tʃɚtʃ]

chute [ʃut]

cider [ˈsaɪ dɚ]

cigar [sɪ ˈgaɚ]

cigarette [ˌsɪg ə ˈrɛt]

cinch [sɪntʃ]

Cincinnati (OH) [ˌsɪn sə ˈnæt i]

cinder [ˈsɪn dɚ]

cinema [ˈsɪn ə mə]

cinematic [ˌsɪn ə ˈmæt ɪk]

cinematographer
  [ˌsɪn ə mə ˈtag rə fɚ]

cinematography
  [ˌsɪn ə mə ˈtag rə fi]

cinnamon [ˈsɪn ə mən]

cipher [ˈsaɪ fɚ]

circle [ˈsɚ kl]

circled [ˈsɚ kld]

circles [ˈsɚ klz]

circling [ˈsɚk lɪŋ]

circuit [ˈsɚ kɪt]

circuit breaker [ˈsɚ kɪt ˌbrek ɚ]

circuitous [ˌsɚ ˈkju ɪ təs]

circular [ˈsɚ kjə lɚ]

circularize [ˈsɚ kjə lə ˌraɪz]

circulate ['sɚ kjə ˌlet]

circulated ['sɚ kjə ˌlet ɪd]

circulates ['sɚ kjə ˌlets]

circulating ['sɚ kjə ˌlet ɪŋ]

circulation [ˌsɚ kjə 'le ʃn]

circumcise ['sɚ kəm ˌsaɪz]

circumcision [ˌsɚ kəm 'sɪ ʒn]

circumference [sɚ 'kəm frəns]

circumlocution
 [ˌsɚ kəm lo 'kju ʃn]

circumnavigate
 [ˌsɚ kəm 'næv ə get]

circumscribe ['sɚ kəm ˌskraɪb]

circumspect ['sɚ kəm ˌspɛkt]

circumstance ['sɚ kəm ˌstæns]

circumvent [ˌsɚ kəm 'vɛnt]

circumvented [ˌsɚ kəm 'vɛn tɪd]

circumventing
 [ˌsɚ kəm 'vɛn tɪŋ]

circus ['sɚ kəs]

cirrhosis [sɪ 'ro sɪs]

cirrus ['sɪɚ əs]

cistern ['sɪs tɚn]

citation [saɪ 'te ʃn]

cite [saɪt]

cited ['saɪt ɪd]

cites [saɪts]

citified ['sɪt ɪ ˌfaɪd]

citing ['saɪt ɪŋ]

citizen ['sɪt ɪ zn]

citizenry ['sɪt ɪ zn ri]

citizenship ['sɪt ɪ zn ˌʃɪp]

citrus ['sɪ trəs]

citrus fruit ['sɪ trəs ˌfrut]

city ['sɪt i]

civic ['sɪv ɪk]

civics ['sɪv ɪks]

civil [sɪvl]

civil engineer ['sɪvl ˌɛn dʒə 'nɪɚ]

civil rights ['sɪvl 'raɪts]

Civil Service ['sɪvl 'sɚ vɪs]

civil war ['sɪvl 'wɔɚ]

civilian [sɪ 'vɪl jən]

civility [sɪ 'vɪl ɪ ti]

civilization [ˌsɪvl ɪ 'ze ʃn]

civilize ['sɪv ə ˌlaɪz]

civilized ['sɪv əl ˌaɪzd]

civilly ['sɪv ə li]

clad [klæd]

claim [klem]

claimant ['kle mənt]

claimed [klemd]

claiming ['klem ɪŋ]

claims [klemz]

clairvoyance [ˌklɛɚ 'vɔɪ əns]

clairvoyant [ˌklɛɚ 'vɔɪ ənt]

clam [klæm]

clammed [klæmd]

clammy ['klæm i]

clamor ['klæm ɚ]

clamored ['klæm ɚd]

clamoring ['klæm ɚ ɪŋ]

clamors ['klæm ɚz]

clamp [klæmp]

clamped [klæmpt]

clams [klæmz]

clan [klæn]

clandestine [klæn 'dɛs tn]

clang [klæŋ]

clank [klæŋk]

clansman ['klænz mən]

clap [klæp]

clapped [klæpt]

clapping ['klæp ɪŋ]

claps ['klæps]

clarification [ˌklæ ɚ ə fɪ 'ke ʃn]

clarified ['klæ ɚ ɪ ˌfɑɪd]

clarifies ['klæ ɚ ɪ ˌfɑɪz]

clarify ['klæ ɚ ɪ ˌfɑɪ]

clarifying ['klæ ɚ ɪ ˌfɑɪ ɪŋ]

clarinet [ˌklæ ɚ ɪ 'nɛt]

clarity ['klæ ɚ ɪ ti]

clash [klæʃ]

clashed [klæʃt]

clasp [klæsp]

clasped [klæspt]

clasping ['klæs pɪŋ]

clasps [klæsps]

class [klæs]

classic ['klæs ɪk]

classical ['klæs ɪ kl]

classification [ˌklæs ɪ fɪ 'ke ʃn]

classified ['klæs ə ˌfɑɪd]

classify ['klæs ə ˌfɑɪ]

classifying ['klæs ə ˌfɑɪ ɪŋ]

classmate ['klæs ˌmet]

classroom ['klæs ˌrum]

classy ['klæs i]

clatter ['klæt ɚ]

clause [klɔz]

claustrophobia
[ˌklɔ strə 'fo bi ə]

clavichord ['klæv ə ˌkɔɚd]

clavicle ['klæv ə kl]

claw [klɔ]

clay [kle]

clean [klin]

clean-cut ['klin ˌkət]

clean-shaven [ˌklin 'ʃe vn]

cleaned [klind]

cleaner ['klin ɚ]

cleaning ['klin ɪŋ]

cleanliness ['klɛn li nɪs]

cleans [klinz]

cleanse [klɛnz]

cleansed [klɛnzd]

cleanser ['klɛnz ɚ]

cleansing ['klɛnz ɪŋ]

clear [klɪɚ]

clear-cut ['klɪɚ 'kət]

clearance ['klɪɚ əns]

cleared [klɪɚd]

clearing ['klɪɚ ɪŋ]

clearly ['klɪɚ li]

cleavage ['kli vɪdʒ]

cleave [kliv]

cleaver ['kli vɚ]

cleft [klɛft]

clemency ['klɛm ən si]

clench [klɛntʃ]

clenched [klɛntʃt]

clergy ['klɚ dʒi]

clergyman ['klɚ dʒi mən]

clerical ['klɛɚ ɪ kl]

clerk [klɚk]

clerked [klɚkt]

clerking ['klɚk ɪŋ]

Cleveland (OH) ['kliv lnd]

clever ['klɛv ɚ]

click [klɪk]

clicked [klɪkt]

clicking ['klɪk ɪŋ]

client ['klɑɪ ənt]

clientele [ˌklɑɪ ən 'tɛl]

cliff [klɪf]

cliffhanger ['klɪf ˌhæŋ ɚ]

climate ['klɑɪ mət]

climax ['klɑɪ mæks]

climaxed ['klaɪ mækst]

climb [klaɪm]

climbed [klaɪmd]

climber ['klaɪm ɚ]

climbing ['klaɪm ɪŋ]

climbs [klaɪmz]

clinch [klɪntʃ]

clinched [klɪntʃt]

clincher ['klɪn tʃɚ]

cling [klɪŋ]

clinging ['klɪŋ ɪŋ]

clinic ['klɪn ɪk]

clinical ['klɪn ɪ kl]

clinician [klɪ 'nɪʃn]

clink [klɪŋk]

clinker ['klɪŋ kɚ]

clip [klɪp]

clipped [klɪpt]

clippers ['klɪp ɚz]

clipping ['klɪp ɪŋ]

clique [klɪk]

cliquish ['klɪ kɪʃ]

cloak [klok]

cloaked [klokt]

cloakroom ['klok ˌrum]

clobber ['klab ɚ]

clock [klak]

clocked [klakt]

clockwise ['klak ˌwaɪz]

clockwork ['klak ˌwɚk]

clod [klad]

clog [klag]

clogged [klagd]

clogging ['klag ɪŋ]

cloister ['klɔɪs tɚ]

clop [klap]

clopping ['klap ɪŋ]

close adj. [klos] v. [kloz]

close-knit ['klos 'nɪt]

close-up ['klos ˌəp]

closed [klozd]

closefisted ['klos 'fɪs tɪd]

closely ['klos li]

closeness ['klos nɪs]

closer ['klos ɚ]

closes ['kloz ɪz]

closest ['klos ɪst]

closet ['klaz ɪt]

closing ['kloz ɪŋ]

closure ['klo ʒɚ]

clot [klat]

cloth [klɔθ]

clothe [kloð]

clothed [kloðd]

clothes n. [kloz] v. [kloðz]

clothes pin ['kloz ˌpɪn]

clothier ['kloð jɚ]

clothing ['kloð ɪŋ]

clotted ['klat ɪd]

clotting ['klat ɪŋ]

cloud [klæʊd]

cloudburst ['klæʊd ˌbɚst]

cloudier ['klæʊd i ɚ]

cloudiest ['klæʊd i əst]

cloudy ['klæʊd i]

clout [klæʊt]

clove [klov]

cloven ['klo vn]

clover ['klo vɚ]

cloverleaf ['klo vɚ ˌlif]

clown [klæʊn]

clowned [klæʊnd]

clowning ['klæʊn ɪŋ]

clownish ['klæʊn ɪʃ]

club [kləb]

clubbed [kləbd]

clubfoot ['kləb 'fʊt]

clubhouse ['kləb ˌhæʊs]

cluck [klək]

clue [klu]

clued [klud]

clump [kləmp]

clumped [kləmpt]

clumsily ['kləm zɪ li]

clumsiness ['kləm zi nɪs]

clumsy ['kləm zi]

clung [kləŋ]

clunker ['kləŋ kɚ]

cluster ['kləs tɚ]

clutch [klətʃ]

clutched [klətʃt]

clutching ['klətʃ ɪŋ]

clutter ['klət ɚ]

coach [kotʃ]

coached [kotʃt]

coaching ['kotʃ ɪŋ]

coagulate [ko 'æg jə ˌlet]

coagulating [ko 'ag jə ˌlet ɪŋ]

coagulation [ˌko ag jə 'le ʃn]

coal [kol]

coalesce [ˌko ə 'les]

coalition [ˌko ə 'lɪʃn]

coal mine ['kol ˌmaɪn]

coarse [kɔɚs]

coast [kost]

coast guard ['kost ˌgaɚd]

coastal ['kos tl]

coaster ['ko stɚ]

coasting ['kos tɪŋ]

coastline ['kost ˌlaɪn]

coasts [kosts]

coat [kot]

coated ['kot ɪd]

coating ['kot ɪŋ]

coauthor ['ko ˌɔ θɚ]

coax [koks]

coaxing ['koks ɪŋ]

cobbler ['kab lɚ]

cobblestones ['kabl ˌstonz]

cobra ['ko brə]

cobweb ['kab ˌwɛb]

cocaine [ko 'ken]

cock [kak]

cockeyed ['kak ˌaɪd]

cockfight ['kak ˌfaɪt]

cockiness ['ka ki nɪs]

cockpit ['kak ˌpɪt]

cockroach ['kak ˌrotʃ]

cocksure ['kak 'sʊɚ]

cocktail ['kak ˌtel]

cocky ['kak i]

cocoa ['ko ko]

coconut ['ko kə ˌnət]

cocoon [kə 'kun]

cod [kad]

coddle [kadl]

code [kod]

coded ['kod ɪd]

codeine ['ko din]

codfish ['kad ˌfɪʃ]

codicil ['kad ɪ sl]

codification [ˌkad ə fɪ 'ke ʃn]

codify ['kad ə ˌfaɪ]

coding ['kod ɪŋ]

coed ['ko 'ɛd]

coeducation [ko ˌɛdʒ ʊ 'ke ʃn]

coequal [ˌko 'i kwəl]

coerce [ko 'ɚs]

coerced   [ko 'ɚst]

coercing   [ko 'ɚs ɪŋ]

coercion   [ko 'ɚ ʃn]

coexist   [ˌko ɛg 'zɪst]

coffee   ['kɔ fi]

coffee break   ['kɔ fi ˌbrek]

coffeepot   ['kɔ fi ˌpat]

coffin   ['kɔ fn]

cog   [kag]

cogent   ['ko dʒənt]

cogitate   ['kadʒ ɪ ˌtet]

cognac   ['kɔn ˌjæk]

cognition   [kag 'nɪ ʃn]

cognizance   ['kag nɪ zəns]

cognizant   ['kag nɪ zənt]

cohabit   [ko 'hæb ɪt]

coherent   [ko 'hɪɚ ənt]

cohesion   [ko 'hi ʒn]

cohort   ['ko ˌhɔɚt]

coil   [kɔɪl]

coiled   [kɔɪld]

coin   [kɔɪn]

coin-box   ['kɔɪn ˌbaks]

coincide   [ˌko ɪn 'saɪd]

coincided   [ˌko ɪn 'saɪd ɪd]

coincidence   [ˌko 'ɪn sɪ dəns]

coincidental   [ko ˌɪn sɪ 'dɛn tl]

coincidentally
   [ko ˌɪn sɪ 'dɛnt li]

coinciding   [ˌko ɪn 'saɪd ɪŋ]

coined   [kɔɪnd]

coke   [kok]

cola   ['ko lə]

colander   ['kal ən dɚ]

cold   [kold]

cold-blooded   ['kold 'bləd ɪd]

cold cuts   ['kold ˌkəts]

cold sore   ['kold ˌsɔɚ]

coldly   ['kold li]

coleslaw   ['kol ˌslɔ]

colic   ['kal ɪk]

coliseum   [ˌkal ɪ 'si əm]

collaborate   [kə 'læb ə ˌret]

collaborating   [kə 'læb ə ˌret ɪŋ]

collaboration   [kə ˌlæb ə 're ʃn]

collaborator   [kə 'læb ə ˌre tɚ]

collage   [kə 'laʒ]

collapse   [kə 'læps]

collapsed   [kə 'læpst]

collapsible   [kə 'læp sɪ bl]

collapsing   [kə 'læp sɪŋ]

collar   ['kal ɚ]

collarbone   ['kal ɚ ˌbon]

collate   ['ko ˌlet]

collateral   [kə 'læt ɚ əl]

colleague   ['kal ˌig]

collect   [kə 'lɛkt]

collected   [kə 'lɛk tɪd]

collecting   [kə 'lɛk tɪŋ]

collection   [kə 'lɛk ʃn]

collective   [kə 'lɛk tɪv]

collectively   [kə 'lɛk tɪv li]

collector   [kə 'lɛk tɚ]

college   ['kal ɪdʒ]

collegiate   [kə 'li dʒɪt]

collide   [kə 'laɪd]

collided   [kə 'laɪd ɪd]

colliding   [kə 'laɪd ɪŋ]

collie   ['kal i]

collision   [kə 'lɪʒn]

colloquial   [kə 'lo kwi əl]

colloquialism
   [kə 'lo kwi əl ˌɪzm]

collusion   [kə 'lu ʒn]

cologne [kə 'lon]
colon ['ko lən]
colonel ['kɚ nl]
colonial [kə 'lo ni əl]
colonialism [kə 'lo ni əl ˌɪzm]
colonist ['kɑl ə nɪst]
colonize ['kɑl ə ˌnaɪz]
colony ['kɑl ə ni]
color ['kəl ɚ]
color-blind ['kəl ɚ ˌblaɪnd]
Colorado [ˌkɑ lə 'rɑ do]
coloration [ˌkəl ə 're ʃn]
colored ['kəl ɚd]
colorful ['kəl ɚ fl]
coloring ['kəl ɚ ɪŋ]
colorless ['kəl ɚ lɪs]
colossal [kə 'lɑsl]
colt [kolt]
Columbia (MO, SC)
  [kə 'ləm bi ə]
Columbus (GA, OH)
  [kə 'ləm bəs]
column ['kɑl əm]
columnist ['kɑl əm nɪst]
coma ['ko mə]
comatose ['kɑm ə ˌtos]
comb [kom]
combat n. ['kɑm ˌbæt]
  v. [kəm 'bæt]
combatant [kəm 'bæt nt]
combating [kəm 'bæt ɪŋ]
combative [kəm 'bæt ɪv]
combed [komd]
combination [ˌkɑm bɪ 'ne ʃn]
combine n. a farm machine; a
  consortium ['kɑm baɪn]
  v. to join [kəm 'baɪn]

combined [kəm 'baɪnd]
combing ['kom ɪŋ]
combining [kəm 'baɪn ɪŋ]
combo ['kɑm bo]
combustibility
  [kəm ˌbəs tə 'bɪl ɪ ti]
combustible [kəm 'bəs tə bl]
combustion [kəm 'bəs tʃn]
come [kəm]
come-on ['kəm ˌɔn]
comedian [kə 'mi di ən]
comedienne [kə ˌmi di 'ɛn]
comedy ['kɑm ə di]
comely ['kom li]
comes [kəmz]
comet ['kɑm ət]
comeuppance [ˌkəm 'ə pəns]
comfort ['kəm fɚt]
comfortable ['kəm fɚ tə bl]
comfortably ['kəm fɚ tə bli]
comforter ['kəm fɚ tɚ]
comic ['kɑm ɪk]
comic strip ['kɑm ɪk ˌstrɪp]
comical ['kɑm ɪkl]
coming ['kəm ɪŋ]
comma ['kɑm ə]
command [kə 'mænd]
commanded [kə 'mæn dɪd]
commandeer [ˌkɑ mən 'dɪɚ]
commander [kə 'mæn dɚ]
commanding [kə 'mæn dɪŋ]
commandment
  [kə 'mænd mənt]
commando [kə 'mæn do]
commemorate [kə 'mɛm ə ˌret]
commemorated
  [kə 'mɛm ə ˌret ɪd]

53

commemorates
 [kə ˈmɛm ə ˌrɛts]
commemorating
 [kə ˈmɛm ə ˌret ɪŋ]
commemorative
 [kə ˈmɛ mə ə tɪv]
commence [kə ˈmɛns]
commenced [kə ˈmɛnst]
commencement
 [kə ˈmɛns mənt]
commences [kə ˈmɛn sɪz]
commencing [kə ˈmɛn sɪŋ]
commend [kə ˈmɛnd]
commendable [kə ˈmɛnd ə bl]
commendation [ˌkɑ mɛn ˈde ʃn]
commended [kə ˈmɛn dɪd]
commensurate [kə ˈmɛn sə ɪt]
comment [ˈkɑ mɛnt]
commentary [ˈkɑ mən ˌtɛə i]
commentator [ˈkɑ mən ˌte tə]
commented [ˈkɑ mɛn tɪd]
commenting [ˈkɑ mɛn tɪŋ]
commerce [ˈkɑ məs]
commercial [kə ˈmə ʃl]
commercialize [kə ˈmə ʃə ˌlaɪz]
commingle [ˌko ˈmɪŋ gl]
commiserate [kə ˈmɪz ə ˌret]
commiserated [kə ˈmɪz ə ˌret ɪd]
commiserating
 [kə ˈmɪz ə ˌret ɪŋ]
commissary [ˈkɑ mɪ ˌsɛə i]
commission [kə ˈmɪʃn]
commissioned [kə ˈmɪʃ ənd]
commissioner [kə ˈmɪʃ ə nə]
commit [kə ˈmɪt]
commitment [kə ˈmɪt mənt]
committed [kə ˈmɪt ɪd]

committee [kə ˈmɪt i]
committing [kə ˈmɪt ɪŋ]
commode [kə ˈmod]
commodity [kə ˈmɑd ɪ ti]
commodore [ˈkɑm ə ˌdɔə]
common [ˈkɑm ən]
commonly [ˈkɑm ən li]
commonplace [ˈkɑm ən ˌples]
commonwealth [ˈkɑm ən ˌwɛlθ]
commotion [kə ˈmo ʃn]
communal [kə ˈmju nl]
commune *n.* [ˈkɑ ˌmjun]
 v. [kə ˈmjun]
communicate [kə ˈmju nə ˌket]
communicated
 [kə ˈmju nə ˌket ɪd]
communicating
 [kə ˈmju nə ˌket ɪŋ]
communication
 [kə ˌmju nə ˈke ʃn]
communicative
 [kə ˈmju nə ˌke tɪv]
communion [kə ˈmjun jən]
communique [kə ˈmju nə ˌke]
communism [ˈkɑm jə ˌnɪzm]
communist [ˈkɑm jə nɪst]
community [kə ˈmju nɪ ti]
commutation [ˌkɑm jə ˈte ʃn]
commute [kə ˈmjut]
commuted [kə ˈmjut ɪd]
commuter [kə ˈmjut ə]
commutes [kə ˈmjuts]
commuting [kə ˈmjut ɪŋ]
compact *n.* [ˈkɑm ˌpækt]
 adj., v. [kəm ˈpækt]
compact disc [ˈkɑm pækt ˈdɪsk]
compacted [kəm ˈpæk tɪd]

companion [kəm 'pæn jən]

companionship
[kəm 'pæn jən ˌʃɪp]

company ['kəm pə ni]

comparable ['kɑm pɚ ə bl]

comparative [kəm 'pæɚ ə tɪv]

comparatively
[kəm 'pæɚ ə tɪv li]

compare [kəm 'pɛɚ]

compared [kəm 'pɛɚd]

compares [kəm 'pɛɚz]

comparing [kəm 'pɛɚ ɪŋ]

comparison [kəm 'pæɚ ɪ sn]

compartment
[kəm 'pɑɚt ˌmənt]

compass ['kəm pəs]

compassion [kəm 'pæʃn]

compassionate [kəm 'pæʃ ə ˌnət]

compatibility
[kəm ˌpæt ə 'bɪl ɪ ti]

compatible [kəm 'pæt ə bl]

compatriot [kəm 'pe tri ət]

compel [kəm 'pɛl]

compelled [kəm 'pɛld]

compelling [kəm 'pɛl ɪŋ]

compels [kəm 'pɛlz]

compendium [kəm 'pɛn di əm]

compensate ['kɑm pən ˌset]

compensating
['kɑm pən ˌset ɪŋ]

compensation [ˌkɑm pən 'se ʃn]

compete [kəm 'pit]

competed [kəm 'pit ɪd]

competence ['kɑm pə tns]

competent ['kɑm pə tnt]

competently ['kɑm pə tnt li]

competes [kəm 'pits]

competing [kəm 'pit ɪŋ]

competition [ˌkɑm pɪ 'tɪʃn]

competitive [kəm 'pɛt ɪ tɪv]

competitor [kəm 'pɛt ɪ tɚ]

compilation [ˌkɑm pə 'le ʃn]

compile [kəm 'paɪl]

compiled [kəm 'paɪld]

compiles [kəm 'paɪlz]

compiling [kəm 'paɪl ɪŋ]

complacence [kəm 'ple səns]

complacency [kəm 'ple sən si]

complacent [kəm 'ples ənt]

complain [kəm 'plen]

complained [kəm 'plend]

complainer [kəm 'plen ɚ]

complaining [kəm 'plen ɪŋ]

complains [kəm 'plenz]

complaint [kəm 'plent]

complement ['kɑm plə mənt]

complementary
[ˌkɑm plə 'mɛn tri]

complete [kəm 'plit]

completed [kəm 'plit ɪd]

completely [kəm 'plit li]

completeness [kəm 'plit nɪs]

completes [kəm 'plits]

completing [kəm 'plit ɪŋ]

completion [kəm 'pli ʃn]

complex *n.* ['kɑm plɛks]
adj. [kəm 'plɛks]

complexion [kəm 'plɛk ʃn]

complexity [kəm 'plɛks ɪ ti]

compliance [kəm 'plaɪ əns]

complicate ['kɑm plə ˌket]

complicated ['kɑm plə ˌket ɪd]

complicating ['kɑm plə ˌket ɪŋ]

complication [ˌkɑm plɪ 'ke ʃn]

complicity [ˌkəm ˈplɪs ɪ ti]

complied [kəm ˈplaɪd]

complies [kəm ˈplaɪz]

compliment
   n. [ˈkam plə mənt]
   v. [ˈkam plə ˌment]

complimentary
   [ˌkam plə ˈmen tri]

complimented
   [ˈkam plə ˌmen tɪd]

complimenting
   [ˈkam plə ˌmen tɪŋ]

compliments [ˈkam plə mənts]

comply [kəm ˈplaɪ]

complying [ˌkəm ˈplaɪ ɪŋ]

component [kəm ˈpo nənt]

comportment
   [kəm ˈpɔɚt mənt]

compose [kəm ˈpoz]

composed [kəm ˈpozd]

composer [kəm ˈpoz ɚ]

composes [kəm ˈpoz ɪz]

composing [kəm ˈpoz ɪŋ]

composite [kəm ˈpaz ɪt]

composition [ˌkam pə ˈzɪʃn]

compost [ˈkam post]

composure [kəm ˈpo ʒɚ]

compote [ˈkam pot]

compound
   n., adj. [ˈkam ˌpæund]
   v. [kəm ˈpæund]

compounded [kəm ˈpæun dɪd]

compounding [kəm ˈpæun dɪŋ]

comprehend [ˌkam prɪ ˈhend]

comprehended
   [ˌkam prɪ ˈhen dɪd]

comprehending
   [ˌkam prɪ ˈhen dɪŋ]

comprehends [ˌkam prɪ ˈhendz]

comprehension
   [ˌkam prɪ ˈhen ʃn]

comprehensive
   [ˌkam prɪ ˈhen sɪv]

compress n. [ˈkam pres]
   v. [kəm ˈpres]

compressed [kəm ˈprest]

compression [kəm ˈpreʃn]

compressor [kəm ˈpres ɚ]

comprise [kəm ˈpraɪz]

comprised [kəm ˈpraɪzd]

comprising [kəm ˈpraɪz ɪŋ]

compromise [ˈkam prə ˌmaɪz]

compromised
   [ˈkam prə ˌmaɪzd]

compromising
   [ˈkam prə ˌmaɪz ɪŋ]

comptroller [kən ˈtro lɚ]

compulsion [kəm ˈpəl ʃn]

compulsive [kəm ˈpəl sɪv]

compulsory [kəm ˈpəl sə ri]

compunction [kəm ˈpəŋk ʃn]

computation [ˌkam pju ˈte ʃn]

compute [kəm ˈpjut]

computed [kəm ˈpjut ɪd]

computer [kəm ˈpjut ɚ]

computerize [kəm ˈpju tə ˌraɪz]

computing [kəm ˈpjut ɪŋ]

comrade [ˈkam ræd]

con man [ˈkan ˌmæn]

concave [kan ˈkev]

conceal [kən ˈsil]

concealed [kən ˈsild]

concealing [kən ˈsil ɪŋ]

concealment [kən ˈsil mənt]

concede [kən ˈsid]

conceded   [kən 'sid ɪd]
conceding   [kən 'sid ɪŋ]
conceit   [kən 'sit]
conceited   [kən 'sit ɪd]
conceivable   [kən 'siv ə bl]
conceive   [kən 'siv]
conceived   [kən 'sivd]
conceiving   [kən 'siv ɪŋ]
concentrate   ['kan sən ˌtret]
concentrated   ['kan sən ˌtret ɪd]
concentrating   ['kan sən ˌtret ɪŋ]
concentration   [ˌkan sən 'tre ʃn]
concentric   [kən 'sɛn trɪk]
concept   ['kan sɛpt]
conception   [kən 'sɛp ʃn]
conceptual   [kən 'sɛp ʃu əl]
concern   [kən 'sɚn]
concerned   [kən 'sɚnd]
concerning   [kən 'sɚn ɪŋ]
concerns   [kən 'sɚnz]
concert   ['kan sɚt]
concerted   [kən 'sɚ tɪd]
concertize   ['kan sɚ ˌtaɪz]
concertizing   ['kan sɚ ˌtaɪz ɪŋ]
concerto   [kən 'tʃɛɚ to]
concession   [kən 'sɛʃn]
conciliate   [kən 'sɪl i ˌet]
conciliation   [kən ˌsɪl i 'e ʃn]
conciliatory   [kən 'sɪl i ə ˌtɔɚ i]
concise   [kən 'saɪs]
concisely   [kən 'saɪs li]
conciseness   [kən 'saɪs ˌnɪs]
conclave   ['kan klev]
conclude   [kən 'klud]
concluded   [kən 'klud ɪd]
concluding   [kən 'klud ɪŋ]
conclusion   [kən 'klu ʒn]

conclusive   [kən 'klu sɪv]
conclusively   [kən 'klu sɪv li]
concoct   [kən 'kakt]
concocted   [kən 'kak tɪd]
concoction   [kən 'kak ʃn]
concomitant   [kan 'kam ɪ tnt]
concord   ['kan ˌkɔɚd]
concourse   ['kan ˌkɔɚs]
concrete   n   ['kan ˌkrit]
   adj.   [kan 'krit]
concretely   [kan 'krit li]
concur   [kən 'kɚ]
concurred   [kən 'kɚd]
concurrent   [kən 'kɚ ənt]
concurrently   [kən 'kɚ ənt li]
concurring   [kən 'kɚ ɪŋ]
concussion   [kən 'kə ʃn]
condemn   [kən 'dɛm]
condemnation
   [ˌkan dɛm 'ne ʃn]
condemned   [kən 'dɛmd]
condensation   [ˌkan dɛn 'se ʃn]
condense   [kən 'dɛns]
condensed   [kən 'dɛnst]
condenser   [kən 'den sɚ]
condescend   [ˌkan dɪ 'sɛnd]
condescended   [ˌkan dɪ 'sɛnd ɪd]
condescending
   [ˌkan dɪ 'sɛnd ɪŋ]
condescension   [ˌkan dɪ 'sɛn ʃn]
condiment   ['kan də mənt]
condition   [kən 'dɪʃn]
conditional   [kən 'dɪʃnl]
conditionally   [kən 'dɪʃn ə li]
conditioned   [kən 'dɪʃnd]
conditioner   [kən 'dɪʃn ɚ]
conditioning   [kən 'dɪʃn ɪŋ]

condolences [kən 'dol ən sız]

condom ['kan dəm]

condominium
[ˌkan də 'mın i əm]

condone [kən 'don]

condoned [kən 'dond]

condoning [kən 'don ıŋ]

conducive [kən 'du sıv]

conduct n. ['kan dəkt]
v. [kən 'dəkt]

conducted [kən 'dək tıd]

conducting [kən 'dək tıŋ]

conduction [kən 'dək ʃn]

conductive [kən 'dək tıv]

conductor [kən 'dək tɚ]

conduit ['kan ˌdu ıt]

cone [kon]

confection [kən 'fɛk ʃn]

confectionery
[kən 'fɛk ʃə ˌnɛɚ i]

confederacy [kən 'fɛd ɚ ə si]

confederate [kən 'fɛd ɚ ıt]

confederation [kən ˌfɛd ə 're ʃn]

confer [kən 'fɚ]

conferee [ˌkan fə 'ri]

conference ['kan frəns]

conferred [kən 'fɚd]

conferring [kən 'fɚ ıŋ]

confess [kən 'fɛs]

confessed [kən 'fɛst]

confesses [kən 'fɛs ız]

confessing [kən 'fɛs ıŋ]

confession [kən 'fɛʃn]

confessional [kən 'fɛʃ ə nl]

confessor [kən 'fɛs ɚ]

confetti [kən 'fɛt i]

confidant [ˌkan fı 'dant]

confide [kən 'faıd]

confided [kən 'faıd ıd]

confidence ['kan fı dəns]

confident ['kan fı dənt]

confidential [ˌkan fı 'dɛn ʃl]

confidently ['kan fı dənt li]

confides [kən 'faıdz]

confiding [kən 'faıd ıŋ]

configuration [kən ˌfıg jə 're ʃn]

confine [kən 'faın]

confined [kən 'faınd]

confinement [kən 'faın mənt]

confines [kən 'faınz]

confining [kən 'faın ıŋ]

confirm [kən 'fɚm]

confirmation [ˌkan fɚ 'me ʃn]

confirmed [kən 'fɚmd]

confirming [kən 'fɚm ıŋ]

confirms [kən 'fɚmz]

confiscate ['kan fı ˌsket]

confiscated ['kan fı ˌsket ıd]

confiscating ['kan fı ˌsket ıŋ]

conflagration [ˌkan flə 'gre ʃn]

conflict n. ['kan flıkt]
v. [kən 'flıkt]

conflicted [kən 'flık tıd]

conflicting [kən 'flık tıŋ]

conflicts [kən 'flıkts]

confluence ['kan flu əns]

conform [kən 'fɔɚm]

conformation [ˌkan fɔɚ 'me ʃn]

conformed [kən 'fɔɚmd]

conforming [kən 'fɔɚm ıŋ]

conformist [kən 'fɔɚm ıst]

conformity [kən 'fɔɚm ı ti]

conforms [kən 'fɔɚmz]

confound [kən 'fæʊnd]

confront   [kən 'frənt]
confrontation   [ˌkan frən 'te ʃn]
confronted   [kən 'frənt ɪd]
confuse   [kən 'fjuz]
confused   [kən 'fjuzd]
confuses   [kən 'fjuz ɪz]
confusing   [kən 'fjuz ɪŋ]
confusion   [kən 'fju ʒn]
confutation   [ˌkan fju 'te ʃn]
congeal   [kən 'dʒil]
congenial   [kən 'dʒin jəl]
congeniality   [kən ˌdʒi ni 'æl ɪ ti]
congenital   [kən 'dʒɛn ɪ tl]
congenitally   [kən 'dʒɛn ɪ tə li]
congested   [kən 'dʒɛs tɪd]
congestion   [kən 'dʒɛs tʃn]
conglomerate
   n.   [kən 'glam ə rət]
   v.   [kən 'glam ə ˌret]
conglomeration
   [kən ˌglam ə 're ʃn]
congratulate   [kən 'grætʃ ə ˌlet]
congratulated
   [kən 'grætʃ ə ˌlet ɪd]
congratulating
   [kən 'grætʃ ə ˌlet ɪŋ]
congratulation
   [kən ˌgrætʃ ə 'le ʃn]
congratulatory
   [kən 'grætʃ ə lə ˌtɔɚ i]
congregate   ['kaŋ grə ˌget]
congregated   ['kaŋ grə ˌget ɪd]
congregating   ['kaŋ grə ˌget ɪŋ]
congregation   [ˌkaŋ grə 'ge ʃn]
congress   ['kaŋ grɪs]
congressional   [kən 'grɛʃ ə nl]
congressman   ['kaŋ grɪs mən]

congruous   ['kaŋ gru əs]
conjecture   [kən 'dʒɛk tʃɚ]
conjugal   ['kan dʒə gl]
conjugate   ['kan dʒə ˌget]
conjugated   ['kan dʒə ˌget ɪd]
conjugation   [ˌkan dʒə 'ge ʃn]
conjunction   [kən 'dʒəŋk ʃn]
conjure   ['kan dʒɚ]
conjured   ['kan dʒɚd]
connect   [kə 'nɛkt]
connected   [kə 'nɛk tɪd]
Connecticut   [kə ˌnɛt ɪ kət]
connecting   [kə 'nɛk tɪŋ]
connection   [kə 'nɛk ʃn]
connective   [kə 'nɛk tɪv]
connector   [kə 'nɛk tɚ]
conniption   [kə 'nɪp ʃn]
connive   [kə 'naɪv]
connived   [kə 'naɪvd]
conniver   [kə 'naɪv ɚ]
conniving   [kə 'naɪv ɪŋ]
connoisseur   [ˌka nə 'suɚ]
conquer   ['kaŋ kɚ]
conquered   ['kaŋ kɚd]
conqueror   ['kaŋ kɚ ɚ]
conquest   ['kaŋ ˌkwɛst]
conscience   ['kan ʃəns]
conscientious   [ˌkan ʃi 'ɛn ʃəs]
conscientiously
   [ˌkan ʃi 'ɛn ʃəs li]
conscious   ['kan ʃəs]
consciously   ['kan ʃəs li]
consciousness   ['kan ʃəs nɪs]
conscript   n. ['kan ˌskrɪpt]
   v. [kən 'skrɪpt]
conscription   [kən 'skrɪp ʃn]
consecrate   ['kan sə ˌkret]

consecrated ['kan sə ˌkret ɪd]

consecration [ˌkan sə 'kre ʃn]

consecutive [kən 'sɛk jə tɪv]

consecutively [kən 'sɛk jə tɪv li]

consensus [kən 'sɛn səs]

consent [kən 'sɛnt]

consented [kən 'sɛn tɪd]

consenting [kən 'sɛn tɪŋ]

consequence ['kan sə ˌkwɛns]

consequent ['kan sə ˌkwɛnt]

consequently ['kan sə ˌkwɛnt li]

conservation [ˌkan sɚ 've ʃn]

conservative [kən 'sɚ və tɪv]

conservatively
   [kən 'sɚ və tɪv li]

conservatory [kən 'sɚ və ˌtɔɚ i]

conserve [kən 'sɚv]

conserved [kən 'sɚvd]

conserving [kən 'sɚv ɪŋ]

consider [kən 'sɪd ɚ]

considerable [kən 'sɪd ɚ ə bl]

considerably [kən 'sɪd ɚ ə bli]

considerate [kən 'sɪd ɚ ɪt]

consideration [kən ˌsɪd ə 're ʃn]

considered [kən 'sɪd ɚd]

considering [kən 'sɪd ɚ ɪŋ]

considers [kən 'sɪd ɚz]

consign [kən 'saɪn]

consigned [kən 'saɪnd]

consigning [kən 'saɪn ɪŋ]

consignment [kən 'saɪn mənt]

consist [kən 'sɪst]

consisted [kən 'sɪs tɪd]

consistency [kən 'sɪs tən si]

consistent [kən 'sɪs tənt]

consistently [kən 'sɪs tənt li]

consisting [kən 'sɪs tɪŋ]

consists [kən 'sɪsts]

consolation [ˌkan sə 'le ʃn]

console n. furniture; a control
   center ['kan ˌsol]
   v. to comfort [kən 'sol]

consoled [kən 'sold]

consolidate [kən 'sal ɪ ˌdet]

consolidated [kən 'sal ɪ ˌdet ɪd]

consolidating [kən 'sal ɪ ˌdet ɪŋ]

consolidation [kən ˌsal ɪ 'de ʃn]

consolidator [kən 'sal ɪ ˌdet ɚ]

consoling [kən 'sol ɪŋ]

consonant ['kan sə nənt]

consortium [kən 'sɔɚ ʃəm]

conspicuous [kən 'spɪk ju əs]

conspiracy [kən 'spɪɚ ə si]

conspirator [kən 'spɪɚ ə tɚ]

conspire [kən 'spaɪɚ]

conspired [kən 'spaɪɚd]

conspiring [kən 'spaɪɚ ɪŋ]

constancy ['kan stən si]

constant ['kan stənt]

constantly ['kan stənt li]

constellation [ˌkan stə 'le ʃn]

consternation [ˌkan stɚ 'ne ʃn]

constipated ['kan stə ˌpet ɪd]

constipating ['kan stɪ ˌpet ɪŋ]

constipation [ˌkan stə 'pe ʃn]

constituency [kən 'stɪtʃ u ən si]

constituent [kən 'stɪtʃ u ənt]

constitute ['kan stɪ ˌtut]

constitution [ˌkan stɪ 'tu ʃn]

constitutional [ˌkan stɪ 'tu ʃə nl]

constrain [kən 'stren]

constraint [kən 'strent]

constrict [kən 'strɪkt]

constrictor [kən 'strɪk tɚ]

construct [kən 'strəkt]
constructed [kən 'strək tɪd]
constructing [kən 'strək tɪŋ]
construction [kən 'strək ʃn]
constructive [kən 'strək tɪv]
constructs [kən 'strəkts]
construed [kən 'strud]
consul ['kɑn sl]
consulate ['kɑn sə lɪt]
consult [kən 'səlt]
consultant [kən 'səl tənt]
consultation [ˌkɑn səl 'te ʃn]
consulted [kən 'səl tɪd]
consulting [kən 'səl tɪŋ]
consults [kən 'səlts]
consume [kən 'sum]
consumed [kən 'sumd]
consumer [kən 'su mɚ]
consumerism [kən 'su mɚ ˌɪzm]
consumes [kən 'sumz]
consuming [kən 'sum ɪŋ]
consummate adj. ['kɑn sə mɪt]
   v. ['kɑn sə ˌmet]
consummated ['kɑn sə ˌmet ɪd]
consummating ['kɑn sə ˌmet ɪŋ]
consummation [ˌkɑn sə 'me ʃn]
consumption [kən 'səmp ʃn]
consumptive [kən 'səmp tɪv]
contact ['kɑn ˌtækt]
contacted ['kɑn ˌtæk tɪd]
contacting ['kɑn ˌtæk tɪŋ]
contacts ['kɑn ˌtækts]
contagious [kən 'te dʒəs]
contain [kən 'ten]
contained [kən 'tend]
container [kən 'te nɚ]
containing [kən 'ten ɪŋ]

contains [kən 'tenz]
contaminate [kən 'tæm ə ˌnet]
contaminated
   [kən 'tæm ɪ ˌnet ɪd]
contaminates [kən 'tæm ə ˌnets]
contaminating
   [kən 'tæm ə ˌnet ɪŋ]
contamination
   [kən ˌtæm ə 'ne ʃn]
contemplate ['kɑn təm ˌplet]
contemplated
   ['kɑn təm ˌplet ɪd]
contemplates ['kɑn təm ˌplets]
contemplating
   ['kɑn təm ˌplet ɪŋ]
contemplation
   [ˌkɑn təm 'ple ʃn]
contemporary
   [kən 'tɛm pə ˌrɛɚ i]
contempt [kən 'tempt]
contemptible [kən 'tɛmp tə bl]
contemptuous
   [kən 'tɛmp tʃu əs]
contend [kən 'tɛnd]
contended [kən 'tɛn dɪd]
contender [kən 'tɛn dɚ]
contending [kən 'tɛn dɪŋ]
content n. ['kɑn tɛnt]
   adj. [kən 'tɛnt]
contented [kən 'tɛn tɪd]
contention [kən 'tɛn ʃn]
contentment [kən 'tɛnt mənt]
contest n. ['kɑn tɛst]
   v. [kən 'tɛst]
contestant [kən 'tɛs tənt]
contested [kən 'tɛs tɪd]
contesting [kən 'tɛs tɪŋ]
context ['kɑn tɛkst]

contiguous [kən 'tɪg ju əs]

continence ['kan tə nəns]

continent ['kan tə nənt]

continental [ˌkan tə 'nɛn tl]

contingency [kən 'tɪn dʒən si]

contingent [kən 'tɪn dʒənt]

continual [kən 'tɪn ju əl]

continually [kən 'tɪn ju ə li]

continuation [kən ˌtɪn ju 'e ʃn]

continue [kən 'tɪn ˌju]

continued [kən 'tɪn jud]

continuing [kən 'tɪn ju ɪŋ]

continuity [ˌkan tɪ 'nu ɪ ti]

continuous [kən 'tɪn ju əs]

continuously [kən 'tɪn ju əs li]

continuum [kən 'tɪn ju əm]

contortionist [kən 'tɔɚ ʃə nɪst]

contour ['kan tʊɚ]

contraband ['kan trə ˌbænd]

contraception [ˌkan trə 'sɛp ʃn]

contraceptive [ˌkan trə 'sɛp tɪv]

contract n. a legal document ['kan trækt] v. to acquire; to enter into an agreement [kən 'trækt]

contracted [kən 'træk tɪd]

contracting [kən 'træk tɪŋ]

contraction [kən 'træk ʃn]

contractor ['kan ˌtræk tɚ]

contractual [kən 'træk ʃu əl]

contradict [ˌkan trə 'dɪkt]

contradicted [ˌkan trə 'dɪk tɪd]

contradicting [ˌkan trə 'dɪk tɪŋ]

contradiction [ˌkan trə 'dɪk ʃn]

contradictory [ˌkan trə 'dɪk tə ri]

contraption [kən 'træp ʃn]

contrary ['kan ˌtrɛɚ i]

contrast n. ['kan træst] v. [kən 'træst]

contrasted [kan 'træs tɪd]

contrasting [kan 'træs tɪŋ]

contribute [kən 'trɪb jut]

contributed [kən 'trɪb jut ɪd]

contributing [kən 'trɪb jut ɪŋ]

contribution [ˌkan trɪ 'bju ʃn]

contributor [kən 'trɪb jə tɚ]

contrite [kən 'traɪt]

contrition [kən 'trɪ ʃn]

contrivance [kən 'traɪv əns]

contrive [kən 'traɪv]

contrived [kən 'traɪvd]

contriving [kən 'traɪv ɪŋ]

control [kən 'trol]

controlled [kən 'trold]

controller [kən 'trol ɚ]

controlling [kən 'trol ɪŋ]

controversial [ˌkan trə 'vɚ ʃl]

controversy ['kan trə ˌvɚ si]

contusion [kən 'tu ʒn]

convalesce [ˌkan və 'lɛs]

convalescence [ˌkan və 'lɛs əns]

convalescent [ˌkan və 'lɛs ənt]

convalescing [ˌkan və 'lɛs ɪŋ]

convene [kən 'vin]

convened [kən 'vind]

convenes [kən 'vinz]

convenience [kən 'vin jəns]

convenient [kən 'vin jənt]

conveniently [kən 'vin jənt li]

convening [kən 'vin ɪŋ]

convent ['kan vɛnt]

convention [kən 'vɛn ʃn]

conventional [kən 'vɛn ʃə nl]

converge [kən 'vɚdʒ]

converging [kən 'vɚdʒ ɪŋ]

conversant [kən 'vɚ snt]

conversation [ˌkan vɚ 'se ʃn]

conversational
  [ˌkan vɚ 'se ʃə nl]

converse *n.* the opposite
  ['kan vɚs]
  v. to talk [kən 'vɚs]

conversely [kan 'vɚs li]

conversion [kən 'vɚ ʒn]

convert *n.* ['kan vɚt]
  v. [kən 'vɚt]

converted [kən 'vɚt ɪd]

convertible [kən 'vɚt ə bl]

converting [kən 'vɚt ɪŋ]

convex [kan 'vɛks]

convey [kən 've]

conveyance [kən 've əns]

conveyor [kən 've ɚ]

convict *n.* ['kan vɪkt]
  v. [kən 'vɪkt]

convicted [kən 'vɪk tɪd]

conviction [kən 'vɪk ʃn]

convince [kən 'vɪns]

convinces [kən 'vɪns ɪz]

convincing [kən 'vɪns ɪŋ]

convivial [kən 'vɪv i əl]

convocation [ˌkan və 'ke ʃn]

convoluted [ˌkan və 'lu tɪd]

convolution [ˌkan və 'lu ʃn]

convoy ['kan vɔɪ]

convulsion [kən 'vəl ʃn]

convulsive [kən 'vəl sɪv]

coo [ku]

cooed [kud]

cook [kʊk]

cookbook ['kʊk ˌbʊk]

cooked [kʊkt]

cookie ['kʊk i]

cooking ['kʊk ɪŋ]

cookout ['kʊk ˌæʊt]

cooks [kʊks]

cool [kul]

coolant ['ku lənt]

cooled [kuld]

cooler ['ku lɚ]

cooling ['kul ɪŋ]

coolly ['kul li]

coolness ['kul nɪs]

coop [kup]

cooperate [ko 'ap ə ˌret]

cooperated [ko 'ap ə ˌret ɪd]

cooperates [ko 'ap ə ˌrets]

cooperating [ko 'ap ə ˌret ɪŋ]

cooperation [ko ˌap ə 're ʃn]

cooperative [ko 'ap ə rə tɪv]

coordinate *n.* [ko 'ɔɚ dɪ nət]
  v. [ko 'ɔɚ də ˌnet]

coordinated [ko 'ɔɚ dɪ ˌnet ɪd]

coordinates [ko 'ɔɚ dɪ ˌnets]

coordinating [ko 'ɔɚ dɪ ˌnet ɪŋ]

coordination [ko ˌɔɚ dɪ 'ne ʃn]

coordinator [ko 'ɔɚ dɪ ˌne tɚ]

cop [kap]

cope [kop]

coped [kopt]

copied ['kap id]

copies ['kap iz]

copilot ['ko ˌpaɪ lət]

copious ['ko pi əs]

cop-out ['kap ˌæʊt]

copped [kapt]

copper ['kap ɚ]

copulate ['kɑp jə ˌlet]

copulating ['kɑp jə ˌlet ɪŋ]

copulation [ˌkɑp jə 'le ʃn]

copy ['kɑp i]

copying ['kɑp i ɪŋ]

copyright ['kɑp i ˌraɪt]

coral ['kɔɚ əl]

cord [kɔɚd]

cordial ['kɔɚ dʒl]

cordiality [ˌkɔɚ dʒi 'æl ɪ ti]

cordially ['kɔɚ dʒə li]

cordless ['kɔɚd lɪs]

corduroy ['kɔɚ də ˌɔɪ]

core [kɔɚ]

cork [kɔɚk]

corkscrew ['kɔɚk ˌskru]

corn [kɔɚn]

corn on the cob
['kɔɚn ɔn ðə 'kɑb]

cornea ['kɔɚ ni ə]

corner ['kɔɚ nɚ]

cornered ['kɔɚ nɚd]

corners ['kɔɚ nɚz]

cornerstone ['kɔɚ nɚ ˌston]

cornfield ['kɔɚn ˌfild]

cornflakes ['kɔɚn ˌfleks]

cornstarch ['kɔɚn ˌstɑɚtʃ]

cornucopia [ˌkɔɚ nə 'ko pi ə]

corny ['kɔɚ ni]

coronary ['kaɚ ə ˌnɛɚ i]

coronation [ˌkaɚ ə 'ne ʃn]

coroner ['kaɚ ə nɚ]

corporal ['kɔɚ prəl]

corporate ['kɔɚ prɪt]

corporation [ˌkɔɚ pə 're ʃn]

corps [kɔɚ]

corpse [kɔɚps]

Corpus Christi (TX)
[ˌkɔɚ pəs 'krɪs ti]

corpuscle ['kɔɚ pəsl]

corral [kə 'ræl]

correct [kə 'rɛkt]

corrected [kə 'rɛk tɪd]

correction [kə 'rɛkt ʃn]

correctly [kə 'rɛkt li]

correlate ['kɔɚ ə ˌlet]

correlated ['kɔɚ ə ˌlet ɪd]

correlating ['kɔɚ ə ˌlet ɪŋ]

correlation [ˌkɔɚ ə 'le ʃn]

correspond [ˌkɔɚ ə 'spɑnd]

correspondence
[ˌkɔɚ ə 'spɑn dns]

correspondent
[ˌkɔɚ ə 'spɑn dnt]

corridor ['kɔɚ ə dɚ]

corroborate [kə 'rɑb ə ˌret]

corrode [kə 'rod]

corroded [kə 'rod ɪd]

corroding [kə 'rod ɪŋ]

corrosion [kə 'ro ʒn]

corrugated ['kɔɚ ə ˌget ɪd]

corrupt [kə 'rəpt]

corrupted [kə 'rəp tɪd]

corruptible [kə 'rəp tɪ bl]

corruption [kə 'rəp ʃn]

corsage [kɔɚ 'sɑʒ]

corset ['kɔɚ sɪt]

cortex ['kɔɚ tɛks]

cortisone ['kɔɚ tɪ ˌzon]

cosign ['ko ˌsaɪn]

cosmetic [ˌkaz 'mɛt ɪk]

cosmic ['kaz mɪk]

cosmopolitan [ˌkaz mə 'pɑl ɪ tn]

cosmos ['kaz mos]

cosponsor [ˌko ˈspɑn sɚ]

cost [kɔst]

cost-effective [ˈkɔst ə ˌfɛk tɪv]

costar *n.* [ˈko ˌstɑɚ]
    v. [ˈko ˈstɑɚ]

costarring [ˈko ˈstɑɚ ɪŋ]

costly [ˈkɔst li]

costume [ˈkɑs tum]

cot [kɑt]

cottage [ˈkɑt ɪdʒ]

cottage cheese [ˈkɑt ɪdʒ ˌtʃiz]

cotton [kɑtn]

cottontail [ˈkɑtn ˌtel]

couch [kæʊtʃ]

cougar [ˈku gɚ]

cough [kɔf]

cough drop [ˈkɔf ˌdrɑp]

coughed [kɔft]

coughing [ˈkɔf ɪŋ]

could [kʊd]

couldn't [ˈkʊd nt]

council [ˈkæʊn sl]

Council Bluffs (IA)
    [ˌkæʊn sl ˈbləfs]

councilman [ˈkæʊn sl mən]

councilmen [ˈkæʊn sl ˌmɛn]

counsel [ˈkæʊn sl]

counseled [ˈkæʊn sld]

counseling [ˈkæʊns ə lɪŋ]

counselor [ˈkæʊn sə lɚ]

count [kæʊnt]

countdown [ˈkæʊnt ˌdæʊn]

counted [ˈkæʊn tɪd]

countenance [ˈkæʊn tə nəns]

counter [ˈkæʊn tɚ]

counteract [ˌkæʊn tɚ ˈækt]

counterattack [ˈkæʊn tɚ ə ˌtæk]

counterbalance
    [ˈkæʊn tɚ ˌbæl əns]

counterclockwise
    [ˈkæʊn tɚ ˈklɑk ˌwaɪz]

countered [ˈkæʊn tɚd]

counterespionage
    [ˈkæʊn tɚ ˈɛs pi ə ˌnɑʒ]

counterfeit [ˈkæʊn tɚ ˌfɪt]

counterfeiter [ˈkæʊn tɚ ˌfɪt ɚ]

countermand
    [ˈkæʊn tɚ ˌmænd]

counterpart [ˈkæʊn tɚ ˌpɑɚt]

countersign [ˈkæʊn tɚ ˌsaɪn]

countess [ˈkæʊn tɪs]

counting [ˈkæʊnt ɪŋ]

countless [ˈkæʊnt lɪs]

country [ˈkən tri]

countryman [ˈkən tri mən]

countryside [ˈkən tri ˌsaɪd]

county [ˈkæʊn ti]

coup [ku]

coupe [kup]

couple [ˈkə pl]

coupled [ˈkə pld]

coupling [ˈkəp lɪŋ]

coupon [ˈku ˌpɑn]

courage [ˈkɚ ɪdʒ]

courageous [kə ˈre dʒəs]

courier [ˈkʊɚ i ɚ]

course [kɔɚs]

court [kɔɚt]

court-martial [ˈkɔɚt ˌmɑɚ ʃl]

court-martialed
    [ˈkɔɚt ˌmɑɚ ʃld]

courted [ˈkɔɚ tɪd]

courteous [ˈkɚ ti əs]

courteously [ˈkɚ ti əs li]

courtesy   [ˈkɚ tɪ si]
courthouse   [ˈkɔɚt ˌhæʊs]
courting   [ˈkɔɚt ɪŋ]
courtly   [ˈkɔɚt li]
courtroom   [ˈkɔɚt ˌrum]
courtship   [ˈkɔɚt ˌʃɪp]
courtyard   [ˈkɔɚt ˌjaɚd]
cousin   [kəzn]
cove   [kov]
covenant   [ˈkəv ə nənt]
cover   [ˈkəv ɚ]
coverage   [ˈkəv ɚ ɪdʒ]
coverall   [ˈkəv ɚ ˌɔl]
covered   [ˈkəv ɚd]
covering   [ˈkəv ɚ ɪŋ]
covert   [ˈko vɚt]
covet   [ˈkəv ɪt]
coveted   [ˈkəv ɪt ɪd]
covetous   [ˈkəv ə təs]
Covington (KY)   [ˈkəv ɪŋ tn]
cow   [kæʊ]
coward   [ˈkæʊ ɚd]
cowardice   [ˈkæʊ ɚ dɪs]
cowardly   [ˈkæʊ ɚd li]
cowboy   [ˈkæʊ ˌbɔɪ]
cower   [ˈkæʊ ɚ]
cowhide   [ˈkæʊ ˌhaɪd]
coworker   [ˈko ˌwɚ kɚ]
coy   [kɔɪ]
coyote   [kaɪ ˈo ti]
cozy   [ˈko zi]
crab   [kræb]
crabgrass   [ˈkræb ˌgræs]
crabby   [ˈkræb i]
crack   [kræk]
cracked   [krækt]
cracker   [ˈkræk ɚ]

cracking   [ˈkræk ɪŋ]
crackle   [krækl]
crackpot   [ˈkræk ˌpat]
cradle   [kredl]
cradled   [kredld]
cradling   [ˈkred lɪŋ]
craft   [kræft]
crafted   [ˈkræf tɪd]
craftsman   [ˈkræfts mən]
craftsmanship
    [ˈkræfts mən ˌʃɪp]
crafty   [ˈkræf ti]
crag   [kræg]
cram   [kræm]
crammed   [kræmd]
cramming   [ˈkræm ɪŋ]
cramp   [kræmp]
cramped   [kræmpt]
cramping   [ˈkræmp ɪŋ]
cranberry   [ˈkræn ˌbɛɚ i]
crane   [kren]
cranium   [ˈkre ni əm]
crank   [kræŋk]
crankcase   [ˈkræŋk ˌkes]
cranked   [kræŋkt]
crankshaft   [ˈkræŋk ˌʃæft]
cranky   [ˈkræŋ ki]
crap   [kræp]
crash   [kræʃ]
crashed   [kræʃt]
crass   [kræs]
crate   [kret]
crated   [ˈkret ɪd]
crater   [ˈkre tɚ]
crating   [ˈkret ɪŋ]
crave   [krev]
craved   [krevd]

craving   ['krev ɪŋ]

crawl   [krɔl]

crawled   [krɔld]

crawling   ['krɔl ɪŋ]

crayon   ['kre ɑn]

craze   [krez]

crazed   [krezd]

crazy   ['kre zi]

crazy quilt   ['kre zi ˌkwɪlt]

creak   [krik]

creaked   [krikt]

cream   [krim]

cream cheese   ['krim ˌtʃiz]

creamer   ['kri mɚ]

creamy   ['kri mi]

crease   [kris]

creased   [krist]

create   [kri 'et]

created   [kri 'et ɪd]

creates   [kri 'ets]

creating   [kri 'et ɪŋ]

creation   [kri 'e ʃn]

creative   [kri 'e tɪv]

creativity   [ˌkri e 'tɪv ɪ ti]

creator   [kri 'e tɚ]

creature   ['kri tʃɚ]

credentials   [krɪ 'dɛn ʃlz]

credibility   [ˌkrɛd ə 'bɪl ɪ ti]

credible   ['krɛd ə bl]

credit   ['krɛd ɪt]

credited   ['krɛd ɪt ɪd]

crediting   ['krɛd ɪt ɪŋ]

creditor   ['krɛd ɪt ɚ]

creed   [krid]

creek   [krik]

creep   [krip]

creeping   ['krip ɪŋ]

creepy   ['kri pi]

cremate   ['kri ˌmet]

cremation   [kri 'me ʃn]

crematorium   [ˌkri mə 'tɔɚ i əm]

Creole   ['kri ol]

crept   [krɛpt]

crescendo   [krɪ 'ʃɛn do]

crescent   ['krɛs ənt]

crest   [krɛst]

crestfallen   ['krɛst ˌfɔl ən]

crevasse   [krə 'væs]

crevice   ['krɛv ɪs]

crew   [kru]

crew cut   ['kru ˌkət]

crew neck   ['kru ˌnɛk]

crib   [krɪb]

crick   [krɪk]

cricket   ['krɪk ɪt]

cried   [kraɪd]

crime   [kraɪm]

criminal   ['krɪm ə nl]

criminologist   [ˌkrɪm ɪ 'nɑl ə dʒɪst]

criminology   [ˌkrɪm ɪ 'nɑl ə dʒi]

crimson   ['krɪm zn]

cringe   [krɪndʒ]

cringed   [krɪndʒd]

cringes   ['krɪndʒ ɪz]

cringing   ['krɪndʒ ɪŋ]

crinkle   ['krɪŋ kl]

cripple   [krɪpl]

crippled   [krɪpld]

cripples   [krɪplz]

crippling   ['krɪp lɪŋ]

crises   ['kraɪ ˌsiz]

crisis   ['kraɪ sɪs]

crisp   [krɪsp]

crispy   ['krɪsp i]

crisscross   ['krɪs ˌkrɔs]

criteria   [kraɪ 'tɪɚ i ə]

criterion   [kraɪ 'tɪɚ i ən]

critic   ['krɪt ɪk]

critical   ['krɪt ɪ kl]

critically   ['krɪt ɪk li]

criticism   ['krɪt ɪ ˌsɪzm]

criticize   ['krɪt ɪ ˌsaɪz]

criticized   ['krɪt ɪ ˌsaɪzd]

criticizes   ['krɪt ɪ ˌsaɪz ɪz]

criticizing   ['krɪt ɪ ˌsaɪz ɪŋ]

critique   [krɪ 'tik]

critter   ['krɪt ɚ]

croak   [krok]

croaked   [krokt]

croaking   ['krok ɪŋ]

crochet   [kro 'ʃe]

crocheted   [kro 'ʃed]

crocheting   [kro 'ʃe ɪŋ]

crock   [krak]

crocodile   ['krak ə ˌdaɪl]

crocus   ['kro kəs]

croissant   [krə 'sant]

crony   ['kro ni]

crook   [krʊk]

crooked   ['krʊk ɪd]

croon   [krun]

crooner   ['krun ɚ]

crop   [krap]

croquet   [kro 'ke]

cross   [krɔs]

cross-country   ['krɔs 'kən tri]

cross-examine   ['krɔs ɛg 'zæ mɪn]

cross-eyed   ['krɔs ˌaɪd]

cross-reference   ['krɔs 'rɛf rəns]

crossed   [krɔst]

crossfire   ['krɔs ˌfaɪɚ]

crossing   ['krɔs ɪŋ]

crossroad   ['krɔs ˌrod]

crosswalk   ['krɔs ˌwɔk]

crossword   ['krɔs ˌwɚd]

crotch   [kratʃ]

crotchety   ['kratʃ ɪt i]

crouch   [kræʊtʃ]

crouched   [kræʊtʃt]

crouching   ['kræʊtʃ ɪŋ]

croup   [krup]

croupier   ['kru pi ˌe]

crouton   ['kru ˌtan]

crow   [kro]

crowbar   ['kro ˌbaɚ]

crowd   [kræʊd]

crowded   ['kræʊd ɪd]

crowding   ['kræʊd ɪŋ]

crown   [kræʊn]

crowned   [kræʊnd]

crowning   ['kræʊn ɪŋ]

crucial   ['kru ʃl]

crucifix   ['kru sə ˌfɪks]

crucifixion   [ˌkru sə 'fɪk ʃn]

crucify   ['kru sə ˌfaɪ]

crude   [krud]

crudeness   ['krud nɪs]

cruel   ['kru əl]

cruelly   ['kru ə li]

cruelty   ['kru əl ti]

cruise   [kruz]

cruised   [kruzd]

cruiser   ['kru zɚ]

cruising   ['kruz ɪŋ]

crumb   [krəm]

crumble   ['krəm bl]

crumbled   ['krəm bld]

crumbling   ['krəm blɪŋ]

crunch   [krəntʃ]

crunchier   ['krəntʃ i ɚ]

crunchiest   ['krəntʃ i ɪst]

crunchy   ['krəntʃ i]

crusade   [kru 'sed]

crusaded   [kru 'sed ɪd]

crusading   [kru 'sed ɪŋ]

crush   [krəʃ]

crushed   [krəʃt]

crushing   ['krəʃ ɪŋ]

crust   [krəst]

crusted   ['krəs tɪd]

crutch   [krətʃ]

crux   [krəks]

cry   [kraɪ]

crybaby   ['kraɪ ˌbe bi]

cryosurgery   [ˌkraɪ o 'sɚ dʒə ri]

crypt   [krɪpt]

cryptic   ['krɪp tɪk]

cryptogram   ['krɪp tə ˌgræm]

cryptographer   [ˌkrɪp 'tag rə fɚ]

cryptography   [ˌkrɪp 'tag rə fi]

crystal   ['krɪs tl]

crystal-clear   ['krɪs tl ˌklɪɚ]

crystallize   ['krɪs tə ˌlaɪz]

cub   [kəb]

cubbyhole   ['kəb i ˌhol]

cube   [kjub]

cubed   [kjubd]

cubic   ['kju bɪk]

cubicle   ['kju bɪ kl]

cubism   ['kju bɪzm]

cuckoo   ['ku ku]

cuckoo clock   ['ku ku ˌklak]

cucumber   ['kju ˌkəm bɚ]

cud   [kəd]

cuddle   [kədl]

cuddled   [kədld]

cuddles   [kədlz]

cuddling   ['kəd lɪŋ]

cue   [kju]

cue stick   ['kju ˌstɪk]

cued   [kjud]

cuff   [kəf]

cufflink   ['kəf ˌlɪŋk]

cuing   ['kju ɪŋ]

cuisine   [kwɪ 'zin]

cull   [kəl]

culminate   ['kəl mɪ ˌnet]

culminated   ['kəl mɪ ˌnet ɪd]

culminating   ['kəl mɪ ˌnet ɪŋ]

culmination   [ˌkəl mɪ 'ne ʃn]

culprit   ['kəl prɪt]

cult   [kəlt]

cultivate   ['kəl tə ˌvet]

cultivated   ['kəl tə ˌvet ɪd]

cultivating   ['kəl tɪ ˌvet ɪŋ]

cultivation   [ˌkəl tə 've ʃn]

cultural   ['kəl tʃɚ əl]

culture   ['kəl tʃɚ]

cultured   ['kəl tʃɚd]

culvert   ['kəl vɚt]

cumbersome   ['kəm bɚ səm]

cummerbund   ['kə mɚ ˌbənd]

cumulative   ['kjum jə lə tɪv]

cunning   ['kən ɪŋ]

cup   [kəp]

cupboard   ['kə bɚd]

cupcake   ['kəp ˌkek]

cupful   ['kəp ˌfʊl]

cupped [kəpt]
cur [kɚ]
curable ['kjʊɚ ə bl]
curative ['kjʊɚ ə tɪv]
curator ['kjʊɚ ˌe tɚ]
curb [kɚb]
curbed [kɚbd]
curbing ['kɚb ɪŋ]
curbstone ['kɚb ˌston]
curd [kɚd]
cure [kjʊɚ]
cure-all ['kjʊɚ ˌɔl]
cured [kjʊɚd]
cures [kjʊɚz]
curfew ['kɚ fju]
curing ['kjʊɚ ɪŋ]
curiosity [ˌkjʊɚ i 'ɑs ɪ ti]
curious ['kjʊɚ i əs]
curiously ['kjʊɚ i əs li]
curl [kɚl]
curled [kɚld]
curling ['kɚl ɪŋ]
curly ['kɚl i]
currency ['kɚ ən si]
current ['kɚ ənt]
currently ['kɚ ənt li]
curriculum [kə 'rɪk jə ləm]
curse [kɚs]
cursed [kɚst]
curses ['kɚ sɪz]
cursing ['kɚs ɪŋ]
cursive ['kɚ sɪv]
cursor ['kɚs ɚ]
cursory ['kɚs ə ri]
curt [kɚt]
curtail [kɚ 'tel]
curtailed [kɚ 'teld]

curtain [kɚ tn]
curtsy ['kɚt si]
curvaceous [kɚ 've ʃəs]
curvature ['kɚ və tʃɚ]
curve [kɚv]
curved [kɚvd]
curving ['kɚv ɪŋ]
cushion [kʊʃn]
cushioned [kʊʃnd]
cuss [kəs]
cussed [kəst]
custard ['kəs tɚd]
custodian [kə 'sto di ən]
custody ['kəs tə di]
custom ['kəs tm]
custom-made ['kəs tm 'med]
customary ['kəs tə ˌmɛɚ i]
customer ['kəs tə mɚ]
cut [kət]
cut-price ['kət ˌprɑɪs]
cut-rate ['kət ˌret]
cutback ['kət ˌbæk]
cute [kjut]
cuticle ['kju tɪ kl]
cutlass ['kət ləs]
cutlery ['kət lə ri]
cutlet ['kət lɪt]
cutout ['kət ˌæʊt]
cuts [kəts]
cutter ['kət ɚ]
cutting ['kət ɪŋ]
cyanide ['sɑɪ ə ˌnɑɪd]
cybernetics [ˌsɑɪ bɚ 'nɛt ɪks]
cycle ['sɑɪ kl]
cycled ['sɑɪ kld]
cycling ['sɑɪk lɪŋ]
cyclist ['sɑɪk lɪst]

cyclone   ['saɪ ˌklon]
cylinder   ['sɪl ɪn dɚ]
cymbals   ['sɪm blz]
cynic   ['sɪn ɪk]
cynical   ['sɪn ɪ kl]

cynicism   ['sɪn ə ˌsɪzm]
cypress   ['saɪ prəs]
cyst   [sɪst]
czar   [zɑɚ]
Czech   [tʃɛk]

D

D [di]
dabble ['dæbl]
dabbled ['dæbld]
dabbling ['dæb lɪŋ]
dachshund ['dɑks ˌhʊnt]
Dacron ['dæk rɑn]
dad [dæd]
daddy ['dæd i]
daffodil ['dæf ə ˌdɪl]
dagger ['dæg ɚ]
daily ['de li]
dainty ['den ti]
dairy ['dɛɚ i]
dais ['de əs]
daisy ['de zi]
Dallas (TX) ['dæl əs]
Dalmatian [ˌdæl 'me ʃn]
dam [dæm]
damage ['dæm ɪdʒ]
damaged ['dæm ɪdʒd]
damages ['dæm ɪdʒ ɪz]
damaging ['dæm ɪdʒ ɪŋ]
dame [dem]
dammed [dæmd]
damming ['dæm ɪŋ]

damn [dæm]
damnable ['dæm nə bl]
damnation [dæm 'ne ʃn]
damned [dæmd]
damning ['dæm ɪŋ]
damp [dæmp]
dampen ['dæm pn]
damper ['dæm pɚ]
damsel ['dæm zl]
dance [dæns]
danced [dænst]
dancer ['dæns ɚ]
dancing ['dæns ɪŋ]
dandelion ['dæn də ˌlɑɪ ən]
dander ['dæn dɚ]
dandruff ['dæn drəf]
danger ['den dʒɚ]
dangerous ['den dʒɚ əs]
dangerously ['den dʒɚ əs li]
dangle ['dæŋ gl]
dangled ['dæŋ gld]
dangling ['dæŋ glɪŋ]
Danish ['de nɪʃ]
dare [dɛɚ]
dared [dɛɚd]

daredevil   ['dɛɚ ˌdɛ vl]

daring   ['dɛɚ ɪŋ]

dark   [daɚk]

darken   ['daɚ kn]

darkly   ['daɚk li]

darkness   ['daɚk nɪs]

darkroom   ['daɚk ˌrum]

darling   ['daɚ lɪŋ]

darn   [daɚn]

darned   [daɚnd]

darning   ['daɚn ɪŋ]

dart   [daɚt]

dartboard   ['daɚt ˌbɔɚd]

darted   ['daɚt ɪd]

dash   [dæʃ]

dashboard   ['dæʃ ˌbɔɚd]

dashed   [dæʃt]

data   ['de tə]

database   ['de tə ˌbes]

date   [det]

dated   ['det ɪd]

dateline   ['det ˌlaɪn]

dating   ['det ɪŋ]

daughter   ['dɔ tɚ]

daughter-in-law   ['dɔ tɚ ɪn ˌlɔ]

dauntless   ['dɔnt lɪs]

davenport   ['dævn ˌpɔɚt]

Davenport (IA)   ['dævn ˌpɔɚt]

dawdle   ['dɔdl]

dawn   [dɔn]

dawned   [dɔnd]

day   [de]

day-to-day   ['de tə 'de]

daybed   ['de ˌbɛd]

daybreak   ['de ˌbrek]

daydream   ['de ˌdrim]

daylight   ['de ˌlaɪt]

daytime   ['de ˌtaɪm]

Dayton (OH)   [detn]

daze   [dez]

dazed   [dezd]

dazzle   [dæzl]

dazzled   [dæzld]

dazzling   ['dæz lɪŋ]

de-escalate   [di 'ɛs kə ˌlet]

de-ice   [di 'aɪs]

deacon   ['di kn]

deactivate   [di 'æk tə ˌvet]

dead   [dɛd]

deadbeat   ['dɛd ˌbit]

deaden   [dɛdn]

deadened   [dɛdnd]

deadline   ['dɛd ˌlaɪn]

deadlock   ['dɛd ˌlak]

deadlocked   ['dɛd ˌlakt]

deadly   ['dɛd li]

deadpan   ['dɛd ˌpæn]

deadwood   ['dɛd ˌwʊd]

deaf   [dɛf]

deaf-mute   ['dɛf ˌmjut]

deafen   [dɛfn]

deafening   ['dɛf ə nɪŋ]

deafness   ['dɛf nɪs]

deal   [dil]

dealer   ['dil ɚ]

dealership   ['dil ɚ ˌʃɪp]

dealing   ['dil ɪŋ]

dealt   [dɛlt]

dean   [din]

dear   [dɪɚ]

dearest   ['dɪɚ ɪst]

dearly   ['dɪɚ li]

dearth   [dɚθ]

death   [dɛθ]

deathbed ['dɛθ ,bɛd]

deathtrap ['dɛθ ,træp]

debatable [dɪ 'bet ə bl]

debate [dɪ 'bet]

debated [dɪ 'bet ɪd]

debating [dɪ 'bet ɪŋ]

debilitate [dɪ 'bɪl ɪ ,tet]

debilitated [dɪ 'bɪl ɪ ,tet ɪd]

debilitating [dɪ 'bɪl ɪ ,tet ɪŋ]

debit ['dɛb ɪt]

debrief [di 'brif]

debriefed [di 'brift]

debriefing [di 'brif ɪŋ]

debris [də 'bri]

debt [dɛt]

debtor ['dɛt ɚ]

debunk [dɪ 'bəŋk]

debut [de 'bju]

decade ['dɛk ed]

decadence ['dɛk ə dəns]

decaffeinated [di 'kæf ə ,net ɪd]

decanter [dɪ 'kæn tɚ]

decapitate [dɪ 'kæp ɪ ,tet]

decathlon [dɪ 'kæθ lɑn]

Decatur (IL) [də 'ket ɚ]

decay [dɪ 'ke]

decayed [dɪ 'ked]

decaying [dɪ 'ke ɪŋ]

decays [dɪ 'kez]

deceased [dɪ 'sist]

deceit [dɪ 'sit]

deceitful [dɪ 'sit fl]

deceive [dɪ 'siv]

deceived [dɪ 'sivd]

deceiving [dɪ 'siv ɪŋ]

decelerate [di 'sɛl ə ,ret]

decelerated [di 'sɛl ə ,ret ɪd]

December [dɪ 'sɛm bɚ]

decency ['di sən si]

decent ['di sənt]

decentralize [di 'sɛn trə ,laɪz]

decentralized [di 'sɛn trə ,laɪzd]

decentralizing
[di 'sɛn trə ,laɪz ɪŋ]

deception [dɪ 'sɛp ʃn]

deceptive [dɪ 'sɛp tɪv]

decide [dɪ 'saɪd]

decided [dɪ 'saɪd ɪd]

decidedly [dɪ 'saɪd ɪd li]

deciding [dɪ 'saɪd ɪŋ]

deciduous [,dɪ 'sɪdʒ u əs]

decimal ['dɛs ə ml]

decimal point ['dɛs ə ml ,pɔɪnt]

decimate ['dɛs ə ,met]

decimation [,dɛs ə 'me ʃn]

decipher [dɪ 'saɪ fɚ]

deciphered [dɪ 'saɪ fɚd]

decision [dɪ 'sɪʒn]

decisive [dɪ 'saɪ sɪv]

deck [dɛk]

declamation [,dɛk lə 'me ʃn]

declaration [,dɛk lə 're ʃn]

declare [dɪ 'klɛɚ]

declared [dɪ 'klɛɚd]

declaring [dɪ 'klɛɚ ɪŋ]

declassified [di 'klæs ə ,faɪd]

declassify [di 'klæs ə ,faɪ]

declassifying [di 'klæs ə ,faɪ ɪŋ]

decline [dɪ 'klaɪn]

declined [dɪ 'klaɪnd]

declining [dɪ 'klaɪn ɪŋ]

decode [di 'kod]

decoded [di 'kod ɪd]

decoding [di 'kod ɪŋ]

decompose   [ˌdi kəm ˈpoz]

decomposed   [ˌdi kəm ˈpozd]

decongestant
    [ˌdi kən ˈdʒɛs tənt]

decor   [ˌde ˈkɔ˞]

decorate   [ˈdɛk ə ˈret]

decorated   [ˈdɛk ə ˈret ɪd]

decorating   [ˈdɛk ə ˈret ɪŋ]

decoration   [ˌdɛk ə ˈre ʃn]

decorative   [ˈdɛk ə rə tɪv]

decorator   [ˈdɛk ə ˌre tə˞]

decorum   [dɪ ˈkɔ˞ əm]

decoy   [ˈdi ˌkɔɪ]

decrease   n. [ˈdi kris]
    v. [dɪ ˈkris]

decreased   [dɪ ˈkrist]

decreases   [dɪ ˈkris ɪz]

decreasing   [dɪ ˈkris ɪŋ]

decree   [dɪ ˈkri]

decrepit   [dɪ ˈkrɛp ɪt]

dedicate   [ˈdɛd ə ket]

dedicated   [ˈdɛd ə ˌket ɪd]

dedicating   [ˈdɛd ə ˌket ɪŋ]

dedication   [ˌdɛd ə ˈke ʃn]

deduce   [dɪ ˈdus]

deduced   [dɪ ˈdust]

deduct   [dɪ ˈdəkt]

deducted   [dɪ ˈdək tɪd]

deductible   [dɪ ˈdək tɪ bl]

deducting   [dɪ ˈdək tɪŋ]

deduction   [dɪ ˈdək ʃn]

deed   [did]

deeded   [ˈdid ɪd]

deeding   [ˈdid ɪŋ]

deem   [dim]

deemed   [dimd]

deemphasis   [di ˈɛm fə sɪs]

deemphasize   [di ˈɛm fə ˌsaɪz]

deemphasized   [di ˈɛm fə ˌsaɪzd]

deemphasizing
    [di ˈɛm fə ˌsaɪz ɪŋ]

deep   [dip]

deep-freeze   [ˈdip ˈfriz]

deep-fry   [ˈdip ˌfraɪ]

deep-rooted   [ˈdip ˌrut ɪd]

deep-sea fishing   [ˈdip ˈsi ˌfɪʃ ɪŋ]

deep-seated   [ˌdip ˈsit ɪd]

deer   [dɪə˞]

deface   [dɪ ˈfes]

defaced   [dɪ ˈfest]

defacing   [dɪ ˈfes ɪŋ]

default   [dɪ ˈfɔlt]

defaulted   [dɪ ˈfɔlt ɪd]

defaulting   [dɪ ˈfɔlt ɪŋ]

defeat   [dɪ ˈfit]

defeated   [dɪ ˈfit ɪd]

defeating   [dɪ ˈfit ɪŋ]

defeatist   [dɪ ˈfit ɪst]

defecate   [ˈdɛf ə ˌket]

defecation   [ˌdɛf ə ˈke ʃn]

defect   n. a flaw [ˈdi fɛkt]
    v. to go over to the other side
    [dɪ ˈfɛkt]

defected   [ˈdɪ ˈfɛk tɪd]

defecting   [ˈdɪ ˈfɛk tɪŋ]

defective   [dɪ ˈfɛk tɪv]

defector   [dɪ ˈfɛk tə˞]

defend   [dɪ ˈfɛnd]

defendant   [dɪ ˈfɛn dənt]

defended   [dɪ ˈfɛnd ɪd]

defender   [dɪ ˈfɛnd ə˞]

defending   [dɪ ˈfɛnd ɪŋ]

defense   [dɪ ˈfɛns]

defenseless   [dɪ ˈfɛns lɪs]

defensible [dɪ ˈfɛn sɪ bl]

defensive [dɪ ˈfɛn sɪv]

defer [dɪ ˈfɚ]

deference [ˈdɛf ɚ əns]

deferential [ˌdɛf ɚ ˈɛn ʃl]

deferment [dɪ ˈfɚ mənt]

deferred [dɪ ˈfɚd]

deferring [dɪ ˈfɚ ɪŋ]

defiance [dɪ ˈfaɪ əns]

defiant [dɪ ˈfaɪ ənt]

deficiency [dɪ ˈfɪʃn si]

deficient [dɪ ˈfɪʃ ənt]

deficit [ˈdɛf ɪ sɪt]

defied [dɪ ˈfaɪd]

defile [dɪ ˈfaɪl]

define [dɪ ˈfaɪn]

defined [dɪ ˈfaɪnd]

defining [dɪ ˈfaɪn ɪŋ]

definite [ˈdɛf ə nɪt]

definitely [ˈdɛf ə nɪt li]

definition [ˌdɛf ə ˈnɪʃn]

definitive [dɪ ˈfɪn ɪ tɪv]

deflate [dɪ ˈflet]

deflated [dɪ ˈflet ɪd]

deflating [dɪ ˈflet ɪŋ]

deflation [dɪ ˈfle ʃn]

defoliant [dɪ ˈfo li ənt]

defoliate [di ˈfo li ˌet]

deform [dɪ ˈfɔɚm]

deformed [dɪ ˈfɔɚmd]

deformity [dɪ ˈfɔɚm ɪ ti]

defraud [dɪ ˈfrɔd]

defrauded [dɪ ˈfrɔd ɪd]

defray [dɪ ˈfre]

defrost [dɪ ˈfrɔst]

defrosted [dɪ ˈfrɔs tɪd]

defrosting [dɪ ˈfrɔs tɪŋ]

deft [dɛft]

defunct [dɪ ˈfəŋkt]

defuse [di ˈfjuz]

defused [di ˈfjuzd]

defusing [di ˈfjuz ɪŋ]

defy [dɪ ˈfaɪ]

defying [dɪ ˈfaɪ ɪŋ]

degenerate [di ˈdʒɛn ə ˌret]

degenerated [di ˈdʒɛn ə ˌret ɪd]

degenerating [di ˈdʒɛn ə ret ɪŋ]

degradation [ˌdɛg rə ˈde ʃn]

degrade [dɪ ˈgred]

degraded [dɪ ˈgred ɪd]

degrading [dɪ ˈgred ɪŋ]

degree [dɪ ˈgri]

dehumanize [di ˈhju mə ˌnaɪz]

dehumidifier
    [ˌdi hju ˈmɪd ə ˌfaɪ ɚ]

dehumidify [ˌdi hju ˈmɪd ə ˌfaɪ]

dehydrated [ˌdi ˈhaɪ dret ɪd]

dehydration [ˌdi haɪ ˈdre ʃn]

deify [ˈdi ə ˌfaɪ]

deity [ˈdi ə ti]

dejected [dɪ ˈdʒɛk tɪd]

dejection [dɪ ˈdʒɛk ʃn]

Delaware [ˈdɛl ə ˌwɛɚ]

delay [dɪ ˈle]

delayed [dɪ ˈled]

delaying [dɪ ˈle ɪŋ]

delectable [dɪ ˈlɛk tə bl]

delegate n. [ˈdɛl ə gɪt]
    v. [ˈdɛl ə ˌget]

delegated [ˈdɛl ə ˌget ɪd]

delegating [ˈdɛl ə ˌget ɪŋ]

delegation [ˌdɛl ə ˈge ʃn]

delete [dɪ ˈlit]

deleted [dɪ ˈlit ɪd]

deleterious [ˌdɛl ɪ 'tɪɚ i əs]

deleting [dɪ 'lit ɪŋ]

deliberate *adj.* on purpose
[dɪ 'lɪb ɚ ɪt] *v.* to ponder
[di 'lɪb ə ˌret]

deliberated [di 'lɪb ə ˌret ɪd]

deliberately [dɪ 'lɪb ə rət li]

deliberating [dɪ 'lɪb ə ˌret ɪŋ]

deliberation [dɪ ˌlɪb ə 're ʃn]

delicacy ['dɛl ə kə si]

delicate ['dɛl ə kɪt]

delicately ['dɛl ə kɪt li]

delicatessen [ˌdɛl ə kə 'tɛsn]

delicious [dɪ 'lɪʃ əs]

delight [dɪ 'laɪt]

delightful [dɪ 'laɪt fl]

delighting [dɪ 'laɪt ɪŋ]

delineate [dɪ 'lɪn i ˌet]

delinquency [dɪ 'lɪŋ kwən si]

delinquent [dɪ 'lɪŋ kwənt]

delirious [dɪ 'lɪɚ i əs]

deliver [dɪ 'lɪv ɚ]

deliverance [dɪ 'lɪv ɚ əns]

delivered [dɪ 'lɪv ɚd]

delivering [dɪ 'lɪv ɚ ɪŋ]

delivery [dɪ 'lɪv ɚ i]

delude [dɪ 'lud]

deluded [dɪ 'lud ɪd]

deluding [dɪ 'lud ɪŋ]

deluge ['dɛl judʒ]

deluged ['dɛl judʒd]

delusion [dɪ 'lu ʒn]

deluxe [də 'ləks]

delving ['dɛlv ɪŋ]

demagogue ['dɛm ə ˌgag]

demand [dɪ 'mænd]

demanded [dɪ 'mæn dɪd]

demanding [dɪ 'mæn dɪŋ]

demarcation [ˌdɪ maɚ 'ke ʃn]

demeanor [dɪ 'mi nɚ]

demented [dɪ 'mɛn tɪd]

dementia [dɪ 'mɛn ʃə]

demerit [di 'mɛɚ ɪt]

demilitarize [di 'mɪl ɪ tə ˌraɪz]

demise [dɪ 'maɪz]

demitasse ['dɛm i ˌtæs]

demo ['dɛm o]

demobilize [di 'mo bə ˌlaɪz]

democracy [dɪ 'mak rə si]

Democrat ['dɛm ə ˌkræt]

democratic [dɛm ə 'kræt ɪk]

demolish [dɪ 'mal ɪʃ]

demolished [dɪ 'mal ɪʃt]

demolishing [dɪ 'mal ɪʃ ɪŋ]

demolition [ˌdɛm ə 'lɪʃn]

demon ['di mən]

demonstrable [dɪ 'man strə bl]

demonstrate ['dɛm ən ˌstret]

demonstrated
['dɛm ən ˌstret ɪd]

demonstrating
['dɛm ən ˌstret ɪŋ]

demonstration
[ˌdɛm ən 'stre ʃn]

demonstrative
[də 'man strə tɪv]

demonstrator ['dɛm ən ˌstret ɚ]

demoralize [dɪ 'maɚ ə ˌlaɪz]

demoralized [dɪ 'maɚ ə ˌlaɪzd]

demoralizing
[dɪ 'maɚ ə ˌlaɪz ɪŋ]

demote [dɪ 'mot]

demoted [dɪ 'mot ɪd]

den [dɛn]

denial [dɪ 'naɪ əl]

denied [dɪ 'naɪd]

denies [dɪ 'naɪz]

denim ['dɛn əm]

denomination [dɪ ˌnam ə 'ne ʃn]

denominational
  [dɪ ˌnam ə 'ne ʃə nl]

denominator [dɪ 'nam ə ˌne tɚ]

denounce [dɪ 'næʊns]

denounced [dɪ 'næʊnst]

denouncing [dɪ 'næʊns ɪŋ]

dense [dɛns]

densely ['dɛns li]

density ['dɛn sɪ ti]

dent [dɛnt]

dental ['dɛn tl]

dental surgeon ['dɛn tl ˌsɚ dʒn]

dented ['dɛnt ɪd]

dentist ['dɛn tɪst]

denture ['dɛn tʃɚ]

denunciation [dɪ ˌnən si 'e ʃn]

Denver (CO) ['dɛn vɚ]

deny [dɪ 'naɪ]

denying [dɪ 'naɪ ɪŋ]

deodorant [di 'od ə rənt]

deodorize [di 'od ə ˌraɪz]

deodorizer [di 'od ə ˌraɪz ɚ]

depart [dɪ 'paɚt]

departed [dɪ 'paɚt ɪd]

departing [dɪ 'paɚt ɪŋ]

department [dɪ 'paɚt mənt]

departs [dɪ 'paɚts]

departure [dɪ 'paɚ tʃɚ]

depend [dɪ 'pɛnd]

dependability
  [dɪ ˌpɛnd ə 'bɪl ɪ ti]

dependable [dɪ 'pɛn də bl]

depended [dɪ 'pɛn dɪd]

dependence [dɪ 'pɛn dəns]

dependency [dɪ 'pɛn dən si]

dependent [dɪ 'pɛn dənt]

depending [dɪ 'pɛn dɪŋ]

depends [dɪ 'pɛndz]

depict [dɪ 'pɪkt]

depicted [dɪ 'pɪk tɪd]

depicting [dɪ 'pɪk tɪŋ]

depicts [dɪ 'pɪkts]

deplane [di 'plen]

depleted [dɪ 'plit ɪd]

deplorable [dɪ 'plɔɚ ə bl]

deplore [dɪ 'plɔɚ]

deplored [dɪ 'plɔɚd]

deplores [dɪ 'plɔɚz]

deploring [dɪ 'plɔɚ ɪŋ]

deploy [dɪ 'plɔɪ]

depopulate [di 'pap jə ˌlet]

deport [dɪ 'pɔɚt]

deportation [ˌdi pɔɚ 'te ʃn]

deported [dɪ 'pɔɚ tɪd]

deporting [dɪ 'pɔɚ tɪŋ]

deposit [dɪ 'paz ɪt]

deposited [dɪ 'paz ɪt ɪd]

depositing [dɪ 'paz ɪt ɪŋ]

deposition [ˌdɛp ə 'zɪʃn]

depository [dɪ 'paz ɪ ˌtɔɚ i]

deposits [dɪ 'paz ɪts]

depot ['di po]

depreciate [dɪ 'pri ʃi ˌet]

depreciated [dɪ 'pri ʃi ˌet ɪd]

depreciating [dɪ 'pri ʃi ˌet ɪŋ]

depreciation [dɪ ˌpri ʃi 'e ʃn]

depress [dɪ 'prɛs]

depressed [dɪ 'prɛst]

depresses [dɪ 'prɛs ɪz]

depressing [dɪ 'prɛs ɪŋ]

depression [dɪ 'prɛʃn]

deprivation [ˌdɛ prə 've ʃn]

deprive [dɪ 'praɪv]

deprived [dɪ 'praɪvd]

deprives [dɪ 'praɪvz]

depriving [dɪ 'praɪv ɪŋ]

depth [dɛpθ]

deputize ['dɛp jə ˌtaɪz]

deputized ['dɛp jə ˌtaɪzd]

deputy ['dɛp jə ti]

derail [di 'rel]

derailed [di 'reld]

derailing [di 'rel ɪŋ]

derelict ['dɛɚ ə ˌlɪkt]

dereliction [ˌdɛɚ ə 'lɪk ʃn]

deride [dɪ 'raɪd]

derision [dɪ 'rɪʒn]

derivation [ˌdɛɚ ə 've ʃn]

derivative [dɪ 'rɪv ə tɪv]

derive [dɪ 'raɪv]

derived [dɪ 'raɪvd]

deriving [dɪ 'raɪv ɪŋ]

dermatitis [ˌdɚ mə 'taɪ tɪs]

dermatologist
  [ˌdɚ mə 'tal ə dʒɪst]

dermatology [ˌdɚ mə 'tal ə dʒi]

derogate ['dɛɚ ə ˌget]

derogatory [dɪ 'rag ə ˌtɚ i]

Des Moines (IA) [də 'mɔɪn]

desalinate [di 'sæl ə ˌnet]

desalination [di ˌsæl ə 'ne ʃn]

descend [dɪ 'sɛnd]

descendant [dɪ 'sɛn dənt]

descended [dɪ 'sɛn dɪd]

descending [dɪ 'sɛn dɪŋ]

descent [dɪ 'sɛnt]

describe [dɪ 'skraɪb]

described [dɪ 'skraɪbd]

describes [dɪ 'skraɪbz]

describing [dɪ 'skraɪb ɪŋ]

description [dɪ 'skrɪp ʃn]

descriptive [dɪ 'skrɪp tɪv]

desecrate ['dɛs ə ˌkret]

desecrated ['dɛs ə ˌkret ɪd]

desecrating ['dɛs ə ˌkret ɪŋ]

desecration [ˌdɛs ə 'kre ʃn]

desegregation [di ˌsɛg rə 'ge ʃn]

desensitize [di 'sɛn sɪ ˌtaɪz]

desert n. ['dɛ zɚt] v. [dɪ 'zɚt]

desert island ['dɛ zɚt 'aɪ lənd]

deserted [dɪ 'zɚt ɪd]

deserter [dɪ 'zɚt ɚ]

deserting [dɪ 'zɚt ɪŋ]

desertion [dɪ 'zɚ ʃn]

deserve [dɪ 'zɚv]

deserved [dɪ 'zɚvd]

deserves [dɪ 'zɚvz]

deserving [dɪ 'zɚv ɪŋ]

design [dɪ 'zaɪn]

designate ['dɛz ɪg ˌnet]

designated ['dɛz ɪg ˌnet ɪd]

designates ['dɛz ɪg ˌnets]

designating ['dɛz ɪg ˌnet ɪŋ]

designation [ˌdɛz ɪg 'ne ʃn]

designed [dɪ 'zaɪnd]

designer [dɪ 'zaɪ nɚ]

designing [dɪ 'zaɪ nɪŋ]

designs [dɪ 'zaɪnz]

desirability [dɪ ˌzaɪɚ ə 'bɪl ɪ ti]

desirable [dɪ 'zaɪɚ ə bl]

desire [dɪ 'zaɪɚ]

desired [dɪ 'zaɪɚd]

desires [dɪ 'zaɪɚz]

desiring [dɪ ˈzaɪɚ ɪŋ]

desirous [dɪ ˈzaɪɚ əs]

desist [dɪ ˈsɪst]

desk [dɛsk]

desolate [ˈdɛs ə lɪt]

desolated [ˈdɛs ə ˌlet ɪd]

desolation [ˌdɛs ə ˈle ʃn]

despair [dɪ ˈspɛɚ]

despaired [dɪ ˈspɛɚd]

despairing [dɪ ˈspɛɚ ɪŋ]

desperado [ˌdɛs pə ˈrɑ do]

desperate [ˈdɛs pɚ ɪt]

desperately [ˈdɛs pɚ ɪt li]

desperation [ˌdɛs pə ˈre ʃn]

despicable [dɪ ˈspɪk ə bl]

despise [dɪ ˈspaɪz]

despised [dɪ ˈspaɪzd]

despises [dɪ ˈspaɪz ɪz]

despite [dɪ ˈspaɪt]

despondency [dɪ ˈspɑn dən si]

despondent [dɪ ˈspɑn dənt]

despot [ˈdɛs pət]

dessert [dɪ ˈzɚt]

destination [ˌdɛs tə ˈne ʃn]

destined [ˈdɛs tɪnd]

destiny [ˈdɛs tə ni]

destitute [ˈdɛs tɪ ˌtut]

destroy [dɪ ˈstrɔɪ]

destroyed [dɪ ˈstrɔɪd]

destroyer [dɪ ˈstrɔɪ ɚ]

destroying [dɪ ˈstrɔɪ ɪŋ]

destroys [dɪ ˈstrɔɪz]

destruct [dɪ ˈstrəkt]

destruction [dɪ ˈstrək ʃn]

destructive [dɪ ˈstrək tɪv]

detach [dɪ ˈtætʃ]

detachable [dɪ ˈtætʃ ə bl]

detached [dɪ ˈtætʃt]

detachment [dɪ ˈtætʃ mənt]

detail *n.* [ˈdi ˌtel] *n., v.* [dɪ ˈtel]

detailed [dɪ ˈteld]

detailing [dɪ ˈtel ɪŋ]

detain [dɪ ˈten]

detained [dɪ ˈtend]

detaining [dɪ ˈten ɪŋ]

detains [dɪ ˈtenz]

detect [dɪ ˈtɛkt]

detectable [dɪ ˈtɛk tə bl]

detected [dɪ ˈtɛk tɪd]

detecting [dɪ ˈtɛk tɪŋ]

detection [dɪ ˈtɛk ʃn]

detective [dɪ ˈtɛk tɪv]

detector [dɪ ˈtɛk tɚ]

detention [dɪ ˈtɛn ʃn]

deter [dɪ ˈtɚ]

detergent [dɪ ˈtɚ dʒənt]

deteriorate [dɪ ˈtɪɚ i ə ret]

deteriorating [dɪ ˈtɪɚ i ə ˌret ɪŋ]

deterioration [dɪ ˌtɪɚ i ə ˈre ʃn]

determinate [dɪ ˈtɚ mɪ nɪt]

determination [dɪ ˌtɚ mɪ ˈne ʃn]

determine [dɪ ˈtɚ mɪn]

determined [dɪ ˈtɚ mɪnd]

determining [dɪ ˈtɚ mɪn ɪŋ]

deterred [dɪ ˈtɚd]

deterrent [dɪ ˈtɚ ənt]

deterring [dɪ ˈtɚ ɪŋ]

detest [dɪ ˈtɛst]

detestable [dɪ ˈtɛst ə bl]

detested [dɪ ˈtɛs tɪd]

detesting [dɪ ˈtɛs tɪŋ]

detests [dɪ ˈtɛsts]

dethrone [di ˈθron]

detonate [ˈdɛt ə ˌnet]

detonated ['dɛt ə ˌnet ɪd]

detonation [ˌdɛt ə 'ne ʃn]

detour ['di tʊɚ]

detoured ['di tʊɚd]

detract [dɪ 'trækt]

detracted [dɪ 'træk tɪd]

detracting [dɪ 'træk tɪŋ]

detraction [dɪ 'træk ʃn]

detractor [dɪ 'træk tɚ]

detracts [dɪ 'trækts]

detriment ['dɛ trə mənt]

detrimental [ˌdɛ trə 'mɛn tl]

Detroit (MI) [də 'trɔɪt]

deuce [dus]

devaluation [di ˌvæl ju 'e ʃn]

devalue [di 'væl ju]

devaluing [di 'væl ju ɪŋ]

devastate ['dɛv ə ˌstet]

devastated ['dɛ və ˌstet ɪd]

devastating ['dɛ və ˌstet ɪŋ]

develop [dɪ 'vɛl əp]

developed [dɪ 'vɛl əpt]

developer [dɪ 'vɛl əp ɚ]

developing [dɪ 'vɛl əp ɪŋ]

development [dɪ 'vɛl əp mənt]

develops [dɪ 'vɛl əps]

deviate ['di vi ˌet]

deviated ['di vi ˌet ɪd]

deviating ['di vi ˌet ɪŋ]

deviation [ˌdi vi 'e ʃn]

device [dɪ 'vaɪs]

devil [dɛvl]

devilish ['dɛv ə lɪʃ]

devious ['di vi əs]

devise [dɪ 'vaɪz]

devised [dɪ 'vaɪzd]

devising [dɪ 'vaɪz ɪŋ]

devitalize [di 'vaɪt ə ˌlaɪz]

devoid [dɪ 'vɔɪd]

devote [dɪ 'vot]

devoted [dɪ 'vot ɪd]

devotee [ˌdɛ vo 'ti]

devoting [dɪ 'vot ɪŋ]

devotion [dɪ 'vo ʃn]

devour [dɪ 'væʊ ɚ]

devoured [dɪ 'væʊ ɚd]

devout [dɪ 'væʊt]

dew [du]

dewdrop ['du ˌdrɑp]

dewy ['du i]

dexterity [dɛk 'stɛɚ ɪ ti]

dexterous ['dɛk strəs]

diabetes [ˌdaɪ ə 'bi tɪs]

diabetic [ˌdaɪ ə 'bɛt ɪk]

diabolic [ˌdaɪ ə 'bɑl ɪk]

diabolical [ˌdaɪ ə 'bɑl ɪ kl]

diagnose ['daɪ əg ˌnos]

diagnosed ['daɪ əg ˌnost]

diagnoses [ˌdaɪ əg 'no siz]

diagnosing [ˌdaɪ əg 'nos ɪŋ]

diagnosis [ˌdaɪ əg 'no sɪs]

diagnostic [ˌdaɪ əg 'nɑs tɪk]

diagnostician [ˌdaɪ əg nɑs 'tɪʃn]

diagonal [daɪ 'æg ə nl]

diagram ['daɪ ə ˌgræm]

diagramed ['daɪ ə ˌgræmd]

diagraming ['daɪ ə ˌgræm ɪŋ]

dial [daɪl]

dial tone ['daɪl ˌton]

dialect ['daɪ ə ˌlɛkt]

dialed [daɪld]

dialing ['daɪl ɪŋ]

dialogue ['daɪ ə ˌlɑg]

diameter [daɪ 'æm ɪ tɚ]

diamond   ['daɪ mənd]

diaper   ['daɪ pɚ]

diapered   ['daɪ pɚd]

diapering   ['daɪ pɚ ɪŋ]

diaphragm   ['daɪ ə ˌfræm]

diarrhea   [ˌdaɪ ə 'ri ə]

diary   ['daɪ ə ri]

diatribe   ['daɪ ə ˌtraɪb]

dice   [daɪs]

dichotomy   [daɪ 'kat ə mi]

dictate   ['dɪk tet]

dictated   ['dɪk ˌtet ɪd]

dictates   ['dɪk ˌtets]

dictating   ['dɪk ˌtet ɪŋ]

dictation   [ˌdɪk 'te ʃn]

dictator   ['dɪk ˌte tɚ]

dictatorship   [ˌdɪk 'te tɚ ˌʃɪp]

diction   ['dɪk ʃn]

dictionary   ['dɪk sə ˌnɛɚ i]

did   [dɪd]

didn't   ['dɪd nt]

die   [daɪ]

died   [daɪd]

diehard   ['daɪ ˌhaɚd]

diesel   ['di zl]

diet   ['daɪ ɪt]

dieted   ['daɪ ɪt ɪd]

dietician   [ˌdaɪ ɪ 'tɪʃn]

dieting   ['daɪ ɪt ɪŋ]

diets   ['daɪ ɪts]

differ   ['dɪf ɚ]

differed   ['dɪf ɚd]

difference   ['dɪf rəns]

different   ['dɪf rənt]

differential   [ˌdɪf ə 'rɛn ʃl]

differentiate   [ˌdɪf ə 'rɛn ʃi ˌet]

differently   ['dɪf rənt li]

differing   ['dɪf ɚ ɪŋ]

differs   ['dɪf ɚz]

difficult   ['dɪf ə ˌkəlt]

difficulty   ['dɪf ə ˌkəl ti]

diffident   ['dɪf ɪ dənt]

diffuse   [dɪ 'fjuz]

diffused   [dɪ 'fjuzd]

dig   [dɪg]

digest   n. a compact version ['daɪ ˌdʒɛst] v. to assimilate food or ideas [dɪ 'dʒɛst]

digested   [dɪ 'dʒɛs tɪd]

digestible   [dɪ 'dʒɛs tɪ bl]

digesting   [dɪ 'dʒɛs tɪŋ]

digestion   [dɪ 'dʒɛs tʃn]

digestive   [dɪ 'dʒɛs tɪv]

digger   ['dɪg ɚ]

digit   ['dɪdʒ ɪt]

digital   ['dɪdʒ ɪtl]

digitalis   [ˌdɪdʒ ɪ 'tæl ɪs]

dignified   ['dɪg nə ˌfaɪd]

dignify   ['dɪg nə ˌfaɪ]

dignitary   ['dɪg nɪ ˌtɛɚ i]

dignity   ['dɪg nɪ ti]

digress   [daɪ 'grɛs]

digressed   [daɪ 'grɛst]

digression   [daɪ 'grɛʃn]

dike   [daɪk]

dilapidated   [dɪ 'læp ɪ ˌde tɪd]

dilate   [daɪ 'let]

dilated   [daɪ 'let ɪd]

dilating   [daɪ 'let ɪŋ]

dilation   [daɪ 'le ʃn]

dilatory   ['dɪl ə ˌtɔɚ i]

dilemma   [dɪ 'lɛm ə]

diligence   ['dɪl ɪ dʒəns]

diligent   ['dɪl ɪ dʒənt]

diligently ['dɪl ɪ dʒənt li]

dill [dɪl]

dilly-dally ['dɪl i ˌdæl i]

dilute [dɪ 'lut]

diluted [dɪ 'lut ɪd]

dilutes [dɪ 'luts]

diluting [dɪ 'lut ɪŋ]

dim [dɪm]

dime [daɪm]

dimension [dɪ 'mɛn ʃn]

diminish [dɪ 'mɪn ɪʃ]

diminished [dɪ 'mɪn ɪʃt]

diminishing [dɪ 'mɪn ɪʃ ɪŋ]

diminutive [dɪ 'mɪn jə tɪv]

dimly ['dɪm li]

dimmed [dɪmd]

dimmer ['dɪm ɚ]

dimming ['dɪm ɪŋ]

dimple ['dɪm pl]

dims [dɪmz]

dimwit ['dɪm ˌwɪt]

din [dɪn]

dine [daɪn]

dined [daɪnd]

diner ['daɪ nɚ]

dines [daɪnz]

dinette [daɪ 'nɛt]

dingy ['dɪn dʒi]

dining ['daɪn ɪŋ]

dinner ['dɪn ɚ]

dinosaur ['daɪ nə ˌsɔɚ]

dip [dɪp]

diphtheria [dɪf 'θɪɚ i ə]

diphthong ['dɪf ˌθɑŋ]

diploma [dɪ 'plo mə]

diplomacy [dɪ 'plo mə si]

diplomat ['dɪp lə ˌmæt]

diplomatic [ˌdɪp lə 'mæt ɪk]

dipped [dɪpt]

dipper ['dɪp ɚ]

dipping ['dɪp ɪŋ]

dips [dɪps]

dipstick ['dɪp ˌstɪk]

dire [daɪɚ]

direct [dɪ 'rɛkt]

directed [dɪ 'rɛk tɪd]

directing [dɪ 'rɛk tɪŋ]

direction [dɪ 'rɛk ʃn]

directive [dɪ 'rɛk tɪv]

directly [dɪ 'rɛkt li]

director [dɪ 'rɛk tɚ]

directory [dɪ 'rɛk tə ri]

directs [dɪ 'rɛkts]

dirigible ['dɚ ə dʒə bl]

dirt [dɚt]

dirt-cheap ['dɚt 'tʃip]

dirtied ['dɚ tid]

dirty ['dɚ ti]

disability [ˌdɪs ə 'bɪl ɪ ti]

disable [dɪs 'e bl]

disabled [dɪs 'e bld]

disabling [dɪs 'e blɪŋ]

disadvantage [ˌdɪs æd 'væn tɪdʒ]

disagree [ˌdɪs ə 'gri]

disagreeable [ˌdɪs ə 'gri ə bl]

disagreed [ˌdɪs ə 'grid]

disagreement [ˌdɪs ə 'gri mənt]

disagrees [ˌdɪs ə 'griz]

disallow [ˌdɪs ə 'laʊ]

disallowed [ˌdɪs ə 'laʊd]

disappear [ˌdɪs ə 'pɪɚ]

disappearance [ˌdɪs ə 'pɪɚ əns]

disappeared [ˌdɪs ə 'pɪɚd]

disappearing [ˌdɪs ə 'pɪɚ ɪŋ]

disappears   [ˌdɪs ə 'pɪə-z]
disappoint   [ˌdɪs ə 'pɔɪnt]
disappointed   [ˌdɪs ə 'pɔɪnt ɪd]
disappointing   [ˌdɪs ə 'pɔɪnt ɪŋ]
disappointment
    [ˌdɪs ə 'pɔɪnt mənt]
disappoints   [ˌdɪs ə 'pɔɪnts]
disapproval   [ˌdɪs ə 'pru vl]
disapprove   [dɪs ə 'pruv]
disapproved   [dɪs ə 'pruvd]
disapproves   [dɪs ə 'pruvz]
disarm   [dɪs 'aə-m]
disarmament
    [ˌdɪs 'aə- mə mənt]
disarmed   [dɪs 'aə-md]
disarming   [dɪs 'aə- mɪŋ]
disarrange   [ˌdɪs ə 'rendʒ]
disarranged   [ˌdɪs ə 'rendʒd]
disarray   [ˌdɪs ə 're]
disassemble   [ˌdɪs ə 'sɛm bl]
disassociate   [ˌdɪs ə 'so ʃi ˌet]
disaster   [dɪ 'zæs tə-]
disastrous   [dɪ 'zæs trəs]
disband   [dɪs 'bænd]
disbanded   [dɪs 'bæn dɪd]
disbanding   [dɪs 'bæn dɪŋ]
disbar   [dɪs 'baə-]
disbelief   [ˌdɪs bə 'lif]
disburse   [dɪs 'bə-s]
disbursed   [dɪs 'bə-st]
disbursing   [dɪs 'bə-s ɪŋ]
disc   [dɪsk]
disc jockey   ['dɪsk ˌdʒak i]
discard   n. ['dɪs kaə-d]
    v. [dɪ 'skaə-d]
discarded   [dɪ 'skaə-d ɪd]
discarding   [dɪ 'skaə-d ɪŋ]

discards   [dɪ 'skaə-dz]
discern   [dɪ 'sə-n]
discerning   [dɪ 'sə-n ɪŋ]
discharge   n. ['dɪs ˌtʃaə-dʒ]
    v. [dɪs 'tʃaə-dʒ]
discharged   [dɪs 'tʃaə-dʒd]
discharges   [dɪs 'tʃaə-dʒ ɪz]
discharging   [dɪs 'tʃaə-dʒ ɪŋ]
disciple   [dɪ 'saɪ pl]
discipline   ['dɪ sə plɪn]
disciplined   ['dɪs ə plɪnd]
disciplines   ['dɪs ə plɪnz]
disciplining   ['dɪs ə plɪn ɪŋ]
disclaim   [dɪs 'klem]
disclaimed   [dɪs 'klemd]
disclaimer   [dɪs 'klem ə-]
disclaiming   [dɪs 'klem ɪŋ]
disclaims   [dɪs 'klemz]
disclose   [dɪ 'skloz]
disclosed   [dɪ 'sklozd]
discloses   [dɪ 'skloz ɪz]
disclosing   [dɪ 'skloz ɪŋ]
disclosure   [dɪ 'klo ʒə-]
disco   ['dɪs ko]
discolor   [dɪs 'kə lə-]
discomfort   [dɪs 'kəm fə-t]
disconnect   [ˌdɪs kə 'nɛkt]
disconnected   [ˌdɪs kə 'nɛk tɪd]
disconnecting   [ˌdɪs kə 'nɛk tɪŋ]
discontent   [ˌdɪs kən 'tɛnt]
discontented   [ˌdɪs kən 'tɛn tɪd]
discontinue   [ˌdɪs kən 'tɪn ju]
discontinued   [ˌdɪs kən 'tɪn jud]
discontinuing
    [ˌdɪs kən 'tɪn ju ɪŋ]
discord   ['dɪs kɔə-d]

discount *n.* an amount subtracted from the selling price ['dɪs ˌkæʊnt] *v.* to subtract an amount from the selling price ['dɪs ˌkæʊnt] *v.* to disregard [dɪs 'kæʊnt]

discounted *adj.* having an amount subtracted from the selling price ['dɪs kæʊnt ɪd] *v.* subtracted an amount from the selling price ['dɪs kæʊnt ɪd] *v.* disregarded [dɪs 'kæʊnt ɪd]

discounting *v.* subtracting an amount from the selling price ['dɪs ˌkæʊnt ɪŋ] *v.* disregarding [dɪs 'kæʊnt ɪŋ]

discounts *n.* amounts subtracted from the selling price ['dɪs ˌkæʊnts] *v.* subtracts an amount from a selling price ['dɪs ˌkæʊnts] *v.* disregards [dɪs 'kæʊnts]

discourage [dɪ 'skɚ ɪdʒ]

discouraged [dɪ 'skɚ ɪdʒd]

discouragement [dɪ 'skɚ ɪdʒ mənt]

discourages [dɪ 'skɚ ɪ dʒɪz]

discouraging [dɪ 'skɚ ɪ dʒɪŋ]

discourse ['dɪs kɔɚs]

discourteous [dɪs 'kɚ ti əs]

discourtesy [dɪs 'kɚ tɪ si]

discover [dɪ 'skə vɚ]

discovered [dɪ 'skə vɚd]

discovering [dɪ 'skə vɚ ɪŋ]

discovers [dɪ 'skə vɚz]

discovery [dɪ 'skəv ɚ i]

discredit [dɪs 'krɛd ɪt]

discredited [dɪs 'krɛd ɪt ɪd]

discreet [dɪ 'skrit]

discrepancy [dɪ 'skrɛp ən si]

discretion [dɪ 'skrɛʃn]

discriminate [dɪ 'skrɪm ə ˌnet]

discriminated [dɪ 'skrɪm ə ˌne td]

discriminating [dɪ 'skrɪm ə ˌnet ɪŋ]

discrimination [dɪ ˌskrɪm ə 'ne ʃn]

discriminatory [dɪ 'skrɪm ə nə ˌtɔɚ i]

discuss [dɪ 'skəs]

discussed [dɪ 'skəst]

discussing [dɪ 'skəs ɪŋ]

discussion [dɪ 'skə ʃn]

disease [dɪ 'ziz]

diseased [dɪ 'zizd]

disembark [ˌdɪs ɛm 'baɚk]

disembarked [ˌdɪs ɛm 'baɚkt]

disfavor [dɪs 'fe vɚ]

disfigure [dɪs 'fɪg jɚ]

disfigured [dɪs 'fɪg jɚd]

disgrace [dɪs 'gres]

disgraced [dɪs 'grest]

disgraceful [dɪs 'gres fl]

disgruntled [dɪs 'grən tld]

disguise [dɪs 'gaɪz]

disguised [dɪs 'gaɪzd]

disgust [dɪs 'gəst]

disgusted [dɪs 'gəs tɪd]

disgusting [dɪs 'gəs tɪŋ]

dish [dɪʃ]

dish towel ['dɪʃ ˌtæʊ əl]

dishcloth ['dɪʃ ˌklɔθ]

dishearten [dɪs 'haɚtn]

disheartened [dɪs 'haɚtnd]

disheartening [dɪs 'haɚtn ɪŋ]

dished [dɪʃt]

disheveled [dɪ 'ʃɛv ld]

dishing ['dɪʃ ɪŋ]

dishonest [dɪs 'ɑ nɪst]

dishonor [dɪs 'ɑ nɚ]

dishonored [dɪs 'ɑ nɚd]

dishwasher ['dɪʃ ˌwɑʃ ɚ]

disillusion [ˌdɪs ɪ 'lu ʒn]

disillusioned [ˌdɪs ɪ 'lu ʒnd]

disillusioning [ˌdɪs ɪ 'lu ʒn ɪŋ]

disinfect [ˌdɪs ɪn 'fɛkt]

disinfectant [ˌdɪs ɪn 'fɛk tənt]

disintegrate [dɪ 'sɪn tə ˌgret]

disintegrated [dɪ 'sɪn tə ˌgret ɪd]

disintegrating
   [dɪ 'sɪn tə ˌgret ɪŋ]

disintegration [dɪ ˌsɪn tə 'gre ʃn]

disinterested [dɪs 'ɪn trɪs tɪd]

disjointed [dɪs 'dʒɔɪn tɪd]

disk [dɪsk]

diskette [dɪ 'skɛt]

dislike [dɪs 'laɪk]

disliked [dɪs 'laɪkt]

dislocate ['dɪs lo ˌket]

dislocated ['dɪs lo ˌket ɪd]

dislodge [dɪs 'lɑdʒ]

dislodged [dɪs 'lɑdʒd]

dislodging [dɪs 'lɑdʒ ɪŋ]

disloyal [dɪs 'lɔɪ əl]

dismal ['dɪz ml]

dismantle [dɪs 'mæn tl]

dismantled [dɪs 'mæn tld]

dismantling [dɪs 'mænt lɪŋ]

dismay [dɪs 'me]

dismayed [dɪs 'med]

dismaying [dɪs 'me ɪŋ]

dismiss [dɪs 'mɪs]

dismissed [dɪs 'mɪst]

dismissing [dɪs 'mɪs ɪŋ]

dismount [dɪs 'mæʊnt]

dismounted [dɪs 'mæʊn tɪd]

dismounting [dɪs 'mæʊn tɪŋ]

disobedience [ˌdɪs ə 'bi di əns]

disobedient [ˌdɪs ə 'bi di ənt]

disobey [ˌdɪs ə 'be]

disobeyed [ˌdɪs ə 'bed]

disorder [dɪs 'ɔɚ dɚ]

disordered [dɪs 'ɔɚ dɚd]

disorderly [dɪs 'ɔɚ dɚ li]

disoriented [dɪs 'ɔɚ i ˌɛn tɪd]

disown [dɪs 'on]

disowned [dɪs 'ond]

dispatch [dɪ 'spætʃ]

dispatched [dɪ 'spætʃt]

dispatcher [dɪ 'spætʃ ɚ]

dispel [dɪ 'spɛl]

dispelled [dɪ 'spɛld]

dispensable [dɪ 'spɛn sə bl]

dispensary [dɪ 'spɛn sə ri]

dispense [dɪ 'spɛns]

dispensed [dɪ 'spɛnst]

disperse [dɪ 'spɚs]

dispersed [dɪ 'spɚst]

displace [dɪs 'ples]

displaced [dɪs 'plest]

display [dɪ 'sple]

displayed [dɪ 'spled]

displease [dɪs 'pliz]

displeased [dɪs 'plizd]

displeasure [dɪs 'plɛʒ ɚ]

disposable [dɪ 'spoz ə bl]

disposal [dɪ 'spozl]

dispose [dɪ 'spoz]

disposed [dɪ 'spozd]

disposing [dɪ 'spoz ɪŋ]

disposition [ˌdɪs pə 'zɪ ʃn]

dispossess [ˌdɪs pə 'zɛs]

dispossessed [ˌdɪs pə 'zɛst]

disproportion [ˌdɪs prə 'pɔɚ ʃn]

disprove [dɪs 'pruv]

disproved [dɪs 'pruvd]

dispute [dɪ 'spjut]

disputed [dɪ 'spjut ɪd]

disqualified [dɪs 'kwɑl ə ˌfaɪd]

disqualify [dɪs 'kwɑl ə ˌfaɪ]

disregard [ˌdɪs rɪ 'gɑɚd]

disregarded [ˌdɪs rɪ 'gɑɚd ɪd]

disreputable [dɪs 'rɛp jə tə bl]

disrespect [ˌdɪs rɪ 'spɛkt]

disrupt [dɪs 'rəpt]

disrupted [dɪs 'rəp tɪd]

disrupting [dɪs 'rəp tɪŋ]

dissatisfaction
[ˌdɪs sæt ɪs 'fæk ʃn]

dissect [daɪ 'sɛkt]

dissected [daɪ 'sɛk tɪd]

dissecting [daɪ 'sɛk tɪŋ]

disseminate [dɪ 'sɛm ə ˌnet]

disseminated [dɪ 'sɛm ə ˌnet ɪd]

disseminating [dɪ 'sɛm ə ˌnet ɪŋ]

dissension [dɪ 'sɛn ʃn]

dissent [dɪ 'sɛnt]

dissertation [ˌdɪs ɚ 'te ʃn]

disservice [dɪs 'sɚ vɪs]

dissimilar [dɪ 'sɪm ə lɚ]

dissipate ['dɪs ə ˌpet]

dissipated ['dɪs ə ˌpet ɪd]

dissipating ['dɪs ə ˌpet ɪŋ]

dissolution [ˌdɪs ə 'lu ʃn]

dissolve [dɪ 'zɑlv]

dissolved [dɪ 'zɑlvd]

dissolving [dɪ 'zɑlv ɪŋ]

distance ['dɪs təns]

distant ['dɪs tənt]

distaste [dɪs 'test]

distasteful [dɪs 'test fl]

distil [dɪ 'stɪl]

distilled [dɪ 'stɪld]

distinct [dɪ 'stɪŋkt]

distinction [dɪ 'stɪŋk ʃn]

distinctive [dɪ 'stɪŋk tɪv]

distinctly [dɪ 'stɪŋkt li]

distinguish [dɪ 'stɪŋ gwɪʃ]

distinguishable
[dɪ 'stɪŋ gwɪʃ ə bl]

distinguished [dɪ 'stɪŋ gwɪʃt]

distort [dɪ 'stɔɚt]

distorted [dɪ 'stɔɚ tɪd]

distorting [dɪ 'stɔɚ tɪŋ]

distract [dɪ 'strækt]

distracted [dɪ 'stræk tɪd]

distracting [dɪ 'stræk tɪŋ]

distraction [dɪ 'stræk ʃn]

distraught [dɪ 'strɔt]

distress [dɪ 'strɛs]

distressed [dɪ 'strɛst]

distressing [dɪ 'strɛs ɪŋ]

distribute [dɪ 'strɪb jut]

distributed [dɪ 'strɪb jut ɪd]

distributing [dɪ 'strɪb jut ɪŋ]

distribution [ˌdɪ strɪb 'ju ʃn]

distributor [dɪ 'strɪb jə tɚ]

district ['dɪs trɪkt]

distrust [dɪs 'trəst]

disturb [dɪ 'stɚb]

disturbance [dɪ 'stɚb əns]

disturbed [dɪ 'stɚbd]

disturbing [dɪ 'stɚb ɪŋ]

disuse   [dɪs 'jus]
ditch   [dɪtʃ]
ditched   [dɪtʃt]
ditto   ['dɪt o]
dive   [daɪv]
diver   ['daɪv ɚ]
diverse   [dɪ 'vɚs]
diversion   [dɪ 'vɚ ʒn]
diversity   [dɪ 'vɚ sɪ ti]
divert   [dɪ 'vɚt]
diverted   [dɪ 'vɚt ɪd]
diverting   [dɪ 'vɚt ɪŋ]
diverts   [dɪ 'vɚts]
divide   [dɪ 'vaɪd]
divided   [dɪ 'vaɪd ɪd]
dividend   ['dɪ vɪ ˌdɛnd]
divides   [dɪ 'vaɪdz]
dividing   [dɪ 'vaɪd ɪŋ]
divine   [dɪ 'vaɪn]
diving   ['daɪv ɪŋ]
divinity   [dɪ 'vɪn ɪ ti]
divisible   [dɪ 'vɪz ə bl]
division   [dɪ 'vɪʒn]
divisive   [dɪ 'vaɪ sɪv]
divisor   [dɪ 'vaɪ zɚ]
divorce   [dɪ 'vɔɚs]
divorced   [dɪ 'vɔɚst]
divorcee   [dɪ ˌvɔɚ 'si]
divorcing   [dɪ 'vɔɚs ɪŋ]
divot   ['dɪv ət]
divulge   [dɪ 'vəldʒ]
divulged   [dɪ 'vəldʒd]
divulging   [dɪ 'vəldʒ ɪŋ]
dizzy   ['dɪz i]
do   [du]
do-it-yourself   ['du ɪt jɚ 'sɛlf]
docile   [dasl]

dock   [dak]
docked   [dakt]
docking   ['dak ɪŋ]
doctor   ['dak tɚ]
doctorate   ['dak tɚ ɪt]
doctrine   ['dak trɪn]
document   ['dak jə mənt]
documentary
   [ˌdak jə 'mɛn tə ri]
documentation
   [ˌdak jə mɛn 'te ʃn]
dodge   [dadʒ]
dodged   [dadʒd]
doe   [do]
doer   [duɚ]
does   [dəz]
doeskin   ['do ˌskɪn]
doesn't   ['dəz ənt]
dog   [dɔg]
dog-tired   ['dɔg 'taɪɚd]
dogged   [dɔgd]
doghouse   ['dɔg ˌhæʊs]
dogma   ['dɔg mə]
dogmatic   [dɔg 'mæt ɪk]
doing   ['du ɪŋ]
doings   ['du ɪŋz]
doldrums   ['dol drəmz]
dole   [dol]
doled   [dold]
doling   ['dol ɪŋ]
doll   [dal]
dollar   ['dal ɚ]
dolly   ['dal i]
dolphin   ['dal fɪn]
domain   [do 'men]
dome   [dom]
domed   [domd]

domestic [də 'mɛs tɪk]

domesticate [də 'mɛs tə ˌket]

domicile ['dɑm ɪ sɪl]

dominant ['dɑm ə nənt]

dominate ['dɑm ə ˌnet]

dominating ['dɑm ɪ ˌnet ɪŋ]

domination [ˌdɑm ə 'ne ʃn]

domineering [ˌdɑm ə 'nɪɚ ɪŋ]

dominion [də 'mɪn jən]

dominoes ['dɑm ə ˌnoz]

don [dɑn]

donate ['do net]

donated ['do net ɪd]

donating ['do net ɪŋ]

donation [do 'ne ʃn]

done [dən]

donkey ['dəŋ ki]

donor ['do nɚ]

don't [dont]

doodle [dudl]

doom [dum]

doomed [dumd]

doomsday ['dumz ˌde]

door [dɔɚ]

doorbell ['dɔɚ ˌbɛl]

doorman ['dɔɚ ˌmæn]

doormat ['dɔɚ ˌmæt]

doorstep ['dɔɚ ˌstɛp]

doorway ['dɔɚ ˌwe]

dope [dop]

doped [dopt]

dorm [dɔɚm]

dormant ['dɔɚ mənt]

dormitory ['dɔɚ mɪ ˌtɔɚ i]

dose *n.* a portion, as with medicine [dos] *v.* to give a portion of medicine [dos]

dossier ['dɑs i ˌe]

dot [dɑt]

double [dəbl]

double-barreled ['dəbl 'bæɚ əld]

double-breasted ['dəbl 'brɛs tɪd]

double-cross ['dəbl 'krɔs]

double-decker ['dəbl 'dɛk ɚ]

double-jointed ['dəbl 'dʒɔɪnt ɪd]

double-space ['dəbl 'spes]

doubled [dəbld]

doubleheader ['dəbl 'hɛd ɚ]

doubly ['dəb li]

doubt [dæʊt]

doubted ['dæʊt ɪd]

doubtful ['dæʊt fl]

doubtless ['dæʊt lɪs]

douche [duʃ]

dough [do]

doughnut ['do ˌnət]

douse [dæʊs]

doused [dæʊst]

dove *n.* a bird [dəv] *v.* past tense of dive [dov]

dovetail ['dəv ˌtel]

dowager ['dæʊ ə dʒɚ]

dowdy ['dæʊ di]

dowel ['dæʊ əl]

down [dæʊn]

down-and-out [ˌdæʊn ən 'æʊt]

down-to-earth [ˌdæʊn tə 'ɚθ]

downcast ['dæʊn ˌkæst]

downfall ['dæʊn ˌfɔl]

downgrade ['dæʊn ˌgred]

downhearted ['dæʊn 'hɑɚ tɪd]

downhill ['dæʊn 'hɪl]

downpour ['dæʊn ˌpɔɚ]

downstairs ['dæʊn 'stɛɚz]

downstream ['dæʊn 'strim]

downtown ['dæʊn 'tæʊn]

downtrodden ['dæʊn ˌtrɑdn]

downward ['dæʊn wɚd]

downwards ['dæʊn wɚdz]

dowry ['dæʊ ri]

doze *n.* a short nap [doz] *v.* to take a short nap [doz]

dozed [dozd]

dozen [dəzn]

dozing ['doz ɪŋ]

Dr. ['dɑk tɚ]

drab [dræb]

draft [dræft]

drafted ['dræft ɪd]

draftee [dræf 'ti]

draftsman ['dræfts mən]

drag [dræg]

dragged [drægd]

dragging ['dræg ɪŋ]

draggy ['dræg i]

dragnet ['dræg ˌnɛt]

dragon [drægn]

dragonfly ['drægn ˌflɑɪ]

drain [dren]

drainage ['dre nɪdʒ]

drained [drend]

draining ['dren ɪŋ]

drainpipe ['dren ˌpɑɪp]

drama ['drɑ mə]

dramatic [drə 'mæt ɪk]

dramatist ['dræm ə tɪst]

dramatize ['drɑm ə ˌtɑɪz]

drank [dræŋk]

drape [drep]

draped [drept]

drapery ['drep ə ri]

drastic ['dræs tɪk]

draw [drɔ]

drawback ['drɔ ˌbæk]

drawbridge ['drɔ ˌbrɪdʒ]

drawer [drɔɚ]

drawing ['drɔ ɪŋ]

drawl [drɔl]

drawn [drɔn]

draws [drɔz]

drawstring ['drɔ ˌstrɪŋ]

dread [drɛd]

dreaded ['drɛd ɪd]

dreadful ['drɛd fl]

dreadfully ['drɛd fə li]

dreading ['drɛd ɪŋ]

dreads [drɛdz]

dream [drim]

dreamed [drimd]

dreamer ['drim ɚ]

dreaming ['drim ɪŋ]

dreamy ['drim i]

dreary ['drɪɚ i]

dredge [drɛdʒ]

dredged [drɛdʒd]

dredging ['drɛdʒ ɪŋ]

dregs [drɛgz]

drench [drɛntʃ]

drenched [drɛntʃt]

dress [drɛs]

dress rehearsal ['drɛs rɪ 'hɚ sl]

dressed [drɛst]

dresser ['drɛs ɚ]

dresses ['drɛs ɪz]

dressing ['drɛs ɪŋ]

dressmaker ['drɛs ˌme kɚ]

drew [dru]

dribble [drɪbl]

dribbled [drɪbld]

dribbling ['drɪb lɪŋ]

dried [draɪd]

drier ['draɪ ə-]

driest ['draɪ ɪst]

drift [drɪft]

drifted ['drɪf tɪd]

drifting ['drɪf tɪŋ]

driftwood ['drɪft ˌwʊd]

drill [drɪl]

drilled [drɪld]

drilling ['drɪl ɪŋ]

drink [drɪŋk]

drinker ['drɪŋk ə-]

drinking ['drɪŋk ɪŋ]

drinks [drɪŋks]

drip [drɪp]

drip-dry ['drɪp ˌdraɪ]

dripped [drɪpt]

dripping ['drɪp ɪŋ]

drive [draɪv]

drive-in ['draɪv ˌɪn]

drivel [drɪvl]

driven [drɪvn]

driver ['draɪv ə-]

driver's license
    ['draɪv ə-z 'laɪ səns]

drives [draɪvz]

driveway ['draɪv ˌwe]

driving ['draɪv ɪŋ]

drizzle [drɪzl]

drizzled [drɪzld]

drizzling ['drɪz lɪŋ]

drone [dron]

drool [drul]

drooled [druld]

drooling ['drul ɪŋ]

droop [drup]

drop [drɑp]

dropped [drɑpt]

dropping ['drɑp ɪŋ]

drove [drov]

drown [dræʊn]

drowned [dræʊnd]

drowning ['dræʊn ɪŋ]

drowsy ['dræʊz i]

drudgery ['drədʒ ə ri]

drug [drəg]

drugged [drəgd]

drugstore ['drəg ˌstɔə-]

drum [drəm]

drummed [drəmd]

drummer ['drəm ə-]

drumming ['drəm ɪŋ]

drumstick ['drəm ˌstɪk]

drunk [drəŋk]

drunkard ['drəŋk ə-d]

drunken [drəŋkn]

dry [draɪ]

dry ice ['draɪ 'aɪs]

dryer ['draɪ ə-]

dryly ['draɪ li]

dryness ['draɪ nɪs]

dual ['du əl]

dubious ['du bi əs]

duchess ['dətʃ ɪs]

duck [dək]

ducked [dəkt]

duct [dəkt]

duct tape ['dəkt 'tep]

dud [dəd]

dude [dud]

due [du]

duel ['du əl]

dueled ['du əld]

dueling ['duəl ɪŋ]

duet [du 'ɛt]

duffle bag ['dəfl ˌbæg]

dug [dəg]

dugout ['dəg ˌæʊt]

duke [duk]

dull [dəl]

dulled [dəld]

Duluth (MN) [də 'luθ]

duly ['du li]

dumb [dəm]

dumbbell ['dəm ˌbɛl]

dumbfounded [dəm 'fæʊn dɪd]

dummy ['dəm i]

dump [dəmp]

dumped [dəmpt]

dumping ['dəm pɪŋ]

dun [dən]

dunce [dəns]

dune buggy ['dun ˌbəg i]

dung [dəŋ]

dungarees [ˌdəŋ gə 'riz]

dungeon ['dən dʒn]

dunk [dəŋk]

dupe [dup]

duped [dupt]

duplex ['du ˌplɛks]

duplicate n. ['du plə kɪt]
   v. ['du plə ˌket]

duplicated ['du plə ˌket ɪd]

duplicating ['du plə ˌket ɪŋ]

duplicity [du 'plɪs ɪ ti]

durable ['dʊɚ ə bl]

duration [dʊɚ 'e ʃn]

duress [dʊɚ 'ɛs]

Durham (NC) ['dʊɚ əm]

during ['dʊɚ ɪŋ]

dusk [dəsk]

dust [dəst]

dusted ['dəst ɪd]

duster ['dəs tɚ]

dusting ['dəst ɪŋ]

dustpan ['dəst ˌpæn]

dusty ['dəs ti]

Dutch [dətʃ]

Dutchman ['dətʃ mən]

duty ['du ti]

duty-free ['du ti 'fri]

dwarf [dwɔɚf]

dwell [dwɛl]

dwelled [dwɛld]

dweller ['dwɛl ɚ]

dwelling ['dwɛl ɪŋ]

dwelt [dwɛlt]

dwindle ['dwɪn dl]

dwindled ['dwɪn dld]

dwindling ['dwɪnd lɪŋ]

dye [daɪ]

dying ['daɪ ɪŋ]

dynamic [daɪ 'næm ɪk]

dynamite ['daɪ nə ˌmaɪt]

dynamo ['daɪ nə ˌmo]

dynasty ['daɪ nə sti]

dysentery ['dɪs ən ˌtɛɚ i]

E

E [i]
each [itʃ]
eager ['i gɚ]
eagerly ['i gɚ li]
eagle ['i gl]
eagle-eyed ['i gl ˌɑɪd]
ear [ɪɚ]
earache ['ɪɚ ˌek]
eardrum ['ɪɚ ˌdrəm]
earl [ɚl]
earlier ['ɚ li ɚ]
early ['ɚ li]
earmark ['ɪɚ ˌmɑɚk]
earmarked ['ɪɚ ˌmɑɚkt]
earmuffs ['ɪɚ ˌməfs]
earn [ɚn]
earned [ɚnd]
earnest ['ɚ nɪst]
earnestly ['ɚ nɪst li]
earnestness ['ɚ nɪst nɪs]
earning ['ɚ nɪŋ]
earnings ['ɚ nɪŋz]
earphones ['ɪɚ ˌfonz]
earring ['ɪɚ ˌrɪŋ]
earshot ['ɪɚ ˌʃɑt]

earth [ɚθ]
earthen ['ɚ θn]
earthenware ['ɚ θn ˌwɛɚ]
earthly ['ɚθ li]
earthquake ['ɚθ ˌkwek]
earthward ['ɚθ ˌwɚd]
earthworm ['ɚθ ˌwɚm]
earthy ['ɚ θi]
ease [iz]
eased [izd]
easel ['i zl]
easier ['i zi ɚ]
easiest ['i zi ɪst]
easily ['i zə li]
easing ['iz ɪŋ]
east [ist]
Easter ['i stɚ]
eastern ['i stɚn]
eastward ['ist wɚd]
easy ['i zi]
easy chair ['i zi ˌtʃɛɚ]
easygoing [ˌi zi 'go ɪŋ]
eat [it]
eaten [itn]
eater ['it ɚ]

eating [ˈit ɪŋ]
eaves [ivz]
eavesdrop [ˈivz ˌdrɑp]
eavesdropper [ˈivz ˌdrɑp ɚ]
eavesdropping [ˈivz ˌdrɑp ɪŋ]
ebb [ɛb]
ebony [ˈɛb ə ni]
eccentric [ɛk ˈsɛn trɪk]
eccentricity [ˌɛk sɛn ˈtrɪs ɪ ti]
ecclesiastic [ɪ ˌkli zi ˈæs tɪk]
ecclesiastical [ɪ ˌkli zi ˈæs tɪ kl]
echelon [ˈɛʃ ə ˌlɑn]
echo [ˈɛk o]
echoed [ˈɛk od]
echoing [ˈɛk o ɪŋ]
eclectic [ɪ ˈklɛk tɪk]
eclipse [ɪ ˈklɪps]
eclipsed [ɪ ˈklɪpst]
eclipsing [ɪ ˈklɪp sɪŋ]
ecology [ɪ ˈkɑl ə dʒi]
economic [ˌɛ kə ˈnɑm ɪk]
economical [ˌɛ kə ˈnɑm ɪ kl]
economics [ˌɛk ə ˈnɑm ɪks]
economist [ɪ ˈkɑn ə ˌmɪst]
economize [ɪ ˈkɑn ə ˌmɑɪz]
economizing [ɪ ˈkɑn ə ˌmɑɪz ɪŋ]
economy [ɪ ˈkɑn ə mi]
ecosystem [ˈɛk o ˌsɪs tm]
ecru [ˈɛk ru]
ecstasy [ˈɛk stə si]
ecstatic [ɛk ˈstæt ɪk]
ecstatically [ˌɛk ˈstæt ɪk li]
ecumenical [ˌɛ kju ˈmɛn ɪ kl]
edema [ɪ ˈdi mə]
edge [ɛdʒ]
edged [ɛdʒd]
edging [ˈɛdʒ ɪŋ]

edgy [ˈɛdʒ i]
edible [ˈɛd ə bl]
edict [ˈi dɪkt]
edification [ˌɛd ə fɪ ˈke ʃn]
edifice [ˈɛd ə fɪs]
edify [ˈɛd ɪ ˌfɑɪ]
edit [ˈɛd ɪt]
edited [ˈɛd ɪt ɪd]
editing [ˈɛd ɪt ɪŋ]
edition [ɪ ˈdɪʃn]
editor [ˈɛd ɪ tɚ]
editorial [ˌɛd ɪ ˈtɔɚ i əl]
editorialize [ˌɛd ɪ ˈtɔɚ i ə ˌlɑɪz]
educable [ˈɛdʒ ʊ kə bl]
educate [ˈɛdʒ ʊ ˌket]
educated [ˈɛdʒ ʊ ˌket ɪd]
educating [ˈɛdʒ ʊ ˌket ɪŋ]
education [ˌɛdʒ ʊ ˈke ʃn]
educational [ˌɛdʒ ʊ ˈke ʃə nl]
eel [il]
effect [ɪ ˈfɛkt]
effective [ɪ ˈfɛk tɪv]
effectively [ɪ ˈfɛk tɪv li]
effectiveness [ɪ ˈfɛk tɪv nɪs]
effectual [ɪ ˈfɛk tʃu əl]
effeminacy [ɪ ˈfɛm ə nə si]
effeminate [ɪ ˈfɛm ə nɪt]
effervescence [ˌɛf ɚ ˈvɛs əns]
effervescent [ˌɛf ɚ ˈvɛs ənt]
efficacious [ˌɛf ə ˈke ʃəs]
efficiency [ɪ ˈfɪ ʃən si]
efficient [ɪ ˈfɪʃ ənt]
efficiently [ɪ ˈfɪʃ ənt li]
effigy [ˈɛf ɪ dʒi]
effort [ˈɛf ɚt]
effortless [ˈɛf ɚt lɪs]
effusion [ɪ ˈfju ʒn]

egalitarian [ɪ ˌgæl ɪ 'tɛɚ i ən]

egg [ɛg]

eggbeater ['ɛg ˌbi tɚ]

eggnog ['ɛg ˌnɑg]

eggplant ['ɛg ˌplænt]

eggshell ['ɛg ˌʃɛl]

ego ['i go]

egocentric [ˌi go 'sɛn trɪk]

egotism ['i gə ˌtɪzm]

egotist ['i gə tɪst]

Egyptian [i 'dʒɪp ʃn]

eight [et]

eighteen ['e 'tin]

eighteenth ['e 'tinθ]

eighth [eθ]

eighty ['e ti]

either ['i ðɚ]

ejaculate [ɪ 'dʒæk jə ˌlet]

ejaculated [ɪ 'dʒæk jə ˌlet ɪd]

ejaculating [ɪ 'dʒæk jə ˌlet ɪŋ]

eject [ɪ 'dʒɛkt]

ejected [ɪ 'dʒɛk tɪd]

ejecting [ɪ 'dʒɛk tɪŋ]

El Paso (TX) [ɛl 'pæs o]

elaborate adj. [ɪ 'læb ɚ ɪt]
   v. [ɪ 'læ bə ˌret]

elaborated [ɪ 'læ bɚ ˌet ɪd]

elaborating [ɪ 'lɑ bɚ ˌet ɪŋ]

elapse [ɪ 'læps]

elapsed [ɪ 'læpst]

elapsing [ɪ 'læps ɪŋ]

elastic [ɪ 'læs tɪk]

elasticize [ɪ 'læs tɪ ˌsɑɪz]

elated [ɪ 'let ɪd]

elation [ɪ 'le ʃn]

elbow ['ɛl bo]

elbowed ['ɛl bod]

elder ['ɛl dɚ]

elderly ['ɛl dɚ li]

eldest ['ɛl dɪst]

elect [ɪ 'lɛkt]

elected [ɪ 'lɛk tɪd]

electing [ɪ 'lɛk tɪŋ]

election [ɪ 'lɛk ʃn]

electioneering [ɪ ˌlɛk ʃə 'nɪɚ ɪŋ]

elective [ɪ 'lɛk tɪv]

electorate [ɪ 'lɛk tɚ ɪt]

electric [ɪ 'lɛk trɪk]

electrical [ɪ 'lɛk trɪ kl]

electrician [ɪ ˌlɛk 'trɪʃn]

electricity [ɪ ˌlɛk 'trɪs ɪ ti]

electrify [ɪ 'lɛk trə ˌfɑɪ]

electrifying [ɪ 'lɛk trə ˌfɑɪ ɪŋ]

electrocardiogram
   [ɪ ˌlɛk tro 'kɑɚ di ə ˌgræm]

electrocute [ɪ 'lɛk trə ˌkjut]

electrolysis [ɪ ˌlɛk 'trɑl ɪ sɪs]

electronic [ɪ ˌlɛk 'trɑn ɪk]

elegance ['ɛl ə gəns]

elegant ['ɛl ə gənt]

elegy ['ɛl ɪ dʒi]

element ['ɛl ə mənt]

elemental [ˌɛl ə 'mɛn tl]

elementary [ˌɛl ə 'mɛn tri]

elephant ['ɛl ə fənt]

elevate ['ɛl ə ˌvet]

elevated ['ɛl ə ˌvet ɪd]

elevating ['ɛl ə ˌvet ɪŋ]

elevation [ˌɛl ə 've ʃn]

elevator ['ɛl ə ˌve tɚ]

eleven [ɪ 'lɛvn]

eleventh [ɪ 'lɛvənθ]

elf [ɛlf]

elicit [ɪ 'lɪs ɪt]

elicited [ɪ 'lɪs ɪt ɪd]

eliciting [ɪ 'lɪs ɪt ɪŋ]

eligible ['ɛl ɪ dʒə bl]

eliminate [ɪ 'lɪm ə ˌnet]

eliminated [ɪ 'lɪm ə ˌnet ɪd]

eliminates [ɪ 'lɪm ə ˌnets]

eliminating [ɪ 'lɪm ə ˌnet ɪŋ]

elimination [ɪ ˌlɪm ə 'ne ʃn]

elite [ɪ 'lit]

elk [ɛlk]

ellipse [ɪ 'lɪps]

elliptical [ɪ 'lɪp tɪ kl]

elm [ɛlm]

Elmira (NY) [ˌɛl 'mɑɪ rə]

elocution [ˌɛl ə 'kju ʃn]

elongate [ɪ 'lɔŋ ˌget]

elongated [ɪ 'lɔŋ ˌget ɪd]

elongation [ɪ ˌlɔŋ 'ge ʃn]

elope [ɪ 'lop]

eloped [ɪ 'lopt]

eloping [ɪ 'lop ɪŋ]

eloquence ['ɛl ə kwəns]

eloquent ['ɛl ə kwənt]

eloquently ['ɛl ə kwənt li]

else [ɛls]

elsewhere ['ɛls ˌʍɛɚ]

elucidate [ɪ 'lu sɪ ˌdet]

elude [ɪ 'lud]

eluded [ɪ 'lud ɪd]

eludes [ɪ 'ludz]

eluding [ɪ 'lud ɪŋ]

elusive [ɪ 'lu sɪv]

emaciated [ɪ 'me ʃi ˌet ɪd]

emanate ['ɛm ə ˌnet]

emanated ['ɛm ə ˌnet ɪd]

emancipate [ɪ 'mæn sə ˌpet]

emancipated [ɪ 'mæn sə ˌpet ɪd]

emancipation [ɪ ˌmæn sə 'pe ʃn]

emasculate [ɪ 'mæs kjə ˌlet]

embalm [ɛm 'bam]

embankment [ɛm 'bæŋk mənt]

embargo [ɛm 'baɚ go]

embark [ɛm 'baɚk]

embarked [ɛm 'baɚkt]

embarking [ɛm 'baɚk ɪŋ]

embarrass [ɛm 'bæɚ əs]

embarrassed [ɛm 'bæɚ əst]

embarrasses [ɛm 'bæɚ ə sɪz]

embarrassing [ɛm 'bæɚ ə sɪŋ]

embarrassment [ɛm 'bæɚ əs mənt]

embassy ['ɛm bə si]

embellish [ɛm 'bɛl ɪʃ]

embellished [ɛm 'bɛl ɪʃt]

ember ['ɛm bɚ]

embezzle [ɛm 'bɛzl]

embezzled [ɛm 'bɛzld]

embezzling [ɛm 'bɛz lɪŋ]

embitter [ɛm 'bɪt ɚ]

embittered [ɛm 'bɪ tɚd]

emblem ['ɛm bləm]

embolism ['ɛm bə ˌlɪzm]

embossed [ɛm 'bɔst]

embrace [ɛm 'bres]

embraceable [ɛm 'bres ə bl]

embraced [ɛm 'brest]

embracing [ɛm 'bres ɪŋ]

embroider [ɛm 'brɔɪ dɚ]

embroidered [ɛm 'brɔɪ dɚd]

embroidery [ɛm 'brɔɪ də ri]

embroil [ɛm 'brɔɪl]

embryo ['ɛm bri o]

embryology [ˌɛm bri 'ɑl ə dʒi]

emcee ['ɛm 'si]

emend   [ɪ 'mɛnd]

emerald   ['ɛm ɚ əld]

emerge   [ɪ 'mɚdʒ]

emerged   [ɪ 'mɚdʒd]

emergence   [ɛ 'mɚ dʒəns]

emergency   [ɪ 'mɚ dʒən si]

emergency exit
   [ɪm 'mɚ dʒən si 'ɛg zɪt]

emerges   [ɪ 'mɚdʒ ɪz]

emerging   [ɪ 'mɚdʒ ɪŋ]

emeritus   [ɪ 'mɛɚ ɪ təs]

emigrant   ['ɛm ə grənt]

emigrate   ['ɛm ə ˌgret]

emigrated   ['ɛm ə ˌgret ɪd]

emigrating   ['ɛm ə ˌgret ɪŋ]

emigration   [ˌɛm ə 'gre ʃn]

eminence   ['ɛm ə nəns]

eminent   ['ɛm ə nənt]

emissary   ['ɛm ɪ ˌsɛɚ i]

emission   [ɪ 'mɪ ʃn]

emit   [ɪ 'mit]

emitted   [ɪ 'mɪt ɪd]

emitting   [ɪ 'mɪt ɪŋ]

emotion   [ɪ 'mo ʃn]

emotional   [ɪ 'mo ʃə nl]

emotionally   [ɪ 'mo ʃn ə li]

empathize   ['ɛm pə ˌθaɪz]

empathy   ['ɛm pə θi]

emperor   ['ɛm pɚ ɚ]

emphasis   ['ɛm fə sɪs]

emphasize   ['ɛm fə ˌsaɪz]

emphasized   ['ɛm fə ˌsaɪzd]

emphasizing   ['ɛm fə ˌsaɪz ɪŋ]

emphatic   [ɛm 'fæt ɪk]

emphatically   [ɛm 'fæt ɪk li]

emphysema   [ˌɛm fɪ 'si mə]

empire   ['ɛm ˌpaɪɚ]

empirical   [ɛm 'pɪɚ ɪ kl]

employ   [ɛm 'plɔɪ]

employable   [ɛm 'plɔɪ ə bl]

employed   [ɛm 'plɔɪd]

employee   [ɛm 'plɔɪ ˌi]

employer   [ɛm 'plɔɪɚ]

employing   [ɛm 'plɔɪ ɪŋ]

employment   [ɛm 'plɔɪ mənt]

employs   [ɛm 'plɔɪz]

emporium   [ɛm 'pɔɚ i əm]

empower   [ɛm 'pæʊ ɚ]

empowered   [ɛm 'pæʊ ɚd]

emptied   ['ɛmp tid]

empties   ['ɛmp tiz]

emptiness   ['ɛmp ti nɪs]

empty   ['ɛmp ti]

empty-handed
   ['ɛmp ti 'hæn dɪd]

emulate   ['ɛm jə ˌlet]

emulated   ['ɛm jə ˌlet ɪd]

emulates   ['ɛm jə ˌlets]

emulating   ['ɛm jə ˌlet ɪŋ]

emulsion   [ɪ 'məl ʃn]

en masse   [ɛn 'mæs]

en route   [ɛn 'rut]

enable   [ɛn 'e bl]

enabling   [ɛn 'eb lɪŋ]

enact   [ɛn 'ækt]

enacted   [ɛn 'æk tɪd]

enacting   [ɛn 'æk tɪŋ]

enactment   [ɛn 'ækt mənt]

enamel   [ɪ 'næml]

enameled   [ɪ 'næ mld]

encapsulate   [ɛn 'kæp sə ˌlet]

encephalitis   [ɛn ˌsɛf ə 'laɪ tɪs]

enchant   [ɛn 'tʃænt]

enchanted   [ɛn 'tʃænt ɪd]

enchanting   [ɛn 'tʃænt ɪŋ]
enchantment   [ɛn 'tʃænt mənt]
encircle   [ɛn 'sɚ kl]
encircled   [ɛn 'sɚ kld]
encircling   [ɛn 'sɚk lɪŋ]
enclose   [ɛn 'kloz]
enclosed   [ɛn 'klozd]
enclosing   [ɛn 'kloz ɪŋ]
enclosure   [ɛn 'klo ʒɚ]
encompass   [ɛn 'kəm pəs]
encompassed   [ɛn 'kəm pəst]
encompassing   [ɛn 'kəm pəs ɪŋ]
encore   ['ɑŋ kɔɚ]
encounter   [ɛn 'kæʊn tɚ]
encountered   [ɛn 'kæʊn tɚd]
encountering   [ɛn 'kæʊn tɚ ɪŋ]
encounters   [ɛn 'kæʊn tɚz]
encourage   [ɛn 'kɚ ɪdʒ]
encouraged   [ɛn 'kɚ ɪdʒd]
encouragement
    [ɛn 'kɚ ɪdʒ mənt]
encouraging   [ɛn 'kɚ ɪdʒ ɪŋ]
encroach   [ɛn 'krotʃ]
encroached   [ɛn 'krotʃt]
encroaches   [ɛn 'krotʃ ɪz]
encroaching   [ɛn 'krotʃ ɪŋ]
encyclopedia
    [ɛn saɪ klə 'pi di ə]
end   [ɛnd]
endanger   [ɛn 'den dʒɚ]
endangered   [ɛn 'den dʒɚd]
endearing   [ɛn 'dɪɚ ɪŋ]
endeavor   [ɛn 'dɛv ɚ]
endeavored   [ɛn 'dɛv ɚd]
endeavoring   [ɛn 'dɛv ɚ ɪŋ]
ended   ['ɛn dɪd]
ending   ['ɛn dɪŋ]

endless   ['ɛnd lɪs]
endocrine   ['ɛn də krɪn]
endorse   [ɛn 'dɔɚs]
endorsed   [ɛn 'dɔɚst]
endorsement   [ɛn 'dɔɚs mənt]
endorsing   [ɛn 'dɔɚs ɪŋ]
endow   [ɛn 'dæʊ]
endowed   [ɛn 'dæʊd]
endowing   [ɛn 'dæʊ ɪŋ]
endowment   [ɛn 'dæʊ mənt]
ends   [ɛndz]
endurance   [ɛn 'dʊɚ əns]
endure   [ɛn 'dʊɚ]
endured   [ɛn 'dʊɚd]
endures   [ɛn 'dʊɚz]
enduring   [ɛn 'dʊɚ ɪŋ]
enema   ['ɛn ə mə]
enemy   ['ɛn ə mi]
energetic   [ˌɛn ɚ 'dʒɛt ɪk]
energize   ['ɛn ɚ ˌdʒɑɪz]
energy   ['ɛn ɚ dʒi]
enervate   ['ɛn ɚ ˌvet]
enfold   [ɛn 'fold]
enforce   [ɛn 'fɔɚs]
enforceable   [ɛn 'fɔɚs ə bl]
enforced   [ɛn 'fɔɚst]
enforcement   [ɛn 'fɔɚs mənt]
enforces   [ɛn 'fɔɚs ɪz]
enforcing   [ɛn 'fɔɚs ɪŋ]
enfranchise   [ɛn 'fræn tʃɑɪz]
engage   [ɛn 'gedʒ]
engaged   [ɛn 'gedʒd]
engagement   [ɛn 'gedʒ mənt]
engaging   [ɛn 'gedʒ ɪŋ]
engender   [ɛn 'dʒɛn dɚ]
engine   ['ɛn dʒən]
engineer   [ˌɛn dʒə 'nɪɚ]

engineering [ˌɛn dʒə 'nɪə· ɪŋ]
English ['ɪŋ glɪʃ]
Englishman ['ɪŋ glɪʃ mən]
engrave [ɛn 'grev]
engraved [ɛn 'grevd]
engraving [ɛn 'grev ɪŋ]
engrossed [ɛn 'grost]
engrossing [ɛn 'gros ɪŋ]
engulf [ɛn 'gəlf]
engulfed [ɛn 'gəlft]
enhance [ɛn 'hæns]
enhanced [ɛn 'hænst]
enhancing [ɛn 'hæns ɪŋ]
enigma [ə 'nɪg mə]
enjoy [ɛn 'dʒɔɪ]
enjoyable [ɛn 'dʒɔɪ ə bl]
enjoyed [ɛn 'dʒɔɪd]
enjoying [ɛn 'dʒɔɪ ɪŋ]
enjoyment [ɛn 'dʒɔɪ mənt]
enjoys [ɛn 'dʒɔɪz]
enlarge [ɛn 'laə·dʒ]
enlarged [ɛn 'laə·dʒd]
enlighten [ɛn 'laɪtn]
enlightened [ɛn 'laɪtnd]
enlightenment [ɛn 'laɪtn mənt]
enlist [ɛn 'lɪst]
enlisted [ɛn 'lɪst ɪd]
enlisting [ɛn 'lɪst ɪŋ]
enlistment [ɛn 'lɪst mənt]
enliven [ɛn 'laɪ vn]
enmity ['ɛn mɪ ti]
enormity [ɪ 'nɔə· mɪ ti]
enormous [ɪ 'nɔə· məs]
enormously [ɪ 'nɔə· məs li]
enough [ɪ 'nəf]
enquire [ɛn 'kwaɪə·]
enquired [ɛn 'kwaɪə·d]

enquires [ɛn 'kwaɪə·z]
enquiring [ɛn 'kwaɪə· ɪŋ]
enrage [ɛn 'redʒ]
enraged [ɛn 'redʒd]
enrages [ɛn 'redʒ ɪz]
enraging [ɛn 'redʒ ɪŋ]
enrich [ɛn 'rɪtʃ]
enriched [ɛn 'rɪtʃt]
enriching [ɛn 'rɪtʃ ɪŋ]
enroll [ɛn 'rol]
enrolled [ɛn 'rold]
enrolling [ɛn 'rol ɪŋ]
enrollment [ɛn 'rol mənt]
ensemble [an 'sam bl]
ensign ['ɛn sɪn]
enslave [ɛn 'slev]
ensue [ɛn 'su]
ensued [ɛn 'sud]
ensuing [ɛn 'su ɪŋ]
ensure [ɛn 'ʃʊə·]
ensured [ɛn 'ʃʊə·d]
ensuring [ɛn 'ʃʊə· ɪŋ]
entail [ɛn 'tel]
entangle [ɛn 'tæŋ gl]
entangled [ɛn 'tæŋ gld]
enter ['ɛn tə·]
enterprise ['ɛn tə· ˌpraɪz]
enterprising ['ɛn tə· ˌpraɪz ɪŋ]
entertain [ˌɛn tə· 'ten]
entertained [ˌɛn tə· 'tend]
entertainer [ˌɛn tə· 'ten ə·]
entertaining [ˌɛn tə· 'ten ɪŋ]
entertainment
  [ˌɛn tə· 'ten mənt]
enthralled [ɛn 'θrɔld]
enthused [ɛn 'θuzd]
enthusiasm [ɛn 'θu zi ˌæzm]

enthusiast [ɛn 'θu zi æst]

enthusiastic [ɛn ˌθu zɪ 'æs tɪk]

enthusiastically
[ɛn ˌθu zɪ 'æs tɪk li]

entice [ɛn 'taɪs]

enticed [ɛn 'taɪst]

enticement [ɛn 'taɪs mənt]

enticing [ɛn 'taɪs ɪŋ]

entire [ɛn 'taɪɚ]

entirely [ɛn 'taɪɚ li]

entirety [ɛn 'taɪɚ ə ti]

entitle [ɛn 'taɪtl]

entitled [ɛn 'taɪtld]

entity ['ɛn tɪ ti]

entomologist
[ˌɛn tə 'mal ə dʒɪst]

entomology [ˌɛn tə 'mal ə dʒi]

entourage ['an tʊ ˌraʒ]

entrance *n.* an act of entering
['ɛn trəns] *v.* to fascinate
[ɛn 'træns]

entrant ['ɛn trənt]

entrap [ɛn 'træp]

entreat [ɛn 'trit]

entreaty [ɛn 'trit i]

entree ['an ˌtre]

entrenched [ɛn 'trɛntʃt]

entrenchment [ɛn 'trɛntʃ mənt]

entrepreneur [ˌan trə prə 'nʊɚ]

entrust [ɛn 'trəst]

entrusted [ɛn 'trəs tɪd]

entry ['ɛn tri]

entry form ['ɛn tri ˌfɔɚm]

enumerate [ɪ 'num ə ˌret]

enumerated [ɪ 'num ə ˌret ɪd]

enumerating [ɪ 'num ə ˌret ɪŋ]

enunciate [ɪ 'nən si ˌet]

enunciation [ɪ ˌnən si 'e ʃn]

enuresis [ˌɛn jə 'ri sɪs]

envelop [ɛn 'vɛl əp]

envelope ['ɛn və ˌlop]

enveloped [ɛn 'vɛl əpt]

enviable ['ɛn vi ə bl]

envied ['ɛn vid]

envies ['ɛn viz]

envious ['ɛn vi əs]

environment [ɛn 'vaɪɚn mənt]

environmental
[ɛn ˌvaɪɚn 'mɛn tl]

environmentalist
[ɛn ˌvaɪɚn 'mɛn tə lɪst]

environs [ɛn 'vaɪ rənz]

envisage [ɛn 'vɪz ɪdʒ]

envision [ɛn 'vɪ ʒn]

envoy ['an vɔɪ]

envy ['ɛn vi]

enzyme ['ɛn ˌzaɪm]

epic ['ɛp ɪk]

epidemic [ˌɛ pɪ 'dɛm ɪk]

epilepsy ['ɛp ə ˌlɛp si]

epilogue ['ɛp ə ˌlag]

Episcopalian [ɪ ˌpɪs kə 'pel jən]

episode ['ɛp ɪ ˌsod]

epitaph ['ɛp i ˌtæf]

epitome [ɪ 'pɪt ə mi]

epitomize [ɪ 'pɪt ə ˌmaɪz]

epitomized [ɪ 'pɪt ə ˌmaɪzd]

epitomizing [ɪ 'pɪt ə ˌmaɪz ɪŋ]

epoxy [ɛ 'pak si]

equal ['i kwəl]

equaled ['i kwəld]

equaling ['i kwəl ɪŋ]

equality [ɪ 'kwal ɪ ti]

equalize ['i kwə ˌlaɪz]

equalized   ['i kwə ˌlaɪzd]

equalizer   ['i kwə ˌlaɪz ə˞]

equalizing   ['i kwə ˌlaɪz ɪŋ]

equally   ['i kwə li]

equanimity   [ˌi kwə 'nɪm ɪ ti]

equate   [ɪ 'kwet]

equated   [ɪ 'kwet ɪd]

equation   [ɪ 'kwe ʒn]

equator   [ɪ 'kwe tə˞]

equestrian   [ɪ 'kwɛs tri ən]

equidistant   [ˌi kwɪ 'dɪs tənt]

equilibrium   [ˌi kwə 'lɪb ri əm]

equip   [ɪ 'kwɪp]

equipment   [ɪ 'kwɪp mənt]

equipped   [ɪ 'kwɪpt]

equipping   [ɪ 'kwɪp ɪŋ]

equitable   ['ɛk wɪ tə bl]

equity   ['ɛk wɪ ti]

equivalent   [ɪ 'kwɪv ə lənt]

equivocal   [ɪ 'kwɪv ə kl]

equivocate   [ɪ 'kwɪv ə ˌket]

era   ['ɛə˞ ə]

eradicate   [ɪ 'ræd ə ˌket]

eradicated   [ɪ 'ræd ə ˌket ɪd]

eradicating   [ɪ 'ræd ə ˌket ɪŋ]

erase   [ɪ 'res]

erased   [ɪ 'rest]

eraser   [ɪ 'res ə˞]

erases   [ɪ 'res ɪz]

erasing   [ə 'res ɪŋ]

erect   [ɪ 'rɛkt]

erected   [ɪ 'rɛk tɪd]

erecting   [ɪ 'rɛk tɪŋ]

erection   [ɪ 'rɛk ʃn]

Erie (PA)   ['ɪə˞ i]

erode   [ɪ 'rod]

eroded   [ɪ 'rod ɪd]

erodes   [ɪ 'rodz]

eroding   [ɪ 'rod ɪŋ]

erosion   [ɪ 'ro ʒn]

erotic   [ɪ 'rɑt ɪk]

err   [ə˞]

errand   ['ɛə˞ ənd]

erratic   [ɪ 'ræt ɪk]

erroneous   [ə 'ro ni əs]

error   ['ɛə˞ ə˞]

ersatz   ['ə˞ sæts]

erudite   ['ə˞ ju ˌdaɪt]

erupt   [ɪ 'rəpt]

erupted   [ɪ 'rəp tɪd]

eruption   [ɪ 'rəp ʃn]

escalate   ['ɛs kə ˌlet]

escalated   ['ɛs kə ˌlet ɪd]

escalating   ['ɛs kə ˌlet ɪŋ]

escalator   ['ɛs kə ˌlet ə˞]

escapade   ['ɛs kə ˌped]

escape   [ɛ 'skep]

escaped   [ɛ 'skept]

escaping   [ɛ 'skep ɪŋ]

escapism   [ɛ 'ske pɪzm]

eschew   [ɛs 'tʃu]

escort   n. ['ɛs kɔ˞t] v. [ɛs 'kɔ˞t]

escorted   [ɛs 'kɔ˞t ɪd]

escorting   [ɛs 'kɔ˞t ɪŋ]

escrow   ['ɛs kro]

Eskimo   ['ɛs kə ˌmo]

esophagus   [ɪ 'sɑf ə gəs]

esoteric   [ˌɛs ə 'tɛə˞ ɪk]

especially   [ɛ 'spɛʃ ə li]

espionage   ['ɛs pi ə ˌnɑʒ]

espouse   [ɛ 'spæʊz]

espresso   [ɛ 'sprɛs o]

essay   ['ɛ se]

essence   ['ɛs əns]

essential [ə 'sɛn ʃl]
essentially [ə 'sɛn ʃə li]
establish [ɛ 'stæb lɪʃ]
established [ɛ 'stæb lɪʃt]
establishing [ɛ 'stæb lɪʃ ɪŋ]
establishment [ɛ 'stæb lɪʃ mənt]
estate [ɛ 'stet]
esteem [ɛ 'stim]
esthetic [ɛs 'θɛt ɪk]
estimate   n. ['ɛs tə mɪt]
   v. ['ɛs tə ˌmet]
estimated ['ɛs tɪ ˌmet ɪd]
estimates   n. ['ɛs tə məts]
   v. ['ɛs tə ˌmets]
estimating ['ɛs tə ˌmet ɪŋ]
estimation [ˌɛs tə 'me ʃn]
estranged [ɛ 'strendʒd]
estrogen ['ɛs trə dʒn]
et cetera [ɛt 'sɛt ɚ ə]
etch [ɛtʃ]
etched [ɛtʃt]
etching ['ɛtʃ ɪŋ]
eternal [ɪ 'tɚ nl]
eternity [ɪ 'tɚ nɪ ti]
ether ['i θɚ]
ethical ['ɛθ ɪ kl]
ethics ['ɛθ ɪks]
ethnic ['ɛθ nɪk]
ethyl [ɛθl]
etiology [ˌi ti 'ɑl ə dʒi]
etiquette ['ɛt ə kɪt]
etymology [ˌɛt ə 'mɑl ə dʒi]
Eugene (OR) [ju 'dʒin]
eulogize ['ju lə ˌdʒaɪz]
eulogy ['ju lə dʒi]
euphoria [ju 'fɔɚ i ə]
eureka [jʊ 'ri kə]

European [ˌjʊɚ ə 'pi ən]
euthanasia [ˌju θə 'ne ʒə]
evacuate [ɪ 'væk ju ˌet]
evacuated [ɪ 'væk ju ˌet ɪd]
evacuating [ɪ 'væk ju ˌet ɪŋ]
evacuation [ɪ ˌvæk ju 'e ʃn]
evade [ɪ 'ved]
evaded [ɪ 'ved ɪd]
evading [ɪ 'ved ɪŋ]
evaluate [ɪ 'væl ju ˌet]
evaluated [ɪ 'væl ju ˌet ɪd]
evaluating [ɪ 'væl ju ˌet ɪŋ]
evaluation [ɪ ˌvæl ju 'e ʃn]
evangelism [ɪ 'væn dʒə lɪzm]
evangelist [ɪ 'væn dʒə lɪst]
Evansville (IN) ['ɛ vɪnz ˌvɪl]
evaporate [ɪ 'væp ə ˌret]
evaporated [ɪ 'væp ə ˌret ɪd]
evaporating [ɪ 'væ pə ˌret ɪŋ]
evaporation [ɪ ˌvæp ə 're ʃn]
evasion [ɪ 've ʒn]
evasive [ɪ 've sɪv]
evasiveness [ɪ 've sɪv nɪs]
eve [iv]
even ['i vn]
evenhanded ['i vn 'hæn dɪd]
evening ['iv nɪŋ]
evenly ['i vn li]
event [ɪ 'vɛnt]
eventful [ɪ 'vɛnt fl]
eventual [ɪ 'vɛn tʃu əl]
eventuality [ɪ ˌvɛn tʃu 'æl ɪ ti]
eventually [ɪ 'vɛn tʃu ə li]
ever ['ɛv ɚ]
evergreen ['ɛv ɚ ˌgrin]
everlasting [ˌɛv ɚ 'læs tɪŋ]
evermore [ˌɛv ɚ 'mɔɚ]

every ['ɛv ri]

everybody ['ɛv ri ˌbɑd i]

everyday ['ɛv ri ˌde]

everyone ['ɛv ri ˌwən]

everything ['ɛv ri ˌθɪŋ]

everywhere ['ɛv ri ˌʍɛɚ]

evict [ɪ 'vɪkt]

eviction [ɪ 'vɪk ʃn]

evidence ['ɛv ɪ dəns]

evident ['ɛv ɪ dənt]

evidently ['ɛv ɪ dənt li]

evil ['i vl]

evoke [ɪ 'vok]

evoked [ɪ 'vokt]

evoking [ɪ 'vok ɪŋ]

evolution [ˌɛ və 'lu ʃn]

evolve [ɪ 'vɑlv]

evolved [ɪ 'vɑlvd]

evolving [ɪ 'vɑlv ɪŋ]

ex-convict ['ɛks 'kɑn vɪkt]

ex officio ['ɛks ə 'fɪʃ i o]

ex post facto ['ɛks ˌpost 'fæk to]

exacerbate [ɪg 'zæs ɚ ˌbet]

exact [ɪg 'zækt]

exacted [ɪg 'zæk tɪd]

exacting [ɪg 'zæk tɪŋ]

exactly [ɪg 'zækt li]

exacts [ɪg 'zækts]

exaggerate [ɪg 'zædʒ ə ˌret]

exaggerated [ɪg 'zædʒ ə ˌret ɪd]

exaggerates [ɪg 'zædʒ ə ˌrets]

exaggerating [ɪg 'zædʒ ə ˌret ɪŋ]

exaggeration [ɪg ˌzædʒ ə 're ʃn]

exalt [ɪg 'zɔlt]

exalted [ɪg 'zɔlt ɪd]

exam [ɪg 'zæm]

examination [ɪg ˌzæm ɪ 'ne ʃn]

examine [ɪg 'zæm ɪn]

examined [ɪg 'zæm ɪnd]

examiner [ɪg 'zæm ɪn ɚ]

examines [ɪg 'zæm ɪnz]

examining [ɪg 'zæm ɪn ɪŋ]

example [ɪg 'zæm pl]

exasperate [ɪg 'zæs pə ˌret]

exasperated [ɪg 'zæs pə ˌret ɪd]

exasperates [ɪg 'zæs pə ˌrets]

exasperating [ɪg 'zæs pə ˌret ɪŋ]

exasperation [ɪg ˌzæs pə 're ʃn]

excavate ['ɛks kə ˌvet]

excavated ['ɛks kə ˌvet ɪd]

excavating ['ɛks kə ˌvet ɪŋ]

excavation [ˌɛks kə 've ʃn]

exceed [ɪk 'sid]

exceeded [ɪk 'sid ɪd]

exceeding [ɪk 'sid ɪŋ]

exceedingly [ɪk 'sid ɪŋ li]

excel [ɪk 'sɛl]

excellence ['ɛk sə ləns]

excellency ['ɛk sə lən si]

excellent ['ɛk sə lənt]

excels [ˌɪk 'sɛlz]

except [ɪk 'sɛpt]

exception [ɪk 'sɛp ʃn]

exceptional [ɪk 'sɛp ʃə nl]

exceptionally [ɪk 'sɛp ʃə nə li]

excerpt n. ['ɛk ˌsɚpt]
v. [ɛk 'sɚpt]

excerpted ['ɛk sɚp tɪd]

excess n. [ɪk 'sɛs] adj. ['ɛk sɛs]

excessive [ɛk 'sɛs ɪv]

excessively [ɛk 'sɛs ɪv li]

exchange [ɪks 'tʃendʒ]

exchangeable [ɪks 'tʃendʒ ə bl]

exchanged [ɪks 'tʃendʒd]

exchanging [ɪks 'tʃendʒ ɪŋ]

excise *n.* ['ɛk saɪz] *v.* [ɛk 'saɪz]

excised [ɪk 'saɪzd]

excitable [ɪk 'saɪt ə bl]

excite [ɪk 'saɪt]

excited [ɪk 'saɪt ɪd]

excitedly [ɪk 'saɪt ɪd li]

excitement [ɪk 'saɪt mənt]

exciting [ɪk 'saɪt ɪŋ]

exclaim [ɪk 'sklem]

exclaimed [ɪk 'sklemd]

exclaiming [ɪk 'sklem ɪŋ]

exclamation [ˌɪk sklə 'me ʃn]

exclude [ɪk 'sklud]

excluded [ɪk 'sklud ɪd]

excluding [ɪk 'sklud ɪŋ]

exclusion [ɪk 'sklu ʒn]

exclusive [ɪk 'sklu sɪv]

exclusively [ɪk 'sklu sɪv li]

exclusiveness [ɪk 'sklu sɪv nɪs]

excommunicate
[ˌɛks kə 'mju nə ˌket]

excommunication
[ˌɛks kə 'mju nə 'ke ʃn]

excrement ['ɛk skrə mənt]

excrete [ɪk 'skrit]

excreting [ɪk 'skrit ɪŋ]

excruciating [ɪk 'skru ʃi ˌet ɪŋ]

excursion [ɪk 'skɚ ʒn]

excuse *n.* [ɪk 'skjus]
v. [ɪk 'skjuz]

excused [ɪk 'skjuzd]

excusing [ɪk 'skjuz ɪŋ]

execute ['ɛk sə ˌkjut]

executed ['ɛk sə ˌkjut ɪd]

executing ['ɛk sə ˌkjut ɪŋ]

execution [ˌɛk sə 'kju ʃn]

executioner [ˌɛk sə 'kju ʃə nɚ]

executive [ɛg 'zɛk jə tɪv]

executor [ˌɛg 'zɛk jə tɚ]

exemplary [ɛg 'zɛm plɚ i]

exemplify [ɪg 'zɛm plə ˌfaɪ]

exempt [ɪg 'zɛmpt]

exempted [ɪg 'zɛmp tɪd]

exempting [ɪg 'zɛmp tɪŋ]

exercise ['ɛk sɚ ˌsaɪz]

exercised ['ɛk sɚ ˌsaɪzd]

exercising ['ɛk sɚ ˌsaɪz ɪŋ]

exert [ɪg 'zɚt]

exerted [ɪg 'zɚt ɪd]

exerting [ɪg 'zɚt ɪŋ]

exertion [ɪg 'zɚ ʃn]

exhale [ɛks 'hel]

exhaled [ɛks 'held]

exhaling [ɛks 'hel ɪŋ]

exhaust [ɪg 'zɔst]

exhausted [ɪg 'zɔs tɪd]

exhausting [ɪg 'zɔs tɪŋ]

exhaustion [ɪg 'zɔs tʃn]

exhaustive [ɪg 'zɔs tɪv]

exhibit [ɪg 'zɪb ɪt]

exhibited [ɪg 'zɪb ɪt ɪd]

exhibiting [ɪg 'zɪb ɪt ɪŋ]

exhibition [ˌɛk sə 'bɪʃn]

exhibitionism
[ˌɛk sə 'bɪʃ ə ˌnɪzm]

exhilarating [ɪg 'zɪl ə ˌret ɪŋ]

exhort [ɪg 'zɔɚt]

exhortation [ɪg ˌzɔɚ 'te ʃn]

exhume [ɪg 'zum]

exigency ['ɛk sɪ dʒən si]

exile ['ɛg zaɪl]

exist [ɪg 'zɪst]

existence [ɪg 'zɪs təns]

existent [ɪg 'zɪs tənt]

exit ['ɛg zɪt]

exit ramp ['ɛg zɪt ˌræmp]

exited ['ɛg zɪt ɪd]

exiting ['ɛg zɪt ɪŋ]

exodus ['ɛk sə dəs]

exonerate [ɛg 'zɑn ə ˌret]

exonerated [ɛg 'zɑn ə ˌret ɪd]

exorbitant [ɛg 'zɔr bɪ tənt]

exotic [ɪg 'zɑt ɪk]

expand [ɪk 'spænd]

expanded [ɪk 'spænd ɪd]

expanding [ɪk 'spænd ɪŋ]

expanse [ɪk 'spæns]

expansion [ɪk 'spæn ʃn]

expansive [ɪk 'spæn sɪv]

expatriate [ɛks 'pe tri ˌet]

expatriated [ɛks 'pe tri ˌet ɪd]

expect [ɪk 'spɛkt]

expectancy [ɪk 'spɛk tən si]

expectant [ɪk 'spɛk tənt]

expectation [ˌɛk spɛk 'te ʃn]

expected [ɪk 'spɛk tɪd]

expecting [ɪk 'spɛk tɪŋ]

expectorant [ɪk 'spɛk tə rənt]

expectorate [ɪk 'spɛk tə ˌret]

expedience [ɪk 'spi di əns]

expediency [ɪk 'spi di ən si]

expedient [ɪk 'spi di ənt]

expedite ['ɛk spɪ ˌdaɪt]

expedition [ˌɛk spɪ 'dɪʃn]

expel [ɪk 'spɛl]

expelled [ɪk 'spɛld]

expelling [ɪk 'spɛl ɪŋ]

expend [ɪk 'spɛnd]

expendable [ɪk 'spɛn də bl]

expended [ɪk 'spɛn dɪd]

expending [ɪk 'spɛn dɪŋ]

expenditure [ɪk 'spɛn dɪ tʃɚ]

expense [ɪk 'spɛns]

expensive [ɪk 'spɛn sɪv]

experience [ɪk 'spɪɚ i əns]

experienced [ɪk 'spɪɚ i ənst]

experiencing [ɪk 'spɪɚ i ən sɪŋ]

experiment [ɪk 'spɛɚ ə mənt]

experimental
  [ɪk ˌspɛɚ ə 'mɛn tl]

experimentation
  [ɪk ˌspɛɚ ə mɛn 'te ʃn]

experimenter
  [ɪk 'spɛɚ ɪ ˌmɛn tɚ]

expert ['ɛk spɚt]

expertise [ˌɛk spɚ 'tiz]

expertly ['ɛk spɚt li]

expiate ['ɛk spi ˌet]

expiation [ˌɛk spi 'e ʃn]

expiration [ˌɛk spɪ 're ʃn]

expire [ɪk 'spaɪɚ]

expired [ɪk 'spaɪɚd]

expiring [ɪk 'spaɪɚ ɪŋ]

explain [ɪk 'splen]

explained [ɪk 'splend]

explaining [ɪk 'splen ɪŋ]

explanation [ˌɪk splə 'ne ʃn]

explanatory [ɪk 'splæn ə ˌtɔɚ i]

expletive ['ɛk splɪ tɪv]

explicable ['ɛk splɪk ə bl]

explicit [ɪk 'splɪs ɪt]

explode [ɪk 'splod]

exploded [ɪk 'splod ɪd]

exploding [ɪk 'splod ɪŋ]

exploit n. ['ɛk splɔɪt]
  v. [ɪk 'splɔɪt]

exploitation [ˌɛk splɔɪ 'te ʃn]

exploited [ˌɛk ˈsplɔɪt ɪd]
exploiting [ˌɛk ˈsplɔɪt ɪŋ]
exploration [ˌɪk splɔɚ ˈe ʃn]
exploratory [ɪk ˈsplɔɚ ə ˌtɔɚ i]
explore [ɪk ˈsplɔɚ]
explored [ɪk ˈsplɔɚd]
explorer [ɪk ˈsplɔɚ ɚ]
exploring [ɪk ˈsplɔɚ ɪŋ]
explosion [ɪk ˈsplo ʒn]
explosive [ɪk ˈsplo zɪv]
exponent [ɪk ˈspo nənt]
exponential [ˌɪk spo ˈnɛn ʃl]
export n. [ˈɛk spɔɚt]
    v. [ɛk ˈspɔɚt]
exportation [ˌɛk spɔɚ ˈte ʃn]
exported [ɛk ˈspɔɚt ɪd]
exporter [ɛk ˈspɔɚt ɚ]
exporting [ɛk ˈspɔɚ tɪŋ]
expose [ɪk ˈspoz]
exposed [ɪk ˈspozd]
exposing [ɪk ˈspoz ɪŋ]
exposition [ˌɛk spə ˈzɪʃn]
exposure [ɪk ˈspo ʒɚ]
expound [ɪk ˈspæʊnd]
express [ɪk ˈsprɛs]
expressed [ɪk ˈsprɛst]
expresses [ɪk ˈsprɛs ɪz]
expressing [ɪk ˈsprɛs ɪŋ]
expression [ɪk ˈsprɛʃn]
expressive [ɪk ˈsprɛs ɪv]
expressly [ɪk ˈsprɛs li]
expressway [ɪk ˈsprɛs ˌwe]
expropriate [ɛks ˈpro pri ˌet]
expulsion [ɪk ˈspəl ʃn]
expunge [ɪk ˈspəndʒ]
exquisite [ˈɛk skwɪ zɪt]

extemporaneous
    [ɪk ˌstɛm pə ˈre ni əs]
extemporize [ɪk ˈstɛm pə ˌrɑɪz]
extend [ɪk ˈstɛnd]
extended [ɪk ˈstɛnd ɪd]
extending [ɪk ˈstɛnd ɪŋ]
extends [ɪk ˈstɛndz]
extension [ɪk ˈstɛn ʃn]
extensive [ɪk ˈstɛn sɪv]
extensively [ɪk ˈstɛn sɪv li]
extent [ɪk ˈstɛnt]
extenuate [ɪk ˈstɛn ju ˌet]
extenuating [ɪk ˈstɛn ju ˌet ɪŋ]
exterior [ɪk ˈstɪɚ i ɚ]
exterminate [ɪk ˈstɚ mə ˌnet]
exterminator [ɪk ˈstɚ mə ˌne tɚ]
external [ɪk ˈstɚ nl]
externally [ɪk ˈstɚ nə li]
extinct [ɪk ˈstɪŋkt]
extinction [ɪk ˈstɪŋk ʃn]
extinguish [ɪk ˈstɪŋ gwɪʃ]
extinguished [ɪk ˈstɪŋ gwɪʃt]
extinguishing [ɪk ˈstɪŋ gwɪʃ ɪŋ]
extol [ɪk ˈstol]
extolled [ɪk ˈstold]
extolling [ɪk ˈstol ɪŋ]
extort [ɪk ˈstɔɚt]
extorted [ɪk ˈstɔɚt ɪd]
extorting [ɪk ˈstɔɚt ɪŋ]
extortion [ɪk ˈstɔɚ ʃn]
extra [ˈɛk strə]
extract n. [ˈɛk strækt]
    v. [ɪk ˈstrækt]
extracted [ɪk ˈstræk tɪd]
extracting [ɪk ˈstræk tɪŋ]
extraction [ɪk ˈstræk ʃn]

extracurricular
[ˌɛk strə kə 'rɪk jə lɚ]

extradite ['ɛk strə ˌdaɪt]

extradited ['ɛk strə ˌdaɪt ɪd]

extradites ['ɛk strə ˌdaɪts]

extraditing ['ɛk strə ˌdaɪt ɪŋ]

extramarital [ˌɛk strə 'mæɚ ɪ tl]

extraneous [ɪk 'stre ni əs]

extraordinarily
[ɪk ˌstrɔɚ də 'nɛɚ ɪ li]

extraordinary
[ɪk 'strɔɚ də ˌnɛɚ i]

extrapolate [ɪk 'stræp ə ˌlet]

extrasensory [ˌɛk strə 'sɛn sə ri]

extravagance [ɪk 'stræv ə gəns]

extravagant [ɪk 'stræv ə gənt]

extravaganza
[ɪk ˌstræv ə 'gæn zə]

extreme [ɪk 'strim]

extremely [ɪk 'strim li]

extremism [ɪk 'stri ˌmɪzm]

extremity [ɪk 'strɛm ɪ ti]

extricate ['ɛk strə ˌket]

extricated ['ɛk strə ˌket ɪd]

extrinsic [ɛk 'strɪn sɪk]

extrovert ['ɛk strə ˌvɚt]

extrude [ɪk 'strud]

exuberance [ɪg 'zu bɚ əns]

exuberant [ɪg 'zu bɚ ənt]

exuberantly [ɪg 'zu bɚ ənt li]

exude [ɪg 'zud]

exult [ɪg 'zəlt]

exulted [ɪg 'zəl tɪd]

exulting [ɪg 'zəl tɪŋ]

eye [aɪ]

eye-catcher ['aɪ ˌkætʃ ɚ]

eye-opener ['aɪ ˌo pə nɚ]

eyeball ['aɪ ˌbɔl]

eyebrow ['aɪ ˌbræʊ]

eyed [aɪd]

eyedrops ['aɪ ˌdraps]

eyeful ['aɪ ˌfʊl]

eyeing ['aɪ ɪŋ]

eyelash ['aɪ ˌlæʃ]

eyelet ['aɪ lɪt]

eyelid ['aɪ ˌlɪd]

eyeliner ['aɪ ˌlaɪ nɚ]

eyepiece ['aɪ ˌpis]

eyes [aɪz]

eyeshadow ['aɪ ˌʃæd o]

eyesight ['aɪ ˌsaɪt]

eyesore ['aɪ ˌsɔɚ]

F

F [ɛf]

fable [ˈfe bl]

fabric [ˈfæb rɪk]

fabricating [ˈfæb rɪ ˌket ɪŋ]

fabrication [ˌfæb rɪ ˈke ʃn]

fabulous [ˈfæb jə ləs]

facade [fə ˈsɑd]

face [fes]

face-saving [ˈfes ˌse vɪŋ]

faced [fest]

faceless [ˈfes lɪs]

facelift [ˈfes ˌlɪft]

facet [ˈfæs ɪt]

facetious [fə ˈsi ʃəs]

facial [ˈfe ʃl]

facile [ˈfæs ɪl]

facilitate [fə ˈsɪl ɪ ˌtet]

facility [fə ˈsɪl ɪ ti]

facing [ˈfes ɪŋ]

facsimile [fæk ˈsɪ mə li]

fact [fækt]

faction [ˈfæk ʃn]

factor [ˈfæk tɚ]

factored [ˈfæk tɚd]

factoring [ˈfæk tɚ ɪŋ]

factory [ˈfæk tə ri]

factual [ˈfæk tʃu əl]

faculty [ˈfækl ti]

fad [fæd]

fade [fed]

faded [ˈfed ɪd]

fading [ˈfed ɪŋ]

Fahrenheit [ˈfæɚ ən ˌhɑɪt]

fail [fel]

fail-safe [ˈfel ˌsef]

failed [feld]

failing [ˈfel ɪŋ]

failure [ˈfel jɚ]

faint [fent]

faintly [ˈfent li]

fair [fɛɚ]

fair-haired [ˈfɛɚ ˈhɛɚd]

fair-trade [ˈfɛɚ ˈtred]

Fairbanks (AK) [ˈfɛɚ ˌbæŋks]

fairly [ˈfɛɚ li]

fairness [ˈfɛɚ nɪs]

fairway [ˈfɛɚ ˌwe]

fairy [ˈfɛɚ i]

fairy tale [ˈfɛɚ i ˌtel]

fairyland [ˈfɛɚ i ˌlænd]

faith [feθ]
faithful ['feθ fl]
faithfully ['feθ fə li]
fake [fek]
fall [fɔl]
Fall River (MA) ['fɔl 'rɪv ɚ]
fallacious [fə 'le ʃəs]
fallacy ['fæl ə si]
fallen ['fɔl ən]
fallible ['fæl ə bl]
falling ['fɔl ɪŋ]
falling-out ['fɔl ɪŋ 'æʊt]
fallout ['fɔl ˌæʊt]
fallow ['fæl o]
false [fɔls]
false teeth [fɔls 'tiθ]
falsehood ['fɔls ˌhʊd]
falsification [ˌfɔl sə fə 'ke ʃn]
falsify ['fɔl sə ˌfaɪ]
falter ['fɔl tɚ]
faltering ['fɔl tɚ ɪŋ]
fame [fem]
familiar [fə 'mɪl jɚ]
familiarity [fə ˌmɪl i 'æɚ ɪ ti]
familiarize [fə 'mɪl jə ˌraɪz]
family ['fæm li]
famine ['fæm ɪn]
famished ['fæm ɪʃt]
famous ['fe məs]
famously ['fe məs li]
fan [fæn]
fanatic [fə 'næt ɪk]
fanatically [fə 'næt ɪk li]
fancier ['fæn si ɚ]
fancy ['fæn si]
fancy-free ['fæn si 'fri]
fanfare ['fæn ˌfɛɚ]

fang [fæŋ]
fanning ['fæn ɪŋ]
fantasize ['fæn tə ˌsaɪz]
fantasized ['fæn tə ˌsaɪzd]
fantasizes ['fæn tə ˌsaɪz ɪz]
fantasizing ['fæn tə ˌsaɪz ɪŋ]
fantastic [fæn 'tæs tɪk]
fantasy ['fæn tə si]
far [faɚ]
far-off ['faɚ 'ɔf]
far-out ['faɚ 'æʊt]
far-reaching ['faɚ 'ri tʃɪŋ]
farce [faɚs]
fare [fɛɚ]
farewell [ˌfɛɚ 'wɛl]
farfetched ['faɚ 'fɛtʃt]
Fargo (ND) ['faɚ go]
faring ['fɛɚ ɪŋ]
farm [faɚm]
farmer ['faɚm ɚ]
farmhand ['faɚm ˌhænd]
farmhouse ['faɚm ˌhæʊs]
farming ['faɚm ɪŋ]
farsighted ['faɚ ˌsaɪt ɪd]
farther ['faɚ ðɚ]
farthest ['faɚ ðist]
fascinate ['fæs ə ˌnet]
fascinating ['fæs ə ˌnet ɪŋ]
fascination [ˌfæs ə 'ne ʃn]
Fascism ['fæʃ ɪzm]
fashion ['fæʃn]
fashionable ['fæʃ ə nə bl]
fast [fæst]
fast-food ['fæst 'fud]
fasten [fæsn]
fastener ['fæs ə nɚ]
fastening ['fæs ə nɪŋ]

faster   ['fæst ɚ]

fastest   ['fæst ɪst]

fastidious   [fæ 'stɪd i əs]

fastidiously   [fæ 'stɪd i əs li]

fat   [fæt]

fatal   [fetl]

fatality   [fe 'tæl ɪ ti]

fatally   ['fet ə li]

fate   [fet]

fateful   ['fet fl]

father   ['fɑ ðɚ]

father-in-law   ['fɑ ðɚ ɪn ˌlɔ]

fatherhood   ['fɑ ðɚ ˌhʊd]

fatherland   ['fɑ ðɚ ˌlænd]

fatherless   ['fɑ ðɚ lɪs]

fatherly   ['fɑ ðɚ li]

fathom   [fæðm]

fatigue   [fə 'tig]

fatiguing   [fə 'tig ɪŋ]

fatten   [fætn]

fatty   ['fæt i]

faucet   ['fɔ sɪt]

fault   [fɔlt]

faultless   ['fɔlt lɪs]

faulty   ['fɔl ti]

faux pas   ['fo 'pɑ]

favor   ['fe vɚ]

favorable   ['fe vɚ ə bl]

favorably   ['fe vɚ ə bli]

favorite   ['fe vɚ ɪt]

favoritism   ['fe vɚ ɪ ˌtɪzm]

favors   ['fe vɚz]

fawn   [fɔn]

FAX   [fæks]

faze   [fez]

fear   [fɪɚ]

feared   [fɪɚd]

fearful   ['fɪɚ fl]

fearfully   ['fɪɚ fə li]

fearless   ['fɪɚ lɪs]

fearlessly   ['fɪɚ lɪs li]

fears   [fɪɚz]

fearsome   ['fɪɚ səm]

feasibility   [ˌfi zə 'bɪl ə ti]

feasible   ['fi zə bl]

feast   [fist]

feasted   ['fis tɪd]

feasting   ['fis tɪŋ]

feat   [fit]

feather   ['fɛð ɚ]

featherbedding   ['fɛð ɚ ˌbɛd ɪŋ]

featherweight   ['fɛð ɚ ˌwet]

feature   ['fi tʃɚ]

feature film   ['fi tʃɚ 'fɪlm]

featured   ['fi tʃɚd]

featuring   ['fi tʃɚ ɪŋ]

febrile   [fi 'brəl]

February   ['fɛb ru ˌɛɚ i]

feces   ['fi siz]

fed   [fɛd]

fed up   ['fɛd 'əp]

federal   ['fɛd ɚ əl]

federalize   ['fɛd ɚ ə ˌlɑɪz]

federally   ['fɛd ɚ ə li]

federate   ['fɛd ɚ ˌet]

federation   [ˌfɛd ə 're ʃn]

fee   [fi]

feeble   ['fi bl]

feed   [fid]

feedback   ['fid ˌbæk]

feeder   ['fid ɚ]

feeding   ['fid ɪŋ]

feel   [fil]

feeler   ['fil ɚ]

feeling ['fil ɪŋ]

feels [filz]

feet [fit]

feign [fen]

felicitation [fɪ ˌlɪs ɪ 'te ʃn]

felicitous [fɪ 'lɪs ɪ təs]

feline ['fi ˌlaɪn]

fell [fɛl]

fellow ['fɛl o]

fellowship ['fɛl o ˌʃɪp]

felon ['fɛl ən]

felony ['fɛl ə ni]

felt [fɛlt]

female ['fi ˌmel]

feminine ['fɛm ə nɪn]

feminism ['fɛm ə ˌnɪzm]

feminist ['fɛm ə nɪst]

fence [fɛns]

fencing ['fɛns ɪŋ]

fend [fɛnd]

fender ['fɛn dɚ]

ferment *n.* ['fɚ mɛnt]
  v. [fɚ 'mɛnt]

fermentation [ˌfɚ mɛn 'te ʃn]

fermented [fɚ 'mɛn tɪd]

fermenting [fɚ 'mɛn tɪŋ]

ferments *n.* ['fɚ mɛnts]
  v. [fɚ 'mɛnts]

fern [fɚn]

ferocious [fə 'ro ʃəs]

ferociously [fə 'ro ʃəs li]

ferocity [fə 'rɑs ɪ ti]

ferret ['fɛɚ ɪt]

ferry ['fɛɚ i]

fertile ['fɚ tl]

fertility [fɚ 'tɪl ə ti]

fertilization [ˌfɚ tə lɪ 'ze ʃn]

fertilize ['fɚ tə ˌlaɪz]

fertilized ['fɚ tə ˌlaɪzd]

fertilizer ['fɚ tə ˌlaɪ zɚ]

fertilizes ['fɚ tə ˌlaɪz ɪz]

fertilizing ['fɚ tə ˌlaɪz ɪŋ]

fervent ['fɚ vənt]

fervor ['fɚ vɚ]

fester ['fɛs tɚ]

festered ['fɛs tɚd]

festering ['fɛs tɚ ɪŋ]

festers ['fɛs tɚz]

festival ['fɛs tə vl]

festive ['fɛs tɪv]

festivity [fɛs 'tɪv ɪ ti]

fetal ['fi tl]

fetch [fɛtʃ]

fetched [fɛtʃt]

fetching ['fɛtʃ ɪŋ]

fetish ['fɛt ɪʃ]

fetter ['fɛt ɚ]

fetus ['fi təs]

feud [fjud]

feudal [fjudl]

feuding ['fjud ɪŋ]

fever ['fi vɚ]

feverish ['fi vɚ ɪʃ]

few [fju]

fewer [fjuɚ]

fiancee [ˌfi ɑn 'se]

fiasco [fi 'æs ko]

fiat ['fi æt]

fib [fɪb]

fibbed [fɪbd]

fibbing ['fɪb ɪŋ]

fiber ['faɪ bɚ]

fiberglass ['faɪ bɚ ˌglæs]

fibrillation [ˌfɪb rə 'le ʃn]

fibs [fɪbz]

fickle [fɪkl]

fiction ['fɪk ʃn]

fictional ['fɪk ʃə nl]

fictitious [fɪk 'tɪʃ əs]

fiddle [fɪdl]

fiddled [fɪdld]

fidelity [fɪ 'dɛl ɪ ti]

fidget ['fɪdʒ ɪt]

fidgeted ['fɪdʒ ɪt ɪd]

fidgeting ['fɪdʒ ɪt ɪŋ]

fidgets ['fɪdʒ ɪts]

fidgety ['fɪdʒ ɪ ti]

field [fild]

fieldwork ['fild ˌwə-k]

fiend [find]

fierce [fɪə-s]

fiercely ['fɪə-s li]

fiery ['faɪ ə ri]

fiesta [fi 'ɛs tə]

fifteen ['fɪf 'tin]

fifteenth ['fɪf 'tinθ]

fifth [fɪfθ]

fifty ['fɪf ti]

fig [fɪg]

fight [faɪt]

fighter ['faɪt ə-]

fighting ['faɪt ɪŋ]

fights [faɪts]

figment ['fɪg mənt]

figurative ['fɪg jə- ə tɪv]

figuratively ['fɪg jə- ə tɪv li]

figure ['fɪg jə-]

figured ['fɪg jə-d]

figurehead ['fɪg jə- ˌhɛd]

figurine [ˌfɪg jə 'rin]

figuring ['fɪg jə- ɪŋ]

filament ['fɪl ə mənt]

file [faɪl]

filed [faɪld]

files [faɪlz]

filet mignon [fɪ 'le mɪn 'jɑn]

filibuster ['fɪl ə ˌbəs tə-]

filing ['faɪl ɪŋ]

filing cabinet ['faɪl ɪŋ ˌkæb nɪt]

Filipino [ˌfɪl ə 'pi no]

fill [fɪl]

filled [fɪld]

filler ['fɪl ə-]

fillet [fɪ 'le]

filling ['fɪl ɪŋ]

fills [fɪlz]

filly ['fɪl i]

film [fɪlm]

filmed [fɪlmd]

filming ['fɪlm ɪŋ]

filmstrip ['fɪlm ˌstrɪp]

filter ['fɪl tə-]

filter-tipped ['fɪl tə- ˌtɪpt]

filtered ['fɪl tə-d]

filtering ['fɪl tə- ɪŋ]

filters ['fɪl tə-z]

filth [fɪlθ]

filthy ['fɪlθ i]

fin [fɪn]

final [faɪnl]

finale [fɪ 'næl i]

finalist ['faɪn ə lɪst]

finalize ['faɪn ə ˌlaɪz]

finally ['faɪn ə li]

finance ['faɪ næns]

financial [ˌfaɪ 'næn ʃl]

financially [ˌfaɪ 'næn ʃə li]

financier [ˌfɪn ən 'sɪə-]

find [faɪnd]
finder ['faɪn dɚ]
finding ['faɪnd ɪŋ]
fine [faɪn]
fined [faɪnd]
finery ['faɪ nə ri]
finesse [fɪ 'nɛs]
finger ['fɪŋ gɚ]
fingernail ['fɪŋ gɚ ˌnel]
fingerprint ['fɪŋ gɚ ˌprɪnt]
fingertip ['fɪŋ gɚ ˌtɪp]
finicky ['fɪn ə ki]
finish ['fɪn ɪʃ]
finished ['fɪn ɪʃt]
finishes ['fɪn ɪʃ ɪz]
finishing ['fɪn ɪʃ ɪŋ]
finite ['faɪ ˌnaɪt]
Finn [fɪn]
Finnish ['fɪn ɪʃ]
fir [fɚ]
fire [faɪɚ]
fire engine ['faɪɚ ˌɛn dʒɪn]
fire escape ['faɪɚ ə ˌskep]
firefighter ['faɪɚ ˌfaɪ tɚ]
firearm ['faɪɚ ˌɑɚm]
firebreak ['faɪɚ ˌbrek]
firecracker ['faɪɚ ˌkræk ɚ]
fired [faɪɚd]
firefly ['faɪɚ ˌflaɪ]
fireman ['faɪɚ ˌmən]
fireplace ['faɪɚ ˌples]
fireplug ['faɪɚ ˌpləg]
fireproof ['faɪɚ ˌpruf]
fires [faɪɚz]
fireside ['faɪɚ ˌsaɪd]
firetrap ['faɪɚ ˌtræp]
firewood ['faɪɚ ˌwʊd]

fireworks ['faɪɚ ˌwɚks]
firing ['faɪɚ ɪŋ]
firm [fɚm]
firmament ['fɚ mə mənt]
firmly ['fɚm li]
firmness ['fɚm nɪs]
first [fɚst]
first aid ['fɚst 'ed]
first-aid kit ['fɚst 'ed ˌkɪt]
first-class ['fɚst 'klæs]
first name ['fɚst 'nem]
first-rate ['fɚst 'ret]
first-string ['fɚst 'strɪŋ]
firstborn ['fɚst 'bɔɚn]
firsthand ['fɚst 'hænd]
firstly ['fɚst li]
fiscal ['fɪs kl]
fish [fɪʃ]
fished [fɪʃt]
fisherman ['fɪʃ ɚ mən]
fishery ['fɪʃ ə ri]
fishes ['fɪʃ ɪz]
fishhook ['fɪʃ ˌhʊk]
fishing ['fɪʃ ɪŋ]
fishy ['fɪʃ i]
fission ['fɪʃn]
fissure ['fɪʃ ɚ]
fist [fɪst]
fisticuffs ['fɪs tə ˌkəfs]
fit [fɪt]
fitful ['fɪt fl]
fitness ['fɪt nɪs]
fits [fɪts]
fitted ['fɪt ɪd]
fitting ['fɪt ɪŋ]
five [faɪv]
fix [fɪks]

fixation   [ˌfɪk 'se ʃn]
fixed   [fɪkst]
fixes   ['fɪk sɪz]
fixing   ['fɪks ɪŋ]
fixings   ['fɪks ɪŋz]
fixture   ['fɪks tʃɚ]
fizz   [fɪz]
fizzle   [fɪzl]
fizzled   [fɪzld]
fizzling   ['fɪz lɪŋ]
flabbergasted   ['flæb ɚ ˌgæs tɪd]
flabby   ['flæb i]
flaccid   ['flæs ɪd]
flag   [flæg]
flagged   [flægd]
flagging   ['flæg ɪŋ]
flagpole   ['flæg ˌpol]
flagrant   ['fle grənt]
flagstone   ['flæg ˌston]
flail   [flel]
flair   [flɛɚ]
flak   [flæk]
flake   [flek]
flaked   [flekt]
flaking   ['flek ɪŋ]
flamboyant   [flæm 'bɔɪ ənt]
flamboyantly   [flæm 'bɔɪ ənt li]
flame   [flem]
flamed   [flemd]
flaming   ['flem ɪŋ]
flamingo   [flə 'mɪŋ go]
flammable   ['flæm ə bl]
flank   [flæŋk]
flanked   [flæŋkt]
flanking   ['flæŋ kɪŋ]
flannel   [flænl]
flap   [flæp]

flapjack   ['flæp ˌdʒæk]
flapped   [flæpt]
flapping   ['flæp ɪŋ]
flare   [flɛɚ]
flare-up   ['flɛɚ ˌəp]
flash   [flæʃ]
flashback   ['flæʃ ˌbæk]
flashbulb   ['flæʃ ˌbəlb]
flashed   [flæʃt]
flashing   ['flæʃ ɪŋ]
flashlight   ['flæʃ ˌlɑɪt]
flashy   ['flæʃ i]
flask   [flæsk]
flat   [flæt]
flat tire   ['flæt 'tɑɪɚ]
flatcar   ['flæt ˌkɑɚ]
flatfoot   ['flæt ˌfʊt]
flatly   ['flæt li]
flatten   [flætn]
flattened   [flætnd]
flatter   ['flæt ɚ]
flattered   ['flæt ɚd]
flattering   ['flæt ɚ ɪŋ]
flatters   ['flæt ɚz]
flattery   ['flæt ə ri]
flattop   ['flæt ˌtɑp]
flatulence   ['flætʃ ə ləns]
flatware   ['flæt ˌwɛɚ]
flaunt   [flɔnt]
flaunted   ['flɔnt ɪd]
flaunting   ['flɔnt ɪŋ]
flavor   ['fle vɚ]
flavored   ['fle vɚd]
flavoring   ['fle vɚ ɪŋ]
flavorless   ['fle vɚ lɪs]
flaw   [flɔ]
flawed   [flɔd]

flawless   ['flɔ lɪs]
flea   [fli]
fled   [flɛd]
fledgling   ['flɛdʒ lɪŋ]
flee   [fli]
fleece   [flis]
fleecing   ['flis ɪŋ]
fleecy   ['flis i]
fleeing   ['fli ɪŋ]
fleet   [flit]
flesh   [flɛʃ]
flew   [flu]
flex   [flɛks]
flexible   ['flɛk sə bl]
flick   [flɪk]
flicked   [flɪkt]
flicker   ['flɪk ɚ]
flickered   ['flɪk ɚd]
flickering   ['flɪk ɚ ɪŋ]
flier   ['flɑɪ ɚ]
flies   [flɑɪz]
flight   [flɑɪt]
flighty   ['flɑɪ ti]
flimsier   ['flɪm zi ɚ]
flimsiest   ['flɪm zi ɪst]
flimsy   ['flɪm zi]
flinch   [flɪntʃ]
flinched   [flɪntʃt]
fling   [flɪŋ]
flint   [flɪnt]
Flint (MI)   [flɪnt]
flip   [flɪp]
flippant   ['flɪp ənt]
flipped   [flɪpt]
flipping   ['flɪp ɪŋ]
flips   [flɪps]
flirt   [flɚt]

flirtation   [flɚ 'te ʃn]
flirtatious   [flɚ 'te ʃəs]
flirted   ['flɚt ɪd]
flirting   ['flɚt ɪŋ]
flit   [flɪt]
flitted   ['flɪt ɪd]
float   [flot]
floated   ['flot ɪd]
floating   ['flot ɪŋ]
floats   [flots]
flock   [flɑk]
flocked   [flɑkt]
flocking   ['flɑk ɪŋ]
flog   [flɑg]
flood   [fləd]
flooded   ['fləd ɪd]
flooding   ['fləd ɪŋ]
floodlight   ['fləd ˌlɑɪt]
floods   [flədz]
floor   [flɔɚ]
floorboard   ['flɔɚ ˌbɔɚd]
floorwalker   ['flɔɚ ˌwɔk ɚ]
flop   [flɑp]
flopped   [flɑpt]
floppy disk   ['flɑ pi 'dɪsk]
floral   ['flɔɚ əl]
Florida   ['flɔɚ ɪ də]
florist   ['flɔɚ ɪst]
floss   [flɑs]
flossed   [flɑst]
flosses   ['flɑs ɪz]
flossing   ['flɑs ɪŋ]
flotilla   [flo 'tɪl ə]
flounder   ['flæʊn dɚ]
flounders   ['flæʊn dɚz]
flour   ['flæʊ ɚ]
flourish   ['flɚ ɪʃ]

flourished   ['flɚ ɪʃt]

flourishes   ['flɚ ɪʃ ɪz]

flourishing   ['flɚ ɪʃ ɪŋ]

flow   [flo]

flowed   [flod]

flower   ['flæʊ ɚ]

flowerpot   ['flæʊ ɚ ˌpat]

flowery   ['flæʊ ɚ i]

flowing   ['flo ɪŋ]

flown   [flon]

flows   [floz]

flu   [flu]

flub   [fləb]

flubbed   [fləbd]

fluctuate   ['flək tʃu ˌet]

fluctuated   ['flək tʃu ˌet ɪd]

fluctuating   ['flək tʃu ˌet ɪŋ]

fluctuation   [ˌflək tʃu 'e ʃn]

flue   [flu]

fluency   ['flu ən si]

fluent   ['flu ənt]

fluently   ['flu ənt li]

fluff   [fləf]

fluffy   ['fləf i]

fluid   ['flu ɪd]

fluke   [fluk]

flung   [fləŋ]

fluorescent light
   [ˌflʊɚ 'ɛs nt 'laɪt]

fluoride   ['flɔɚ ˌaɪd]

fluoroscope   ['flʊɚ ə ˌskop]

flurry   ['flɚ i]

flush   [fləʃ]

flushed   [fləʃt]

flushing   ['fləʃ ɪŋ]

flustered   ['fləs tɚd]

flute   [flut]

flutist   ['flu tɪst]

flutter   ['flət ɚ]

fluttered   ['flət ɚd]

fluttering   ['flət ɚ ɪŋ]

flux   [fləks]

fly   [flaɪ]

fly-by-night   ['flaɪ baɪ ˌnaɪt]

flyer   ['flaɪ ɚ]

flying   ['flaɪ ɪŋ]

flyleaf   ['flaɪ ˌlif]

flyover   ['flaɪ ˌo vɚ]

flypaper   ['flaɪ ˌpe pɚ]

foal   [fol]

foam   [fom]

foamy   ['fom i]

focus   ['fo kəs]

focused   ['fo kəst]

focuses   ['fo kəs ɪz]

focusing   ['fo kəs ɪŋ]

fodder   ['fad ɚ]

foe   [fo]

fog   [fag]

fogged   [fagd]

fogging   ['fag ɪŋ]

foggy   ['fag i]

foghorn   ['fag ˌhɔɚn]

foil   [fɔɪl]

foist   [fɔɪst]

fold   [fold]

folded   ['fol dɪd]

folder   ['fol dɚ]

folding   ['fol dɪŋ]

folds   [foldz]

foliage   ['fo li ɪdʒ]

folk   [fok]

folk song   ['fok ˌsɔŋ]

folklore   ['fok ˌlɔɚ]

follow   ['fal o]

follow-up   ['fal o ‚əp]

followed   ['fal od]

follower   ['fal o ɚ]

following   ['fal o ɪŋ]

follows   ['fal oz]

folly   ['fal i]

foment   [fo 'mɛnt]

fond   [fand]

fondle   ['fan dl]

fondles   ['fan dlz]

fondling   ['fand lɪŋ]

fondly   ['fand li]

fondness   ['fand nɪs]

fondue   [fan 'du]

font   [fant]

food   [fud]

fool   [ful]

fooled   [fuld]

foolhardy   ['ful ‚haɚ di]

fooling   ['ful ɪŋ]

foolish   ['ful ɪʃ]

foolishly   ['ful ɪʃ li]

foolishness   ['ful ɪʃ nɪs]

foolproof   ['ful ‚pruf]

fools   [fulz]

foot   [fʊt]

footage   ['fʊt ɪdʒ]

football   ['fʊt bɔl]

footbridge   ['fʊt ‚brɪdʒ]

footed   ['fʊt ɪd]

foothills   ['fʊt ‚hɪlz]

foothold   ['fʊt ‚hold]

footing   ['fʊt ɪŋ]

footlights   ['fʊt ‚laɪts]

footlocker   ['fʊt ‚lak ɚ]

footloose   ['fʊt ‚lus]

footnote   ['fʊt ‚not]

footpath   ['fʊt ‚pæθ]

footprint   ['fʊt ‚prɪnt]

footstep   ['fʊt ‚stɛp]

footstool   ['fʊt ‚stul]

footwork   ['fʊt ‚wɚk]

for   [fɔɚ]

forage   ['fɔɚ ɪdʒ]

foraged   ['fɔɚ ɪdʒd]

forages   ['fɔɚ ɪdʒ ɪz]

foraging   ['fɔɚ ɪdʒ ɪŋ]

forbear   [fɔɚ 'bɛɚ]

forbearance   [fɔɚ 'bɛɚ əns]

forbid   [fɔɚ 'bɪd]

forbidden   [fɔɚ 'bɪdn]

forbidding   [fɔɚ 'bɪd ɪŋ]

force   [fɔɚs]

force-feed   ['fɔɚs 'fid]

forced   [fɔɚst]

forceful   ['fɔɚs fl]

forceps   ['fɔɚ səps]

forces   ['fɔɚs ɪz]

forcible   ['fɔɚs ə bl]

forcibly   ['fɔɚs ə bli]

forcing   ['fɔɚs ɪŋ]

forearm   ['fɔɚ ‚aɚm]

foreboding   [fɔɚ 'bod ɪŋ]

forecast   ['fɔɚ ‚kæst]

forecasted   ['fɔɚ ‚kæst ɪd]

forecasting   ['fɔɚ ‚kæst ɪŋ]

foreclose   [fɔɚ 'kloz]

foreclosure   [fɔɚ 'klo ʒɚ]

forefathers   ['fɔɚ ‚fa ðɚz]

forefinger   ['fɔɚ ‚fɪŋ gɚ]

forefront   ['fɔɚ ‚frʌnt]

forego   [fɔɚ 'go]

foregone   ['fɔɚ 'gɔn]

foreground ['fɔɚˌgraʊnd]

forehand ['fɔɚˌhænd]

forehead ['faɚˌhɛd]

foreign ['faɚ ɪn]

foreigner ['faɚ ə nɚ]

foreman ['fɔɚ mən]

foremost ['fɔɚˌmost]

forenoon ['fɔɚˌnun]

forensic [fə 'rɛn sɪk]

forerunner ['fɔɚˌrən ɚ]

foresee [fɔɚ 'si]

foreseeable [fɔɚ 'si ə bl]

foreseen [fɔɚ 'sin]

foreshadow [fɔɚ 'ʃæd o]

foresight ['fɔɚˌsaɪt]

forest ['faɚ ɪst]

forestall [fɔɚ 'stɔl]

forester ['faɚ ɪs tɚ]

forestry ['faɚ ɪs tri]

foretaste ['fɔɚˌtest]

foretell [fɔɚ 'tɛl]

forethought ['fɔɚˌθɔt]

foretold [ˌfɔɚ 'told]

forever [fɔɚ 'ɛv ɚ]

forewarn [fɔɚ 'wɔɚn]

foreword ['fɔɚˌwɚd]

forfeit ['fɔɚ fɪt]

forfeited ['fɔɚ fɪt ɪd]

forfeiting ['fɔɚ fɪt ɪŋ]

forfeits ['fɔɚ fɪts]

forgave [fɚ 'gev]

forge [fɔɚdʒ]

forged [fɔɚdʒd]

forgery ['fɔɚ dʒɚ ri]

forget [fɚ 'gɛt]

forgetful [fɚ 'gɛt fl]

forgetfulness [fɚ 'gɛt fl nɪs]

forgets [fɚ 'gɛts]

forgettable [fɚ 'gɛt ə bl]

forgetting [fɚ 'gɛt ɪŋ]

forging ['fɔɚdʒ ɪŋ]

forgivable [fɚ 'gɪv ə bl]

forgive [fɚ 'gɪv]

forgiven [fɚ 'gɪvn]

forgiveness [fɚ 'gɪv nɪs]

forgiving [fɚ 'gɪv ɪŋ]

forgo [fɔɚ 'go]

forgot [fɚ 'gɑt]

forgotten [fɚ 'gɑtn]

fork [fɔɚk]

forklift ['fɔɚk ˌlɪft]

forklift truck ['fɔɚk ˌlɪft 'trək]

forlorn [fɔɚ 'lɔɚn]

form [fɔɚm]

formal ['fɔɚ ml]

formality [fɔɚ 'mæl ɪ ti]

formalize ['fɔɚ mə ˌlaɪz]

formally ['fɔɚ mə li]

format ['fɔɚˌmæt]

formation [fɔɚ 'me ʃn]

formative ['fɔɚ mə tɪv]

formatted ['fɔɚˌmæt ɪd]

formed [fɔɚmd]

former ['fɔɚ mɚ]

formerly ['fɔɚ mɚ li]

formidable ['fɔɚ mɪ də bl]

forming ['fɔɚm ɪŋ]

formless ['fɔɚm lɪs]

forms [fɔɚmz]

formula ['fɔɚ mjə lə]

formulate ['fɔɚ mjə ˌlet]

formulated ['fɔɚ mjə ˌlet ɪd]

formulates ['fɔɚ mjə ˌlets]

formulating ['fɔɚ mjə ˌlet ɪŋ]

forsake [fɔɚ 'sek]
forsaken [fɔɚ 'se kn]
fort [fɔɚt]
forth [fɔɚθ]
forthcoming ['fɔɚθ 'kəm ɪŋ]
forthright ['fɔɚθ ˌraɪt]
fortieth ['fɔɚ ti ɪθ]
fortification [ˌfɔɚ tə fɪ 'ke ʃn]
fortified ['fɔɚ tə ˌfaɪd]
fortify ['fɔɚ tə ˌfaɪ]
fortitude ['fɔɚ tɪ ˌtud]
fortress ['fɔɚ trɪs]
fortuitous [fɔɚ 'tu ɪ təs]
fortunate ['fɔɚ tʃə nɪt]
fortunately ['fɔɚ tʃə nɪt li]
fortune ['fɔɚ tʃn]
fortune-teller ['fɔɚ tʃn ˌtɛl ɚ]
forty ['fɔɚ ti]
forum ['fɔɚ əm]
forward ['fɔɚ wɚd]
forwards ['fɔɚ wɚdz]
fossil [fɑsl]
foster ['fɔ stɚ]
fostered ['fɔ stɚd]
fought [fɔt]
foul [fæʊl]
foul-up ['fæʊl ˌəp]
found [fæʊnd]
foundation [fæʊn 'de ʃn]
founded ['fæʊn dɪd]
founder ['fæʊn dɚ]
founding ['fæʊn dɪŋ]
foundry ['fæʊn dri]
fountain [fæʊntn]
four [fɔɚ]
fourscore ['fɔɚ 'skɔɚ]
foursome ['fɔɚ sm]

fourteen ['fɔɚ 'tin]
fourteenth ['fɔɚ 'tinθ]
fourth [fɔɚθ]
fourth-class ['fɔɚθ 'klæs]
fowl [fæʊl]
fox [fɑks]
foyer [fɔɪ ɚ]
fracas ['fre kəs]
fraction ['fræk ʃn]
fracture ['fræk tʃɚ]
fractured ['fræk tʃɚd]
fragile [frædʒl]
fragment ['fræg mənt]
fragmentary ['fræg mən ˌtɛɚ i]
fragmented ['fræg ˌmən tɪd]
fragrance ['fre grəns]
fragrant ['fre grənt]
frail [frel]
frame [frem]
frame-up ['frem ˌəp]
framed [fremd]
framing ['frem ɪŋ]
franchise ['fræn ˌtʃaɪz]
franchised ['fræn ˌtʃaɪzd]
franchising ['fræn ˌtʃaɪz ɪŋ]
frank [fræŋk]
frankly ['fræŋk li]
frankness ['fræŋk nɪs]
frantic ['fræn tɪk]
frantically ['fræn tɪk li]
fraternal [frə 'tɚ nl]
fraternity [frə 'tɚ nɪ ti]
fraternization [ˌfræt ɚ nɪ 'ze ʃn]
fraternize ['fræt ɚ ˌnaɪz]
fraud [frɔd]
fraudulent ['frɔd jə lənt]
fraught [frɔt]

frayed   [fred]

freak   [frik]

freckle   [frɛkl]

freckled   [frɛkld]

free   [fri]

free-for-all   ['fri fɚ ˌɔl]

free trade   ['fri 'tred]

freed   [frid]

freedom   ['fri dm]

freeing   ['fri ɪŋ]

freelance   ['fri 'læns]

freely   ['fri li]

freeway   ['fri ˌwe]

freeze   [friz]

freezer   ['fri zɚ]

freezing   ['friz ɪŋ]

freight   [fret]

freight train   ['fret ˌtren]

French   [frɛntʃ]

Frenchman   ['frɛntʃ mən]

frenetic   [frə 'nɛt ɪk]

frenzies   ['frɛn ziz]

frenzy   ['frɛn zi]

frequencies   ['fri kwən siz]

frequency   ['fri kwən si]

frequent   ['fri kwənt]

frequently   ['fri kwənt li]

fresco   ['frɛs ko]

fresh   [frɛʃ]

freshen   [frɛʃn]

fresher   ['frɛʃ ɚ]

freshly   ['frɛʃ li]

freshman   ['frɛʃ mən]

freshness   ['frɛʃ nɪs]

freshwater   ['frɛʃ ˌwɔ tɚ]

Fresno (CA)   ['frɛz no]

fret   [frɛt]

fretful   ['frɛt fl]

fretted   ['frɛt ɪd]

fretting   ['frɛt ɪŋ]

friable   ['fraɪ ə bl]

fricative   ['frɪk ə tɪv]

friction   ['frɪk ʃn]

Friday   ['fraɪ de]

fried   [fraɪd]

friend   [frɛnd]

friendless   ['frɛnd lɪs]

friendliness   ['frɛnd li nɪs]

friendly   ['frɛnd li]

friendship   ['frɛnd ˌʃɪp]

fries   [fraɪz]

fright   [fraɪt]

frighten   [fraɪtn]

frightening   ['fraɪtn ɪŋ]

frightful   ['fraɪt fl]

frightfully   ['fraɪt fə li]

frigid   ['frɪdʒ ɪd]

frigidity   [frɪ 'dʒɪd ɪ ti]

frill   [frɪl]

fringe   [frɪndʒ]

fringe benefits
    ['frɪndʒ 'bɛn ə fɪts]

frisk   [frɪsk]

frisked   [frɪskt]

frisking   ['frɪs kɪŋ]

frisks   [frɪsks]

frisky   ['frɪs ki]

fritter   ['frɪt ɚ]

frivolity   [frɪ 'vɑl ɪ ti]

frivolous   ['frɪv ə ləs]

frivolously   ['frɪv ə ləs li]

frizzy   ['frɪz i]

frog   [frɑg]

frolic   ['frɑl ɪk]

from [frəm]
front [frənt]
front-wheel drive
  [ˈfrənt ˌʍil ˈdraɪv]
frontage [ˈfrən tɪdʒ]
frontal [ˈfrən tl]
frontier [frən ˈtɪɚ]
frost [frɔst]
frostbite [ˈfrɔst ˌbaɪt]
frostbitten [ˈfrɔst ˈbɪtn]
frosted [ˈfrɔs tɪd]
frosting [ˈfrɔs tɪŋ]
frosty [ˈfrɔs ti]
frown [fraʊn]
frowned [fraʊnd]
frowning [ˈfraʊn ɪŋ]
froze [froz]
frozen [ˈfro zn]
frugal [ˈfru gl]
fruit [frut]
fruitful [ˈfrut fl]
fruition [fru ˈɪʃn]
fruitless [ˈfrut lɪs]
frustrate [ˈfrəs tret]
frustrated [ˈfrəs tret ɪd]
frustrates [ˈfrəs trets]
frustrating [ˈfrəs tret ɪŋ]
frustration [frəs ˈtre ʃn]
fry [fraɪ]
fryer [ˈfraɪ ɚ]
Ft. Lauderdale (FL)
  [ˌfɔɚt ˈlɔ dɚ ˌdel]
Ft. Smith (AR) [ˌfɔɚt ˈsmɪθ]
Ft. Wayne (IN) [ˌfɔɚt ˈwen]
Ft. Worth (TX) [ˌfɔɚt ˈwɚθ]
fuddy-duddy [ˈfəd i ˌdəd i]
fudge [fədʒ]

fuel [fjul]
fueled [fjuld]
fueling [ˈfjul ɪŋ]
fugitive [ˈfju dʒɪ tɪv]
fulfil [ˌfʊl ˈfɪl]
fulfilled [ˌfʊl ˈfɪld]
fulfilling [ˌfʊl ˈfɪl ɪŋ]
fulfillment [ˌfʊl ˈfɪl mənt]
full [fʊl]
full-blooded [ˈfʊl ˈbləd ɪd]
full-blown [ˈfʊl ˈblon]
full-fledged [ˈfʊl ˈflɛdʒd]
full-scale [ˈfʊl ˈskel]
full-time [ˈfʊl ˈtaɪm]
fullback [ˈfʊl ˌbæk]
fullness [ˈfʊl nɪs]
fully [ˈfʊl i]
fumble [ˈfəm bl]
fumbled [ˈfəm bld]
fumbling [ˈfəm blɪŋ]
fume [fjum]
fumed [fjumd]
fumigate [ˈfju mɪ ˌget]
fumigated [ˈfju mɪ ˌget ɪd]
fumigating [ˈfju mɪ ˌget ɪŋ]
fumigation [ˌfju mɪ ˈge ʃn]
fuming [ˈfjum ɪŋ]
fun [fən]
function [ˈfəŋk ʃn]
functional [ˈfəŋk ʃə nl]
functionary [ˈfəŋk ʃə ˌnɛɚ i]
fund [fənd]
fundamental [ˌfən də ˈmɛn tl]
fundamentalism
  [ˌfən də ˈmɛn tl ˌɪzm]
fundamentalist
  [ˌfən də ˈmɛn tl ɪst]

fundamentally
   [ˌfən də 'mɛn tə li]
funded   ['fən dɪd]
funding   ['fən dɪŋ]
funeral   ['fju nə əl]
fungi   ['fən dʒaɪ]
fungicide   ['fəŋ dʒɪ ˌsaɪd]
fungus   ['fəŋ gəs]
funnel   [fənl]
funneled   [fənld]
funneling   ['fənl ɪŋ]
funnier   ['fən i ɚ]
funniest   ['fən i ɪst]
funny   ['fən i]
fur   [fɚ]
furbish   ['fɚ bɪʃ]
furious   ['fjʊɚ i əs]
furiously   ['fjʊɚ i əs li]
furlough   ['fɚ lo]
furnace   ['fɚ nəs]
furnish   ['fɚ nɪʃ]
furnished   ['fɚ nɪʃt]

furnishing   ['fɚ nɪʃ ɪŋ]
furniture   ['fɚ nɪ tʃɚ]
furor   ['fjʊɚ ɔɚ]
furry   ['fɚ i]
further   ['fɚ ðɚ]
furthermore   ['fɚ ðɚ ˌmɔɚ]
furthest   ['fɚ ðɪst]
furtive   ['fɚ tɪv]
fury   ['fjʊɚ i]
fuse   [fjuz]
fuse box   ['fjuz ˌbɑks]
fuselage   ['fju sə ˌlɑʒ]
fusion   ['fju ʒn]
fuss   [fəs]
fussed   [fəst]
fussing   ['fəs ɪŋ]
fussy   ['fəs i]
futile   ['fju tl]
future   ['fju tʃɚ]
futuristic   [ˌfju tʃɚ 'ɪs tɪk]
fuzz   [fəz]
fuzzy   ['fəz i]

G

G [dʒi]
gab [gæb]
gabby [ˈgæb i]
gable [ˈge bl]
gadfly [ˈgæd ˌflɑɪ]
gadget [ˈgædʒ ɪt]
gadgetry [ˈgædʒ ɪt ri]
gag [gæg]
gagged [gægd]
gagging [ˈgæg ɪŋ]
gags [gægz]
gaiety [ˈge ɪ ti]
gaily [ˈge li]
gain [gen]
gained [gend]
gaining [ˈgen ɪŋ]
gains [genz]
gait [get]
galaxy [ˈgæl ək si]
gale [gel]
gallant [ˈgæl ənt]
gallantly [ˈgæl ənt li]
gallery [ˈgæl ə ri]
galley [ˈgæl i]
gallivant [ˈgæl ə ˌvænt]

gallon [ˈgæl ən]
gallop [ˈgæl əp]
galloped [ˈgæl əpt]
galloping [ˈgæl əp ɪŋ]
gallops [ˈgæl əps]
gallows [ˈgæl oz]
gallstone [ˈgɔl ˌston]
galore [gə ˈlɔɚ]
galvanize [ˈgæl və ˌnɑɪz]
galvanized [ˈgæl və ˌnɑɪzd]
galvanizes [ˈgæl və ˌnɑɪz ɪz]
galvanizing [ˈgæl və ˌnɑɪz ɪŋ]
gambit [ˈgæm bɪt]
gamble [ˈgæm bl]
gambled [ˈgæm bld]
gambler [ˈgæm blɚ]
gambling [ˈgæm blɪŋ]
game [gem]
gamely [ˈgem li]
gamut [ˈgæm ət]
gang [gæŋ]
ganged [gæŋd]
ganging [ˈgæŋ ɪŋ]
gangling [ˈgæŋ glɪŋ]
gangrene [ˈgæŋ ˌgrin]

gangrenous ['gæŋ grə nəs]

gangs [gæŋz]

gangster ['gæŋ stɚ]

gangway ['gæŋ ˌwe]

gap [gæp]

gape [gep]

gaped [gept]

gapes [geps]

gaping ['gep ɪŋ]

garage [gə 'rɑʒ]

garb [gɑɚb]

garbage ['gɑɚ bɪdʒ]

garble ['gɑɚ bl]

garbled ['gɑɚ bld]

garden ['gɑɚ dn]

gardened ['gɑɚ dnd]

gardener ['gɑɚd nɚ]

gardenia [gɑɚ 'din jə]

gardening ['gɑɚd nɪŋ]

gardens ['gɑɚ dnz]

gargle ['gɑɚ gl]

gargled ['gɑɚ gld]

gargles ['gɑɚ glz]

gargling ['gɑɚ glɪŋ]

garish ['gæɚ ɪʃ]

garland ['gɑɚ lənd]

garlic ['gɑɚ lɪk]

garment ['gɑɚ mənt]

garner ['gɑɚ nɚ]

garnish ['gɑɚ nɪʃ]

garnished ['gɑɚ nɪʃt]

garrison ['gæɚ ɪ sn]

gas [gæs]

gaseous ['gæs i əs]

gash [gæʃ]

gasket ['gæs kɪt]

gasoline [ˌgæs ə 'lin]

gasp [gæsp]

gasped [gæspt]

gasping ['gæs pɪŋ]

gasps [gæsps]

gassed [gæst]

gastric ['gæs trɪk]

gate [get]

gate-crasher ['get ˌkræʃ ɚ]

gateway ['get ˌwe]

gather ['gæð ɚ]

gathering ['gæð ɚ ɪŋ]

gathers ['gæð ɚz]

gaudy ['gɔ di]

gauge [gedʒ]

gauging ['gedʒ ɪŋ]

gaunt [gɔnt]

gauze [gɔz]

gave [gev]

gavel [gævl]

gawk [gɔk]

gawky ['gɔ ki]

gay [ge]

gaze [gez]

gazed [gezd]

gazelle [gə 'zɛl]

gazette [gə 'zɛt]

gazing ['gez ɪŋ]

gear [gɪɚ]

gearshift ['gɪɚ ˌʃɪft]

gee [dʒi]

geese [gis]

geezer ['gi zɚ]

Geiger counter
  ['gaɪ gɚ ˌkæʊnt ɚ]

geisha ['ge ʃə]

gel [dʒɛl]

gelatin ['dʒɛl ə tn]

gelding ['gɛl dɪŋ]
gelled [dʒɛld]
gem [dʒɛm]
gender ['dʒɛn dɚ]
gene [dʒin]
genealogy [ˌdʒi ni 'al ə dʒi]
general ['dʒɛn ɚ əl]
generality [ˌdʒɛn ə 'ræl ɪ ti]
generalization
     [ˌdʒɛn ə rə lɪ 'ze ʃn]
generalize ['dʒɛn rə ˌlaɪz]
generally ['dʒɛn rə li]
generate ['dʒɛn ə ˌret]
generated ['dʒɛn ə ˌret ɪd]
generates ['dʒɛn ə ˌrets]
generating ['dʒɛn ə ˌret ɪŋ]
generation [ˌdʒɛn ə 're ʃn]
generator ['dʒɛn ə ˌre tɚ]
generic [dʒə 'nɛɚ ɪk]
generosity [ˌdʒɛn ə 'ra sɪ ti]
generous ['dʒɛn ɚ əs]
generously ['dʒɛn ə rəs li]
genesis ['dʒɛn ɪ sɪs]
genetic [dʒə 'nɛt ɪk]
genetics [dʒə 'nɛt ɪks]
genial ['dʒi ni əl]
genitalia [ˌdʒɛn ɪ 'tel jə]
genitals ['dʒɛn ɪ tlz]
genius ['dʒin jəs]
genocide ['dʒɛn ə ˌsaɪd]
genre ['ʒan rə]
genteel [dʒɛn 'til]
gentle ['dʒɛn tl]
gentleman ['dʒɛn tl mən]
gentleness ['dʒɛn tl nɪs]
gently ['dʒɛnt li]
genuine ['dʒɛn ju ɪn]

genus ['dʒɛ nəs]
geographer [dʒi 'ag rə fɚ]
geographic [ˌdʒi ə 'græf ɪk]
geographical [ˌdʒi ə 'græf ɪ kl]
geography [dʒi 'ag rə fi]
geologist [dʒi 'al ə dʒɪst]
geology [dʒi 'al ə dʒi]
geometric [dʒi ə 'mɛt rɪk]
geometrical [dʒi ə 'mɛt rɪ kl]
geometry [dʒi 'am ɪ tri]
geophysics [ˌdʒi o 'fɪz ɪks]
Georgia ['dʒɔɚ dʒə]
geranium [dʒɪ 'ren i əm]
gerbil ['dʒɚ bl]
geriatric [ˌdʒɚ i 'æt rɪk]
geriatrics [ˌdʒɚ i 'æt rɪks]
germ [dʒɚm]
German ['dʒɚ mən]
germane [dʒɚ 'men]
Germanic [dʒɚ 'mæn ɪk]
germicide ['dʒɚm ɪ ˌsaɪd]
germinate ['dʒɚm ə ˌnet]
germinated ['dʒɚm ə ˌnet ɪd]
gerontology [ˌdʒɚ ən 'tal ə dʒi]
gestation [dʒɛ 'ste ʃn]
gesticulate [dʒɛ 'stɪk jə ˌlet]
gesture ['dʒɛs tʃɚ]
gestured ['dʒɛs tʃɚd]
gesturing ['dʒɛs tʃɚ ɪŋ]
get [gɛt]
getaway ['gɛt ə ˌwe]
gets [gɛts]
getting ['gɛt ɪŋ]
geyser ['gaɪ zɚ]
ghastly ['gæst li]
ghetto ['gɛt o]
ghost [gost]

ghostly   ['gost li]

ghostwriter   ['gost ˌraɪt ɚ]

giant   ['dʒaɪ ənt]

gibberish   ['dʒɪb ɚ ɪʃ]

giblet   ['dʒɪb lɪt]

gift   [gɪft]

gifted   ['gɪf tɪd]

gigantic   [dʒaɪ 'gæn tɪk]

giggle   [gɪgl]

giggled   [gɪgld]

giggles   [gɪglz]

giggling   ['gɪg lɪŋ]

gigolo   ['dʒɪg ə ˌlo]

gill   [gɪl]

gilt   [gɪlt]

gilt-edged   ['gɪlt 'ɛdʒd]

gimmick   ['gɪm ɪk]

gin   [dʒɪn]

ginger   ['dʒɪn dʒɚ]

ginger ale   ['dʒɪn dʒɚ 'el]

gingerbread   ['dʒɪn dʒɚ ˌbrɛd]

gingerly   ['dʒɪn dʒɚ li]

gingersnap   ['dʒɪn dʒɚ ˌsnæp]

gingham   ['gɪŋ əm]

giraffe   [dʒə 'ræf]

girder   ['gɚ dɚ]

girdle   ['gɚ dl]

girl   [gɚl]

girlfriend   ['gɚl ˌfrɛnd]

gist   [dʒɪst]

give   [gɪv]

give-and-take   ['gɪv ən 'tek]

given   [gɪvn]

giver   ['gɪv ɚ]

giving   ['gɪv ɪŋ]

glacial   ['gle ʃl]

glacier   ['gle ʃɚ]

glad   [glæd]

glade   [gled]

gladly   ['glæd li]

gladness   ['glæd nɪs]

glamorize   ['glæm ə ˌraɪz]

glamorous   ['glæm ə rəs]

glamour   ['glæm ɚ]

glance   [glæns]

glanced   [glænst]

glancing   ['glæns ɪŋ]

gland   [glænd]

glandular   ['glænd jə lɚ]

glare   [glɛɚ]

glared   [glɛɚd]

glaring   ['glɛɚ ɪŋ]

glass   [glæs]

glassware   ['glæs ˌwɛɚ]

glassy   ['glæs i]

glaucoma   [gla 'ko mə]

glaze   [glez]

glazed   [glezd]

glazing   ['glez ɪŋ]

gleam   [glim]

gleamed   [glimd]

gleaming   ['glim ɪŋ]

gleams   [glimz]

glee   [gli]

glib   [glɪb]

glibly   ['glɪb li]

glide   [glaɪd]

glided   ['glaɪd ɪd]

glider   ['glaɪd ɚ]

glides   [glaɪdz]

gliding   ['glaɪd ɪŋ]

glimmer   ['glɪm ɚ]

glimmering   ['glɪm ɚ ɪŋ]

glimpse   [glɪmps]

glimpsed [glɪmpst]

glint [glɪnt]

glisten [glɪsn]

glistened [glɪsnd]

glitter ['glɪt ɚ]

glittered ['glɪt ɚd]

glitters ['glɪt ɚz]

gloat [glot]

glob [glab]

global ['glo bl]

globe [glob]

globe-trotter ['glob ˌtrat ɚ]

globule ['glab jul]

gloom [glum]

gloomy ['glum i]

glorification [ˌglɔɚ ə fɪ 'ke ʃn]

glorified ['glɔɚ ɪ faɪd]

glorify ['glɔɚ ɪ faɪ]

glorious ['glɔɚ i əs]

gloriously ['glɔɚ i əs li]

glory ['glɔɚ i]

gloss [glas]

glossary ['glas ə ri]

glossy ['glas i]

glottal [glatl]

glottis ['glat ɪs]

glove [gləv]

glow [glo]

glowed [glod]

glower ['glæʊ ɚ]

glowing ['glo ɪŋ]

glucose ['glu ˌkos]

glue [glu]

glued [glud]

glum [gləm]

glut [glət]

glutton [glətn]

gluttony ['glətn i]

gnarl [naɚl]

gnarled [naɚld]

gnash [næʃ]

gnat [næt]

gnaw [nɔ]

gnawed [nɔd]

go [go]

goad [god]

goal [gol]

goalie ['gol i]

goalkeeper ['gol ˌki pɚ]

goaltender ['gol ˌtɛn dɚ]

goat [got]

goatee [go 'ti]

gob [gab]

gobble [gabl]

gobbled [gabld]

goblet ['gab lɪt]

goblin ['gab lɪn]

God [gad]

goddess ['gad ɪs]

godfather ['gad ˌfa ðɚ]

godforsaken ['gad fɔɚ 'se kn]

godlike ['gad ˌlaɪk]

godmother ['gad ˌmə ðɚ]

godsend ['gad ˌsɛnd]

goes [goz]

goggles [gaglz]

going ['go ɪŋ]

goiter ['gɔɪ tɚ]

gold [gold]

gold-plated ['gold ˌplet ɪd]

goldbrick ['gold ˌbrɪk]

golden ['gol dn]

golden rule ['gol dn 'rul]

goldenrod ['gol dn ˌrad]

goldfish ['gold ,fɪʃ]
golf [galf]
golf course ['galf ,kɔɚs]
golfer ['galf ɚ]
gondola ['gan də lə]
gone [gɔn]
goner ['gɔ nɚ]
gonorrhea [,gan ə 'ri ə]
goo [gu]
good [gʊd]
good-bye [,gʊd 'baɪ]
good-hearted ['gʊd 'haɚ tɪd]
good-looking ['gʊd 'lʊk ɪŋ]
good-natured ['gʊd 'ne tʃɚd]
good Samaritan
   ['gʊd sə 'mæɚ ɪ tn]
good-sized ['gʊd 'saɪzd]
good-tempered ['gʊd 'tɛm pɚd]
goodly ['gʊd li]
goodness ['gʊd nɪs]
goods [gʊdz]
gooey ['gu i]
goof [guf]
goofy ['guf i]
goon [gun]
goop [gup]
goose [gus]
goose pimples ['gus ,pɪm plz]
gopher ['go fɚ]
gore [gɔɚ]
gored [gɔɚd]
gorge [gɔɚdʒ]
gorged [gɔɚdʒd]
gorgeous ['gɔɚdʒ əs]
gorging ['gɔɚdʒ ɪŋ]
gorilla [gə 'rɪl ə]
gory ['gɔɚ i]

gosh [gaʃ]
gospel ['gas pl]
gossip ['gas əp]
gossiped ['gas əpt]
got [gat]
Gothic ['gaθ ɪk]
gotten [gatn]
gouge [gæʊdʒ]
gouged [gæʊdʒd]
gouging ['gæʊdʒ ɪŋ]
goulash ['gu laʃ]
gourd [gɔɚd]
gourmet [gɔɚ 'me]
gout [gæʊt]
govern ['gəv ɚn]
governable ['gəv ɚ nə bl]
governed ['gəv ɚnd]
governess ['gəv ɚ nɪs]
governing ['gəv ɚ nɪŋ]
government ['gəv ɚn mənt]
governmental [,gəv ɚn 'mɛn tl]
governor ['gəv ɚ nɚ]
gown [gæʊn]
grab [græb]
grabbed [græbd]
grabbing ['græb ɪŋ]
grace [gres]
graceful ['gres fl]
gracefully ['gres fə li]
graceless ['gres lɪs]
gracelessly ['gres lɪs li]
gracious ['gre ʃəs]
graciously ['gre ʃəs li]
gradation [gre 'de ʃn]
grade [gred]
grade school ['gred ,skul]
graded ['gred ɪd]

grades [gredz]

grading ['gred ɪŋ]

gradual ['grædʒ u əl]

gradually ['grædʒ u ə li]

graduate *n.* ['grædʒ u ɪt]
  v. ['grædʒ u ˌet]

graduated ['grædʒ u ˌet ɪd]

graduating ['grædʒ u ˌet ɪŋ]

graduation [ˌgrædʒ u 'e ʃn]

graffiti [grə 'fi ti]

graft [græft]

grain [gren]

grainy ['gre ni]

gram [græm]

grammar ['græm ɚ]

grammatical [grə 'mæt ɪ kl]

granary ['græ nə ri]

grand [grænd]

Grand Forks (ND)
  [ˌgrænd 'fɔɚks]

Grand Rapids (MI)
  [ˌgrænd 'ræp ɪdz]

grandchild ['græn ˌtʃaɪld]

grandchildren ['græn ˌtʃɪl drən]

granddad ['græn ˌdæd]

granddaughter ['græn ˌdɔ tɚ]

grandeur ['grænd jɚ]

grandfather ['græn ˌfa ðɚ]

grandiose ['græn di ˌos]

grandmother ['græn ˌməð ɚ]

grandparent ['græn ˌpæɚ ənt]

grandson ['græn ˌsən]

grandstand ['græn ˌstænd]

granite ['græn ɪt]

grant [grænt]

granted ['grænt ɪd]

granting ['grænt ɪŋ]

granular ['græn jə lɚ]

granulated ['græn jə ˌlet ɪd]

granule ['græn jul]

grape [grep]

grapefruit ['grep ˌfrut]

grapevine ['grep ˌvaɪn]

graph [græf]

graphic ['græf ɪk]

graphic arts ['græf ɪk 'aɚts]

graphite ['græ ˌfaɪt]

graphology [græf 'al ə dʒi]

grapple ['græpl]

grappled ['græpld]

grappling ['græp lɪŋ]

grasp [græsp]

grasped [græspt]

grasps [græsps]

grass [græs]

grass roots ['græs 'ruts]

grasshopper ['græs ˌhap ɚ]

grassy ['græs i]

grate [gret]

grated ['gret ɪd]

grateful ['gret fl]

gratefully ['gret fə li]

gratification [ˌgræt ɪ fɪ 'ke ʃn]

gratify ['græt ɪ ˌfaɪ]

grating ['gre tɪŋ]

gratis ['græt ɪs]

gratitude ['græt ɪ ˌtud]

gratuitous [grə 'tu ɪ təs]

gratuity [grə 'tu ɪ ti]

grave [grev]

gravel ['grævl]

gravely ['grev li]

gravestone ['grev ˌston]

graveyard ['grev ˌjaɚd]

gravitate   ['græv ɪ ˌtet]

gravitation   [ˌgræv ɪ 'te ʃn]

gravity   ['græv ɪ ti]

gravy   ['gre vi]

gray   [gre]

graze   [grez]

grazed   [grezd]

grazing   ['grez ɪŋ]

grease   [gris]

greased   [grist]

greasepaint   ['gris ˌpent]

greasy   ['gri si]

great   [gret]

Great Falls (MT)   ['gret 'fɔlz]

greatly   ['gret li]

greatness   ['gret nɪs]

Grecian   ['gri ʃn]

greed   [grid]

greedy   ['gri di]

Greek   [grik]

green   [grin]

Green Bay (WI)   ['grin 'be]

green thumb   ['grin 'θəm]

greenback   ['grin ˌbæk]

greenery   ['gri nə ri]

greenhouse   ['grin ˌhæʊs]

greenish   ['grin ɪʃ]

Greensboro (NC)   ['grinz ˌbɚ o]

Greenville (SC)   ['grin ˌvɪl]

greet   [grit]

greeted   ['gri tɪd]

greeting   ['gri tɪŋ]

greets   [grits]

gregarious   [grɪ 'gɛɚ i əs]

grenade   [grɪ 'ned]

grew   [gru]

greyhound   ['gre ˌhæʊnd]

grid   [grɪd]

griddle   [grɪdl]

gridiron   ['grɪd ˌaɪɚn]

grief   [grif]

grievance   ['gri vəns]

grieve   [griv]

grieved   [grivd]

grieving   ['griv ɪŋ]

grievous   ['gri vəs]

grill   [grɪl]

grim   [grɪm]

grimace   ['grɪm əs]

grimaced   ['grɪm əst]

grimacing   ['grɪm əs ɪŋ]

grimly   ['grɪm li]

grimy   ['graɪm i]

grin   [grɪn]

grind   [graɪnd]

grinding   ['graɪnd ɪŋ]

grindstone   ['graɪnd ˌston]

grinned   [grɪnd]

grinning   ['grɪn ɪŋ]

grip   [grɪp]

gripe   [graɪp]

griped   [graɪpt]

gripped   [grɪpt]

gripping   ['grɪp ɪŋ]

grisly   ['grɪz li]

gristle   [grɪsl]

grit   [grɪt]

gritted   ['grɪt ɪd]

grizzly bear   ['grɪz li ˌbɛɚ]

groan   [gron]

groaned   [grond]

groaning   ['gron ɪŋ]

grocer   ['gro sɚ]

groceries   ['gro sə riz]

grocery   ['gro sə ri]

groggy   ['grag i]

groin   [grɔɪn]

groom   [grum]

groomed   [grumd]

grooming   ['grum ɪŋ]

groove   [gruv]

grooved   [gruvd]

groovy   ['gruv i]

grope   [grop]

groping   ['grop ɪŋ]

gross   [gros]

grossly   ['gros li]

grotesque   [gro 'tɛsk]

grouch   [graʊtʃ]

grouchy   ['graʊtʃ i]

ground   [graʊnd]

ground swell   ['graʊnd ˌswɛl]

grounder   ['graʊnd ɚ]

groundhog   ['graʊnd ˌhag]

groundless   ['graʊnd lɪs]

groundwork   ['graʊnd ˌwɚk]

group   [grup]

grove   [grov]

grovel   [gravl]

grow   [gro]

grower   [gro ɚ]

growing   ['gro ɪŋ]

growl   [graʊl]

growled   [graʊld]

growling   ['graʊl ɪŋ]

grown   [gron]

grown-up   ['gron ˌəp]

growth   [groθ]

grubby   ['grəb i]

grudge   [grədʒ]

grueling   ['grul ɪŋ]

gruesome   ['gru səm]

gruff   [grəf]

gruffly   ['grəf li]

grumble   ['grəm bl]

grumbled   ['grəm bld]

grumbling   ['grəm blɪŋ]

grumpy   ['grəm pi]

grunt   [grənt]

grunted   ['grən tɪd]

grunting   ['grən tɪŋ]

guarantee   [ˌgæɚ ən 'ti]

guarantor   ['gæɚ ən ˌtɔɚ]

guaranty   ['gæɚ ən ti]

guard   [gaɚd]

guarded   ['gaɚ dɪd]

guardhouse   ['gaɚd ˌhæʊs]

guardian   ['gaɚ di ən]

guarding   ['gaɚ dɪŋ]

guerrilla   [gə 'rɪl ə]

guerrilla warfare
   [gə 'rɪl ə 'wɔɚ ˌfɛɚ]

guess   [gɛs]

guessed   [gɛst]

guessing   ['gɛs ɪŋ]

guesswork   ['gɛs ˌwɚk]

guest   [gɛst]

guest room   ['gɛst ˌrum]

guesthouse   ['gɛst ˌhæʊs]

guidance   ['gaɪd əns]

guide   [gaɪd]

guide dog   ['gaɪd ˌdɔg]

guidebook   ['gaɪd ˌbʊk]

guided   ['gaɪd ɪd]

guidelines   ['gaɪd ˌlaɪnz]

guiding   ['gaɪd ɪŋ]

guild   [gɪld]

guilt   [gɪlt]

guiltless ['gɪlt lɪs]

guilty ['gɪl ti]

guinea pig ['gɪn i ˌpɪg]

guise [gaɪz]

guitar [gɪ 'taɚ]

gulch [gəltʃ]

gulf [gəlf]

Gulfport (MS) ['gəlf ˌpɔɚt]

gull [gəl]

gullible ['gəl ə bl]

gully ['gəl i]

gulp [gəlp]

gulped [gəlpt]

gulping ['gəl pɪŋ]

gum [gəm]

gumdrop ['gəm ˌdrɑp]

gumption ['gəmp ʃn]

gun [gən]

gunboat ['gən ˌbot]

gunfight ['gən ˌfaɪt]

gunfire ['gən ˌfaɪɚ]

gunk [gəŋk]

gunman ['gən mən]

gunned [gənd]

gunner ['gən ɚ]

gunpoint ['gən ˌpɔɪnt]

gunpowder ['gən ˌpæʊ dɚ]

gunshot ['gən ˌʃat]

gurgle ['gɚ gl]

gurgling ['gɚg lɪŋ]

guru ['gu ˌru]

gush [gəʃ]

gushed [gəʃt]

gusher ['gəʃ ɚ]

gust [gəst]

gusto ['gəs to]

gut [gət]

gutsy ['gət si]

gutter ['gət ɚ]

guy [gaɪ]

guzzle [gəzl]

guzzled [gəzld]

guzzling ['gəz lɪŋ]

gym [dʒɪm]

gym shoes ['dʒɪm ˌʃuz]

gymnasium [dʒɪm 'ne zi əm]

gymnast ['dʒɪm nəst]

gymnastics [dʒɪm 'næs tɪks]

gynecologist
  [ˌgaɪ nə 'kal ə dʒɪst]

gynecology [ˌgæi nə 'kal ə dʒi]

gyp [dʒɪp]

gypped [dʒɪpt]

gypping ['dʒɪp ɪŋ]

Gypsy ['dʒɪp si]

gyration [dʒaɪ 're ʃn]

H

H [etʃ]
habit ['hæb ɪt]
habitable ['hæb ɪ tə bl]
habitat ['hæb ɪ ˌtæt]
habitual [hə 'bɪtʃ u əl]
hack [hæk]
hackneyed ['hæk nid]
hacksaw ['hæk ˌsɔ]
had [hæd]
hadn't ['hæd nt]
hag [hæg]
Hagerstown (MD)
    ['he gɚz ˌtæʊn]
haggard ['hæg ɚd]
haggle [hægl]
haggled [hægld]
haggles [hæglz]
haggling ['hæg lɪŋ]
hail [hel]
hailstones ['hel ˌstonz]
hailstorm ['hel ˌstɔɚm]
hair [hɛɚ]
hair-raising ['hɛɚ ˌre zɪŋ]
hairbrush ['hɛɚ ˌbrəʃ]
haircut ['hɛɚ ˌkət]

hairdo ['hɛɚ ˌdu]
hairdresser ['hɛɚ ˌdrɛs ɚ]
hairdryer ['hɛɚ ˌdraɪ ɚ]
hairline ['hɛɚ ˌlaɪn]
hairpiece ['hɛɚ ˌpis]
hairstyle ['hɛɚ ˌstaɪl]
hairy ['hɛɚ i]
hale [hel]
half [hæf]
half-and-half ['hæf ən 'hæf]
half-breed ['hæf ˌbrid]
half hour ['hæf 'æʊ ɚ]
half inch ['hæf 'ɪntʃ]
half-mast ['hæf 'mæst]
half-price ['hæf ˌpraɪs]
half-wit ['hæf ˌwɪt]
halfback ['hæf ˌbæk]
halfhearted ['hæf 'haɚ tɪd]
halftime ['hæf ˌtaɪm]
halfway ['hæf 'we]
halitosis [ˌhæl ɪ 'to sɪs]
hall [hɔl]
hallmark ['hɔl ˌmaɚk]
hallowed ['hæl od]
Halloween [ˌhæl ə 'win]

hallucination [hə ˌlu sə 'ne ʃn]

hallway ['hɔl ˌwe]

halo ['he lo]

halt [hɔlt]

halted ['hɔl tɪd]

halter ['hɔl tɚ]

halve [hæv]

halved [hævd]

halves [hævz]

ham [hæm]

hamburger ['hæm ˌbɚ gɚ]

hammer ['hæm ɚ]

hammered ['hæm ɚd]

hammering ['hæm ɚ ɪŋ]

hammock ['hæm ək]

hamper ['hæm pɚ]

hampered ['hæm pɚd]

hampering ['hæm pɚ ɪŋ]

hampers ['hæm pɚz]

Hampton (VA) ['hæmp tn]

hamster ['hæm stɚ]

hand [hænd]

hand-me-down
    ['hænd mi ˌdæʊn]

handbag ['hænd ˌbæg]

handball ['hænd ˌbɔl]

handbook ['hænd ˌbʊk]

handcuffs ['hænd ˌkəfs]

handed ['hæn dɪd]

handful ['hænd ˌfl]

handgun ['hænd ˌgən]

handicap ['hæn di ˌkæp]

handicapped ['hæn di ˌkæpt]

handicapping ['hæn di ˌkæp ɪŋ]

handicraft ['hæn di ˌkræft]

handing ['hæn dɪŋ]

handiwork ['hæn di ˌwɚk]

handkerchief ['hæŋ kɚ tʃɪf]

handle ['hæn dl]

handlebars ['hæn dl ˌbaɚz]

handled ['hæn dld]

handling ['hænd lɪŋ]

handmade ['hænd 'med]

handout ['hænd ˌæʊt]

handpick ['hænd 'pɪk]

handpicked ['hænd 'pɪkt]

handrail ['hænd ˌrel]

hands [hændz]

handshake ['hænd ˌʃek]

handsome ['hænd sm]

handspring ['hænd ˌsprɪŋ]

handwork ['hænd ˌwɚk]

handwriting ['hænd ˌraɪt ɪŋ]

handy ['hæn di]

handyman ['hæn di ˌmæn]

hang [hæŋ]

hang gliding ['hæŋ ˌglaɪd ɪŋ]

hang-up ['hæŋ ˌəp]

hangar ['hæŋ ɚ]

hanged [hæŋd]

hanger ['hæŋ ɚ]

hanger-on ['hæŋ ɚ ˌɒn]

hanging ['hæŋ ɪŋ]

hangnail ['hæŋ ˌnel]

hangover ['hæŋ ˌo vɚ]

hankie ['hæŋ ki]

haphazard ['hæp 'hæz ɚd]

hapless ['hæp lɪs]

happen ['hæp ən]

happened ['hæp ənd]

happening ['hæp ə nɪŋ]

happens ['hæp ənz]

happily ['hæp ə li]

happiness ['hæp i nɪs]

happy ['hæp i]
happy-go-lucky
  ['hæp i go 'lək i]
harass [hə 'ræs]
harassed [hə 'ræst]
harassing [hə 'ræs ɪŋ]
harassment [hə 'ræs mənt]
harbor ['haɚ bɚ]
harbored ['haɚ bɚd]
harboring ['haɚ bɚ ɪŋ]
harbors ['haɚ bɚz]
hard [haɚd]
hard-boiled ['haɚd 'bɔɪld]
hard hat ['haɚd ˌhæt]
hard-hearted ['haɚd 'haɚ tɪd]
hard-nosed ['haɚd ˌnozd]
hard sell ['haɚd 'sɛl]
hard-up ['haɚd ˌəp]
harden ['haɚ dn]
hardened ['haɚ dnd]
hardheaded ['haɚd 'hɛd ɪd]
hardly ['haɚd li]
hardness ['haɚd nɪs]
hardship ['haɚd ˌʃɪp]
hardware ['haɚd ˌwɛɚ]
hardwood ['haɚd ˌwʊd]
hardworking ['haɚd 'wɚk ɪŋ]
hardy ['haɚ di]
hare [hɛɚ]
harebrained ['hɛɚ ˌbrend]
harem ['hɛɚ əm]
harm [haɚm]
harmed [haɚmd]
harmful ['haɚm fl]
harming ['haɚm ɪŋ]
harmless ['haɚm lɪs]
harmonica [haɚ 'man ə kə]

harmonious [haɚ 'mo ni əs]
harmonize ['haɚ mə ˌnaɪz]
harmonized ['haɚ mə ˌnaɪzd]
harmonizes ['haɚ mə ˌnaɪz ɪz]
harmonizing ['haɚ mə ˌnaɪz ɪŋ]
harmony ['haɚ mə ni]
harms [haɚmz]
harness ['haɚ nɪs]
harp [haɚp]
harped [haɚpt]
harping ['haɚp ɪŋ]
harpoon [haɚ 'pun]
harps [haɚps]
Harrisburg (PA) ['hæɚ ɪs ˌbɚg]
harrowing ['hæɚ o ɪŋ]
harsh [haɚʃ]
harshly ['haɚʃ li]
Hartford (CT) ['haɚt fɚd]
harvest ['haɚ vɪst]
harvested ['haɚ vɪs tɪd]
harvesting ['haɚ vɪs tɪŋ]
has [hæz]
has-been ['hæz ˌbɪn]
hash [hæʃ]
hashed [hæʃt]
hashes ['hæʃ ɪz]
hashing ['hæʃ ɪŋ]
hasn't ['hæz nt]
hassle [hæsl]
hassled [hæsld]
hassles [hæslz]
hassling ['hæs lɪŋ]
hassock ['hæs ək]
haste [hest]
hasten ['he sn]
hastily ['he stɪ li]
hasty ['he sti]

hat [hæt]

hatch [hætʃ]

hatchback [ˈhætʃ ˌbæk]

hatched [hætʃt]

hatchery [ˈhætʃ ə ri]

hatches [ˈhætʃ ɪz]

hatchet [ˈhætʃ ɪt]

hatching [ˈhætʃ ɪŋ]

hate [het]

hated [ˈhet ɪd]

hateful [ˈhet fl]

hates [hets]

hating [ˈhet ɪŋ]

hatred [ˈhe trɪd]

haughty [ˈhɔ ti]

haul [hɔl]

hauled [hɔld]

hauler [ˈhɔl ɚ]

hauling [ˈhɔl ɪŋ]

hauls [hɔlz]

haunt [hɔnt]

haunted [ˈhɔnt ɪd]

haunting [ˈhɔnt ɪŋ]

have [hæv]

haven [ˈhe vn]

haven't [ˈhæv nt]

havoc [ˈhæv ək]

Hawaii [hə ˈwɑɪ ˌi]

hawk [hɔk]

hawker [ˈhɔk ɚ]

hay [he]

hay fever [ˈhe ˌfi vɚ]

hayloft [ˈhe ˌlɔft]

haystack [ˈhe ˌstæk]

haywire [ˈhe ˌwɑɪɚ]

hazard [ˈhæz ɚd]

hazardous [ˈhæz ɚ dəs]

haze [hez]

hazed [hezd]

hazing [ˈhez ɪŋ]

hazy [ˈhe zi]

he [hi]

he-man [ˈhi ˈmæn]

head [hɛd]

head-on [ˈhɛd ˈɔn]

headache [ˈhɛd ˌek]

headboard [ˈhɛd ˌbɔɚd]

headdress [ˈhɛd ˌdrɛs]

headed [ˈhɛd ɪd]

headfirst [ˈhɛd ˈfɚst]

heading [ˈhɛd ɪŋ]

headlight [ˈhɛd ˌlɑɪt]

headline [ˈhɛd lɑɪn]

headlong [ˈhɛd ˌlɔŋ]

headphones [ˈhɛd ˌfonz]

headquarters [ˈhɛd ˌkwɔɚ tɚz]

headrest [ˈhɛd ˌrɛst]

headroom [ˈhɛd ˌrum]

head start [ˈhɛd ˈstɑɚt]

headstrong [ˈhɛd ˌstrɔŋ]

headway [ˈhɛd ˌwe]

head wind [ˈhɛd ˌwɪnd]

heal [hil]

healed [hild]

health [hɛlθ]

healthful [ˈhɛlθ fl]

healthy [ˈhɛl θi]

heap [hip]

hear [hɪɚ]

heard [hɚd]

hearer [ˈhɪɚ ɚ]

hearing [ˈhɪɚ ɪŋ]

hearing aid [ˈhɪɚ ɪŋ ˌed]

hearsay [ˈhɪɚ ˌse]

hearse   [hɚs]

heart   [haɚt]

heart attack   ['haɚt ə ˌtæk]

heartache   ['haɚt ˌek]

heartbeat   ['haɚt ˌbit]

heartbreak   ['haɚt ˌbrek]

heartbroken   ['haɚt 'bro kn]

heartburn   ['haɚt ˌbɚn]

hearten   [haɚtn]

heartfelt   ['haɚt ˌfɛlt]

hearth   ['haɚθ]

heartily   ['haɚ tɪ li]

heartless   ['haɚt lɪs]

heartrending   ['haɚt ˌrɛn dɪŋ]

hearty   ['haɚ ti]

heat   [hit]

heated   ['hit id]

heater   ['hi tɚ]

heathen   ['hi ðn]

heating   ['hit ɪŋ]

heatstroke   ['hit ˌstrok]

heat wave   ['hit ˌwev]

heave   [hiv]

heaven   [hɛvn]

heavenly   ['hɛvn li]

heavily   ['hɛv ɪ li]

heaviness   ['hɛv i nɪs]

heavy   ['hɛv i]

heavy-duty   ['hɛv i 'du ti]

heavy-handed   ['hɛv i 'hæn dɪd]

heavyset   ['hɛv i 'sɛt]

heavyweight   ['hɛv i ˌwet]

Hebrew   ['hi bru]

heckle   [hɛkl]

heckled   [hɛkld]

heckling   ['hɛk lɪŋ]

hectic   ['hɛk tɪk]

he'd   [hid]

hedge   [hɛdʒ]

hedged   [hɛdʒd]

heed   [hid]

heeded   ['hid ɪd]

heel   [hil]

hefty   ['hɛf ti]

heifer   ['hɛf ɚ]

height   [haɪt]

heighten   [haɪtn]

heir   [ɛɚ]

heiress   ['ɛɚ ɪs]

heirloom   ['ɛɚ ˌlum]

held   [hɛld]

helicopter   ['hɛl ə ˌkap tɚ]

helium   ['hi li əm]

he'll   [hil]

hell   [hɛl]

hellcat   ['hɛl ˌkæt]

hellish   ['hɛl ɪʃ]

hello   [hɛ 'lo]

helm   [hɛlm]

helmet   ['hɛl mɪt]

helmsman   ['hɛlmz mən]

help   [hɛlp]

helped   [hɛlpt]

helper   ['hɛl pɚ]

helpful   ['hɛlp fl]

helping   ['hɛl pɪŋ]

helpless   ['hɛlp lɪs]

helplessly   ['hɛlp lɪs li]

helpmate   ['hɛlp ˌmet]

hem   [hɛm]

hematologist
   [ˌhim ə 'tal ə dʒɪst]

hematology   [ˌhim ə 'tal ə dʒi]

hemisphere   ['hɛm ɪ ˌsfɪɚ]

hemmed   [hɛmd]

hemming   ['hɛm ɪŋ]

hemophilia   [ˌhi mə 'fil i ə]

hemorrhage   ['hɛm rɪdʒ]

hemorrhaged   ['hɛm rɪdʒd]

hemorrhaging   ['hɛm rɪdʒ ɪŋ]

hemorrhoids   ['hɛm rɔɪdz]

hen   [hɛn]

hence   [hɛns]

henceforth   ['hɛns ˌfɔɚθ]

henchman   ['hɛntʃ mən]

henpecked   ['hɛn ˌpɛkt]

hepatitis   [ˌhɛp ə 'taɪ tɪs]

her   [hɚ]

herald   ['hɛɚ əld]

herb   [ɚb]

herbicide   ['ɚ bɪ ˌsaɪd]

herd   [hɚd]

here   [hɪɚ]

hereafter   [hɪɚ 'æf tɚ]

hereby   [hɪɚ 'baɪ]

hereditary   [hə 'rɛd ɪ ˌtɛɚ i]

heredity   [hə 'rɛd ɪ ti]

here's   [hɪɚz]

heresy   ['hɛɚ ɪ si]

heretic   ['hɛɚ ɪ tɪk]

herewith   [hɪɚ 'wɪθ]

heritage   ['hɛɚ ɪ tɪdʒ]

hermit   ['hɚ mɪt]

hernia   ['hɚ ni ə]

hero   ['hɪɚ o]

heroic   [hɪ 'ro ɪk]

heroin   ['hɛɚ o ɪn]

heroine   ['hɛɚ o ɪn]

heroism   ['hɛɚ o ˌɪzm]

herpes   ['hɚ piz]

herring   ['hɛɚ ɪŋ]

hers   [hɚz]

herself   [hɚ 'sɛlf]

he's   [hiz]

hesitant   ['hɛz ɪ tənt]

hesitate   ['hɛz ɪ ˌtet]

hesitated   ['hɛz ɪ ˌtet ɪd]

hesitates   ['hɛz ɪ ˌtets]

hesitating   ['hɛz ɪ ˌtet ɪŋ]

hesitation   [ˌhɛz ɪ 'te ʃn]

hey   [he]

heyday   ['he ˌde]

hi   [haɪ]

hi-fi   ['haɪ 'faɪ]

hi-tech   ['haɪ ˌtɛk]

hiatus   [haɪ 'e təs]

hibernate   ['haɪ bɚ ˌnet]

hibernated   ['haɪ bɚ ˌnet ɪd]

hibernates   ['haɪ bɚ ˌnets]

hibernating   ['haɪ bɚ ˌnet ɪŋ]

hiccup   ['hɪk əp]

hick   [hɪk]

hickory   ['hɪk ə ri]

hid   [hɪd]

hidden   [hɪdn]

hide   [haɪd]

hideaway   ['haɪd ə ˌwe]

hideous   ['hɪd i əs]

hideout   ['haɪd ˌæʊt]

hiding   ['haɪd ɪŋ]

hierarchy   ['haɪɚ ˌaɚ ki]

high   [haɪ]

high fidelity   ['haɪ fɪ 'dɛl ɪ ti]

high-handed   ['haɪ 'hæn dɪd]

high-pitched   ['haɪ 'pɪtʃt]

high-pressure   ['haɪ 'prɛʃ ɚ]

high-rise   ['haɪ ˌraɪz]

high school   ['haɪ ˌskul]

high time   ['haɪ 'taɪm]

highball   ['haɪ ,bɔl]

highboy   ['haɪ ,bɔɪ]

highbrow   ['haɪ ,braʊ]

highchair   ['haɪ ,tʃɛɚ]

higher-up   ['haɪ ɚ 'əp]

highlight   ['haɪ ,laɪt]

highly   ['haɪ li]

high-strung   ['haɪ 'strəŋ]

highway   ['haɪ ,we]

hijack   ['haɪ ,dʒæk]

hijacker   ['haɪ ,dʒæk ɚ]

hike   [haɪk]

hiked   [haɪkt]

hiker   ['haɪk ɚ]

hikes   [haɪks]

hiking   ['haɪk ɪŋ]

hilarious   [hɪ 'lɛɚ i əs]

hill   [hɪl]

hillbilly   ['hɪl ,bɪl i]

hillside   ['hɪl ,saɪd]

hilltop   ['hɪl ,tap]

hilly   ['hɪl i]

him   [hɪm]

himself   [hɪm 'sɛlf]

hinder   ['hɪn dɚ]

hindrance   ['hɪn drəns]

hindsight   ['haɪnd ,saɪt]

Hindu   ['hɪn du]

hinge   [hɪndʒ]

hint   [hɪnt]

hinterland   ['hɪn tɚ ,lænd]

hip   [hɪp]

hippie   ['hɪp i]

hippo   ['hɪp o]

hippopotamus
     [,hɪp ə 'pat ə məs]

hire   [haɪɚ]

hired   [haɪɚd]

hireling   ['haɪɚ lɪŋ]

hiring   ['haɪɚ ɪŋ]

his   [hɪz]

hiss   [hɪs]

histamine   ['hɪs tə ,min]

historian   [hɪ 'stɔɚ i ən]

historic   [hɪ 'stɔɚ ɪk]

historical   [hɪ 'stɔɚ ɪ kl]

history   ['hɪs tə ri]

hit   [hɪt]

hit-and-run   ['hɪt n 'rən]

hitch   [hɪtʃ]

hitchhike   ['hɪtʃ ,haɪk]

hitchhiker   ['hɪtʃ ,haɪk ɚ]

hitched   [hɪtʃt]

hive   [haɪv]

hoard   [hɔɚd]

hoarded   ['hɔɚ dɪd]

hoarding   ['hɔɚ dɪŋ]

hoarse   [hɔɚs]

hoarsely   ['hɔɚs li]

hoax   [hoks]

hobble   [habl]

hobbled   [habld]

hobbling   ['hab lɪŋ]

hobby   ['hab i]

hobbyhorse   ['hab i ,hɔɚs]

hobo   ['ho bo]

hock   [hak]

hockey   ['hak i]

hodgepodge   ['hadʒ ,padʒ]

hoe   [ho]

hoed   [hod]

hoeing   ['ho ɪŋ]

hog   [hag]

hogged   [hagd]

hogging   ['hag ɪŋ]

hoist   [hɔɪst]

hold   [hold]

holder   ['hold ɚ]

holding   ['hold ɪŋ]

holdup   ['hold ˌəp]

hole   [hol]

holiday   ['hal ə ˌde]

holiness   ['ho li nɪs]

hollow   ['hal o]

holly   ['hal i]

holocaust   ['hal ə ˌkast]

holster   ['hol stɚ]

holy   ['ho li]

homage   ['am ɪdʒ]

home   [hom]

home address   ['hom ə 'drɛs]

homeland   ['hom ˌlænd]

homeless   ['hom lɪs]

homely   ['hom li]

homemade   ['hom 'med]

homemaker   ['hom ˌme kɚ]

homeplate   ['hom 'plet]

homesick   ['hom ˌsɪk]

homestretch   ['hom 'strɛtʃ]

hometown   ['hom 'tæʊn]

homeward   ['hom wɚd]

homework   ['hom ˌwɚk]

homicide   ['ham ɪ ˌsaɪd]

homogeneous
    [ˌho mə 'dʒi ni əs]

homogenized
    [hə 'madʒ ə ˌnaɪzd]

homonym   ['ham ə nɪm]

homosexual   [ˌho mə 'sɛk ʃu əl]

honest   ['an ɪst]

honestly   ['an ɪst li]

honesty   ['an ɪs ti]

honey   ['hən i]

honeycomb   ['hən i ˌkom]

honeymoon   ['hən i ˌmun]

honeysuckle   ['hən i ˌsəkl]

honk   [haŋk]

Honolulu (HI)   [ˌhan ə 'lu lu]

honor   ['an ɚ]

honorable   ['an ɚ ə bl]

honorably   ['an ɚ ə bli]

honorarium   [ˌan ə 'rɛɚ i əm]

honorary   ['an ə ˌrɛɚ i]

honored   ['an ɚd]

honoring   ['an ɚ ɪŋ]

honors   ['an ɚz]

hood   [hʊd]

hoodlum   ['hʊd ləm]

hoodwink   ['hʊd ˌwɪŋk]

hoof   [hʊf]

hook   [hʊk]

hooked   [hʊkt]

hoop   [hup]

hoot   [hut]

hop   [hap]

hope   [hop]

hoped   [hopt]

hopeful   ['hop fl]

hopefully   ['hop fə li]

hopeless   ['hop lɪs]

hopelessly   ['hop lɪs li]

hopes   [hops]

hoping   ['hop ɪŋ]

horizon   [hə 'raɪ zn]

horizontal   [ˌhaɚ ɪ 'zan tl]

hormone   ['hɔɚ ˌmon]

horn   [hɔɚn]

hornet ['hɔɚ nɪt]

horoscope ['haɚ ə ,skop]

horrendous [hɔ 'rɛn dəs]

horrible ['haɚ ə bl]

horribly ['haɚ ə bli]

horrid ['haɚ ɪd]

horrify ['haɚ ɪ ,faɪ]

horror ['haɚ ɚ]

horror film ['haɚ ɚ 'fɪlm]

hors d'oeuvre [ɔɚ 'dɚv]

horse [hɔɚs]

horseback ['hɔɚs ,bæk]

horsepower ['hɔɚs ,pæʊ ɚ]

horseradish ['hɔɚs ,ræd ɪʃ]

horseshoe ['hɔɚs ,ʃu]

horticulture ['hɔɚ tə ,kəl tʃɚ]

hose [hoz]

hosed [hozd]

hosiery ['ho ʒə ri]

hosing ['hoz ɪŋ]

hospice ['has pɪs]

hospitable ['has pɪ tə bl]

hospital ['has pɪ tl]

hospitality [,has pɪ 'tæl ɪ ti]

hospitalize ['has pɪ tə ,laɪz]

host [host]

hostage ['has tɪdʒ]

hosted ['hos tɪd]

hostel ['has tl]

hostess ['hos tɪs]

hostile ['has tl]

hostility [ha 'stɪl ɪ ti]

hosting ['hos tɪŋ]

hosts [hosts]

hot [hat]

Hot Springs (AR) ['hat 'sprɪŋz]

hot-water bottle
['hat 'wɔ tɚ ,batl]

hotbed ['hat ,bɛd]

hotel [ho 'tɛl]

hotheaded ['hat ,hɛd ɪd]

hothouse ['hat ,hæʊs]

hotly ['hat li]

hot plate ['hat ,plet]

hound [hæʊnd]

hounded ['hæʊn dɪd]

hour [æʊɚ]

hourglass ['æʊɚ ,glæs]

hourly ['æʊɚ li]

house n. [hæʊs] v. [hæʊz]

houseboat ['hæʊs ,bot]

housebreaking ['hæʊs ,bre kɪŋ]

housebroken ['hæʊs ,bro kn]

housecoat ['hæʊs ,kot]

housed [hæʊzd]

household ['hæʊs ,hold]

householder ['hæʊs ,hol dɚ]

housekeeper ['hæʊs ,ki pɚ]

housekeeping ['hæʊs ,ki pɪŋ]

houses ['hæʊ zɪz]

housetop ['hæʊs ,tap]

housewarming
['hæʊs ,wɔɚ mɪŋ]

housewife ['hæʊs ,waɪf]

housework ['hæʊs ,wɚk]

housing ['hæʊz ɪŋ]

Houston (TX) ['hju stn]

hovel [həvl]

hover ['həv ɚ]

hovered ['həv ɚd]

hovering ['həv ɚ ɪŋ]

how [hæʊ]

however [,hæʊ 'ɛv ɚ]

howl [haʊl]

howled [haʊld]

howling [ˈhaʊl ɪŋ]

hub [həb]

hubbub [ˈhəb əb]

hubcap [ˈhəb ˌkæp]

huckster [ˈhək stɚ]

huddle [hədl]

huddled [hədld]

huddling [ˈhəd lɪŋ]

hue [hju]

hues [hjuz]

hug [həg]

huge [hjudʒ]

hulk [həlk]

hulking [ˈhəl kɪŋ]

hull [həl]

hum [həm]

human [ˈhju mən]

humane [hju ˈmen]

humanitarian
[hju ˌmæn ɪ ˈtɛɚ i ən]

humanity [hju ˈmæn ɪ ti]

humanize [ˈhju mə ˌnɑɪz]

humble [ˈhəm bl]

humbly [ˈhəm bli]

humdrum [ˈhəm ˌdrəm]

humid [ˈhju mɪd]

humidifier [hju ˈmɪd ə ˌfɑɪ ɚ]

humidity [hju ˈmɪd ɪ ti]

humiliate [hju ˈmɪl i ˌet]

humiliated [hju ˈmɪl i ˌet ɪd]

humiliating [hju ˈmɪl i ˌet ɪŋ]

humiliation [hju ˌmɪl i ˈe ʃn]

humility [hju ˈmɪl ɪ ti]

hummed [həmd]

humming [ˈhəm ɪŋ]

humor [ˈhju mɚ]

humorous [ˈhju mɚ əs]

hump [həmp]

hunch [həntʃ]

hunchback [ˈhəntʃ ˌbæk]

hunched [həntʃt]

hundred [ˈhən drɪd]

hung [həŋ]

hunger [ˈhəŋ gɚ]

hungrily [ˈhəŋ grɪ li]

hungry [ˈhəŋ gri]

hunk [həŋk]

hunt [hənt]

hunted [ˈhən tɪd]

hunter [ˈhən tɚ]

hunting [ˈhən tɪŋ]

Huntington (WV) [ˈhən tɪŋ tn]

Huntsville (AL) [ˈhənts ˌvɪl]

hurdle [ˈhɚ dl]

hurdled [ˈhɚ dld]

hurdler [ˈhɚd lɚ]

hurdling [ˈhɚd lɪŋ]

hurl [hɚl]

hurrah [hə ˈrɑ]

hurray [hə ˈre]

hurricane [ˈhɚ ɪ ˌken]

hurried [ˈhɚ id]

hurriedly [ˈhɚ id li]

hurry [ˈhɚ i]

hurt [hɚt]

hurtful [ˈhɚt fl]

husband [ˈhəz bənd]

hush [həʃ]

hush-hush [ˈhəʃ ˌhəʃ]

husk [həsk]

husky [ˈhəs ki]

hussy [ˈhəs i]

hustle [həsl]

hut [hət]

hutch [hətʃ]

hybrid ['haɪ brɪd]

hydrant ['haɪ drənt]

hydraulic [haɪ 'drɑl ɪk]

hydroelectric
[ˌhaɪ dro ə 'lɛk trɪk]

hydrofoil ['haɪ drə ˌfɔɪl]

hydrogen ['haɪ drə dʒn]

hydrophobia [ˌhaɪ drə 'fo bi ə]

hydroplane ['haɪ drə ˌplen]

hyena [haɪ 'i nə]

hygiene ['haɪ ˌdʒin]

hygienic [ˌhaɪ 'dʒɛn ɪk]

hymn [hɪm]

hymnal ['hɪm nl]

hype [haɪp]

hypercritical [ˌhɪ pɚ 'krɪt ɪ kl]

hypersensitive
[ˌhaɪ pɚ 'sɛn sɪ tɪv]

hypertension [ˌhaɪ pɚ 'tɛn·ʃn]

hyphen ['haɪ fn]

hyphenate ['haɪ fə ˌnet]

hypnosis [hɪp 'no sɪs]

hypnotic [hɪp 'nɑt ɪk]

hypnotism ['hɪp nə ˌtɪzm]

hypnotize ['hɪp nə ˌtaɪz]

hypochondria
[ˌhaɪ pə 'kɑn dri ə]

hypocrisy [hɪ 'pɑk rə si]

hypocrite ['hɪ pə krɪt]

hypocritical ['hɪ pə krɪt ɪ kl]

hypothesis [haɪ 'pɑθ ɪ sɪs]

hysterectomy [ˌhɪs tə 'rɛk tə mi]

hysteria [hɪ 'stɛɚ i ə]

hysterical [hɪ 'stɛɚ i kl]

I

I [aɪ]
ice [aɪs]
ice cube [ˈaɪs ˌkjub]
ice hockey [ˈaɪs ˌhɑk i]
iceberg [ˈaɪs ˌbɚg]
icebreaker [ˈaɪs ˌbre kɚ]
icicle [ˈaɪ sɪ kl]
icing [ˈaɪ sɪŋ]
icky [ˈɪk i]
icy [ˈaɪ si]
I'd [aɪd]
Idaho [ˈaɪ də ˌho]
Idaho Falls (ID) [ˈaɪ də ˌho ˈfɔlz]
idea [aɪ ˈdi ə]
ideal [aɪ ˈdil]
idealism [aɪ ˈdil ɪzm]
idealize [aɪ ˈdi ə ˌlaɪz]
ideally [aɪ ˈdi ə li]
identical [aɪ ˈdɛn tɪ kl]
identification
    [aɪ ˌdɛn tə fə ˈke ʃn]
identified [aɪ ˈdɛn tə ˌfaɪd]
identify [aɪ ˈdɛn tə ˌfaɪ]
identifying [aɪ ˈdɛn tə ˌfaɪ ɪŋ]
identity [aɪ ˈdɛn tɪ ti]

ideology [ˌaɪ di ˈal ə dʒi]
idiocy [ˈɪd i ə si]
idiom [ˈɪd i əm]
idiosyncrasy [ˌɪd i ə ˈsɪŋ krə si]
idiot [ˈɪd i ət]
idiotic [ˌɪd i ˈat ɪk]
idle [aɪdl]
idled [aɪdld]
idleness [ˈaɪdl nɪs]
idles [aɪdlz]
idling [ˈaɪd lɪŋ]
idly [ˈaɪd li]
idol [ˈaɪ dl]
idolatry [aɪ ˈdal ə tri]
idolize [ˈaɪd ə ˌlaɪz]
idolized [ˈaɪd ə ˌlaɪzd]
if [ɪf]
igloo [ˈɪg lu]
ignite [ɪg ˈnaɪt]
ignited [ɪg ˈnaɪt ɪd]
igniting [ɪg ˈnaɪt ɪŋ]
ignition [ɪg ˈnɪʃn]
ignition key [ɪg ˈnɪʃn ˌki]
ignoramus [ˌɪg nə ˈræ məs]
ignorance [ˈɪg nɚ əns]

ignorant ['ɪg nɚ ənt]

ignore [ɪg 'nɔɚ]

ignored [ɪg 'nɔɚd]

ignores [ɪg 'nɔɚz]

ignoring [ɪg 'nɔɚ ɪŋ]

I'll [aɪl]

ill [ɪl]

ill-advised ['ɪl əd ˌvaɪzd]

ill at ease ['ɪl ət ˌiz]

ill-fated ['ɪl 'fe tɪd]

ill feeling ['ɪl 'fil ɪŋ]

illegal [ɪ 'li gl]

illegible [ɪ 'lɛdʒ ə bl]

illegitimate [ˌɪl ɪ 'dʒɪt ə mɪt]

Illinois [ˌɪl ə 'nɔɪ]

illiteracy [ɪ 'lɪt ɚ ə si]

illiterate [ɪ 'lɪt ɚ ɪt]

illness ['ɪl nɪs]

illogical [ɪ 'ladʒ ɪ kl]

illuminate [ɪ 'lu mə ˌnet]

illuminated [ɪ 'lu mə ˌnet ɪd]

illuminates [ɪ 'lu mə ˌnets]

illuminating [ɪ 'lu mə ˌne tɪŋ]

illumination [ɪ ˌlu mə 'ne ʃn]

illusion [ɪ 'lu ʒn]

illustrate ['ɪl ə ˌstret]

illustrated ['ɪl ə ˌstret ɪd]

illustrates ['ɪl ə ˌstrets]

illustrating ['ɪl ə ˌstret ɪŋ]

illustration [ˌɪl ə 'stre ʃn]

illustrative [ɪ 'ləs trə tɪv]

illustrator ['ɪl ə ˌstre tɚ]

illustrious [ˌɪ 'ləs tri əs]

I'm [aɪm]

image ['ɪm ɪdʒ]

imagery ['ɪm ɪdʒ ri]

imaginable [ɪ 'mædʒ ə nə bl]

imaginary [ɪ 'mædʒ ə ˌnɛɚ i]

imagination [ɪ ˌmædʒ ə 'ne ʃn]

imaginative [ɪ 'mædʒ ə nə tɪv]

imagine [ɪ 'mædʒ ɪn]

imagined [ɪ 'mædʒ ɪnd]

imbalance [ɪm 'bæl əns]

imbecile ['ɪm bɪ sl]

imbibe [ɪm 'baɪb]

imbue [ɪm 'bju]

imitate ['ɪm ɪ ˌtet]

imitated ['ɪm ɪ ˌtet ɪd]

imitates ['ɪm ɪ ˌtets]

imitating ['ɪm ɪ ˌtet ɪŋ]

imitation [ˌɪm ɪ 'te ʃn]

immaculate [ɪ 'mæk jə lɪt]

immaculately [ɪ 'mæk jə lɪt li]

immaterial [ˌɪm ə 'tɪɚ i əl]

immature [ˌɪm ə 'tʃʊɚ]

immeasurable [ɪ 'mɛʒ ɚ ə bl]

immediate [ɪ 'mi di ɪt]

immediately [ɪ 'mi di ɪt li]

immemorial [ˌɪm ə 'mɔɚ i əl]

immense [ɪ 'mɛns]

immensely [ɪ 'mɛns li]

immerse [ɪ 'mɚs]

immersed [ɪ 'mɚst]

immersing [ɪ 'mɚs ɪŋ]

immigrant ['ɪm ə grənt]

immigrate ['ɪm ə ˌgret]

immigrated ['ɪm ə ˌgret ɪd]

immigrating ['ɪm ə ˌgret ɪŋ]

immigration [ˌɪm ə 'gre ʃn]

imminent ['ɪm ə nənt]

immobile [ɪ 'mo bl]

immobilize [ɪ 'mo bɪ ˌlaɪz]

immobilized [ɪ 'mo bɪ ˌlaɪzd]

immoderate [ɪ 'mad ɚ ɪt]

immodest [ɪ ˈmɑd ɪst]

immoral [ɪ ˈmɑɚ əl]

immortal [ɪ ˈmɔɚ tl]

immortality [ˌɪ mɔɚ ˈtæl ɪ ti]

immortalize [ɪ ˈmɔɚ tə ˌlaɪz]

immovable [ɪ ˈmu və bl]

immune [ɪ ˈmjun]

immunity [ɪ ˈmju nɪ ti]

immunize [ˈɪm jə ˌnaɪz]

immunology [ˌɪm jə ˈnɑl ə dʒi]

impact n. [ˈɪm pækt]
  v. [ɪm ˈpækt]

impacted [ɪm ˈpæk tɪd]

impacting [ɪm ˈpæk tɪŋ]

impacts [ɪm ˈpækts]

impair [ɪm ˈpɛɚ]

impairment [ɪm ˈpɛɚ mənt]

impart [ɪm ˈpɑɚt]

impartial [ɪm ˈpɑɚ ʃl]

impassable [ɪm ˈpæs ə bl]

impasse [ˈɪm pæs]

impassive [ɪm ˈpæs ɪv]

impatience [ɪm ˈpe ʃəns]

impatient [ɪm ˈpe ʃənt]

impatiently [ɪm ˈpe ʃənt li]

impeach [ɪm ˈpitʃ]

impeccable [ɪm ˈpɛk ə bl]

impede [ɪm ˈpid]

impeded [ɪm ˈpid ɪd]

impedes [ɪm ˈpidz]

impediment [ɪm ˈpɛd ə mənt]

impeding [ɪm ˈpid ɪŋ]

impel [ɪm ˈpɛl]

impelled [ɪm ˈpɛld]

impelling [ɪm ˈpɛl ɪŋ]

impels [ɪm ˈpɛlz]

impending [ɪm ˈpɛnd ɪŋ]

impenetrable [ɪm ˈpɛn ɪ trə bl]

imperative [ɪm ˈpɛɚ ə tɪv]

imperceptible
  [ˌɪm pɚ ˈsɛp tə bl]

imperfect [ɪm ˈpɚ fɪkt]

imperfection [ˌɪm pɚ ˈfɛk ʃn]

imperial [ɪm ˈpɪɚ i əl]

imperialism [ɪm ˈpɪɚ i əl ˌɪzm]

impersonal [ɪm ˈpɚ sə nl]

impersonate [ɪm ˈpɚ sə ˌnet]

impersonated
  [ɪm ˈpɚ sə ˌnet ɪd]

impersonates [ɪm ˈpɚ sə ˌnets]

impersonating
  [ɪm ˈpɚ sə ˌnet ɪŋ]

impersonator [ɪm ˈpɚ sə ˌnet ɚ]

impertinent [ɪm ˈpɚ tə nənt]

impervious [ɪm ˈpɚ vi əs]

impetuous [ɪm ˈpɛtʃ u əs]

impetus [ˈɪm pɪ təs]

impinge [ɪm ˈpɪndʒ]

impinged [ɪm ˈpɪndʒd]

impinges [ɪm ˈpɪndʒ ɪz]

impinging [ɪm ˈpɪndʒ ɪŋ]

implant n. [ˈɪm ˌplænt]
  v. [ɪm ˈplænt]

implanted [ɪm ˈplæn tɪd]

implanting [ɪm ˈplæn tɪŋ]

implausible [ɪm ˈplɔ zə bl]

implement n. [ˈɪm plə mənt]
  v. [ˈɪm plə ˌmɛnt]

implicate [ˈɪm plə ˌket]

implicated [ˈɪm plə ˌket ɪd]

implication [ˌɪm plə ˈke ʃn]

implicit [ɪm ˈplɪs ɪt]

implied [ɪm ˈplaɪd]

implies [ɪm ˈplaɪz]

implore [ɪm 'plɔɚ]
implored [ɪm 'plɔɚd]
imploring [ɪm 'plɔɚ ɪŋ]
imply [ɪm 'plaɪ]
implying [ɪm 'plaɪ ɪŋ]
impolite [ˌɪm pə 'laɪt]
imponderable [ɪm 'pan dɚ ə bl]
import n. ['ɪm pɔɚt]
   v. [ɪm 'pɔɚt]
importance [ɪm 'pɔɚ tns]
important [ɪm 'pɔɚ tnt]
imported [ɪm 'pɔɚ tɪd]
importer [ɪm 'pɔɚt ɚ]
importing [ɪm 'pɔɚ tɪŋ]
impose [ɪm 'poz]
imposed [ɪm 'pozd]
imposes [ɪm 'poz ɪz]
imposing [ɪm 'po zɪŋ]
imposition [ˌɪm pə 'zɪ ʃn]
impossibility [ɪm ˌpas ə 'bɪl ɪ ti]
impossible [ɪm 'pas ə bl]
impostor [ɪm 'pas tɚ]
impotence ['ɪm pə tns]
impotent ['ɪm pə tnt]
impound [ɪm 'paʊnd]
impounded [ɪm 'paʊn dɪd]
impounding [ɪm 'paʊn dɪŋ]
impoverished [ɪm 'pav rɪʃt]
impractical [ɪm 'præk tə kl]
impregnable [ɪm 'prɛg nə bl]
impregnate [ɪm 'prɛg ˌnet]
impress [ɪm 'prɛs]
impressed [ɪm 'prɛst]
impression [ɪm 'prɛʃn]
impressionable [ɪm 'prɛʃn ə bl]
impressive [ɪm 'prɛs ɪv]
imprint n. ['ɪm prɪnt]

v. [ɪm 'prɪnt]
imprison [ɪm 'prɪzn]
imprisoned [ɪm 'prɪznd]
imprisonment [ɪm 'prɪzn mənt]
improbable [ɪm 'prab ə bl]
impromptu [ɪm 'pram tu]
improper [ɪm 'prap ɚ]
improve [ɪm 'pruv]
improved [ɪm 'pruvd]
improvement [ɪm 'pruv mənt]
improves [ɪm 'pruvz]
improving [ɪm 'pruv ɪŋ]
improvise ['ɪm prə ˌvaɪz]
improvised ['ɪm prə ˌvaɪzd]
improvises ['ɪm prə ˌvaɪz ɪz]
improvising ['ɪm prə ˌvaɪz ɪŋ]
imprudent [ɪm 'prud nt]
impudent ['ɪm pjə dənt]
impulse ['ɪm pəls]
impulsive [ɪm 'pəl sɪv]
impunity [ɪm 'pjun ɪ ti]
impure [ɪm 'pjʊɚ]
impurity [ɪm 'pjʊɚ ɪ ti]
in [ɪn]
in absentia [ˌɪn æb 'sɛn ʃə]
in-between [ˌɪn bɪ 'twin]
in-laws ['ɪn ˌlɔz]
in-service ['ɪn ˌsɚ vɪs]
in-service training
   ['ɪn ˌsɚ vɪs 'tren ɪŋ]
inability [ˌɪn ə 'bɪl ɪ ti]
inaccessible [ˌɪn æk 'sɛs ɪ bl]
inaccurate [ɪn 'æk jə ɪt]
inactive [ɪn 'æk tɪv]
inadequate [ɪn 'æd ə kwɪt]
inadvertently [ˌɪn əd 'vɚtnt li]
inane [ɪ 'nen]

inanimate   [ɪn 'æn ə mɪt]

inappropriate   [ˌɪn ə 'pro pri ɪt]

inarticulate   [ˌɪn ɑɚ 'tɪk jə lɪt]

inaugurate   [ɪn 'ɔ gjə ˌret]

inauguration   [ɪn ˌɔ gjə 're ʃn]

inbred   ['ɪn 'brɛd]

incapable   [ɪn 'ke pə bl]

incapacitate   [ˌɪn kə 'pæs ɪ tet]

incense   n. ['ɪn sɛns]
     v. [ɪn 'sɛns]

incensed   ['ɪn sɛnst]

incenses   ['ɪn sɛn sɪz]

incentive   [ɪn 'sɛn tɪv]

incessant   [ɪn 'sɛs ənt]

incessantly   [ɪn 'sɛs ənt li]

inch   [ɪntʃ]

inched   [ɪntʃt]

incidence   ['ɪn sɪ dəns]

incident   ['ɪn sɪ dənt]

incidental   [ˌɪn sɪ 'dɛn tl]

incidentally   [ˌɪn sɪ 'dɛn tə li]

incipient   [ɪn 'sɪp i ənt]

incite   [ɪn 'saɪt]

incited   [ɪn 'saɪt ɪd]

inciting   [ɪn 'saɪt ɪŋ]

inclement   [ɪn 'klɛm ənt]

inclination   [ˌɪn klə 'ne ʃn]

incline   n. ['ɪn klaɪn]
     v. [ɪn 'klaɪn]

inclined   [ɪn 'klaɪnd]

inclose   [ɪn 'kloz]

inclosed   [ɪn 'klozd]

include   [ɪn 'klud]

included   [ɪn 'klud ɪd]

includes   [ɪn 'kludz]

including   [ɪn 'klud ɪŋ]

inclusive   [ɪn 'klu sɪv]

income   ['ɪn kəm]

income tax   ['ɪn kəm ˌtæks]

incoming   ['ɪn kəm ɪŋ]

incomparable   [ɪn 'kɑm pɚ ə bl]

incompetent   [ɪn 'kɑm pɪ tənt]

incomplete   [ˌɪn kəm 'plit]

incomprehensible
     [ˌɪn kɑm pri 'hɛn sə bl]

inconceivable   [ˌɪn kən 'siv ə bl]

incongruous   [ɪn 'kɑŋ gru əs]

inconsiderate   [ˌɪn kən 'sɪd ɚ ɪt]

inconsistency
     [ˌɪn kən 'sɪs tən si]

inconsistent   [ˌɪn kən 'sɪs tənt]

inconspicuous
     [ˌɪn kən 'spɪk ju əs]

inconvenience
     [ˌɪn kən 'vin jəns]

inconvenient   [ˌɪn kən 'vin jənt]

incorporate   [ɪn 'kɔɚ pə ˌret]

incorporated   [ɪn 'kɔɚ pə ˌret ɪd]

incorporates   [ɪn 'kɔɚ pə ˌrets]

incorporating
     [ɪn 'kɔɚ pə ˌret ɪŋ]

incorrect   [ˌɪn kə 'rɛkt]

increase   n. ['ɪn kris] v. [ɪn 'kris]

increased   [ɪn 'krist]

increases   [ɪn 'kris ɪz]

increasing   [ɪn 'kris ɪŋ]

increasingly   [ɪn 'kris ɪŋ li]

incredible   [ɪn 'krɛd ə bl]

increment   ['ɪn krə mənt]

incubator   ['ɪn kjə ˌbe tɚ]

incumbent   [ɪn 'kəm bənt]

incur   [ɪn 'kɚ]

incurable   [ɪn 'kjʊɚ ə bl]

incurred   [ɪn 'kɚd]

incurring [ɪn 'kɚ ɪŋ]

indebted [ɪn 'dɛt ɪd]

indecent [ɪn 'di sənt]

indecision [ˌɪn dɪ 'sɪʒn]

indecisive [ˌɪn dɪ 'saɪ sɪv]

indeed [ɪn 'did]

indefensible [ˌɪn dɪ 'fɛn sə bl]

indefinite [ɪn 'dɛf ə nɪt]

indefinitely [ɪn 'dɛf ə nɪt li]

independence [ˌɪn dɪ 'pɛn dəns]

independent [ˌɪn dɪ 'pɛn dənt]

independently
[ˌɪn dɪ 'pɛn dənt li]

indescribable
[ˌɪn dɪ 'skraɪ bə bl]

indestructible
[ˌɪn dɪ 'strək tə bl]

index ['ɪn dɛks]

indexed ['ɪn dɛkst]

Indian ['ɪn di ən]

Indiana [ˌɪn di 'æn ə]

Indianapolis (IN)
[ˌɪn di ə 'næp ə lɪs]

indicate ['ɪn də ˌket]

indicated ['ɪn də ˌket ɪd]

indicating ['ɪn də ˌket ɪŋ]

indication [ˌɪn də 'ke ʃn]

indicative [ɪn 'dɪk ə tɪv]

indicator ['ɪn də ˌke tɚ]

indices ['ɪn dɪ ˌsiz]

indictment [ɪn 'daɪt mənt]

indifference [ɪn 'dɪf rəns]

indifferent [ɪn 'dɪf rənt]

indifferently [ɪn 'dɪf rənt li]

indigent ['ɪn dɪ dʒənt]

indigestion [ˌɪn dɪ 'dʒɛs tʃən]

indignant [ɪn 'dɪg nənt]

indignantly [ɪn 'dɪg nənt li]

indignation [ˌɪn dɪg 'ne ʃn]

indignity [ɪn 'dɪg nɪ ti]

indirect [ˌɪn də 'rɛkt]

indirectly [ˌɪn də 'rɛkt li]

indiscriminate
[ˌɪn dɪ 'skrɪm ə nɪt]

indispensable [ˌɪn dɪ 'spɛn sə bl]

indistinct [ˌɪn dɪ 'stɪŋkt]

individual [ˌɪn də 'vɪdʒ u əl]

individuality
[ˌɪn də ˌvɪdʒ u 'æl ə ti]

indoctrination
[ɪn ˌdɑk trə 'ne ʃn]

indoors [ɪn 'dɔɚz]

induce [ɪn 'dus]

induced [ɪn 'dust]

inducement [ɪn 'dus mənt]

inducing [ɪn 'dus ɪŋ]

induct [ɪn 'dəkt]

induction [ɪn 'dək ʃn]

indulge [ɪn 'dəldʒ]

indulged [ɪn 'dəldʒd]

indulgence [ɪn 'dəl dʒəns]

indulging [ɪn 'dəldʒ ɪŋ]

industrial [ɪn 'dəs tri əl]

industrialist [ɪn 'dəs tri ə lɪst]

industrious [ɪn 'dəs tri əs]

industry ['ɪn də stri]

inebriated [ɪn 'i bri ˌet ɪd]

inedible [ɪn 'ɛd ə bl]

ineffective [ˌɪn ɪ 'fɛk tɪv]

inefficiency [ˌɪn ɪ 'fɪʃ ən si]

inefficient [ˌɪn ɪ 'fɪʃ ənt]

inequality [ˌɪn ɪ 'kwɑl ɪ ti]

inert [ɪn 'ɚt]

inescapable [ˌɪn ɛ 'ske pə bl]

inevitable   [ɪn 'ɛv ɪ tə bl]

inevitably   [ɪn 'ɛv ɪ tə bli]

inexpensive   [ˌɪn ɛks 'pɛn sɪv]

inexperienced
   [ˌɪn ɛks 'pɪɚ i ənst]

infallible   [ɪn 'fæl ə bl]

infamous   ['ɪn fə məs]

infancy   ['ɪn fən si]

infant   ['ɪn fənt]

infantry   ['ɪn fən tri]

infatuated   [ɪn 'fætʃ u ˌet ɪd]

infatuation   [ɪn ˌfætʃ u 'e ʃn]

infect   [ɪn 'fɛkt]

infected   [ɪn 'fɛk tɪd]

infection   [ɪn 'fɛk ʃn]

infectious   [ɪn 'fɛk ʃəs]

infer   [ɪn 'fɚ]

inference   ['ɪn fɚ əns]

inferior   [ɪn 'fɪɚ i ɚ]

inferiority   [ɪn ˌfɪɚ i 'ɑɚ ɪ ti]

inferno   [ɪn 'fɚ no]

inferred   [ɪn 'fɚd]

infertile   [ɪn 'fɚ tl]

infest   [ɪn 'fɛst]

infested   [ɪn 'fɛs tɪd]

infighting   ['ɪn ˌfaɪt ɪŋ]

infinite   ['ɪn fə nɪt]

infinitely   ['ɪn fə nɪt li]

infinity   [ɪn 'fɪn ɪ ti]

infirmary   [ɪn 'fɚ mə ri]

infirmity   [ɪn 'fɚ mɪ ti]

inflame   [ɪn 'flem]

inflamed   [ɪn 'flemd]

inflammable   [ɪn 'flæm ə bl]

inflammation   [ˌɪn flə 'me ʃn]

inflatable   [ɪn 'flet ə bl]

inflate   [ɪn 'flet]

inflated   [ɪn 'flet ɪd]

inflates   [ɪn 'flets]

inflating   [ɪn 'flet ɪŋ]

inflation   [ɪn 'fle ʃn]

inflict   [ɪn 'flɪkt]

inflicted   [ɪn 'flɪk tɪd]

inflicting   [ɪn 'flɪk tɪŋ]

inflicts   [ɪn 'flɪkts]

influence   ['ɪn ˌflu əns]

influenced   ['ɪn ˌflu ənst]

influences   ['ɪn ˌflu ən sɪz]

influencing   ['ɪn ˌflu ən sɪŋ]

influential   [ˌɪn flu 'ɛn ʃl]

influenza   [ˌɪn flu 'ɛn zə]

influx   ['ɪn ˌfləks]

inform   [ɪn 'fɔɚm]

informal   [ɪn 'fɔɚ ml]

informality   [ˌɪn fɔɚ 'mæl ɪ ti]

informant   [ɪn 'fɔɚ mənt]

information   [ˌɪn fɔɚ 'me ʃn]

informative   [ɪn 'fɔɚ mə tɪv]

informed   [ɪn 'fɔɚmd]

informer   [ɪn 'fɔɚm ɚ]

infringe   [ɪn 'frɪndʒ]

infringement   [ɪn 'frɪndʒ mənt]

infuriating   [ɪn 'fjʊɚ i ˌet ɪŋ]

ingenious   [ɪn 'dʒin jəs]

ingenuity   [ˌɪn dʒə 'nu ɪ ti]

ingrained   [ɪn 'grend]

ingratiate   [ɪn 'gre ʃi ˌet]

ingratitude   [ɪn 'græt ɪ ˌtud]

ingredient   [ɪn 'gri di ənt]

inhabit   [ɪn 'hæb ɪt]

inhabitant   [ɪn 'hæb ə tənt]

inhale   [ɪn 'hel]

inhaled   [ɪn 'held]

inhaling   [ɪn 'hel ɪŋ]

inherent [ɪn ˈhɪɚ ənt]
inherit [ɪn ˈhɛɚ ɪt]
inheritance [ɪn ˈhɛɚ ɪ təns]
inhibit [ɪn ˈhɪb ɪt]
inhibited [ɪn ˈhɪb ɪ tɪd]
inhibition [ˌɪn hɪ ˈbɪʃn]
iniquity [ɪ ˈnɪk wɪ ti]
initial [ɪ ˈnɪʃl]
initialed [ɪ ˈnɪʃld]
initially [ɪ ˈnɪʃ ə li]
initiate [ɪ ˈnɪʃ i ˌet]
initiated [ɪ ˈnɪʃ i ˌet ɪd]
initiative [ɪ ˈnɪʃ ɪ tɪv]
inject [ɪn ˈdʒɛkt]
injected [ɪn ˈdʒɛk tɪd]
injection [ɪn ˈdʒɛk ʃn]
injunction [ɪn ˈdʒəŋk ʃn]
injure [ˈɪn dʒɚ]
injured [ˈɪn dʒɚd]
injuring [ˈɪn dʒɚ ɪŋ]
injury [ˈɪn dʒə ri]
injustice [ɪn ˈdʒəs tɪs]
ink [ɪŋk]
inkling [ˈɪŋk lɪŋ]
inlaid [ˈɪn ˌled]
inland *n.* [ˈɪn ˌlænd]
    adj. [ˈɪn lənd]
inlet [ˈɪn lɛt]
inmate [ˈɪn ˌmet]
inn [ɪn]
innate [ɪ ˈnet]
inner [ˈɪn ɚ]
inner city [ˈɪn ɚ ˈsɪt i]
inning [ˈɪn ɪŋ]
innocence [ˈɪn ə səns]
innocent [ˈɪn ə sənt]
innocently [ˈɪn ə sənt li]

innocuous [ɪ ˈnak ju əs]
innovation [ˌɪn ə ˈve ʃn]
innumerable [ɪ ˈnu mɚ ə bl]
inoculate [ɪ ˈnak jə ˌlet]
inoculated [ɪ ˈnak jə ˌlet ɪd]
inoculating [ɪ ˈnak jə ˌlet ɪŋ]
inoculation [ɪ ˌnak jə ˈle ʃn]
inpatient [ˈɪn ˌpe ʃənt]
input [ˈɪn ˌpʊt]
inquest [ˈɪn kwɛst]
inquire [ɪn ˈkwaɪɚ]
inquired [ɪn ˈkwaɪɚd]
inquires [ɪn ˈkwaɪɚz]
inquiring [ɪn ˈkwaɪɚ ɪŋ]
inquiry [ˈɪn kwɚ i]
inquisitive [ɪn ˈkwɪz ɪ tɪv]
insane [ɪn ˈsen]
insanity [ɪn ˈsæn ɪ ti]
inscribe [ɪn ˈskraɪb]
inscription [ɪn ˈskrɪp ʃn]
insect [ˈɪn sɛkt]
insecticide [ɪn ˈsɛk tɪ ˌsaɪd]
insecure [ˌɪn sɪ ˈkjʊɚ]
insensible [ɪn ˈsɛn sə bl]
insensitive [ɪn ˈsɛn sɪ tɪv]
inseparable [ɪn ˈsɛp ɚ ə bl]
insert *n.* [ˈɪn sɚt] *v.* [ɪn ˈsɚt]
inserted [ɪn ˈsɚt ɪd]
inserting [ɪn ˈsɚt ɪŋ]
insertion [ɪn ˈsɚ ʃn]
inserts [ɪn ˈsɚts]
inside *n.* [ˈɪn saɪd]
    adj. [ˌɪn ˈsaɪd]
inside lane [ˌɪn ˈsaɪd ˈlen]
inside out [ˌɪn ˈsaɪd ˌæʊt]
insight [ˈɪn ˌsaɪt]
insignificant [ˌɪn sɪg ˈnɪf ə kənt]

insincere [ˌɪn sɪn 'sɪɚ]

insinuate [ɪn 'sɪn ju ˌet]

insist [ɪn 'sɪst]

insisted [ɪn 'sɪs tɪd]

insistence [ɪn 'sɪs təns]

insistent [ɪn 'sɪs tənt]

insisting [ɪn 'sɪs tɪŋ]

insists [ɪn 'sɪsts]

insolent ['ɪn sə lənt]

insomnia [ɪn 'sɑm ni ə]

inspect [ɪn 'spɛkt]

inspected [ɪn 'spɛk tɪd]

inspecting [ɪn 'spɛk tɪŋ]

inspection [ɪn 'spɛk ʃn]

inspector [ɪn 'spɛk tɚ]

inspects [ɪn 'spɛkts]

inspiration [ˌɪn spɚ 'e ʃn]

inspire [ɪn 'spɑɪɚ]

inspired [ɪn 'spɑɪɚd]

inspiring [ɪn 'spɑɪɚ ɪŋ]

install [ɪn 'stɔl]

installation [ˌɪn stə 'le ʃn]

installed [ɪn 'stɔld]

installing [ɪn 'stɔl ɪŋ]

installment [ɪn 'stɔl mənt]

instance ['ɪn stəns]

instant ['ɪn stənt]

instantly ['ɪn stənt li]

instead [ɪn 'stɛd]

instil [ɪn 'stɪl]

instilled ['ɪn stɪld]

instinct ['ɪn stɪŋkt]

instinctive [ɪn 'stɪŋk tɪv]

instinctively [ɪn 'stɪŋk tɪv li]

institute ['ɪn stɪ ˌtut]

instituted ['ɪn stɪ ˌtut ɪd]

instituting ['ɪn stɪ ˌtut ɪŋ]

institution [ˌɪn stɪ 'tu ʃn]

instruct [ɪn 'strək t]

instructed [ɪn 'strək tɪd]

instructing [ɪn 'strək tɪŋ]

instruction [ɪn 'strək ʃn]

instructor [ɪn 'strək tɚ]

instrument ['ɪn strə mənt]

insufficient [ˌɪn sə 'fɪʃ ənt]

insulate ['ɪn sə ˌlet]

insulated ['ɪn sə ˌlet ɪd]

insulating ['ɪn sə ˌlet ɪŋ]

insulation [ˌɪn sə 'le ʃn]

insulin ['ɪn sə lɪn]

insult [ɪn 'səlt]

insulted [ɪn 'səl tɪd]

insulting [ɪn 'səl tɪŋ]

insurance [ɪn 'ʃʊɚ əns]

insure [ɪn 'ʃʊɚ]

insured [ɪn 'ʃʊɚd]

insuring [ɪn 'ʃʊɚ ɪŋ]

intact [ɪn 'tækt]

intake ['ɪn tek]

intangible [ɪn 'tæn dʒə bl]

integral ['ɪn tə grəl]

integrate ['ɪn tə ˌgret]

integrity [ɪn 'tɛg rɪ ti]

intellect ['ɪn tə ˌlɛkt]

intellectual [ˌɪn tə 'lɛk tʃu əl]

intelligence [ɪn 'tɛl ɪ dʒəns]

intelligent [ɪn 'tɛl ɪ ˌdʒənt]

intend [ɪn 'tɛnd]

intended [ɪn 'tɛn dɪd]

intense [ɪn 'tɛns]

intensely [ɪn 'tɛns li]

intensify [ɪŋ 'tɛn sə ˌfɑɪ]

intensity [ɪn 'tɛn sɪ ti]

intensive [ɪn 'tɛn sɪv]

intensive-care [ɪn 'tɛn sɪv 'kɛɚ]

intent [ɪn 'tɛnt]

intention [ɪn 'tɛn ʃn]

intently [ɪn 'tɛnt li]

interact [ˌɪn tɚ 'ækt]

interacted [ˌɪn tɚ 'æk tɪd]

interacting [ˌɪn tɚ 'æk tɪŋ]

intercept [ˌɪn tɚ 'sɛpt]

interchange *n.* ['ɪn tɚ ˌtʃendʒ]
  v. [ˌɪn tɚ 'tʃendʒ]

interchangeable
  [ˌɪn tɚ 'tʃendʒ ə bl]

intercom ['ɪn tɚ ˌkɑm]

intercourse ['ɪn tɚ ˌkɔɚs]

interest ['ɪn trɪst]

interest rate ['ɪn trɪst ˌret]

interested ['ɪn trɪs tɪd]

interesting ['ɪn trɪs tɪŋ]

interfere [ˌɪn tɚ 'fɪɚ]

interfered [ˌɪn tɚ 'fɪɚd]

interference [ˌɪn tɚ 'fɪɚ əns]

interfering [ˌɪn tɚ 'fɪɚ ɪŋ]

interim ['ɪn tɚ ɪm]

interior [ɪn 'tɪɚ i ɚ]

interlude ['ɪn tɚ ˌlud]

intermediate [ˌɪn tɚ 'mi di ɪt]

intermission [ˌɪn tɚ 'mɪʃn]

intern ['ɪn ˌtɚn]

internal [ɪn 'tɚ nl]

international [ˌɪn tɚ 'næʃ ə nl]

interned ['ɪn ˌtɚnd]

interning ['ɪn ˌtɚn ɪŋ]

interpret [ɪn 'tɚ prɪt]

interpretation [ɪn ˌtɚ prɪ 'te ʃn]

interpreted [ɪn 'tɚ prɪt ɪd]

interpreter [ɪn 'tɚ prɪt ɚ]

interpreting [ɪn 'tɚ prɪt ɪŋ]

interprets [ɪn 'tɚ prɪts]

interrelated [ˌɪn tɚ rɪ 'let ɪd]

interrogate [ɪn 'tɛɚ ə ˌget]

interrogated [ɪn 'tɛɚ ə ˌget ɪd]

interrogating [ɪn 'tɛɚ ə ˌget ɪŋ]

interrogation [ɪn ˌtɛɚ ə 'ge ʃn]

interrupt [ˌɪn tə 'rəpt]

interrupted [ˌɪn tə 'rəp tɪd]

interrupting [ˌɪn tə 'rəp tɪŋ]

interruption [ˌɪn tə 'rəp ʃn]

interrupts [ˌɪn tə 'rəpts]

intersect [ˌɪn tɚ 'sɛkt]

intersecting [ˌɪn tɚ 'sɛk tɪŋ]

intersection [ˌɪn tɚ 'sɛk ʃn]

intersects [ˌɪn tɚ 'sɛkts]

intersperse [ˌɪn tɚ 'spɚs]

interspersed [ˌɪn tɚ 'spɚst]

interstate ['ɪn tɚ ˌstet]

interval ['ɪn tɚ vl]

intervene [ˌɪn tɚ 'vin]

intervened [ˌɪn tɚ 'vind]

intervenes [ˌɪn tɚ 'vinz]

intervening [ˌɪn tɚ 'vin ɪŋ]

intervention [ˌɪn tɚ 'vɛn ʃn]

interview ['ɪn tɚ ˌvju]

interviewed ['ɪn tɚ ˌvjud]

interviewer ['ɪn tɚ ˌvju ɚ]

interviewing ['ɪn tɚ ˌvju ɪŋ]

interviews ['ɪn tɚ ˌvjuz]

intestine [ɪn 'tɛs tɪn]

intimacy ['ɪn tə mə si]

intimate *adj.* ['ɪn tə mɪt]
  v. ['ɪn tə ˌmet]

intimated ['ɪn tə ˌmet ɪd]

intimately ['ɪn tə ˌmɪt li]

intimating ['ɪn tə ˌmet ɪŋ]

into ['ɪn tu]

intolerable [ɪn ˈtɑl ə ə bl]

intolerance [ɪn ˈtɑl ə əns]

intolerant [ɪn ˈtɑl ə ənt]

intoxicate [ɪn ˈtɑk sə ˌket]

intoxicated [ɪn ˈtɑk sə ˌket ɪd]

intoxicating [ɪn ˈtɑk sə ˌket ɪŋ]

intoxication [ɪn ˌtɑk sə ˈke ʃn]

intravenous [ˌɪn trə ˈvi nəs]

intricate [ˈɪn trə kɪt]

intrigue [ɪn ˈtrig]

intrigued [ɪn ˈtrigd]

intriguing [ɪn ˈtrig ɪŋ]

intrinsic [ɪn ˈtrɪn zɪk]

introduce [ˌɪn trə ˈdus]

introduced [ˌɪn trə ˈdust]

introduces [ˌɪn trə ˈdus ɪz]

introducing [ˌɪn trə ˈdus ɪŋ]

introduction [ˌɪn trə ˈdək ʃn]

introductory [ˌɪn trə ˈdək tə ri]

intrude [ɪn ˈtrud]

intruded [ɪn ˈtrud ɪd]

intruder [ɪn ˈtrud ə]

intrudes [ɪn ˈtrudz]

intruding [ɪn ˈtrud ɪŋ]

intrusion [ɪn ˈtru ʒn]

intuition [ˌɪn tu ˈɪʃn]

inundate [ˈɪn ən ˌdet]

inundated [ˈɪn ən ˌdet ɪd]

invade [ɪn ˈved]

invaded [ɪn ˈved ɪd]

invader [ɪn ˈved ə]

invading [ɪn ˈved ɪŋ]

invalid n. a disabled person [ˈɪn və lɪd] adj. not valid; useless [ɪn ˈvæl ɪd]

invaluable [ɪn ˈvæl ju ə bl]

invariably [ɪn ˈvɛə i ə bli]

invasion [ɪn ˈve ʒn]

invent [ɪn ˈvɛnt]

invented [ɪn ˈvɛn tɪd]

inventing [ɪn ˈvɛn tɪŋ]

invention [ɪn ˈvɛn ʃn]

inventor [ɪn ˈvɛn tə]

inventory [ˈɪn vən ˌtɔə i]

invents [ɪn ˈvɛnts]

invert [ɪn ˈvət]

inverted [ɪn ˈvət ɪd]

invest [ɪn ˈvɛst]

invested [ɪn ˈvɛs tɪd]

investigate [ɪn ˈvɛs tə ˌget]

investigated [ɪn ˈvɛs tə ˌget ɪd]

investigates [ɪn ˈvɛs tə ˌgets]

investigating [ɪn ˈvɛs tə ˌget ɪŋ]

investigation [ɪn ˌvɛs tə ˈge ʃn]

investigator [ɪn ˈvɛs tə ˌget ə]

investing [ɪn ˈvɛs tɪŋ]

investment [ɪn ˈvɛst mənt]

investor [ɪn ˈvɛs tə]

invests [ɪn ˈvɛsts]

invigorating [ɪn ˈvɪg ə ˌre tɪŋ]

invisible [ɪn ˈvɪz ə bl]

invitation [ˌɪn vɪ ˈte ʃn]

invite [ɪn ˈvaɪt]

invited [ɪn ˈvaɪt ɪd]

invites [ɪn ˈvaɪts]

inviting [ɪn ˈvaɪt ɪŋ]

invoice [ˈɪn vɔɪs]

invoiced [ˈɪn vɔɪst]

involuntary [ɪn ˈvɑl ən ˌtɛə i]

involve [ɪn ˈvɑlv]

involved [ɪn ˈvɑlvd]

involvement [ɪn ˈvɑlv mənt]

involves [ɪn ˈvɑlvz]

involving [ɪn ˈvɑlv ɪŋ]

inward [ˈɪn wɚd]

inwardly [ˈɪn wɚd li]

iota [aɪ ˈo tə]

Iowa [ˈaɪ ə wə]

irate [ˈaɪ ˌret]

iris [ˈaɪ rɪs]

Irish [ˈaɪ rɪʃ]

irk [ɚk]

iron [ˈaɪ ɚn]

ironclad [ˈaɪ ɚn ˈklæd]

ironic [aɪ ˈran ɪk]

ironical [aɪ ˈran ɪ kl]

ironing [ˈaɪ ɚ nɪŋ]

irony [ˈaɪ rə ni]

irradiate [ɪ ˈre di ˌet]

irrational [ɪɚ ˈræʃ ə nl]

irreconcilable
  [ɪɚ ˌrɛk ən ˈsaɪ lə bl]

irredeemable [ˌɪɚ rɪ ˈdi mə bl]

irrefutable [ˌɪɚ rɪ ˈfju tə bl]

irregular [ɪɚ ˈrɛg jə lɚ]

irrelevant [ɪɚ ˈrɛl ə vənt]

irreligious [ˌɪɚ ɪ ˈlɪdʒ əs]

irremediable [ˌɪɚ ɪ ˈmi di ə bl]

irreparable [ɪ ˈrɛp ɚ ə bl]

irreplaceable [ˌɪɚ ɪ ˈple sə bl]

irrepressible [ˌɪɚ ɪ ˈprɛs ə bl]

irreproachable [ˌɪɚ ɪ ˈpro tʃə bl]

irresistible [ˌɪɚ ɪ ˈzɪs tə bl]

irrespective [ˌɪɚ ɪ ˈspɛk tɪv]

irresponsible [ˌɪɚ ɪ ˈspan sə bl]

irretrievable [ˌɪɚ ɪ ˈtri və bl]

irreverent [ˌɪ ˈrɛv ɚ ənt]

irreversible [ˌɪɚ ɪ ˈvɚ sə bl]

irrevocable [ˌɪ ˈrɛv ə kə bl]

irrigate [ˈɪɚ ə ˌget]

irrigated [ˈɪɚ ə ˌget ɪd]

irrigating [ˈɪɚ ə ˌget ɪŋ]

irrigation [ˌɪɚ ə ˈge ʃn]

irritable [ˈɪɚ ɪ tə bl]

irritant [ˈɪɚ ɪ tənt]

irritate [ˈɪɚ ɪ ˌtet]

irritated [ˈɪɚ ɪ ˌtet ɪd]

irritating [ˈɪɚ ɪ ˌtet ɪŋ]

irritation [ˌɪɚ ɪ ˈte ʃn]

is [ɪz]

Islam [ɪz ˈlam]

island [ˈaɪ lənd]

islander [ˈaɪ lən dɚ]

isle [aɪl]

isn't [ɪznt]

isolate [ˈaɪ sə ˌlet]

isolated [ˈaɪ sə ˌlet ɪd]

isolating [ˈaɪ sə ˌlet ɪŋ]

isolation [ˌaɪ sə ˈle ʃn]

isolationist [ˌaɪ sə ˈle ʃə nɪst]

Israeli [ɪz ˈre li]

issue [ˈɪʃ u]

issued [ˈɪʃ ud]

issuing [ˈɪʃ u ɪŋ]

it [ɪt]

Italian [ɪ ˈtæl jən]

italic [ɪ ˈtæl ɪk]

italicize [ɪ ˈtæl ə ˌsaɪz]

itch [ɪtʃ]

itched [ɪtʃt]

itches [ˈɪtʃ ɪz]

itching [ˈɪtʃ ɪŋ]

item [ˈaɪ təm]

itemize [ˈaɪ tə ˌmaɪz]

itemized [ˈaɪ tə ˌmaɪzd]

itemizes [ˈaɪ tə ˌmaɪz ɪz]

itemizing [ˈaɪ tə ˌmaɪz ɪŋ]

itinerant [aɪ ˈtɪn ɚ ənt]

itinerary [ɑɪ 'tɪn ə ˌrɛɚ i]

it'll [ɪtl]

it's [ɪts]

its [ɪts]

itself [ɪt 'sɛlf]

I've [ɑɪv]

ivory ['ɑɪ vri]

ivy ['ɑɪ vi]

J

J [dʒe]
jab [dʒæb]
jabbed [dʒæbd]
jabber ['dʒæb ɚ]
jabbing ['dʒæb ɪŋ]
jack [dʒæk]
jackass ['dʒæk ˌæs]
jacket ['dʒæk ɪt]
jackknife ['dʒæk ˌnɑɪf]
jackpot ['dʒæk ˌpat]
Jackson (MS) ['dʒæk sn]
Jacksonville (FL) ['dʒæk sn ˌvɪl]
jade [dʒed]
jaded ['dʒed ɪd]
jagged ['dʒæg ɪd]
jaguar ['dʒæg ˌwɑɚ]
jail [dʒel]
jailed [dʒeld]
jailer ['dʒel ɚ]
jailing ['dʒel ɪŋ]
jam [dʒæm]
jammed [dʒæmd]
jamming [dʒæm ɪŋ]
janitor ['dʒæn ɪ tɚ]
January ['dʒæn ju ˌɛɚ i]

Japanese [ˌdʒæp ə 'niz]
jar [dʒaɚ]
jargon ['dʒaɚ gn]
jaundice ['dʒɔn dɪs]
jaunt [dʒɔnt]
javelin ['dʒæv lɪn]
jaw [dʒɔ]
jawbone ['dʒɔ ˌbon]
jay [dʒe]
jaywalker ['dʒe ˌwɔk ɚ]
jazz [dʒæz]
jazzy ['dʒæz i]
jealous ['dʒɛl əs]
jealousy ['dʒɛl ə si]
jeans [dʒinz]
jeep [dʒip]
jeer [dʒɪɚ]
jeered [dʒɪɚd]
jeering ['dʒɪɚ ɪŋ]
Jefferson City (MO)
  ['dʒɛ fɚ sn 'sɪt i]
jell ['dʒɛl]
jelly ['dʒɛl i]
jellyfish ['dʒɛl i ˌfɪʃ]
jeopardize ['dʒɛp ɚ ˌdɑɪz]

jeopardized [ˈdʒɛp ɚ ˌdaɪzd]

jeopardizes [ˈdʒɛp ɚ ˌdaɪz ɪz]

jeopardizing [ˈdʒɛp ɚ ˌdaɪz ɪŋ]

jeopardy [ˈdʒɛp ɚ di]

jerk [dʒɚk]

jerked [dʒɚkt]

jerks [dʒɚks]

jersey [ˈdʒɚ zi]

jest [dʒɛst]

jester [ˈdʒɛs tɚ]

jet [dʒɛt]

jet-black [ˈdʒɛt ˌblæk]

jet lag [ˈdʒɛt ˌlæg]

jet set [ˈdʒɛt ˌsɛt]

jettison [ˈdʒɛt ɪ sn]

jetty [ˈdʒɛt i]

Jew [dʒu]

jewel [ˈdʒu əl]

jeweler [ˈdʒu ə lɚ]

jewelry [ˈdʒu əl ri]

Jewish [ˈdʒu ɪʃ]

jiffy [ˈdʒɪf i]

jig [dʒɪg]

jigger [ˈdʒɪg ɚ]

jiggle [dʒɪgl]

jilt [dʒɪlt]

jilted [ˈdʒɪl tɪd]

jingle [ˈdʒɪŋ gl]

jinx [dʒɪŋks]

jinxed [dʒɪŋkst]

job [dʒab]

jobber [ˈdʒab ɚ]

jobless [ˈdʒab lɪs]

jockey [ˈdʒak i]

jog [dʒag]

jogged [dʒagd]

jogging [ˈdʒag ɪŋ]

Johnstown (PA) [ˈdʒanz ˌtæʊn]

join [dʒɔɪn]

joined [dʒɔɪnd]

joiner [ˈdʒɔɪ nɚ]

joining [ˈdʒɔɪ nɪŋ]

joint [dʒɔɪnt]

jointly [ˈdʒɔɪnt li]

joke [dʒok]

joked [dʒokt]

joker [ˈdʒo kɚ]

joking [ˈdʒo kɪŋ]

jolly [ˈdʒal i]

jolt [dʒolt]

Joplin (MO) [ˈdʒap lɪn]

jostle [dʒasl]

jot [dʒat]

journal [ˈdʒɚ nl]

journalism [ˈdʒɚ nl ˌɪzm]

journalist [ˈdʒɚ nl ɪst]

journey [ˈdʒɚ ni]

journeyed [ˈdʒɚ nid]

journeying [ˈdʒɚ ni ɪŋ]

jovial [ˈdʒo vi əl]

jowl [dʒæʊl]

joy [dʒɔɪ]

joyful [ˈdʒɔɪ fl]

joyfully [ˈdʒɔɪ fə li]

joyous [ˈdʒɔɪ əs]

joyously [ˈdʒɔɪ əs li]

jubilant [ˈdʒu bə lənt]

Judaism [ˈdʒu di ˌɪzm]

judge [dʒədʒ]

judged [dʒədʒd]

judging [ˈdʒədʒ ɪŋ]

judgment [ˈdʒədʒ mənt]

judicial [dʒu ˈdɪʃl]

judiciary [dʒu ˈdɪʃ i ˌɛɚ i]

jug [dʒəg]
juggle [dʒəgl]
juggled [dʒəgld]
juggling ['dʒəg lɪŋ]
juice [dʒus]
juicy ['dʒu si]
jukebox ['dʒuk ˌbaks]
July [dʒə 'laɪ]
jumble ['dʒəm bl]
jumbo ['dʒəm bo]
jumbo jet ['dʒəm bo 'dʒɛt]
jump [dʒəmp]
jumped [dʒəmpt]
jumper ['dʒəm pɚ]
jumping ['dʒəm pɪŋ]
junction ['dʒəŋk ʃn]
juncture ['dʒəŋk tʃɚ]

June [dʒun]
jungle ['dʒəŋ gl]
junior ['dʒun jɚ]
junk [dʒəŋk]
junk food ['dʒəŋk ˌfud]
junkie ['dʒəŋ ki]
jurisdiction [ˌdʒʊɚ ɪs 'dɪk ʃn]
juror ['dʒʊɚ ɚ]
jury ['dʒʊɚ i]
just [dʒəst]
justice ['dʒəs tɪs]
justification [ˌdʒəs tɪ fɪ 'ke ʃn]
justify ['dʒəs tɪ ˌfaɪ]
justly ['dʒəst li]
jut [dʒət]
juvenile ['dʒu və ˌnaɪl]

K

K [ke]
Kalamazoo (MI) [ˌkæl ə mə ˈzu]
kaleidoscope [kə ˈlɑɪ də ˌskop]
kangaroo [ˌkæŋ gə ˈru]
Kansas [ˈkæn zəs]
Kansas City (KS, MO)
  [ˈkæn zəs ˈsɪt i]
karate [kə ˈrɑ ti]
kazoo [kə ˈzu]
keel [kil]
keen [kin]
keenly [ˈkin li]
keep [kip]
keeper [ˈki pɚ]
keeping [ˈki pɪŋ]
keepsake [ˈkip ˌsek]
keg [kɛg]
kennel [kɛnl]
Kenosha (WI) [kə ˈno ʃə]
Kentucky [kən ˈtək i]
kept [kɛpt]
kerchief [ˈkɚ tʃɪf]
kernel [ˈkɚ nl]
kerosene [ˈkɛɚ ə ˌsin]
ketchup [ˈkɛtʃ əp]

kettle [kɛtl]
key [ki]
keyboard [ˈki ˌbɚd]
keyhole [ˈki ˌhol]
keynote [ˈki ˌnot]
keystone [ˈki ˌston]
khaki [ˈkæk i]
kibitzer [ˈkɪb ɪt sɚ]
kick [kɪk]
kickback [ˈkɪk ˌbæk]
kicked [kɪkt]
kicking [ˈkɪk ɪŋ]
kickoff [ˈkɪk ˌɔf]
kid [kɪd]
kidnap [ˈkɪd ˌnæp]
kidnapped [ˈkɪd ˌnæpt]
kidnapper [ˈkɪd ˌnæp ɚ]
kidnapping [ˈkɪd ˌnæp ɪŋ]
kidney [ˈkɪd ni]
kill [kɪl]
killed [kɪld]
killer [ˈkɪl ɚ]
killing [ˈkɪl ɪŋ]
killjoy [ˈkɪl ˌdʒɔɪ]
kilogram [ˈkɪl ə ˌgræm]

kilometer   ['kɪl ə ˌmi tɚ]

kilowatt   ['kɪl ə ˌwat]

kimono   [kə 'mo nə]

kin   [kɪn]

kind   [kaɪnd]

kindergarten   ['kɪn dɚ ˌgaɚ dn]

kindhearted   ['kaɪnd 'haɚ tɪd]

kindle   ['kɪn dl]

kindled   ['kɪn dld]

kindling   ['kɪnd lɪŋ]

kindly   ['kaɪnd li]

kindness   ['kaɪnd nɪs]

kinfolk   ['kɪn ˌfok]

king   [kɪŋ]

king-size   ['kɪŋ ˌsaɪz]

kingdom   ['kɪŋ dm]

kink   [kɪŋk]

kinship   ['kɪn ˌʃɪp]

kiss   [kɪs]

kissed   [kɪst]

kissing   ['kɪs ɪŋ]

kit   [kɪt]

kitchen   [kɪtʃn]

kitchen sink   ['kɪtʃn 'sɪŋk]

kite   [kaɪt]

kitten   [kɪtn]

kitty   ['kɪt i]

knack   [næk]

knapsack   ['næp ˌsæk]

knead   [nid]

knee   [ni]

knee-deep   ['ni 'dip]

kneecap   ['ni ˌkæp]

kneel   [nil]

kneeled   [nild]

kneeling   ['nil ɪŋ]

knelt   [nɛlt]

knew   [nu]

knickknack   ['nɪk ˌnæk]

knife   [naɪf]

knight   [naɪt]

knit   [nɪt]

knitted   ['nɪt ɪd]

knitting   ['nɪt ɪŋ]

knives   [naɪvz]

knob   [nab]

knock   [nak]

knocked   [nakt]

knocking   ['nak ɪŋ]

knot   [nat]

knothole   ['nat ˌhol]

knotty   ['nat i]

know   [no]

know-all   ['no ˌɔl]

know-how   ['no ˌhæʊ]

knowing   ['no ɪŋ]

knowingly   ['no ɪŋ li]

knowledge   ['nal ɪdʒ]

knowledgeable   ['nal ɪ dʒə bl]

known   [non]

Knoxville (TN)   ['naks ˌvɪl]

knuckle   [nəkl]

Koran   [ko 'ræn]

kosher   ['ko ʃɚ]

L

L [ɛl]
lab [læb]
label ['le bl]
labeled ['le bld]
labeling ['leb lɪŋ]
labial ['le bi əl]
labor ['le bɚ]
labor union ['le bɚ 'jun jən]
laboratory ['læb rə ˌtɔɚ i]
labored ['le bɚd]
laborer ['le bɚ ɚ]
laborious [lə 'bɔɚ i əs]
lace [les]
laceration [ˌlæs ə 're ʃn]
lack [læk]
lackadaisical [ˌlæk ə 'de zɪ kl]
lacked [lækt]
lackey ['læk i]
lacking ['læk ɪŋ]
lackluster ['læk ˌləs tɚ]
lacks [læks]
lacquer ['læk ɚ]
lacrosse [lə 'krɔs]
lactose ['læk tos]
lacy ['les i]

lad [læd]
ladder ['læ dɚ]
laden [ledn]
ladle [ledl]
lady ['le di]
ladybug ['le di ˌbəg]
ladylike ['le di ˌlɑɪk]
Lafayette (IN) [ˌlɑf i 'ɛt]
lag [læg]
lagged [lægd]
lagging ['læg ɪŋ]
laid [led]
lain [len]
lair [lɛɚ]
laity ['le ɪ ti]
lake [lek]
lamb [læm]
lame [lem]
lame duck ['lem 'dək]
lament [lə 'mɛnt]
laminated ['læm ə ˌnet ɪd]
lamp [læmp]
lamppost ['læmp ˌpost]
lampshade ['læmp ˌʃed]
Lancaster (PA) ['læŋ kəs tɚ]

162

lance [læns]
lanced [lænst]
land [lænd]
landed ['læn dɪd]
landfill ['lænd ˌfɪl]
landing ['læn dɪŋ]
landlady ['lænd ˌle di]
landlord ['lænd ˌlɔɚd]
landmark ['lænd ˌmaɚk]
landowner ['lænd ˌon ɚ]
landscape ['lænd ˌskep]
landslide ['lænd ˌslaɪd]
lane [len]
language ['læŋ gwɪdʒ]
lanky ['læŋ ki]
lanolin ['læn ə lɪn]
Lansing (MI) ['læn sɪŋ]
lantern ['læn tɚn]
lap [læp]
lapel [lə 'pɛl]
lapse [læps]
lapsed [læpst]
larceny ['laɚ sə ni]
lard [laɚd]
large [laɚdʒ]
large-scale ['laɚdʒ ˌskel]
largely ['laɚdʒ li]
lark [laɚk]
larva ['laɚ və]
laryngitis [ˌlæɚ ən 'dʒaɪ tɪs]
larynx ['læɚ ɪŋks]
Las Vegas (NV) [ˌlas 've gəs]
laser ['le zɚ]
laser printer ['le zɚ ˌprɪn tɚ]
lash [læʃ]
lashed [læʃt]
lasso ['læs o]

last [læst]
last-ditch ['læst ˌdɪtʃ]
last-minute ['læst ˌmɪn ɪt]
last straw ['læst 'strɔ]
lasted ['læs tɪd]
lasting ['læs tɪŋ]
lastly ['læst li]
latch [lætʃ]
latched [lætʃt]
late [let]
lately ['let li]
latent ['let nt]
later ['let ɚ]
lateral ['læt ɚ əl]
latest ['let ɪst]
latex ['le ˌtɛks]
lathe [leð]
lather ['læð ɚ]
Latin ['lætn]
latitude ['læt ɪ ˌtud]
latter ['læt ɚ]
lattice ['læt ɪs]
laud [lɔd]
laudable ['lɔ də bl]
laugh [læf]
laughable ['læf ə bl]
laughed [læft]
laughing ['læf ɪŋ]
laughter ['læf tɚ]
launch [lɔntʃ]
launched [lɔntʃt]
launching ['lɔntʃ ɪŋ]
launder ['lɔn dɚ]
launderer ['lɔn dɚ ɚ]
laundering ['lɔn dɚ ɪŋ]
laundromat ['lɔn drə ˌmæt]
laundry ['lɔn dri]

lava   ['lɑ və]

lavatory   ['læv ə ˌtɔ˞ i]

lavender   ['læv ən də˞]

lavish   ['læv ɪʃ]

lavished   ['læv ɪʃt]

lavishly   ['læv ɪʃ li]

law   [lɔ]

law-abiding   ['lɔ ə ˌbaɪ dɪŋ]

law school   ['lɔ ˌskul]

lawful   ['lɔ fl]

lawless   ['lɔ lɪs]

lawmaker   ['lɔ ˌme kə˞]

lawn   [lɔn]

lawn mower   ['lɔn ˌmoə˞]

Lawrence (MA)   ['lɑ˞ ɪns]

lawsuit   ['lɔ ˌsut]

Lawton (OK)   [lɔtn]

lawyer   ['lɔ jə˞]

lax   [læks]

laxative   ['læk sə tɪv]

laxity   ['læks ɪ ti]

lay   [le]

layer   ['le ə˞]

layette   [le 'ɛt]

layman   ['le mən]

layout   ['le ˌæʊt]

layover   ['le ˌo və˞]

lays   [lez]

lazily   ['le zɪ li]

lazy   ['le zi]

lead   n. the metal [lɛd] n. a hint [lid] v. to guide [lid]

leader   ['lid ə˞]

leadership   ['lid ə˞ ˌʃɪp]

leading   ['lid ɪŋ]

leaf   [lif]

leaflet   ['lif lɪt]

leafy   ['lif i]

league   [lig]

leak   [lik]

leakage   ['lik ɪdʒ]

leaked   [likt]

leaking   ['lik ɪŋ]

lean   [lin]

leaned   [lind]

leaning   ['lin ɪŋ]

leap   [lip]

leap year   ['lip ˌjɪə˞]

leaped   [lipt]

leapfrog   ['lip ˌfrɑg]

leaping   ['lip ɪŋ]

learn   [lə˞n]

learned   [lə˞nd]

learner   ['lə˞ nə˞]

learning   ['lə˞n ɪŋ]

lease   [lis]

leased   [list]

leash   [liʃ]

leasing   ['lis ɪŋ]

least   [list]

leather   ['lɛð ə˞]

leathery   ['lɛð ə ri]

leave   [liv]

leaven   [lɛvn]

leaves   [livz]

lectern   ['lɛk tə˞n]

lecture   ['lɛk tʃə˞]

lecturer   ['lɛk tʃə˞ ə˞]

led   [lɛd]

ledge   [lɛdʒ]

ledger   ['lɛdʒ ə˞]

leech   [litʃ]

leer   [lɪə˞]

leeway   ['li ˌwe]

left [lɛft]
left-handed ['lɛft ˌhæn dɪd]
left-overs ['lɛft ˌo vɚz]
leg [lɛg]
legacy ['lɛg ə si]
legal ['li gl]
legal holiday ['li gl 'hɑl ɪ ˌde]
legal tender ['li gl 'tɛn dɚ]
legalize ['li gə ˌlaɪz]
legally ['li gə li]
legation [lɪ 'ge ʃn]
legend ['lɛ dʒənd]
legendary ['lɛ dʒɛn ˌdɛɚ i]
legible ['lɛdʒ ə bl]
legion ['li dʒn]
legislate ['lɛdʒ ɪs ˌlet]
legislation [ˌlɛdʒ ɪs 'le ʃn]
legislative ['lɛdʒ ɪs ˌle tɪv]
legislator ['lɛdʒ ɪs ˌle tɚ]
legislature ['lɛdʒ ɪs ˌle tʃɚ]
legitimate [li 'dʒɪt ə mɪt]
legitimize [lɪ 'dʒɪt ə ˌmaɪz]
leisure ['li ʒɚ]
leisurely ['li ʒɚ li]
lemon ['lɛm ən]
lemonade [ˌlɛm ən 'ed]
lend [lɛnd]
length [lɛŋkθ]
lengthen ['lɛŋk θən]
lengthened ['lɛŋk θənd]
lengthways ['lɛŋkθ ˌwez]
lengthwise ['lɛŋkθ ˌwaɪz]
lengthy ['lɛŋk θi]
lenient ['li ni ənt]
lens [lɛnz]
lent [lɛnt]
leopard ['lɛ pɚd]

leotard ['li ə ˌtɑɚd]
leper ['lɛp ɚ]
leprosy ['lɛp rə si]
lesbian ['lɛz bi ən]
lesion ['li ʒn]
less [lɛs]
lessen [lɛsn]
lessened [lɛsnd]
lesser ['lɛs ɚ]
lesson [lɛsn]
let [lɛt]
letdown ['lɛt ˌdæʊn]
lethal ['li θl]
lethargy ['lɛ θɚ dʒi]
let's [lɛts]
letter ['lɛt ɚ]
lettering ['lɛt ɚ ɪŋ]
lettuce ['lɛt ɪs]
letup ['lɛt ˌəp]
leukemia [lu 'ki mi ə]
levee ['lɛv i]
level ['lɛv əl]
leveled ['lɛv əld]
levelheaded ['lɛv əl 'hɛd ɪd]
leveling ['lɛv lɪŋ]
lever ['lɛv ɚ]
leverage ['lɛv ɚ ɪdʒ]
levy ['lɛv i]
lewd [lud]
lexicon ['lɛk sə ˌkɑn]
Lexington (KY) ['lɛk sɪŋ tn]
liability [ˌlaɪ ə 'bɪl ɪ ti]
liable ['laɪ ə bl]
liaison ['li ə ˌzɑn]
liar ['laɪ ɚ]
libel ['laɪ bl]
libeled ['laɪ bld]

liberal [ˈlɪb ɚ əl]

liberal arts [ˈlɪb ɚ əl ˈɑɚts]

liberate [ˈlɪb ə ˌret]

liberated [ˈlɪb ə ˌret ɪd]

liberating [ˈlɪb ə ˌret ɪŋ]

liberty [ˈlɪb ɚ ti]

libido [lɪ ˈbi do]

librarian [laɪ ˈbrɛɚ i ən]

library [ˈlaɪ brɛɚ i]

lice [laɪs]

license [ˈlaɪ səns]

licensed [ˈlaɪ sənst]

licensing [ˈlaɪ səns ɪŋ]

lick [lɪk]

licked [lɪkt]

licking [ˈlɪk ɪŋ]

licorice [ˈlɪk ɚ ɪʃ]

lid [lɪd]

lie [laɪ]

lied [laɪd]

lieutenant [lu ˈtɛn ənt]

life [laɪf]

life-sized [ˈlaɪf ˌsaɪzd]

lifeblood [ˈlaɪf ˌbləd]

lifeboat [ˈlaɪf bot]

lifeguard [ˈlaɪf ˌgɑɚd]

lifeless [ˈlaɪf lɪs]

lifelike [ˈlaɪf ˌlaɪk]

lifeline [ˈlaɪf ˌlaɪn]

lifelong [ˈlaɪf ˌlɔŋ]

lifesaver [ˈlaɪf ˌse vɚ]

lifestyle [ˈlaɪf ˌstaɪl]

lifetime [ˈlaɪf ˌtaɪm]

lift [lɪft]

lift-off [ˈlɪft ˌɔf]

lifted [ˈlɪf tɪd]

lifting [ˈlɪf tɪŋ]

lifts [lɪfts]

light [laɪt]

light bulb [ˈlaɪt ˌbəlb]

light-headed [ˈlaɪt ˈhɛd ɪd]

lighted [ˈlaɪt ɪd]

lighten [laɪtn]

lighter [ˈlaɪ tɚ]

lighthearted [ˈlaɪt ˈhɑɚ tɪd]

lighthouse [ˈlaɪt ˌhæʊs]

lighting [ˈlaɪt ɪŋ]

lightly [ˈlaɪt li]

lightning [ˈlaɪt nɪŋ]

lights [laɪts]

lightweight [ˈlaɪt ˌwet]

like [laɪk]

likable [ˈlaɪk ə bl]

liked [laɪkt]

likelihood [ˈlaɪk li ˌhʊd]

likely [ˈlaɪk li]

likeness [ˈlaɪk nɪs]

likes [laɪks]

likewise [ˈlaɪk ˌwaɪz]

liking [ˈlaɪk ɪŋ]

lily [ˈlɪl i]

limb [lɪm]

limber [ˈlɪm bɚ]

limbo [ˈlɪm bo]

lime [laɪm]

limelight [ˈlaɪm ˌlaɪt]

limerick [ˈlɪm ɚ ɪk]

limestone [ˈlaɪm ˌston]

limit [ˈlɪm ɪt]

limitation [ˌlɪm ɪ ˈte ʃn]

limited [ˈlɪm ɪ tɪd]

limiting [ˈlɪm ɪ tɪŋ]

limits [ˈlɪm ɪts]

limousine [ˈlɪm ə ˌzin]

limp   [lɪmp]

limped   [lɪmpt]

limping   ['lɪmp ɪŋ]

limps   ['lɪmpts]

Lincoln (NE)   ['lɪŋ kn]

line   [laɪn]

line-up   ['laɪn ˌəp]

lineage   ['lɪn i ɪdʒ]

linebacker   ['laɪn ˌbæk ɚ]

lined   [laɪnd]

lineman   ['laɪn mən]

linen   ['lɪn ən]

liner   ['laɪ nɚ]

linger   ['lɪŋ gɚ]

lingerie   [ˌlɑn ʒə 're]

lingers   ['lɪŋ gɚz]

linguistics   [ˌlɪŋ 'gwɪs tɪks]

liniment   ['lɪn ə mənt]

lining   ['laɪ nɪŋ]

link   [lɪŋk]

linkage   ['lɪŋ kɪdʒ]

linked   [lɪŋkt]

linoleum   [lɪ 'no li əm]

lint   [lɪnt]

lion   ['laɪ ən]

lioness   ['laɪ ən ɪs]

lip   [lɪp]

lip-read   ['lɪp ˌrid]

lip service   ['lɪp ˌsɚ vɪs]

lipstick   ['lɪp ˌstɪk]

liquid   ['lɪk wɪd]

liquidate   ['lɪk wɪ ˌdet]

liquidation   [ˌlɪk wɪ 'de ʃn]

liquor   ['lɪ kɚ]

liquor store   ['lɪ kɚ ˌstɔɚ]

lisp   [lɪsp]

lisps   [lɪsps]

list   [lɪst]

listed   ['lɪs tɪd]

listen   [lɪsn]

listener   ['lɪs ə nɚ]

listing   ['lɪs tɪŋ]

listless   ['lɪst lɪs]

lit   [lɪt]

liter   ['li tɚ]

literacy   ['lɪt ɚ ə si]

literal   ['lɪt ɚ əl]

literally   ['lɪt ɚ ə li]

literary   ['lɪt ə ˌrɛɚ i]

literate   ['lɪt ɚ ɪt]

literature   ['lɪt ɚ ə ˌtʃɚ]

lithograph   ['lɪθ ə ˌgræf]

litigation   [ˌlɪt ɪ 'ge ʃn]

litter   ['lɪt ɚ]

litterbug   ['lɪt ɚ ˌbəg]

littered   ['lɪt ɚd]

little   [lɪtl]

Little Rock (AR)   ['lɪtl ˌrak]

livable   ['lɪv ə bl]

live   *adj.* [laɪv] *v.* [lɪv]

lived   [lɪvd]

livelihood   ['laɪv li ˌhʊd]

lively   ['laɪv li]

liver   ['lɪv ɚ]

lives   *n.* the plural of *life* [laɪvz] *v.* the verb form [lɪvz]

livestock   ['laɪv ˌstak]

livid   ['lɪv ɪd]

living   ['lɪv ɪŋ]

living room   ['lɪv ɪŋ ˌrum]

lizard   ['lɪz ɚd]

load   [lod]

loaded   ['lod ɪd]

loading   ['lod ɪŋ]

loaf [lof]

loafed [loft]

loafer ['lo fɚ]

loafs [lofs]

loan [lon]

loaned [lond]

loaning ['lon ɪŋ]

loans [lonz]

loathe [loð]

loathing ['loð ɪŋ]

loathsome ['loð sm]

loaves [lovz]

lob [lab]

lobby ['lab i]

lobbyist ['lab i ɪst]

lobster ['lab stɚ]

local ['lo kl]

local call ['lo kl ˌkɔl]

locale [lo 'kæl]

locality [lo 'kæl ɪ ti]

localize ['lo kə ˌlaɪz]

locate ['lo ˌket]

located ['lo ˌket ɪd]

locating ['lo ket ɪŋ]

location [lo 'ke ʃn]

lock [lak]

locked [lakt]

locker ['lak ɚ]

locket ['lak ɪt]

locking ['lak ɪŋ]

locks [laks]

locksmith ['lak ˌsmɪθ]

locomotion [ˌlo kə 'mo ʃn]

locomotive [ˌlo kə 'mo tɪv]

locust ['lo kəst]

lodge [ladʒ]

lodged [ladʒd]

lodger ['ladʒ ɚ]

lodging ['ladʒ ɪŋ]

loft [lɔft]

lofty ['lɔf ti]

log [lag]

logged [lagd]

logging ['lag ɪŋ]

logic ['ladʒ ɪk]

logical ['ladʒ ɪ kl]

logistics [lo 'dʒɪs tɪks]

loin [lɔɪn]

loiter ['lɔɪ tɚ]

loiterer ['lɔɪ tɚ ɚ]

loitering ['lɔɪ tɚ ɪŋ]

lollipop ['lal i ˌpap]

lone [lon]

loneliness ['lon li nɪs]

lonely ['lon li]

loner ['lo nɚ]

lonesome ['lon sm]

long [lɔŋ]

long-distance ['lɔŋ 'dɪs təns]

long-playing ['lɔŋ 'ple ɪŋ]

long-range ['lɔŋ 'rendʒ]

long shot ['lɔŋ ˌʃat]

long-standing ['lɔŋ 'stæn dɪŋ]

long-suffering ['lɔŋ 'səf ɚ ɪŋ]

long-term ['lɔŋ 'tɚm]

long-winded ['lɔŋ 'wɪn dɪd]

longevity [lan 'dʒɛv ɪ ti]

longhand ['lɔŋ ˌhænd]

longitude ['lan dʒɪ ˌtud]

longshoreman ['lɔŋ 'ʃɔɚ mən]

look [lʊk]

looked [lʊkt]

looking ['lʊk ɪŋ]

lookout ['lʊk ˌæʊt]

loom   [lum]

loop   [lup]

looped   [lupt]

loophole   ['lup ˌhol]

looping   ['lup ɪŋ]

loose   [lus]

loose change   ['lus 'tʃendʒ]

loose ends   ['lus 'ɛndz]

loose-leaf   ['lus ˌlif]

loosely   ['lus li]

loosen   [lusn]

loot   [lut]

looted   ['lut ɪd]

looting   ['lut ɪŋ]

lopsided   ['lɑp ˌsaɪ dɪd]

loquacious   [lo 'kwe ʃəs]

lord   [lɔɚd]

lordly   ['lɔɚd li]

Los Angeles (CA)
   [ˌlɔs 'æn dʒə ləs]

lose   [luz]

loser   ['luz ɚ]

losing   ['luz ɪŋ]

loss   [lɔs]

lost   [lɔst]

lot   [lɑt]

lotion   ['lo ʃn]

lottery   ['lɑt ə ri]

lotto   ['lɑt o]

loud   [læʊd]

louder   ['læʊd ɚ]

loudly   ['læʊd li]

loudmouthed   ['læʊd ˌmæʊθt]

loudness   ['læʊd nɪs]

loudspeaker   ['læʊd ˌspi kɚ]

Louisiana   [lu ˌi zi 'æn ə]

Louisville (KY)   ['lu i ˌvɪl]

lounge   [læʊndʒ]

louse   [læʊs]

lousy   ['læʊ zi]

louver   ['lu vɚ]

lovable   ['ləv ə bl]

love   [ləv]

loved   [ləvd]

loveliness   ['ləv li nɪs]

lovely   ['ləv li]

lover   ['ləv ɚ]

loving   ['ləv ɪŋ]

low   [lo]

low-cut   ['lo 'kət]

low-fat   ['lo 'fæt]

low-grade   ['lo 'gred]

low-key   ['lo 'ki]

lowbrow   ['lo ˌbræʊ]

Lowell (MA)   ['lo əl]

lower   ['lo ɚ]

lowered   ['lo ɚd]

lowering   ['lo ɚ ɪŋ]

lowland   ['lo lənd]

lowlands   ['lo ləndz]

lowly   ['lo li]

lox   [lɑks]

loyal   ['lɔɪ əl]

loyalty   ['lɔɪ əl ti]

lozenge   ['lɑz ɪndʒ]

Lubbock (TX)   ['lə bɪk]

lubricant   ['lu brə kənt]

lubricate   ['lu brə ˌket]

lubricated   ['lu brə ˌket ɪd]

lubricating   ['lu brə ˌket ɪŋ]

lubrication   [ˌlu brə 'ke ʃn]

lucid   ['lu sɪd]

luck   [lək]

luckier   ['lək i ɚ]

luckiest ['lək i ɪst]
luckily ['lək ɪ li]
lucky ['lək i]
lucrative ['lu krə tɪv]
ludicrous ['lu də krəs]
lug [ləg]
luggage ['ləg ɪdʒ]
lugged [ləgd]
lugging ['ləg ɪŋ]
lukewarm ['luk 'wɔɚm]
lull [ləl]
lullaby ['ləl ə ‚baɪ]
lulled [ləld]
lumber ['ləm bɚ]
lumberjack ['ləm bɚ ‚dʒæk]
luminary ['lu mə ‚nɛɚ i]
luminous ['lu mə nəs]
lump [ləmp]
lumpy ['ləm pi]
lunacy ['lu nə si]
lunar ['lu nɚ]
lunatic ['lu nə tɪk]
lunch [ləntʃ]
luncheon ['lən tʃən]
luncheonette [‚lən tʃə 'nɛt]
lung [ləŋ]

lunge [ləndʒ]
lunged [ləndʒd]
lunging ['ləndʒ ɪŋ]
lurch [lɚtʃ]
lurched [lɚtʃt]
lure [lʊɚ]
lured [lʊɚd]
lurid ['lʊɚ ɪd]
lurk [lɚk]
lurked [lɚkt]
lurking ['lɚk ɪŋ]
luscious ['lə ʃəs]
lush [ləʃ]
lust [ləst]
luster ['ləs tɚ]
lustrous ['ləs trəs]
lusty ['ləs ti]
luxurious [ləg 'ʒʊɚ i əs]
luxury ['lək ʃə ri]
lye [laɪ]
lying ['laɪ ɪŋ]
lymph [lɪmf]
lymph node ['lɪmf ‚nod]
lynch [lɪntʃ]
lyric ['lɪɚ ɪk]
lyricist ['lɪɚ ɪ sɪst]

M

M   [ɛm]

ma   [mɑ]

ma'am   [mæm]

macaroni   [ˌmæk ə 'ro ni]

macaroon   [ˌmæk ə 'run]

mace   [mes]

machete   [mə 'ʃɛt i]

machine   [mə 'ʃin]

machinery   [mə 'ʃi nə ri]

machinist   [mə 'ʃi nɪst]

mackerel   ['mæk rəl]

Macon (GA)   ['me kn]

mad   [mæd]

made   [med]

made-to-measure
   [ˌmed tə 'mɛʒ ɚ]

made-to-order   [ˌmed tə 'ɔɚ dɚ]

made-up   ['med 'əp]

madhouse   ['mæd ˌhæʊs]

Madison (WI)   ['mæd ɪ sn]

madly   ['mæd li]

madman   ['mæd ˌmæn]

madness   ['mæd nɪs]

maestro   ['maɪ stro]

magazine   [ˌmæg ə 'zin]

maggot   ['mæg ət]

magic   ['mædʒ ɪk]

magician   [mə 'dʒɪ ʃn]

magistrate   ['mædʒ ɪ ˌstret]

magnate   ['mæg net]

magnet   ['mæg nɪt]

magnetic   [mæg 'nɛt ɪk]

magnetism   ['mæg nɪ ˌtɪzm]

magnetize   ['mæg nɪ ˌtaɪz]

magnificence   [mæg 'nɪf ɪ səns]

magnificent   [mæg 'nɪf ɪ sənt]

magnified   ['mæg nə ˌfaɪd]

magnifies   ['mæg nə ˌfaɪz]

magnify   ['mæg nə ˌfaɪ]

magnitude   ['mæg nɪ ˌtud]

magnolia   [mæg 'nol jə]

mahogany   [mə 'hɑg ə ni]

maid   [med]

maiden   [medn]

maiden name   ['medn 'nem]

mail   [mel]

mail-order   ['mel ˌɔɚ dɚ]

mailbox   ['mel ˌbɑks]

mailed   [meld]

mailing   ['mel ɪŋ]

mailing list ['mel ɪŋ ˌlɪst]

mailman ['mel ˌmæn]

maim [mem]

maimed [memd]

main [men]

Maine [men]

mainframe ['men ˌfrem]

mainland ['men ˌlænd]

mainline ['men 'laɪn]

mainly ['men li]

mainstay ['men ˌste]

mainstream ['men ˌstrim]

maintain [men 'ten]

maintenance ['men tə nəns]

majestic [mə 'dʒɛs tɪk]

majesty ['mædʒ ɪ sti]

major ['me dʒɚ]

majored ['me dʒɚd]

majoring ['me dʒɚ ɪŋ]

majority [mə 'dʒɑɚ ɪ ti]

make [mek]

make-believe ['mek bɪ ˌliv]

makes [meks]

makeshift ['mek ˌʃɪft]

makeup ['mek ˌəp]

making ['mek ɪŋ]

maladjusted [ˌmæl ə 'dʒəs tɪd]

maladjustment
  [ˌmæl ə 'dʒəst mənt]

malady ['mæl ə di]

malaise [mæ 'lez]

malaria [mə 'lɛɚ i ə]

malcontent ['mæl kən ˌtɛnt]

male [mel]

malevolent [mə 'lɛv ə lənt]

malfeasance [mæl 'fi zəns]

malfunction [mæl 'fəŋk ʃn]

malice ['mæl ɪs]

malicious [mə 'lɪ ʃəs]

malign [mə 'laɪn]

malignant [mə 'lɪg nənt]

maligned [mə 'laɪnd]

malinger [mə 'lɪŋ gɚ]

mall [mɔl]

malleable ['mæl i ə bl]

mallet ['mæl ɪt]

malnourished [mæl 'nɚ ɪʃt]

malnutrition [ˌmæl nu 'trɪʃn]

malocclusion [ˌmæl ə 'klu ʒn]

malpractice [mæl 'præk tɪs]

malt [mɔlt]

mammal [mæml]

mammoth ['mæm əθ]

man [mæn]

man-made ['mæn 'med]

man-sized ['mæn ˌsaɪzd]

manage ['mæn ɪdʒ]

manageable ['mæn ɪdʒ ə bl]

managed ['mæn ɪdʒd]

management ['mæn ɪdʒ mənt]

manager ['mæn ɪdʒ ɚ]

managerial [ˌmæn ɪ 'dʒɪɚ i əl]

managing ['mæn ɪdʒ ɪŋ]

Manchester (NH) ['mæn ˌtʃɛs tɚ]

mandate ['mæn det]

mandated ['mæn det ɪd]

mandating ['mæn det ɪŋ]

mandatory ['mæn də ˌtɔɚ i]

mandible ['mæn də bl]

mane [men]

maneuver [mə 'nu vɚ]

maneuvered [mə 'nu vɚd]

maneuvering [mə 'nu vɚ ɪŋ]

manger ['men ˌdʒɚ]

mangle ['mæŋ gl]

mangled ['mæŋ gld]

manhandle ['mæn ˌhæn dl]

manhole ['mæn ˌhol]

manhood ['mæn ˌhʊd]

manhunt ['mæn ˌhənt]

mania ['me ni ə]

maniac ['me ni ˌæk]

manic ['mæn ɪk]

manicure ['mæn ə ˌkjʊɚ]

manicured ['mæn ə ˌkjʊɚd]

manifest ['mæn ə ˌfɛst]

manifold ['mæn ə ˌfold]

manipulate [mə 'nɪp jə ˌlet]

manipulated [mə 'nɪp jə ˌlet ɪd]

manipulating
  [mə 'nɪp jə ˌlet ɪŋ]

mankind [ˌmæn 'kaɪnd]

manly ['mæn li]

manned [mænd]

mannequin ['mæn ə kɪn]

manner ['mæn ɚ]

mannerism ['mæn ə ˌrɪzm]

manning ['mæn ɪŋ]

mannish ['mæn ɪʃ]

manor ['mæn ɚ]

manpower ['mæn ˌpæʊ ɚ]

mansion ['mæn ʃn]

manslaughter ['mæn ˌslɔ tɚ]

mantelpiece ['mæn tl ˌpis]

mantle ['mæn tl]

manual ['mæn ju əl]

manufacture [ˌmæn jə 'fæk tʃɚ]

manufactured
  [ˌmæn jə 'fæk tʃɚd]

manufacturer
  [ˌmæn jə 'fæk tʃɚ ɚ]

manufacturing
  [ˌmæn jə 'fæk tʃɚ ɪŋ]

manure [mə 'nʊɚ]

manuscript ['mæn jə ˌskrɪpt]

many ['mɛn i]

map [mæp]

maple ['me pl]

mapped [mæpt]

mapping ['mæp ɪŋ]

mar [maɚ]

marathon ['mæɚ ə ˌθan]

marble ['maɚ bl]

March [maɚtʃ]

march [maɚtʃ]

marcher ['maɚtʃ ɚ]

marching ['maɚtʃ ɪŋ]

mare [mɛɚ]

margarine ['maɚ dʒɚ ɪn]

margin ['maɚ dʒɪn]

marginal ['maɚ dʒɪ nl]

marigold ['mæɚ ə ˌgold]

marijuana [ˌmæɚ ə 'wa nə]

marinate ['mæɚ ɪ ˌnet]

marinated ['mæɚ ɪ ˌnet ɪd]

marinates ['mæɚ ɪ ˌnets]

marinating ['mæɚ ɪ ˌnet ɪŋ]

marine [mə 'rin]

Marine Corps [mə 'rin ˌkɔɚ]

mariner ['mæɚ ə nɚ]

marital ['mæɚ ɪ tl]

marital status
  ['mæɚ ɪ tl 'stæ təs]

maritime ['mæɚ ɪ ˌtaɪm]

mark [maɚk]

marked [maɚkt]

marker ['maɚk ɚ]

market ['maɚ kɪt]

marketed   ['mɑɚ kɪt ɪd]
marketing   ['mɑɚ kɪt ɪŋ]
marketplace   ['mɑɚ kɪt ˌples]
marking   ['mɑɚ kɪŋ]
marksman   ['mɑɚks mən]
markup   ['mɑɚk ˌəp]
marmalade   ['mɑɚ mə ˌled]
maroon   [mə 'run]
marooned   [mə 'rund]
marquee   [mɑɚ 'ki]
marred   [mɑɚd]
marriage   ['mæɚ ɪdʒ]
married   ['mæɚ id]
marring   ['mɑɚ ɪŋ]
marrow   ['mæɚ o]
marry   ['mæɚ i]
Mars   [mɑɚz]
marsh   [mɑɚʃ]
marshal   ['mɑɚ ʃl]
marshmallow   ['mɑɚʃ ˌmɛl o]
mart   [mɑɚt]
martial   ['mɑɚ ʃl]
martial law   ['mɑɚ ʃl 'lɔ]
martini   [mɑɚ 'ti ni]
martyr   ['mɑɚ tɚ]
martyrdom   ['mɑɚ tɚ dm]
marvel   ['mɑɚ vl]
marveled   ['mɑɚ vld]
marvelous   ['mɑɚ və ləs]
marvelously   ['mɑɚ və ləs li]
Maryland   ['mɛɚ ə ˌlənd]
mascara   [mæ 'skæɚ ə]
mascot   ['mæs ˌkat]
masculine   ['mæs kjə lɪn]
mash   [mæʃ]
mashed   [mæʃt]
mask   [mæsk]

masked   [mæskt]
masking   ['mæs kɪŋ]
masks   [mæsks]
masochism   ['mæ sə ˌkɪzm]
masquerade   [ˌmæs kə 'red]
mass   [mæs]
mass media   ['mæs ˌmi di ə]
mass production
   ['mæs prə 'dək ʃn]
Massachusetts   [ˌmæs ə 'tʃu sɪts]
massacre   ['mæs ə kɚ]
massage   [ˌmə 'saʒ]
massaged   [ˌmə 'saʒd]
massaging   [ˌmə 'saʒ ɪŋ]
massed   [mæst]
massing   ['mæs ɪŋ]
massive   ['mæs ɪv]
mast   [mæst]
mastectomy   [mæ 'stɛk tə mi]
master   ['mæs tɚ]
master key   ['mæs tɚ 'ki]
mastered   ['mæs tɚd]
masterful   ['mæs tɚ fl]
masterfully   ['mæs tɚ fli]
mastering   ['mæs tɚ ɪŋ]
mastermind   ['mæs tɚ ˌmaɪnd]
masterpiece   ['mæs tɚ ˌpis]
mastery   ['mæs tə ri]
masturbate   ['mæs tɚ ˌbet]
masturbated   ['mæs tɚ ˌbet ɪd]
masturbates   ['mæs tɚ ˌbets]
masturbating   ['mæs tɚ ˌbet ɪŋ]
masturbation   [ˌmæs tɚ 'be ʃn]
mat   [mæt]
matador   ['mæt ə ˌdɔɚ]
match   [mætʃ]
matchbox   ['mætʃ ˌbaks]

matched [mætʃt]

matches ['mætʃ ɪz]

matching ['mætʃ ɪŋ]

matchless ['mætʃ lɪs]

matchmaker ['mætʃ ˌme kɚ]

mate [met]

mated ['met ɪd]

material [mə 'tɪɚ i əl]

materialism [mə 'tɪɚ i ə ˌlɪzm]

materialize [mə 'tɪɚ i ə ˌlaɪz]

materialized [mə 'tɪɚ i ə ˌlaɪzd]

materially [mə 'tɪɚ i ə li]

maternal [mə 'tɚ nl]

maternity [mə 'tɚ nɪ ti]

math [mæθ]

mathematical [ˌmæθ ə 'mæt ɪ kl]

mathematics [ˌmæθ ə 'mæt ɪks]

matinee [ˌmæt ə 'ne]

mating ['met ɪŋ]

matriarch ['me tri ˌɑɚk]

matriculate [mə 'trɪk jə ˌlet]

matriculated [mə 'trɪk jə ˌlet ɪd]

matriculation [mə ˌtrɪk jə 'le ʃn]

matrimony ['mæ trə ˌmo ni]

matron ['me trən]

matronly ['me trən li]

matter ['mæt ɚ]

mattered ['mæt ɚd]

matting ['mæt ɪŋ]

mattress ['mæ trɪs]

mature [mə 'tʃʊɚ]

matured [mə 'tʃʊɚd]

maturing [mə 'tʃʊɚ ɪŋ]

maturity [mə 'tʃʊɚ ɪ ti]

maul [mɔl]

mauled [mɔld]

mauling ['mɔl ɪŋ]

mausoleum [ˌmɔ sə 'li əm]

maverick ['mæv rɪk]

maxim ['mæk sɪm]

maximum ['mæk sə məm]

May [me]

may [me]

maybe ['me bi]

mayhem ['me ˌhɛm]

mayonnaise [ˌme ə 'nez]

mayor [me ɚ]

maze [mez]

me [mi]

meadow ['mɛd o]

meager ['mi gɚ]

meal [mil]

mean [min]

meander [mi 'æn dɚ]

meaning ['min ɪŋ]

meaningful ['min ɪŋ fl]

meaningless ['min ɪŋ lɪs]

means [minz]

meant [mɛnt]

meantime ['min ˌtaɪm]

meanwhile ['min ˌʍaɪl]

measles ['mi zlz]

measure ['mɛʒ ɚ]

measured ['mɛʒ ɚd]

measurement ['mɛʒ ɚ mənt]

measures ['mɛʒ ɚz]

measuring ['mɛʒ ɚ ɪŋ]

meat [mit]

meatball ['mit ˌbɔl]

mechanic [mə 'kæn ɪk]

mechanical [mə 'kæn ɪ kl]

mechanically [mə 'kæn ɪk li]

mechanism ['mɛ kə ˌnɪzm]

mechanize   ['mɛ kə ˌnɑɪz]
medal   ['mɛ dl]
medallion   [mə 'dæl jən]
meddle   [mɛdl]
meddled   [mɛdld]
meddles   [mɛdlz]
meddling   ['mɛd lɪŋ]
media   ['mi di ə]
median   ['mi di ən]
mediate   ['mi di ˌet]
mediated   ['mi di ˌet ɪd]
mediates   ['mi di ˌets]
mediating   ['mi di ˌet ɪŋ]
mediator   ['mi di ˌe tɚ]
medic   ['mɛd ɪk]
Medicaid   ['mɛd ə ˌked]
medical   ['mɛd ɪ kl]
Medicare   ['mɛd ə ˌkɛɚ]
medicated   ['mɛd ə ˌket ɪd]
medicinal   [mə 'dɪs ə nl]
medicine   ['mɛd ɪ sn]
medieval   [ˌmi di 'i vl]
mediocre   [ˌmi di 'o kɚ]
meditate   ['mɛd ə ˌtet]
meditated   ['mɛd ə ˌtet ɪd]
meditates   ['mɛd ə ˌtets]
meditating   ['mɛd ə ˌtet ɪŋ]
meditation   [ˌmɛd ə 'te ʃn]
medium   ['mi di əm]
medley   ['mɛd li]
meek   [mik]
meekly   ['mik li]
meet   [mit]
meeting   ['mit ɪŋ]
megaphone   ['mɛg ə ˌfon]
melancholy   ['mɛl ən ˌkɑl i]
melee   ['me ˌle]

mellow   ['mɛl o]
mellowed   ['mɛl od]
melodious   [mə 'lo di əs]
melodrama   ['mɛl ə ˌdrɑm ə]
melody   ['mɛl ə di]
melon   ['mɛl ən]
melt   [mɛlt]
meltdown   ['mɛlt ˌdæʊn]
melted   ['mɛlt ɪd]
melting   ['mɛlt ɪŋ]
melting pot   ['mɛlt ɪŋ ˌpɑt]
member   ['mɛm bɚ]
membership   ['mɛm bɚ ˌʃɪp]
membrane   ['mɛm bren]
memento   [mə 'mɛn to]
memo   ['mɛm o]
memoir   ['mɛm wɑɚ]
memorable   ['mɛm ɚ ə bl]
memorandum
    [ˌmɛm ə 'ræn dm]
memorial   [mə 'mɔɚ i əl]
memorize   ['mɛm ə ˌrɑɪz]
memorized   ['mɛm ə ˌrɑɪzd]
memorizing   ['mɛm ə ˌrɑɪ zɪŋ]
memory   ['mɛm ə ri]
Memphis (TN)   ['mɛm fɪs]
men   [mɛn]
menace   ['mɛn ɪs]
menaced   ['mɛn ɪst]
menacing   ['mɛn ɪ sɪŋ]
menagerie   [mə 'næʒ ə ri]
mend   [mɛnd]
mended   ['mɛn dɪd]
mending   ['mɛn dɪŋ]
menial   ['mi ni əl]
meningitis   [ˌmɛn ɪn 'dʒɑɪ tɪs]
menopause   ['mɛn ə ˌpɔz]

menses   ['mɛn siz]

menstruating   ['mɛn ˌstre tɪŋ]

menstruation   [ˌmɛn 'stre ʃn]

mental   ['mɛn tl]

mentality   [mɛn 'tæl ɪ ti]

mention   ['mɛn ʃn]

mentor   ['mɛn tɚ]

menu   ['mɛn ju]

meow   [mi 'æʊ]

mercenary   ['mɚ sə ˌnɛɚ i]

merchandise   *n.* ['mɚ tʃən ˌdaɪs]
   v. ['mɚ tʃən ˌdaɪz]

merchant   ['mɚ tʃənt]

merciful   ['mɚ sɪ fl]

merciless   ['mɚ sɪ lɪs]

mercury   ['mɚ kjɚ i]

mercy   ['mɚ si]

mere   [mɪɚ]

merely   ['mɪɚ li]

merge   [mɚdʒ]

merged   [mɚdʒd]

merger   ['mɚ dʒɚ]

merging   ['mɚ dʒɪŋ]

meringue   [mə 'ræŋ]

merit   ['mɛɚ ɪt]

merited   ['mɛɚ ɪt ɪd]

meritorious   [ˌmɛɚ ɪ 'tɔɚ i əs]

mermaid   ['mɚ ˌmed]

merrily   ['mɛɚ ɪ li]

merry   ['mɛɚ i]

merry-go-round
   ['mɛɚ i go ˌræʊnd]

mesh   [mɛʃ]

meshed   [mɛʃt]

mesmerize   ['mɛz mə ˌraɪz]

mess   [mɛs]

message   ['mɛs ɪdʒ]

messed   [mɛst]

messenger   ['mɛs ən dʒɚ]

Messiah   [mɪ 'saɪ ə]

messing   ['mɛs ɪŋ]

messy   ['mɛs i]

met   [mɛt]

metabolism   [mə 'tæb ə ˌlɪzm]

metal   [mɛtl]

metallic   [mə 'tæl ɪk]

metamorphosis
   [ˌmɛt ə 'mɔɚ fə sɪs]

metastasis   [mə 'tæs tə sɪs]

meteor   ['mi ti ɚ]

meteorology   [ˌmi ti ə 'ral ə dʒi]

meter   ['mi tɚ]

method   ['mɛθ əd]

methodical   [mə 'θad ɪ kl]

Methodist   ['mɛθ ə dɪst]

methodology   [ˌmɛθ ə 'dal ə dʒi]

meticulous   [mə 'tɪk jə ləs]

metric   ['mɛ trɪk]

metronome   ['mɛ trə ˌnom]

metropolis   [mə 'trap ə lɪs]

metropolitan   [ˌmɛ trə 'pal ɪ tn]

Mexican   ['mɛk sə kn]

Miami (FL)   [ˌmaɪ 'æm i]

mice   [maɪs]

Michigan   ['mɪʃ ə gn]

microchip   ['maɪ kro ˌtʃɪp]

microcomputer
   ['maɪ kro kəm 'pju tɚ]

microphone   ['maɪ krə ˌfon]

microscope   ['maɪ krə ˌskop]

microscopic   ['maɪ krə 'skap ɪk]

midair   ['mɪd ˌɛɚ]

midday   ['mɪd ˌde]

middle   [mɪdl]

middle-aged ['mɪdl ˌedʒd]

middle-class ['mɪdl ˌklæs]

middle name ['mɪdl 'nem]

middleman ['mɪdl ˌmæn]

midget ['mɪdʒ ɪt]

midnight ['mɪd ˌnɑɪt]

midpoint ['mɪd ˌpɔɪnt]

midst [mɪdst]

midsummer ['mɪd 'səm ɚ]

midterm ['mɪd ˌtɚm]

midway ['mɪd 'we]

midweek ['mɪd ˌwik]

midwife ['mɪd ˌwɑɪf]

might [mɑɪt]

mighty ['mɑɪ ti]

migraine ['mɑɪ ˌgren]

migrant ['mɑɪ grənt]

migrate ['mɑɪ ˌgret]

migrated ['mɑɪ ˌgret ɪd]

migrating ['mɑɪ ˌgret ɪŋ]

migration [mɑɪ 'gre ʃn]

mild [mɑɪld]

mildew ['mɪl ˌdu]

mildly ['mɑɪld li]

mile [mɑɪl]

mileage ['mɑɪl ɪdʒ]

milestone ['mɑɪl ˌston]

militant ['mɪl ə tənt]

military ['mɪl ə ˌtɛɚ i]

militia [mɪ 'lɪʃ ə]

milk [mɪlk]

milk chocolate ['mɪlk 'tʃak lɪt]

milkshake ['mɪlk ˌʃek]

milky ['mɪlk i]

mill [mɪl]

millennium [mɪ 'lɛn i əm]

milligram ['mɪl ə ˌgræm]

millimeter ['mɪl ə ˌmi tɚ]

millinery ['mɪl ə ˌnɛɚ i]

million ['mɪl jən]

millionaire [ˌmɪl jə 'nɛɚ]

Milwaukee (WI) [ˌmɪl 'wɔ ki]

mime [mɑɪm]

mimeograph ['mɪ mi ə ˌgræf]

mimic ['mɪm ɪk]

mince [mɪns]

mincemeat ['mɪns ˌmit]

mind [mɑɪnd]

minded ['mɑɪnd ɪd]

mindful ['mɑɪnd fl]

minding ['mɑɪnd ɪŋ]

mindless ['mɑɪnd lɪs]

mindreader ['mɑɪnd ˌrid ɚ]

mine [mɑɪn]

mined [mɑɪnd]

miner ['mɑɪn ɚ]

mineral ['mɪn rəl]

mineralogy [mɪ nə 'ral ə dʒi]

mingle ['mɪŋ gl]

mingled ['mɪŋ gld]

mingling ['mɪŋ glɪŋ]

miniature ['mɪn ə ˌtʃɚ]

minimize ['mɪn ə ˌmɑɪz]

minimum ['mɪn ə məm]

mining ['mɑɪn ɪŋ]

miniskirt ['mɪn i ˌskɚt]

minister ['mɪn ɪ stɚ]

ministered ['mɪn ɪ stɚd]

ministerial [ˌmɪn ɪ 'stɪɚ i əl]

ministering ['mɪn ɪ stɚ ɪŋ]

ministry ['mɪn ɪs tri]

mink [mɪŋk]

Minneapolis (MN) [ˌmɪn i 'æp ə lɪs]

Minnesota [ˈmɪn ə ˈso tə]

minnow [ˈmɪn o]

minor [ˈmaɪ nɚ]

minorities [maɪ ˈnɑɚ ɪ tiz]

minority [maɪ ˈnɑɚ ɪ ti]

mint [mɪnt]

minus [ˈmaɪ nəs]

minute [ˈmɪn ɪt]

minutia [mɪ ˈnu ʃə]

miracle [ˈmɪɚ ə kl]

miraculous [mɪ ˈræk jə ləs]

mirage [mɪ ˈrɑʒ]

mirror [ˈmɪɚ ɚ]

mirth [mɚθ]

misadventure [ˌmɪs əd ˈvɛn tʃɚ]

misapply [ˌmɪs ə ˈplaɪ]

misapprehension
[mɪs ˌæp rɪ ˈhɛn ʃn]

misappropriate
[ˌmɪs ə ˈpro pri ˌet]

misbehave [ˌmɪs bɪ ˈhev]

miscalculate [mɪs ˈkæl kjə ˌlet]

miscarriage [mɪs ˈkæɚ ɪdʒ]

miscellaneous [ˌmɪs ə ˈle ni əs]

mischief [ˈmɪs tʃɪf]

mischievous [ˈmɪs tʃə vəs]

misconception
[ˌmɪs kən ˈsɛp ʃn]

misconduct [mɪs ˈkɑn dəkt]

misconstrue [ˌmɪs kən ˈstru]

misconstrued [ˌmɪs kən ˈstrud]

misdeal [mɪs ˈdil]

misdeed [mɪs ˈdid]

misdemeanor [ˌmɪs dɪ ˈmi nɚ]

miser [ˈmaɪ zɚ]

miserable [ˈmɪz ɚ ə bl]

miserably [ˈmɪz ɚ ə bli]

miserly [ˈmaɪz ɚ li]

misery [ˈmɪz ə ri]

misfire [mɪs ˈfaɪɚ]

misfit [ˈmɪs fɪt]

misfortune [mɪs ˈfɔɚ tʃən]

misgiving [mɪs ˈgɪv ɪŋ]

misguided [mɪs ˈgaɪd ɪd]

mishandle [mɪs ˈhæn dl]

mishap [ˈmɪs hæp]

misinterpret [ˌmɪs ɪn ˈtɚ prɪt]

misjudge [mɪs ˈdʒədʒ]

mislay [mɪs ˈle]

mislead [mɪs ˈlid]

misleading [mɪs ˈlid ɪŋ]

mismanage [mɪs ˈmæn ɪdʒ]

mismatch [mɪs ˈmætʃ]

misplace [mɪs ˈples]

misprint [ˈmɪs prɪnt]

Miss [mɪs]

miss [mɪs]

missed [mɪst]

misses [ˈmɪs ɪz]

misshapen [mɪs ˈʃepn]

missile [mɪsl]

missing [ˈmɪs ɪŋ]

mission [mɪʃn]

missionary [ˈmɪʃ ə ˌnɛɚ i]

Mississippi [ˌmɪs ɪ ˈsɪp i]

Missoula (MT) [ˌmɪ ˈzu lə]

Missouri [ˌmɪ ˈzʊɚ i]

misspell [mɪs ˈspɛl]

misspelled [mɪs ˈspɛld]

misspent [mɪs ˈspɛnt]

mist [mɪst]

mistake [mɪ ˈstek]

mistaken [mɪ ˈstekn]

mister [ˈmɪs tɚ]

mistletoe   ['mɪsl ˌto]
mistook   [mɪ 'stʊk]
mistress   ['mɪs trɪs]
mistrial   [mɪs 'traɪl]
mistrust   [mɪs 'trəst]
misty   ['mɪs ti]
misunderstand
    [mɪs ˌən dɚ 'stænd]
misunderstanding
    [mɪs ˌən dɚ 'stænd ɪŋ]
misunderstood
    [mɪs ˌən dɚ 'stʊd]
misuse   n.   [mɪs 'jus]
    v.   [mɪs 'juz]
misused   [mɪs 'juzd]
mitten   [mɪtn]
mix   [mɪks]
mixed   [mɪkst]
mixed-up   ['mɪkst 'əp]
mixer   ['mɪks ɚ]
mixing   ['mɪks ɪŋ]
mixture   ['mɪks tʃɚ]
moan   [mon]
moaned   [mond]
moaning   ['mon ɪŋ]
mob   [mab]
mobbed   [mabd]
mobile   ['mo bl]
Mobile (AL)   [mo 'bil]
mobile home   ['mo bl 'hom]
mobility   [ˌmo 'bɪl ɪ ti]
mobilization   [ˌmo bɪ lɪ 'ze ʃn]
mobilize   ['mo bə ˌlaɪz]
moccasin   ['mak ə sn]
mock   [mak]
mock-up   ['mak ˌəp]
mocked   [makt]

mockery   ['mak ɚ i]
mocking   ['mak ɪŋ]
mode   [mod]
model   [madl]
modeled   [madld]
modeling   ['mad lɪŋ]
modem   ['mo dm]
moderate   adj. ['mad ɚ ɪt]
    v. ['mad ɚ ˌet]
moderated   ['mad ɚ ˌet ɪd]
moderately   ['mad ɚ ɪt li]
moderating   ['mad ɚ ˌet ɪŋ]
moderation   [ˌmad ɚ 'e ʃn]
moderator   ['mad ɚ ˌe tɚ]
modern   ['mad ɚn]
modernization
    [ˌmad ɚ nɪ 'ze ʃn]
modernize   ['mad ɚ ˌnaɪz]
modernized   ['mad ɚ ˌnaɪzd]
modernizing   ['mad ɚ ˌnaɪz ɪŋ]
modest   ['mad ɪst]
modestly   ['mad ɪst li]
modesty   ['mad ɪs ti]
modification   [ˌmad ɪ fɪ 'ke ʃn]
modified   ['mad ə ˌfaɪd]
modify   ['mad ə ˌfaɪ]
modulate   ['madʒ ə ˌlet]
modulation   [ˌmadʒ ə 'le ʃn]
mogul   ['mo gl]
moist   [mɔɪst]
moisten   ['mɔɪ sn]
moistened   ['mɔɪ snd]
moisture   ['mɔɪs tʃɚ]
moisturizer   ['mɔɪs tʃə ˌraɪz ɚ]
molar   ['mo lɚ]
molasses   [mə 'læs ɪz]
mold   [mold]

molded ['mol dɪd]

molding ['mol dɪŋ]

moldy ['mol di]

mole [mol]

molecule ['mal ə ˌkjul]

molest [mə 'lɛst]

molested [mə 'lɛs tɪd]

molesting [mə 'lɛs tɪŋ]

Moline (IL) [mol 'in]

mollusk ['mal əsk]

molt [molt]

molten [moltn]

Mom [mam]

moment ['mo mənt]

momentarily ['mo mən ˌtɛɚ ɪ li]

momentary ['mo mən ˌtɛɚ i]

momentous [mo 'mɛn təs]

momentum [mo 'mɛn təm]

Mommy ['mam i]

monarch ['man ɚk]

monarchy ['man ɚ ki]

monastery ['man ə ˌstɛɚ i]

monaural [ˌman 'ɔɚ əl]

Monday ['mən de]

monetary ['man ɪ ˌtɛɚ i]

money ['mən i]

money order ['mən i ˌɔɚ dɚ]

mongrel ['maŋ grəl]

monitor ['man ɪ tɚ]

monitored ['man ɪ tɚd]

monitoring ['man ɪ tɚ ɪŋ]

monk [məŋk]

monkey ['məŋ ki]

monogamy [mə 'nag ə mi]

monogram ['man ə ˌgræm]

monograph ['man ə ˌgræf]

monologue ['man ə ˌlag]

monopolize [mə 'nap ə ˌlaɪz]

monopolized [mə 'nap ə ˌlaɪzd]

monopolizing
[mə 'nap ə ˌlaɪz ɪŋ]

monopoly [mə 'nap ə li]

monorail ['man ə ˌrel]

monosyllable ['man ə ˌsɪl ə bl]

monotheism ['man ə ˌθi ɪzm]

monotone ['man ə ˌton]

monotonous [mə 'nat ə nəs]

monotony [mə 'nat ə ni]

monsoon [man 'sun]

monster ['man stɚ]

monstrous ['man strəs]

Montana [ˌman 'tæn ə]

Montgomery (AL)
[ˌmənt 'gəm ri]

month [mənθ]

monthly ['mənθ li]

monument ['man jə mənt]

monumental ['man jə mɛn tl]

moo [mu]

mood [mud]

moody ['mu di]

moon [mun]

moonlight ['mun ˌlaɪt]

moonlit ['mun lɪt]

moonshine ['mun ˌʃaɪn]

moor [mʊɚ]

moorings ['mʊɚ ɪŋz]

moose [mus]

moot [mut]

mop [map]

mope [mop]

moped [mopt]

moping ['mop ɪŋ]

mopped [mapt]

mopping ['mɑp ɪŋ]

moral ['mɑɚ əl]

morale [mə 'ræl]

morality [mə 'ræl ɪ ti]

morally ['mɑɚ ə li]

moratorium [ˌmɔɚ ə 'tɔɚ i əm]

morbid ['mɔɚ bɪd]

more [mɔɚ]

moreover ['mɔɚ 'o vɚ]

morgue [mɔɚg]

Mormon ['mɔɚ mən]

morning ['mɔɚ nɪŋ]

moron ['mɔɚ ˌɑn]

morose [mə 'ros]

morphine ['mɔɚ ˌfin]

morsel ['mɔɚ sl]

mortal ['mɔɚ tl]

mortality [mɔɚ 'tæl ɪ ti]

mortar ['mɔɚ tɚ]

mortgage ['mɔɚ gɪdʒ]

mortician [mɔɚ 'tɪʃn]

mortified ['mɔɚ tə ˌfɑɪd]

mortify ['mɔɚ tə ˌfɑɪ]

mortifying ['mɔɚ tə ˌfɑɪ ɪŋ]

mortuary ['mɔɚ tʃu ˌɛɚ i]

mosaic [mo 'ze ɪk]

Moslem ['mɑz ləm]

mosque [mɑsk]

mosquito [mə 'ski to]

moss [mɔs]

most [most]

mostly ['most li]

motel [mo 'tɛl]

moth [mɔθ]

mothballs ['mɔθ ˌbɔlz]

mother ['mǝð ɚ]

mother-in-law ['mǝð ɚ ɪn ˌlɔ]

mother-of-pearl
  ['mǝð ɚ ǝv 'pɚl]

mother-to-be ['mǝð ɚ tə bi]

mother tongue ['mǝð ɚ 'tǝŋ]

motherhood ['mǝð ɚ ˌhʊd]

motherless ['mǝð ɚ lɪs]

motherly ['mǝð ɚ li]

motif [mo 'tif]

motion ['mo ʃn]

motion picture ['mo ʃn 'pɪk tʃɚ]

motioned ['mo ʃnd]

motioning ['mo ʃə nɪŋ]

motionless ['mo ʃn lɪs]

motivate ['mo tə ˌvet]

motivated ['mo tə ˌvet ɪd]

motivates ['mo tə ˌvets]

motivating ['mo tə ˌvet ɪŋ]

motive ['mo tɪv]

motley ['mat li]

motor ['mo tɚ]

motorbike ['mo tɚ ˌbɑɪk]

motorboat ['mo tɚ ˌbot]

motorcade ['mo tɚ ˌked]

motorcycle ['mo tɚ ˌsɑɪ kl]

motorist ['mo tɚ ɪst]

motorized ['mo tə rɑɪzd]

motto ['mat o]

mound [mæʊnd]

mount [mæʊnt]

mountain [mæʊntn]

mountaineer [ˌmæʊn tə 'nɪɚ]

mountainous ['mæʊn tə nəs]

mountainside ['mæʊntn ˌsɑɪd]

mounted ['mæʊn tɪd]

mounting ['mæʊn tɪŋ]

mourn [mɔɚn]

mourned [mɔɚnd]

mourner   ['mɔɚn ɚ]

mournful   ['mɔɚn fl]

mourning   ['mɔɚn ɪŋ]

mouse   [mæʊs]

mousetrap   ['mæʊs ˌtræp]

mousse   [mus]

mouth   [mæʊθ]

mouth-watering
    ['mæʊθ ˌwɔ tɚ ɪŋ]

mouthful   ['mæʊθ ˌfʊl]

mouthpiece   ['mæʊθ ˌpis]

mouthwash   ['mæʊθ waʃ]

movable   ['mu və bl]

move   [muv]

moved   [muvd]

movement   ['muv mənt]

mover   ['mu vɚ]

movie   ['mu vi]

moving   ['muv ɪŋ]

moving van   ['muv ɪŋ ˌvæn]

mow   [mo]

mowed   [mod]

mower   [mo ɚ]

mowing   ['mo ɪŋ]

mown   [mon]

much   [mətʃ]

mucilage   ['mju sə lɪdʒ]

mucous   ['mju kəs]

mucus   ['mju kəs]

mud   [məd]

muddle   [mədl]

muddled   [mədld]

muddy   ['məd i]

mudslinging   ['məd ˌslɪŋ ɪŋ]

muff   [məf]

muffin   ['məf ɪn]

muffle   [məfl]

muffled   [məfld]

muffler   ['məf lɚ]

mug   [məg]

mugged   [məgd]

mugging   ['məg ɪŋ]

muggy   ['məg i]

mulatto   [mə 'lɑt o]

mulch   [məltʃ]

mule   [mjul]

mull   [məl]

mulled   [məld]

multilevel   ['məl ti ˌlɛvl]

multimillionaire
    [ˌməl ti 'mɪl jə ˌnɛɚ]

multiple   ['məl tə pl]

multiplication
    [ˌməl tə plɪ 'ke ʃn]

multiplicity   [ˌməl tə 'plɪs ɪ ti]

multiplied   ['məl tə ˌplaɪd]

multiply   ['məl tə ˌplaɪ]

multitude   ['məl tɪ ˌtud]

mum   [məm]

mumble   ['məm bl]

mumbled   ['məm bld]

mumbles   ['məm blz]

mummy   ['məm i]

mumps   [məmps]

munch   [məntʃ]

munched   [məntʃt]

munching   ['məntʃ ɪŋ]

Muncie (IN)   ['mən ˌsi]

mundane   [mən 'den]

municipal   [mju 'nɪ sə pl]

municipality
    [mju ˌnɪs ə 'pæl ɪ ti]

munitions   [mju 'nɪʃnz]

mural   ['mjʊɚ əl]

murder   ['mɚ dɚ]

murdered   ['mɚ dɚd]

murderer   ['mɚ dɚ ɚ]

murdering   ['mɚ dɚ ɪŋ]

murderous   ['mɚ dɚ əs]

murky   ['mɚ ki]

murmur   ['mɚ mɚ]

murmured   ['mɚ mɚd]

murmuring   ['mɚ mɚ ɪŋ]

muscle   [məsl]

muscle-bound   ['məsl ˌbæʊnd]

muscular   ['məs kjə lɚ]

musculature   ['məs kjə lə ˌtʃɚ]

muse   [mjuz]

museum   [mju 'zi əm]

mush   [məʃ]

mushroom   ['məʃ rum]

mushroomed   ['məʃ rumd]

music   ['mju zɪk]

musical   ['mju zɪ kl]

musician   [mju 'zɪ ʃn]

musicology   [ˌmju zɪ 'kɑl ə dʒi]

Muslim   ['məz lɪm]

muss   [məs]

mussel   [məsl]

must   [məst]

mustache   ['məs tæʃ]

mustang   ['məs tæŋ]

mustard   ['məs tɚd]

muster   ['məs tɚ]

mustn't   ['məs nt]

musty   ['məs ti]

mutant   ['mjut nt]

mutation   [mju 'te ʃn]

mute   [mjut]

muted   ['mju tɪd]

mutilate   ['mju tɪ ˌlet]

mutilated   ['mju tɪ ˌlet ɪd]

mutilating   ['mju tɪ ˌlet ɪŋ]

mutilation   [ˌmju tɪ 'le ʃn]

mutiny   ['mjut ni]

mutter   ['mət ɚ]

muttered   ['mət ɚd]

muttering   ['mət ɚ ɪŋ]

mutton   [mətn]

mutual   ['mju tʃu əl]

muzzle   [məzl]

muzzled   [məzld]

my   [maɪ]

myopia   [maɪ 'o pi ə]

myriad   ['mɪɚ i əd]

myrtle   ['mɚ tl]

myself   [maɪ 'sɛlf]

mysterious   [mɪ 'stɪɚ i əs]

mysteriously   [mɪ 'stɪɚ i əs li]

mystery   ['mɪs tə ri]

mystic   ['mɪs tɪk]

mystical   ['mɪs tɪ kl]

mysticism   ['mɪs tɪ ˌsɪzm]

mystified   ['mɪs tə ˌfaɪd]

mystify   ['mɪs tə ˌfaɪ]

mystifying   ['mɪs tə ˌfaɪ ɪŋ]

mystique   [mɪ 'stik]

myth   [mɪθ]

mythology   [mɪ 'θɑl ə dʒi]

N

N [ɛn]

nag [næg]

nagged [nægd]

nagging ['næg ɪŋ]

nail [nel]

nail polish ['nel ˌpɑl ɪʃ]

nailbrush ['nel ˌbrəʃ]

nailed [neld]

nailfile ['nel ˌfɑɪl]

naive [nɑ 'iv]

naively [nɑ 'iv li]

naked ['ne kɪd]

nakedness ['ne kɪd nɪs]

name [nem]

named [nemd]

nameless ['nem lɪs]

namely ['nem li]

namesake ['nem ˌsek]

naming ['nem ɪŋ]

nanny ['næn i]

nap [næp]

napalm ['ne ˌpɑm]

nape [nep]

napkin ['næp kɪn]

napping ['næp ɪŋ]

narcotic [nɑɚ 'kɑt ɪk]

narrate ['næ ret]

narration [næɚ 're ʃn]

narrative ['næɚ ə tɪv]

narrow ['næɚ o]

narrow-minded
  ['næɚ o 'mɑɪn dɪd]

narrowed ['næɚ od]

narrowly ['næɚ o li]

nasal ['ne zl]

Nashua (NH) ['næʃ u ə]

Nashville (TN) ['næʃ ˌvɪl]

nasty ['næs ti]

nation ['ne ʃn]

national ['næʃ ə nl]

nationality [ˌnæʃ ə 'næl ɪ ti]

nationalize ['næʃ ə nə ˌlɑɪz]

nationally ['næʃ ə nə li]

nationwide ['ne ʃn ˌwɑɪd]

native ['ne tɪv]

native-born [ne 'tɪv ˌbɔɚn]

nativity [ˌnə 'tɪv ɪ ti]

natural ['nætʃ ɚ əl]

naturalist ['nætʃ ɚ ə lɪst]

naturalized ['nætʃ ɚ ə ˌlɑɪzd]

naturally   ['nætʃ ɚ ə li]
nature   ['ne tʃɚ]
naught   [nɔt]
naughty   ['nɔ ti]
nausea   ['nɔ zi ə]
nauseated   ['nɔ zi ˌet ɪd]
nauseating   ['nɔ zi ˌet ɪŋ]
nauseous   ['nɔ ʃəs]
nautical   ['nɔ tɪ kl]
navel   ['ne vl]
navigable   ['næv ə gə bl]
navigate   ['næv ə ˌget]
navigation   [ˌnæv ə 'ge ʃn]
navigator   ['næv ə ˌge tɚ]
navy   ['ne vi]
navy-blue   ['ne vi 'blu]
nay   [ne]
Nazi   ['nɑt si]
near   [nɪɚ]
near miss   ['nɪɚ 'mɪs]
nearby   ['nɪɚ 'baɪ]
neared   [nɪɚd]
nearly   ['nɪɚ li]
nearsighted   ['nɪɚ ˌsaɪt ɪd]
neat   [nit]
neatly   ['nit li]
Nebraska   [nə 'bræs kə]
necessarily   [ˌnɛs ɪ 'sɛɚ ə li]
necessary   ['nɛs ɪ ˌsɛɚ i]
necessitate   [nə 'sɛs ɪ ˌtet]
necessity   [nə 'sɛs ɪ ti]
neck   [nɛk]
neckerchief   ['nɛk ɚ tʃɪf]
necklace   ['nɛk lɪs]
neckline   ['nɛk ˌlaɪn]
necktie   ['nɛk ˌtaɪ]
nectar   ['nɛk tɚ]

nectarine   [ˌnɛk tə 'rin]
need   [nid]
needed   ['nid ɪd]
needle   [nidl]
needless   ['nid lɪs]
needlework   ['nidl ˌwɚk]
needn't   ['nid nt]
needs   [nidz]
needy   ['ni di]
nefarious   [nɪ 'fɛɚ i əs]
negate   [nɪ 'get]
negative   ['nɛg ə tɪv]
neglect   [nɪ 'glɛkt]
neglected   [nɪ 'glɛk tɪd]
neglecting   [nɪ 'glɛk tɪŋ]
negligee   ['nɛg lɪ ˌʒe]
negligence   ['nɛg lɪ dʒəns]
negligent   ['nɛg lɪ dʒənt]
negligible   ['nɛg lɪ dʒə bl]
negotiable   [nɪ 'go ʃə bl]
negotiate   [nɪ 'go ʃi ˌet]
negotiated   [nɪ 'go ʃi ˌet ɪd]
negotiating   [nɪ 'go ʃi ˌet ɪŋ]
negotiation   [nɪ ˌgo ʃi 'e ʃn]
Negro   ['ni gro]
neigh   [ne]
neighbor   ['ne bɚ]
neighborhood   ['ne bɚ ˌhʊd]
neighboring   ['ne bɚ ɪŋ]
neighborly   ['ne bɚ li]
neither   ['ni ðɚ]
nemesis   ['nɛm ɪ sɪs]
neon   ['ni ɑn]
neon light   ['ni ɑn 'laɪt]
neophyte   ['ni ə ˌfaɪt]
nephew   ['nɛf ju]
nephritis   [nə 'fraɪ tɪs]

nepotism   ['nɛp ə ˌtɪzm]
nerve   [nɚv]
nerve-racking   ['nɚv ˌræk ɪŋ]
nervous   ['nɚ vəs]
nervously   ['nɚ vəs li]
nest   [nɛst]
nest egg   ['nɛst ˌɛg]
nestle   [nɛsl]
nestled   [nɛsld]
nestling   ['nɛst lɪŋ]
net   [nɛt]
netting   ['nɛt ɪŋ]
network   ['nɛt ˌwɚk]
neural   ['nʊɚ əl]
neuralgia   [nʊ 'ræl dʒə]
neuritis   [nʊ 'raɪ tɪs]
neurological   [ˌnʊ rə 'ladʒ ɪ kl]
neurologist   [ˌnʊ 'ral ə dʒɪst]
neurology   [nʊ 'ral ə dʒi]
neurotic   [nʊɚ 'rat ɪk]
neuter   ['nu tɚ]
neutral   ['nu ˌtrəl]
neutrality   [nu 'træl ɪ ti]
neutralize   ['nu trə ˌlaɪz]
neutron   ['nu tran]
Nevada   [nə 'væd ə]
never   ['nɛv ɚ]
never-ending   ['nɛv ɚ 'ɛn dɪŋ]
nevertheless   [ˌnɛv ɚ ðə 'lɛs]
new   [nu]
New Bedford (MA)
   [ˌnu 'bɛd fɚd]
New Hampshire
   [ˌnu 'hæmp ʃɚ]
New Haven (CT)   [ˌnu 'he vn]
New Jersey   [ˌnu 'dʒɚ zi]
New Mexico   [ˌnu 'mɛk sə ko]

New Orleans (LA)
   [ˌnu ɔɚ 'linz]
New Testament
   ['nu 'tɛs tə mənt]
New World   ['nu 'wɚld]
New Year   ['nu ˌjɪɚ]
New Year's Eve   ['nu ˌjɪɚz ˌiv]
New York   [ˌnu 'jɔɚk]
newborn   ['nu bɔɚn]
newcomer   ['nu ˌkəm ɚ]
newfound   ['nu ˌfæʊnd]
newly   ['nu li]
newlyweds   ['nu li ˌwɛdz]
news   [nuz]
newscaster   ['nuz ˌkæst ɚ]
newsletter   ['nuz ˌlɛt ɚ]
newspaper   ['nuz ˌpe pɚ]
newsstand   ['nuz ˌstænd]
newsworthy   ['nuz ˌwɚ ði]
next   [nɛkst]
next door   ['nɛkst 'dɔɚ]
next-of-kin   ['nɛkst əv ˌkɪn]
Niagara Falls (NY)
   [ˌnaɪ 'æg rə 'fɔlz]
nibble   [nɪbl]
nibbled   [nɪbld]
nibbling   ['nɪb lɪŋ]
nice   [naɪs]
nice-looking   ['naɪs ˌlʊk ɪŋ]
nicely   ['naɪs li]
niceties   ['naɪ sɪ tiz]
niche   [nɪtʃ]
nick   [nɪk]
nicked   [nɪkt]
nickel   [nɪkl]
nickname   ['nɪk ˌnem]
nicotine   ['nɪk ə ˌtin]

niece   [nis]
night   [naɪt]
nightlife   ['naɪt ˌlaɪf]
night school   ['naɪt ˌskul]
nightcap   ['naɪt ˌkæp]
nightclub   ['naɪt ˌkləb]
nightfall   ['naɪt ˌfɔl]
nightgown   ['naɪt ˌgʊn]
nightingale   ['naɪtn ˌgel]
nightly   ['naɪt li]
nightly news   ['naɪt li 'nuz]
nightmare   ['naɪt ˌmɛɚ]
nighttime   ['naɪt ˌtaɪm]
nimble   ['nɪm bl]
nine   [naɪn]
nineteen   ['naɪn 'tin]
nineteenth   ['naɪn 'tinθ]
nineties   ['naɪn tiz]
ninety   ['naɪn ti]
ninth   [naɪnθ]
nip   [nɪp]
nipped   [nɪpt]
nipple   [nɪpl]
nit-picking   ['nɪt ˌpɪk ɪŋ]
nitrogen   ['naɪ trə dʒn]
nitwit   ['nɪt ˌwɪt]
nix   [nɪks]
no   [no]
no-good   ['no ˌgʊd]
no-man's-land
   ['no ˌmænz ˌlænd]
nobility   [no 'bɪl ɪ ti]
noble   ['no bl]
nobleman   ['no bl mən]
nobly   ['no bli]
nobody   ['no ˌbad i]
nocturnal   [nak 'tɚ nl]

nod   [nad]
nodded   ['nad ɪd]
nodding   ['nad ɪŋ]
node   [nod]
nodule   ['nadʒ ul]
noise   [nɔɪz]
noiselessly   ['nɔɪz lɪs li]
noisy   ['nɔɪ zi]
nomad   ['no ˌmæd]
nominal   ['nam ə nl]
nominate   ['nam ə ˌnet]
nominated   ['nam ə ˌnet ɪd]
nominating   ['nam ə ˌnet ɪŋ]
nomination   [ˌnam ə 'ne ʃn]
nominee   [ˌnam ə 'ni]
nonalcoholic
   [ˌnan æl kə 'hal ɪk]
nonaligned   [ˌnan ə 'laɪnd]
nonchalant   [ˌnan ʃə 'lant]
noncom   ['nan ˌkam]
noncombatant
   [ˌnan kəm 'bæt nt]
noncommittal   [ˌnan kə 'mɪtl]
nonconformist
   [ˌnan kən 'fɔɚ mɪst]
nondescript   [ˌnan dɪ 'skrɪpt]
none   [nən]
nonentity   [nan 'ɛn tɪ ti]
nonetheless   [ˌnən ðə 'lɛs]
nonexistent   [ˌnan ɛg 'zɪs tənt]
nonfiction   [nan 'fɪk ʃn]
nonpartisan   [nan 'paɚ tɪ zn]
nonplussed   [nan 'pləst]
nonprofit   [nan 'praf ɪt]
nonscheduled   [nan 'skɛdʒld]
nonsectarian
   [ˌnan sɛk 'tɛɚ i ən]

nonsense   ['nɑn sɛns]

nonsmoking   [ˌnɑn 'smok ɪŋ]

nonstop   ['nɑn 'stap]

nonunion   [nɑn 'jun jən]

nonviolence   [nɑn 'vaɪ ə ləns]

noodle   [nudl]

nook   [nʊk]

noon   [nun]

noonday   ['nun ˌde]

noose   [nus]

nor   [nɔɚ]

Norfolk (VA)   ['nɔɚ ˌfək]

norm   [nɔɚm]

normal   ['nɔɚ ml]

normalization
    [ˌnɔɚ məl ɪ 'ze ʃn]

normally   ['nɔɚ mə li]

Norman (OK)   ['nɔɚ mən]

north   [nɔɚθ]

North Carolina
    ['nɔɚθ ˌkæɚ ə 'laɪ nə]

North Dakota   ['nɔɚθ də 'ko tə]

northeast   [ˌnɔɚθ 'ist]

northeastern   [ˌnɔɚθ 'ist ɚn]

northerly   ['nɔɚ ðɚ li]

northern   ['nɔɚ ðɚn]

northerner   ['nɔɚ ðɚ nɚ]

northwest   [ˌnɔɚθ 'wɛst]

northwestern   [ˌnɔɚθ 'wɛs tɚn]

Norwegian   [nɔɚ 'wi dʒn]

nose   [noz]

nosebleed   ['noz ˌblid]

nosed   [nozd]

nosedive   ['noz ˌdaɪv]

nosing   ['noz ɪŋ]

nostalgia   [nɑ 'stæl dʒə]

nostril   ['nɑs trəl]

nosy   ['no zi]

not   [nɑt]

not at all   ['nɑt æt ˌɔl]

notable   ['no tə bl]

notably   ['no tə bli]

notarize   ['not ə ˌraɪz]

notarized   ['not ə ˌraɪzd]

notary   ['no tə ri]

notary public   ['not ə ri 'pəb lɪk]

notation   [no 'te ʃn]

notch   [nɑtʃ]

notched   [nɑtʃt]

note   [not]

notebook   ['not ˌbʊk]

noted   ['not ɪd]

notepaper   ['not ˌpe pɚ]

noteworthy   ['not ˌwɚ ði]

nothing   ['nəθ ɪŋ]

notice   ['no tɪs]

noticeable   ['no tɪ sə bl]

noticed   ['no tɪst]

noticing   ['no tɪ sɪŋ]

notification   [ˌno tə fɪ 'ke ʃn]

notified   ['no tə ˌfaɪd]

notify   ['no tə ˌfaɪ]

notion   ['no ʃn]

notoriety   [ˌno tə 'raɪ ə ti]

notorious   [no 'tɔɚ i əs]

nought   [nɔt]

noun   [næʊn]

nourish   ['nɚ ɪʃ]

nourishing   ['nɚ ɪʃ ɪŋ]

nourishment   ['nɚ ɪʃ mənt]

novel   ['nɑv əl]

novelist   ['nɑv əl ɪst]

novelty   ['nɑv əl ti]

November   [no 'vɛm bɚ]

novice   ['nɑv ɪs]

now   [næʊ]

nowadays   ['næʊ ə ˌdez]

nowhere   ['no ˌʍɛɚ]

noxious   ['nɑk ʃəs]

nozzle   [nɑzl]

nuance   ['nu ɑns]

nuclear   ['nu kli ɚ]

nuclear physics
   [ˌnu kli ɚ 'fɪz ɪks]

nucleus   ['nu kli əs]

nude   [nud]

nudge   [nədʒ]

nudged   [nədʒd]

nudist   ['nu dɪst]

nugget   ['nəg ɪt]

nuisance   ['nu səns]

null and void   ['nəl ænd 'vɔɪd]

nullify   ['nəl ə ˌfaɪ]

numb   [nəm]

number   ['nəm bɚ]

numbered   ['nəm bɚd]

numberless   ['nəm bɚ lɪs]

numerate   ['nu mɚ ˌet]

numerator   ['nu mɚ ˌe tɚ]

numerical   [nu 'mɛɚ ɪ kl]

numerous   ['nu mɚ əs]

numismatics   [ˌnu mɪz 'mæt ɪks]

nun   [nən]

nuptial   ['nəp ʃl]

nurse   [nɚs]

nursed   [nɚst]

nursery   ['nɚ sə ri]

nursery rhyme   ['nɚ sə ri ˌraɪm]

nursery school   ['nɚ sə ri ˌskul]

nursing   ['nɚ sɪŋ]

nursing home   ['nɚ sɪŋ ˌhom]

nurture   ['nɚ tʃɚ]

nurtured   ['nɚ tʃɚd]

nut   [nət]

nutcracker   ['nət ˌkræk ɚ]

nutrient   ['nu tri ənt]

nutrition   [nu 'trɪʃn]

nutritious   [nu 'trɪ ʃəs]

nuts   [nəts]

nutshell   ['nət ˌʃɛl]

nuzzle   [nəzl]

nylon   ['naɪ ˌlɑn]

nymph   [nɪmf]

O

O [o]
oak [ok]
oaken [okn]
Oakland (CA) ['ok lənd]
oar [ɔɚ]
oasis [o 'e sɪs]
oat [ot]
oath [oθ]
oatmeal ['ot ,mil]
obedience [o 'bi di əns]
obedient [o 'bi di ənt]
obese [o 'bis]
obey [o 'be]
obeyed [o 'bed]
obituary [o 'bɪtʃ u ,ɛɚ i]
object   n. ['ab dʒɛkt]
    v. [əb 'dʒɛkt]
objection [əb 'dʒɛk ʃn]
objectionable
    [ab 'dʒɛk ʃə nə bl]
objective [əb 'dʒɛk tɪv]
objectivity [ab ,dʒɛk 'tɪv ɪ ti]
obligate ['ab lə get]
obligation [,ab lə 'ge ʃn]
obligatory [ə 'blɪg ə ,tɔɚ i]

oblige [ə 'blaɪdʒ]
obliged [ə 'blaɪdʒd]
obliging [ə 'blaɪdʒ ɪŋ]
obliterate [ə 'blɪt ə ,ret]
oblivion [ə 'blɪv i ən]
oblivious [ə 'blɪv i əs]
oblong ['ab lɔŋ]
obnoxious [əb 'nak ʃəs]
oboe ['o bo]
obscene [əb 'sin]
obscenity [əb 'sɛn ɪ ti]
obscure [əb 'skjʊɚ]
obscured [əb 'skjʊɚd]
obscuring [əb 'skjʊɚ ɪŋ]
obscurity [əb 'skjʊɚ ɪ ti]
observance [əb 'zɚ vəns]
observant [əb 'zɚ vənt]
observation [,ab zɚ 've ʃn]
observatory [əb 'zɚ və ,tɔɚ i]
observe [əb 'zɚv]
observed [əb 'zɚvd]
observer [əb 'zɚv ɚ]
observing [əb 'zɚv ɪŋ]
obsess [ab 'sɛs]
obsessed [ab 'sɛst]

obsessive [əb 'sɛ sɪv]

obsolescence [,ab sə 'lɛs əns]

obsolescent [,ab sə 'lɛs ənt]

obsolete [,ab sə 'lit]

obstacle ['ab stə kl]

obstetrics [əb 'stɛ trɪks]

obstinacy ['ab stə nə si]

obstinate ['ab stə nɪt]

obstruct [əb 'strəkt]

obstructed [əb 'strək tɪd]

obstructing [əb 'strək tɪŋ]

obstruction [əb 'strək ʃn]

obtain [əb 'ten]

obtainable [əb 'ten ə bl]

obtained [əb 'tend]

obtaining [əb 'ten ɪŋ]

obtrusive [əb 'tru sɪv]

obvious ['ab vi əs]

obviously ['ab vi əs li]

occasion [ə 'ke ʒn]

occasional [ə 'ke ʒə nl]

occasionally [ə 'ke ʒən ə li]

occlude [ə 'klud]

occlusion [ə 'klu ʒn]

occult [ə 'kəlt]

occupancy ['ak jə pən si]

occupant ['ak jə pənt]

occupation [,ak jə 'pe ʃn]

occupied ['ak jə ,paɪd]

occupy ['ak jə ,paɪ]

occur [ə 'kɚ]

occurred [ə 'kɚd]

occurrence [ə 'kɚ əns]

ocean ['o ʃn]

ocean-going ['o ʃn ,go ɪŋ]

o'clock [ə 'klak]

octagon ['ak tə ,gn]

octave ['ak tɪv]

October [ak 'to bɚ]

octogenarian
    [,ak tə dʒə 'nɛɚ i ən]

octopus ['ak tə pəs]

odd [ad]

oddity ['ad ɪ ti]

oddly ['ad li]

odds and ends ['adz ænd 'ɛndz]

odds-on ['adz 'ɔn]

odometer [o 'dam ɪ tɚ]

odor ['o dɚ]

of [əv]

off [ɔf]

off-color ['ɔf 'kəl ɚ]

off-key ['ɔf 'ki]

off-limits ['ɔf 'lɪm ɪts]

off-the-rack ['ɔf ðə 'ræk]

off-white ['ɔf 'ʍaɪt]

offbeat ['ɔf ,bit]

offend [ə 'fɛnd]

offended [ə 'fɛn dɪd]

offender [ə 'fɛn dɚ]

offending [ə 'fɛn dɪŋ]

offends [ə 'fɛndz]

offense [ə 'fɛns]

offensive [ə 'fɛn sɪv]

offer ['ɔ fɚ]

offered ['ɔ fɚd]

offering ['ɔ fɚ ɪŋ]

offhand ['ɔf 'hænd]

office ['ɔ fɪs]

office hours ['ɔ fɪs ,aʊ ɚz]

officer ['ɔ fɪ sɚ]

official [ə 'fɪʃl]

officially [ə 'fɪʃ ə li]

officiate [ə 'fɪʃ i ,et]

officiated [ə 'fɪʃ i ˌet ɪd]
officiates [ə 'fɪʃ i ˌets]
officiating [ə 'fɪʃ i ˌet ɪŋ]
offset ['ɔf ˌsɛt]
offshoot ['ɔf 'ʃut]
offshore ['ɔf 'ʃɔɚ]
offspring ['ɔf ˌsprɪŋ]
offstage ['ɔf 'stedʒ]
often ['ɔ fn]
Ogden (UT) ['ag dn]
oh [o]
Ohio [o 'haɪ o]
oil [ɔɪl]
oil-fired ['ɔɪl ˌfaɪɚd]
oil tanker ['ɔɪl ˌtæŋ kɚ]
oilcan ['ɔɪl ˌkæn]
oiler ['ɔɪl ɚ]
oil field ['ɔɪl ˌfild]
oily ['ɔɪl i]
ointment ['ɔɪnt mənt]
okay [ˌo 'ke]
okeydoke [ˌo ki 'dok]
Oklahoma [ˌok lə 'ho mə]
Oklahoma City (OK)
  [ˌok lə 'ho mə 'sɪt i]
old [old]
old age ['old ˌedʒ]
old-fashioned ['old 'fæʃnd]
old hand ['old 'hænd]
old maid ['old 'med]
Old Testament
  ['old 'tɛs tə mənt]
old-timer ['ol 'taɪ mɚ]
olden ['ol dn]
olfactory [ol 'fæk tə ri]
olive ['al ɪv]
Olympics [o 'lɪm pɪks]

Omaha (NE) ['o mə ˌhɔ]
ombudsman ['am ˌbədz mən]
omelet ['am lɪt]
omen ['o mən]
ominous ['am ə nəs]
omission [o 'mɪʃn]
omit [o 'mɪt]
omnipresent [ˌam nə 'prɛ zənt]
omnivorous [am 'nɪv ɚ əs]
on [ɔn]
on-line ['ɔn ˌlaɪn]
once [wəns]
once-over ['wəns ˌo vɚ]
oncoming ['ɔn ˌkəm ɪŋ]
one [wən]
one-man show ['wən 'mæn 'ʃo]
one-sided ['wən 'saɪ dɪd]
one-time ['wən ˌtaɪm]
one-track ['wən ˌtræk]
one-up ['wən 'əp]
one-upmanship
  [ˌwən 'əp mən ˌʃɪp]
one-way street ['wən 'we ˌstrit]
oneself ['wən 'sɛlf]
ongoing ['ɔn ˌgo ɪŋ]
onion ['ən jən]
onlooker ['ɔn ˌlʊk ɚ]
only ['on li]
onset ['ɔn ˌsɛt]
onslaught ['ɔn ˌslɔt]
onto ['ɔn tu]
onward ['ɔn wɚd]
onyx ['an ɪks]
ooze [uz]
oozed [uzd]
oozing ['uz ɪŋ]
opal ['o pl]

opaque   [o 'pek]

open   ['o pən]

open air   ['o pən 'ɛɚ]

open and shut   ['o pən ænd 'ʃət]

open-ended   ['o pən 'ɛnd ɪd]

open-hearth   ['o pən 'haɚθ]

open-minded
   ['o pən 'maɪn dɪd]

opened   ['o pənd]

opening   ['o pən ɪŋ]

openly   ['o pən li]

opera   ['ap rə]

opera house   ['ap rə ,haʊs]

operable   ['ap ɚ ə bl]

operate   ['ap ə ,ret]

operated   ['ap ə ,ret ɪd]

operatic   [,ap ə 'ræt ɪk]

operating   ['ap ə ,ret ɪŋ]

operation   [,ap ə 're ʃn]

operational   [,ap ə 're ʃə nl]

operative   ['ap rə tɪv]

operator   ['ap ə ,re tɚ]

ophthalmologist
   [,af θæl 'mal ə dʒɪst]

ophthalmology
   [,af θæl 'mal ə dʒi]

opiate   ['o pi ət]

opinion   [ə 'pɪn jən]

opinion poll   [ə 'pɪn jən ,pol]

opinionated   [ə 'pɪn jə ,ne tɪd]

opium   ['o pi əm]

opossum   ['ə pasm]

opponent   [ə 'po nənt]

opportune   [,ap ɚ 'tun]

opportunity   [,ap ɚ 'tu nɪ ti]

oppose   [ə 'poz]

opposed   [ə 'pozd]

opposing   [ə 'poz ɪŋ]

opposite   ['ap ə zɪt]

opposition   [,a pə 'zɪ ʃn]

oppress   [ə 'prɛs]

oppressed   [ə 'prɛst]

oppression   [ə 'prɛʃn]

oppressive   [ə 'prɛs ɪv]

optic   ['ap tɪk]

optical   ['ap tɪ kl]

optician   [ap 'tɪʃn]

optimism   ['ap tɪ ,mɪzm]

optimist   ['ap tɪ mɪst]

optimistic   [,ap tɪ 'mɪs tɪk]

optimum   ['ap tə məm]

option   ['ap ʃn]

optional   ['ap ʃn əl]

optometrist   [ap 'tam ɪ trɪst]

optometry   [ap 'tam ɪ tri]

opulent   ['ap jə lənt]

or   [ɔɚ]

oral   ['ɔɚ əl]

orange   ['ɔɚ ɪndʒ]

oration   [ɔ 're ʃn]

orator   ['ɔɚ ə tɚ]

oratorio   [,ɔɚ ə 'tɔɚ i o]

oratory   ['ɔɚ ə ,tɔɚ i]

orbit   ['ɔɚ bɪt]

orbited   ['ɔɚ bɪt ɪd]

orbiting   ['ɔɚ bɪt ɪŋ]

orbits   ['ɔɚ bɪts]

orchard   ['ɔɚ tʃɚd]

orchestra   ['ɔɚ kɪ strə]

orchestral   [ɔɚ 'kɛs trəl]

orchestrate   ['ɔɚ kɪ ,stret]

orchid   ['ɔɚ kɪd]

ordain   [ɔɚ 'den]

ordained   [ɔɚ 'dend]

ordeal [ɔɚ 'dil]

order ['ɔɚ dɚ]

ordered ['ɔɚ dɚd]

ordering ['ɔɚ dɚ ɪŋ]

orderly ['ɔɚ dɚ li]

orders ['ɔɚ dɚz]

ordinance ['ɔɚ də nəns]

ordinarily [ˌɔɚ də 'nɛɚ ə li]

ordinary ['ɔɚ də ˌnɛɚ i]

ore [ɔɚ]

Oregon ['ɔɚ ə gn]

organ ['ɔɚ gn]

organic [ɔɚ 'gæn ɪk]

organism ['ɔɚ gə ˌnɪzm]

organist ['ɔɚ gə nɪst]

organization [ˌɔɚ gə nɪ 'ze ʃn]

organize ['ɔɚ gə ˌnɑɪz]

organized ['ɔɚ gə ˌnɑɪzd]

organizer ['ɔɚ gə ˌnɑɪz ɚ]

organizes ['ɔɚ gə ˌnɑɪz ɪz]

organizing ['ɔɚ gə ˌnɑɪz ɪŋ]

orgasm ['ɔɚ ˌgæzm]

orgy ['ɔɚ dʒi]

Oriental [ˌɔɚ i 'ɛn tl]

orifice ['ɔɚ ə fɪs]

origin ['ɔɚ ɪ dʒn]

original [ə 'rɪdʒ ə nl]

originality [ə ˌrɪdʒ ə 'næl ɪ ti]

originally [ə 'rɪdʒ ə nə li]

originate [ə 'rɪdʒ ə ˌnet]

originated [ə 'rɪdʒ ə ˌnet ɪd]

originates [ə 'rɪdʒ ə ˌnets]

originating [ə 'rɪdʒ ə ˌnet ɪŋ]

Orlando (FL) [ɔɚ 'læn do]

ornament ['ɔɚ nə mənt]

ornamental [ˌɔɚ nə 'mɛn tl]

ornate [ɔɚ 'net]

ornery ['ɔɚ nə ri]

ornithology [ˌɔɚ nə 'θɑl ə dʒi]

orphan ['ɔɚ fn]

orphanage ['ɔɚ fə nɪdʒ]

orthodontics [ˌɔɚ θə 'dɑn tɪks]

orthodox ['ɔɚ θə ˌdɑks]

orthopedic [ˌɔɚ θə 'pi dɪk]

orthopedist [ˌɔɚ θə 'pi dɪst]

oscillate ['ɑs ə ˌlet]

Oshkosh (WI) ['ɑʃ ˌkɑʃ]

osmosis [ɑz 'mo sɪs]

ossification [ˌɑs ə fɪ 'ke ʃn]

ossify ['ɑs ə ˌfɑɪ]

ostensibly [ɑ 'stɛn sə bli]

ostentatious [ˌɑ stɛn 'te ʃəs]

osteopathy [ˌɑs ti 'ɑp ə θi]

ostracize ['ɑs trə ˌsɑɪz]

ostracized ['ɑs trə ˌsɑɪzd]

ostracizing ['ɑs trə ˌsɑɪz ɪŋ]

ostrich ['ɑs trɪtʃ]

other ['əð ɚ]

otherwise ['əð ɚ ˌwɑɪz]

otter ['ɑt ɚ]

ouch [æʊtʃ]

ought [ɔt]

ounce [æʊns]

our [æʊɚ]

ours [æʊɚz]

ourselves [æʊɚ 'sɛlvz]

oust [æʊst]

ouster ['æʊ stɚ]

out [æʊt]

out loud [ˌæʊt 'læʊd]

out-of-date ['æʊt əv 'det]

out of order ['æʊt əv 'ɔɚ dɚ]

out-of-the-way ['æʊt əv ðə ˌwe]

outage ['æʊ tɪdʒ]

outboard   ['æʊt ˌbɔə-d]

outbound   ['æʊt ˌbæʊnd]

outbreak   ['æʊt ˌbrek]

outburst   ['æʊt ˌbə-st]

outcast   ['æʊt ˌkæst]

outcome   ['æʊt ˌkəm]

outcry   ['æʊt ˌkraɪ]

outdated   [ˌæʊt 'de tɪd]

outdid   [ˌæʊt 'dɪd]

outdoor   ['æʊt ˌdɔə-]

outdoors   ['æʊt ˌdɔə-z]

outer   ['æʊ tə-]

outer space   ['æʊ tə- 'spes]

outfit   ['æʊt ˌfɪt]

outgoing   ['æʊt ˌgo ɪŋ]

outgrow   [ˌæʊt 'gro]

outhouse   ['æʊt ˌhæʊs]

outing   ['æʊ tɪŋ]

outlandish   [ˌæʊt 'læn dɪʃ]

outlaw   ['æʊt ˌlɔ]

outlay   ['æʊt ˌle]

outlet   ['æʊt ˌlɛt]

outline   ['æʊt ˌlaɪn]

outlined   ['æʊt ˌlaɪnd]

outlines   ['æʊt ˌlaɪnz]

outlining   ['æʊt ˌlaɪn ɪŋ]

outlive   [ˌæʊt 'lɪv]

outlived   [ˌæʊt 'lɪvd]

outlives   [ˌæʊt 'lɪvz]

outliving   [ˌæʊt 'lɪv ɪŋ]

outlook   ['æʊt ˌlʊk]

outlying   ['æʊt ˌlaɪ ɪŋ]

outmoded   [ˌæʊt 'mo dɪd]

outnumber   [ˌæʊt 'nəm bə-]

outpatient   ['æʊt ˌpe ʃənt]

outpost   ['æʊt ˌpost]

output   ['æʊt ˌpʊt]

outrage   ['æʊt ˌredʒ]

outrageous   [æʊt 're dʒəs]

outright   ['æʊt ˌraɪt]

outrun   [ˌæʊt 'rən]

outset   ['æʊt ˌsɛt]

outside   ['æʊt ˌsaɪd]

outsider   [ˌæʊt 'saɪ də-]

outskirts   ['æʊt ˌskə-ts]

outsmart   [ˌæʊt 'smaə-t]

outspoken   ['æʊt 'spo kn]

outstanding   [ˌæʊt 'stæn dɪŋ]

outstretched   [ˌæʊt 'strɛtʃt]

outstrip   [ˌæʊt 'strɪp]

outstripped   [ˌæʊt 'strɪpt]

outward   ['æʊt wə-d]

outwardly   ['æʊt wə-d li]

outweigh   [ˌæʊt 'we]

outwit   [ˌæʊt 'wɪt]

oval   ['o vl]

ovary   ['o və ri]

ovation   [o 've ʃn]

oven   [əvn]

ovenproof   ['əvn ˌpruf]

over   ['o və-]

overall   ['o və- ˌɔl]

overalls   ['o və- 'ɔlz]

overbearing   [ˌo və- 'bɛə- ɪŋ]

overboard   ['o və- ˌbɔə-d]

overbook   [ˌo və- 'bʊk]

overbooked   [ˌo və- 'bʊkt]

overcame   [ˌo və- 'kem]

overcast   ['o və- kæst]

overcharge   [ˌo və- 'tʃaə-dʒ]

overcharged   [ˌo və- 'tʃaə-dʒd]

overcharging   [ˌo və- 'tʃaə-dʒ ɪŋ]

overcoat   ['o və- ˌkot]

overcome   [ˌo və- 'kəm]

overcrowded   [ˌo vɚ ˈkræʊd ɪd]

overdo   [ˌo vɚ ˈdu]

overdone   [ˌo vɚ ˈdən]

overdose   [ˈo vɚ ˌdos]

overdraft   [ˈo vɚ ˌdræft]

overdrawn   [ˈo vɚ ˌdrɔn]

overdue   [ˈo vɚ ˌdu]

overeat   [ˌo vɚ ˈit]

overestimate   [o vɚ ˈɛs tɪ ˌmet]

overestimated
   [o vɚ ˈɛs tɪ ˌmet ɪd]

overflow   *n.* [ˈo vɚ ˌflo]
   v. [ˌo vɚ ˈflo]

overflowed   [ˌo vɚ ˈflod]

overgrown   [ˌo vɚ ˈgron]

overhang   [ˈo vɚ ˌhæŋ]

overhaul   [ˌo vɚ ˈhɔl]

overhauled   [ˌo vɚ ˈhɔld]

overhead   *n.* [ˈo vɚ ˌhɛd]
   adj. [ˌo vɚ ˈhɛd]

overhear   [ˌo vɚ ˈhɪɚ]

overheat   [ˌo vɚ ˈhit]

overjoyed   [ˌo vɚ ˈdʒɔɪd]

overkill   [ˈo vɚ ˌkɪl]

overlap   [ˌo vɚ ˈlæp]

overlapped   [ˌo vɚ ˈlæpt]

overload   [ˌo vɚ ˈlod]

overloaded   [ˌo vɚ ˈlod ɪd]

overlook   *n.* [ˈo vɚ ˌlʊk]
   v. [ˌo vɚ ˈlʊk]

overlooked   [ˌo vɚ ˈlʊkt]

overnight   *n.* [ˈo vɚ ˌnaɪt]
   adj. [ˌo vɚ ˈnaɪt]

overpower   [ˌo vɚ ˈpæʊ ɚ]

overpowered   [ˌo vɚ ˈpæʊ ɚd]

overpowering   [ˌo vɚ ˈpæʊ ɚ ɪŋ]

overproduction
   [ˌo vɚ prə ˈdək ʃn]

overrate   [ˌo vɚ ˈret]

overrated   [ˌo vɚ ˈret ɪd]

override   [ˌo vɚ ˈraɪd]

overrule   [ˌo vɚ ˈrul]

overruled   [ˌo vɚ ˈruld]

overrun   [ˌo vɚ ˈrən]

overseas   [ˌo vɚ ˈsiz]

overshadow   [ˌo vɚ ˈʃæd o]

overshadowed   [ˌo vɚ ˈʃæd od]

overshoot   [ˌo vɚ ˈʃut]

oversight   [ˈo vɚ ˌsaɪt]

overstep   [ˌo vɚ ˈstɛp]

overstepped   [ˌo vɚ ˈstɛpt]

overt   [ˌo ˈvɚt]

overtake   [ˌo vɚ ˈtek]

overtaken   [ˈo vɚ ˈtekn]

overthrew   [ˌo vɚ ˈθru]

overthrow   [ˌo vɚ ˈθro]

overthrown   [ˌo vɚ ˈθron]

overtime   [ˈo vɚ ˌtaɪm]

overtook   [ˌo vɚ ˈtʊk]

overture   [ˈo vɚ ˌtʃɚ]

overturn   [ˌo vɚ ˈtɚn]

overturned   [ˌo vɚ ˈtɚnd]

overweight   [ˈo vɚ wet]

overwhelm   [ˌo vɚ ˈʍɛlm]

overwhelmed   [ˌo vɚ ˈʍɛlmd]

overwhelming   [ˌo vɚ ˈʍɛlm ɪŋ]

overwork   [ˌo vɚ ˈwɚk]

overworked   [ˌo vɚ ˈwɚkt]

overwrought   [ˌo vɚ ˈrɔt]

ovulate   [ˈɑv jə ˌlet]

ovulation   [ˌɑv jə ˈle ʃn]

owe   [o]

owed [od]

Owensboro (KY) ['o ənz ˌbɚ o]

owl [æʊl]

own [on]

owned [ond]

owner ['on ɚ]

ownership ['on ɚ ˌʃɪp]

ox [ɑks]

oxen [ɑksn]

oxygen ['ɑks ə dʒn]

oyster ['ɔɪs tɚ]

ozone ['o ˌzon]

P

P [pi]

pa [pɑ]

pace [pes]

paced [pest]

pacemaker ['pes ˌme kɚ]

paces ['pes ɪz]

pacesetter ['pes ˌsɛt ɚ]

pachyderm ['pæk ɪ ˌdɚm]

pacified ['pæs ə ˌfaɪd]

pacifier ['pæs ə ˌfaɪ ɚ]

pacifist ['pæs ə fɪst]

pacify ['pæs ə ˌfaɪ]

pacing ['pes ɪŋ]

pack [pæk]

package ['pæk ɪdʒ]

package tour ['pæk ɪdʒ ˌtʊɚ]

packaged ['pæk ɪdʒd]

packaging ['pæk ɪdʒ ɪŋ]

packed [pɑkt]

packer ['pæk ɚ]

packet ['pæk ɪt]

packing ['pæk ɪŋ]

packs [pæks]

pact [pækt]

pad [pæd]

padded ['pæd ɪd]

padding ['pæd ɪŋ]

paddle [pædl]

paddled [pædld]

padlock ['pæd ˌlɑk]

padlocked ['pæd ˌlɑkt]

pagan ['pe gn]

page [pedʒ]

pageant ['pædʒ ənt]

pageantry ['pædʒ ən tri]

paged [pedʒd]

paging ['pedʒ ɪŋ]

paid [ped]

pail [pel]

pain [pen]

pained [pend]

painful ['pen fl]

painfully ['pen fə li]

painkiller ['pen ˌkɪl ɚ]

painless ['pen lɪs]

painstaking ['pen ˌste kɪŋ]

paint [pent]

painted ['pen tɪd]

painter ['pen tɚ]

painting ['pen tɪŋ]

pair [pɛɚ]

pair of glasses [ˌpɛɚ əv ˈglæs ɪz]

paired [pɛɚd]

pairing [ˈpɛɚ ɪŋ]

pairs [pɛɚz]

pajamas [pə ˈdʒɑ məz]

pal [pæl]

palace [ˈpæl ɪs]

palatable [ˈpæl ə tə bl]

palatal [ˈpæl ə tl]

palate [ˈpæl ɪt]

palatial [pə ˈle ʃl]

pale [pel]

paleontology [ˌpe li ən ˈtɑl ə dʒi]

pallbearer [ˈpɔl ˌbɛɚ ɚ]

pallor [ˈpæl ɚ]

palm [pɑm]

palming [ˈpɑm ɪŋ]

palpable [ˈpæl pə bl]

palpitation [ˌpæl pɪ ˈte ʃn]

palsy [ˈpɔl zi]

paltry [ˈpɔl tri]

pamper [ˈpæm pɚ]

pamphlet [ˈpæm flɪt]

pan [pæn]

panacea [ˌpæn ə ˈsi ə]

pancake [ˈpæn ˌkek]

pancreas [ˈpæn kri əs]

panda [ˈpæn də]

pandemonium [ˌpæn də ˈmo ni əm]

pane [pen]

panel [pænl]

paneling [ˈpænl ɪŋ]

panelist [ˈpænl ɪst]

pang [pæŋ]

panhandler [ˈpæn ˌhænd lɚ]

panic [ˈpæn ɪk]

panic-stricken [ˈpæn ɪk ˌstrɪ kn]

panicked [ˈpæn ɪkt]

panicking [ˈpæn ɪk ɪŋ]

panics [ˈpæn ɪks]

panorama [ˌpæn ə ˈræ mə]

pansy [ˈpæn zi]

pant [pænt]

panther [ˈpæn θɚ]

panties [ˈpæn tiz]

pantomime [ˈpæn tə ˌmaɪm]

pantry [ˈpæn tri]

pants [pænts]

pantyhose [ˈpæn ti ˌhoz]

Pap test [ˈpæp ˌtɛst]

papa [ˈpɑ pə]

papal [ˈpe pl]

paper [ˈpe pɚ]

paper clip [ˈpe pɚ ˌklɪp]

paperboy [ˈpe pɚ ˌbɔɪ]

papered [ˈpe pɚd]

papering [ˈpe pɚ ɪŋ]

papers [ˈpe pɚz]

paperweight [ˈpe pɚ ˌwet]

paperwork [ˈpe pɚ ˌwɚk]

paprika [ˈpæp ˌri kə]

par [pɑɚ]

parable [ˈpæɚ ə bl]

parachute [ˈpæɚ ə ˌʃut]

parachuted [ˈpæɚ ə ˌʃut ɪd]

parachuting [ˈpæɚ ə ˌʃut ɪŋ]

parade [pə ˈred]

paraded [pə ˈred ɪd]

paradise [ˈpæɚ ə ˌdaɪs]

paradox [ˈpæɚ ə ˌdɑks]

paradoxically [ˌpæɚ ə ˈdɑk sɪk li]

paraffin ['pæɚ ə fn]

paragon ['pæɚ ə ˌgɑn]

paragraph ['pæɚ ə ˌgræf]

parakeet ['pæɚ ə ˌkit]

paralegal [ˌpæɚ ə 'li gl]

parallel ['pæɚ ə ˌlɛl]

parallelogram
  [ˌpæɚ ə 'lɛl ə ˌgræm]

paralysis [pə 'ræl ɪ sɪs]

paralyze ['pæɚ ə ˌlaɪz]

paralyzed ['pæɚ ə ˌlaɪzd]

paramedic [ˌpæɚ ə 'mɛd ɪk]

paramount ['pæɚ ə ˌmæʊnt]

paranoia [ˌpæɚ ə 'nɔɪ ə]

paranoid ['pæɚ ə ˌnɔɪd]

paraphernalia
  [ˌpæɚ ə fɚ 'nel jə]

paraphrase ['pæɚ ə ˌfrez]

paraplegia [ˌpæɚ ə 'pli dʒə]

paraplegic [ˌpæɚ ə 'pli dʒɪk]

parasite ['pæɚ ə ˌsaɪt]

paratrooper ['pæɚ ə ˌtru pɚ]

parcel ['pɑɚ sl]

parcel post ['pɑɚ sl 'post]

parch [pɑɚtʃ]

parchment ['pɑɚtʃ mənt]

pardon ['pɑɚ dn]

pardon me ['pɑɚ dn ˌmi]

pare [pɛɚ]

parent ['pɛɚ ənt]

parentage ['pɛɚ ən tɪdʒ]

parental [pə 'rɛn tl]

parenthesis [pə 'rɛn θɪ sɪs]

parfait [pɑɚ 'fe]

parfaits [pɑɚ 'fez]

pari-mutuel [ˌpæɚ ɪ 'mju tʃu əl]

parish ['pæɚ ɪʃ]

parity ['pæɚ ɪ ti]

park [pɑɚk]

parked [pɑɚkt]

parking ['pɑɚk ɪŋ]

parking lot ['pɑɚk ɪŋ ˌlɑt]

parking meter ['pɑɚk ɪŋ ˌmi tɚ]

parkway ['pɑɚk ˌwe]

parlay ['pɑɚ le]

parliament ['pɑɚ lə mənt]

parliamentary
  [ˌpɑɚ lə 'mɛn tri]

parlor ['pɑɚ lɚ]

parochial [pə 'ro ki əl]

parochial school
  [pə 'ro ki əl ˌskul]

parody ['pæɚ ə di]

parole [pə 'rol]

paroled [pə 'rold]

parquet [pɑɚ 'ke]

parrot ['pæɚ ət]

parsley ['pɑɚs li]

parson ['pɑɚ sn]

part [pɑɚt]

part-time ['pɑɚt ˌtaɪm]

partake [pɑɚ 'tek]

parted ['pɑɚt ɪd]

partial ['pɑɚ ʃl]

partially ['pɑɚ ʃə li]

participant [ˌpɑɚ 'tɪs ə pənt]

participate [pɑɚ 'tɪs ə ˌpet]

participated [pɑɚ 'tɪs ə ˌpet ɪd]

participation [pɑɚ ˌtɪs ə 'pe ʃn]

participle ['pɑɚ tɪ ˌsɪpl]

particle ['pɑɚ tɪ kl]

particular [pɚ 'tɪk jə lɚ]

particularly [pɚ 'tɪk jə lɚ li]

partied ['pɑɚ tid]

parting ['pɑɚ tɪŋ]

partisan ['pɑɚ tɪ zn]

partition [pɑɚ 'tɪʃn]

partly ['pɑɚt li]

partner ['pɑɚt nɚ]

partnership ['pɑɚt nɚ ˌʃɪp]

party ['pɑɚ ti]

pass [pæs]

passable ['pæs ə bl]

passage ['pæs ɪdʒ]

passageway ['pæs ɪdʒ ˌwe]

passbook ['pæs ˌbʊk]

passed [pæst]

passenger ['pæsn dʒɚ]

passerby ['pæs ɚ ˌbaɪ]

passing ['pæs ɪŋ]

passion [pæʃn]

passionate ['pæʃ ə nɪt]

passionately ['pæʃ ə nɪt li]

passive ['pæs ɪv]

Passover ['pæs ˌo vɚ]

passport ['pæs ˌpɔɚt]

password ['pæs ˌwɚd]

past [pæst]

pasta ['pɑ stə]

paste [pest]

pasted ['pest ɪd]

pastel [pæs 'tɛl]

pasteurized ['pæs tʃə raɪzd]

pastime ['pæs ˌtaɪm]

pastor ['pæs tɚ]

pastoral ['pæs tɚ əl]

pastry ['pe stri]

pasture ['pæs tʃɚ]

pat [pæt]

patch [pætʃ]

patchwork ['pætʃ ˌwɚk]

patchy ['pætʃ i]

patent ['pæt nt]

patented ['pætn tɪd]

paternal [pə 'tɚ nl]

paternity [pə 'tɚ nɪ ti]

path [pæθ]

pathetic [pə 'θɛt ɪk]

pathogenic [ˌpæθ ə 'dʒɛn ɪk]

pathological [ˌpæθ ə 'lɑdʒ ɪ kl]

pathway ['pæθ ˌwe]

patience ['pe ʃəns]

patient ['pe ʃənt]

patiently ['pe ʃənt li]

patio ['pæt i o]

patriarch ['pe tri ɑɚk]

patrimony ['pæ trə ˌmo ni]

patriot ['pe tri ət]

patriotic [ˌpe tri 'ɑt ɪk]

patriotism ['pe tri ə ˌtɪzm]

patrol [pə 'trol]

patrol car [pə 'trol ˌkɑɚ]

patrolled [pə 'trold]

patrolling [pə 'trol ɪŋ]

patrolman [pə 'trol mən]

patron ['pe trən]

patronage ['pe trə nɪdʒ]

patronize ['pe trə ˌnaɪz]

patted ['pæt ɪd]

patter ['pæt ɚ]

pattern ['pæt ɚn]

patting ['pæt ɪŋ]

patty ['pæt i]

paucity ['pɔ sɪ ti]

paunch [pɔntʃ]

pauper ['pɔ pɚ]

pause [pɔz]

paused [pɔzd]

pave [pev]

paved [pevd]

pavement ['pev mənt]

pavilion [pə 'vɪl jən]

paving ['pev ɪŋ]

paw [pɔ]

pawed [pɔd]

pawn [pɔn]

pawned [pɔnd]

pawnshop ['pɔn ˌʃɑp]

pay [pe]

payable ['pe ə bl]

paycheck ['pe ˌtʃɛk]

payday ['pe ˌde]

payload ['pe ˌlod]

payment ['pe mənt]

payoff ['pe ˌɔf]

pay phone ['pe ˌfon]

payroll ['pe ˌrol]

pea [pi]

peace [pis]

peaceful ['pis fl]

peacefully ['pis fə li]

peacemaker ['pis ˌme kɚ]

peacetime ['pis ˌtaɪm]

peach [pitʃ]

peacock ['pi ˌkɑk]

peak [pik]

peak hours ['pik ˌæʊ ɚz]

peaked [pikt]

peal [pil]

peanut ['pi ˌnət]

peanut butter ['pi ˌnət ˌbət ɚ]

pear [pɛɚ]

pearl [pɚl]

peas [piz]

peasant ['pɛz ənt]

peat [pit]

pebble [pɛbl]

pecan [pɪ 'kɑn]

peck [pɛk]

peculiar [pɪ 'kjul jɚ]

peculiarity [pɪ ˌkju li 'æɚ ɪ ti]

peculiarly [pɪ 'kjul jɚ li]

pedagogy ['pɛd ə ˌgo dʒi]

pedal [pɛdl]

pedaled [pɛdld]

peddle [pɛdl]

peddler ['pɛd lɚ]

pedestal ['pɛd ɪ stl]

pedestrian [pə 'dɛs tri ən]

pediatrician [ˌpi di ə 'trɪʃn]

pediatrics [ˌpi di 'æ trɪks]

pedigree ['pɛd ə gri]

peek [pik]

peeked [pikt]

peel [pil]

peeled [pild]

peeling ['pil ɪŋ]

peep [pip]

peeped [pipt]

peephole ['pip ˌhol]

peer [pɪɚ]

peered [pɪɚd]

peerless ['pɪɚ lɪs]

peeved [pivd]

peg [pɛg]

pelican ['pɛl ə kn]

pell-mell ['pɛl 'mɛl]

pellet ['pɛl ɪt]

pelt [pɛlt]

pelted ['pɛl tɪd]

pelvis ['pɛl vɪs]

pen [pɛn]

penal [pinl]

penalize ['pin ə ˌlaɪz]

penalty ['pɛnl ti]

penchant ['pɛn tʃənt]

pencil ['pɛn sl]

pendant ['pɛn dənt]

pending ['pɛn dɪŋ]

pendulum ['pɛn djə ləm]

penetrate ['pɛn ɪ ˌtret]

penetrating ['pɛn ɪ ˌtret ɪŋ]

penetration [ˌpɛn ɪ 'tre ʃn]

penguin ['pɛn gwɪn]

penicillin [ˌpɛn ɪ 'sɪl ɪn]

peninsula [pə 'nɪn sə lə]

penis ['pi nɪs]

penitent ['pɛn ɪ tənt]

penitentiary [ˌpɛn ɪ 'tɛn ʃə ri]

penknife ['pɛn ˌnaɪf]

penlight ['pɛn ˌlaɪt]

penmanship ['pɛn mən ˌʃɪp]

pennant ['pɛn ənt]

penniless ['pɛn i lɪs]

Pennsylvania [ˌpɛn sɪl 'ven jə]

penny ['pɛn i]

penny-pincher ['pɛn i ˌpɪntʃ ɚ]

penology [pi 'nɑl ə dʒi]

pension ['pɛn ʃn]

pensive ['pɛn sɪv]

pent-up ['pɛnt 'əp]

pentagon ['pɛn tə ˌgan]

penthouse ['pɛnt ˌhaʊs]

peony ['pi ə ni]

people ['pi pl]

Peoria (IL) [ˌpi 'ɔɚ i ə]

pep [pɛp]

pepper ['pɛp ɚ]

peppermint ['pɛp ɚ ˌmɪnt]

peppy ['pɛp i]

pep talk ['pɛp ˌtɔk]

per [pɚ]

per annum [pɚ 'æn əm]

per capita [pɚ 'kæp ɪ tə]

per diem [pɚ 'di əm]

perceive [pɚ 'siv]

perceived [pɚ 'sivd]

percent [pɚ 'sɛnt]

percentage [pɚ 'sɛn tɪdʒ]

percentile [pɚ 'sɛn ˌtaɪl]

perceptible [pɚ 'sɛp tə bl]

perception [pɚ 'sɛp ʃn]

perceptive [pɚ 'sɛp tɪv]

perch [pɚtʃ]

perched [pɚtʃt]

percolate ['pɚ kə ˌlet]

percolating ['pɚ kə ˌlet ɪŋ]

percolator ['pɚ kə ˌle tɚ]

percussion [pɚ 'kəʃn]

percussionist [pɚ 'kəʃ ə nɪst]

perennial [pə 'rɛn i əl]

perfect adj. ['pɚ fɪkt]
　　v. [pɚ 'fɛkt]

perfected [pɚ 'fɛk tɪd]

perfecting [pɚ 'fɛk tɪŋ]

perfection [pɚ 'fɛk ʃn]

perfectly ['pɚ fɪkt li]

perforate ['pɚ fə ˌret]

perforated ['pɚ fə ˌret ɪd]

perforation [ˌpɚ fə 're ʃn]

perform [pɚ 'fɔɚm]

performance [pɚ 'fɔɚ məns]

performed [pɚ 'fɔɚmd]

performer [pɚ 'fɔɚm ɚ]

performing [pɚ 'fɔɚm ɪŋ]

perfume n. ['pɚ fjum]

v. [pɚ 'fjum]

perfumed [pɚ 'fjumd]

perfunctory [pɚ 'fəŋk tə ri]

perhaps [pɚ 'hæps]

peril ['pɛɚ əl]

perilous ['pɛɚ ə ləs]

perimeter [pə 'rɪm ɪ tɚ]

period ['pɪɚ i əd]

periodic [ˌpɪɚ i 'ad ɪk]

periodical [ˌpɪɚ i 'ad ɪ kl]

periodontal [ˌpɛɚ i ə 'dɑn tl]

peripheral [pə 'rɪf ɚ əl]

periphery [pə 'rɪf ə ri]

periscope ['pɛɚ ə ˌskop]

perish ['pɛɚ ɪʃ]

perishable ['pɛɚ ɪʃ ə bl]

perished ['pɛɚ ɪʃt]

perishing ['pɛɚ ɪʃ ɪŋ]

peritoneum [ˌpɛɚ i tə 'ni əm]

peritonitis [ˌpɛɚ ɪ tə 'nɑɪ tɪs]

perjury ['pɚ dʒə ri]

perky ['pɚ ki]

permanent ['pɚ mə nənt]

permanently ['pɚ mə nənt li]

permeate ['pɚ mi ˌet]

permeated ['pɚ mi ˌet ɪd]

permeates ['pɚ mi ˌets]

permeating ['pɚ mi ˌet ɪŋ]

permissible [pɚ 'mɪs ə bl]

permission [pɚ 'mɪʃn]

permissive [pɚ 'mɪs ɪv]

permit *n.* ['pɚ mɪt]

v. [pɚ 'mɪt]

permitted [pɚ 'mɪt ɪd]

pernicious [pɚ 'nɪʃ əs]

perpendicular
[ˌpɚ pən 'dɪk jə lɚ]

perpetrate ['pɚ pɪ ˌtret]

perpetrator ['pɚ pɪ ˌtre tɚ]

perpetual [pɚ 'pɛtʃ u əl]

perpetually [pɚ 'pɛtʃ u ə li]

perpetuate [pɚ 'pɛtʃ u ˌet]

perpetuated [pɚ 'pɛtʃ u ˌet ɪd]

perpetuates [pɚ 'pɛtʃ u ˌets]

perpetuating [pɚ 'pɛtʃ u ˌet ɪŋ]

perpetuity [ˌpɚ pɪ 'tu ɪ ti]

perplex [pɚ 'plɛks]

perplexed [pɚ 'plɛkst]

perplexes [pɚ 'plɛks ɪz]

perplexing [pɚ 'plɛks ɪŋ]

persecute ['pɚ sə ˌkjut]

persecution [ˌpɚ sə 'kju ʃn]

perseverance [ˌpɚ sə 'vɪɚ əns]

persevere [ˌpɚ sə 'vɪɚ]

persevered [ˌpɚ sə 'vɪɚd]

persevering [ˌpɚ sə 'vɪɚ ɪŋ]

Persian ['pɚ ʒn]

persist [pɚ 'sɪst]

persisted [pɚ 'sɪs tɪd]

persistent [pɚ 'sɪs tənt]

persisting [pɚ 'sɪs tɪŋ]

person ['pɚ sn]

personable ['pɚ sə nə bl]

personage ['pɚ sə nɪdʒ]

personal ['pɚ sə nl]

personality ['pɚ sə ˌnæl ɪ ti]

personalize ['pɚ sə nə ˌlɑɪz]

personally ['pɚ sə nə li]

personify [pɚ 'sɑn ɪ ˌfɑɪ]

personnel [ˌpɚ sə 'nɛl]

perspective [pɚ 'spɛk tɪv]

perspiration [ˌpɚ spə 're ʃn]

perspire [pɚ 'spɑɪɚ]

persuade [pɚ 'swed]

persuaded [pɚ 'swed ɪd]

persuading [pɚ 'swed ɪŋ]

persuasion [pɚ 'swe ʒn]

persuasive [pɚ 'swe sɪv]

pertain [pɚ 'ten]

pertained [pɚ 'tend]

pertaining [pɚ 'ten ɪŋ]

pertains [pɚ 'tenz]

pertinent ['pɚ tə nənt]

perturb [pɚ 'tɚb]

peruse [pə 'ruz]

pervade [pɚ 'ved]

pervaded [pə 'ved ɪd]

pervades [pə 'vedz]

perverse [pɚ 'vɚs]

perversion [pə 'vɚ ʒn]

pervert   n. ['pɚ ˌvɚt]
    v. [pə 'vɚt]

perverted [pɚ 'vɚt ɪd]

pessimism ['pɛs ə ˌmɪzm]

pessimist ['pɛs ə mɪst]

pessimistic [ˌpɛs ə 'mɪs tɪk]

pest [pɛst]

pester ['pɛs tɚ]

pestered ['pɛs tɚd]

pestering ['pɛs tɚ ɪŋ]

pesticide ['pɛs tɪ ˌsaɪd]

pestilence ['pɛs tə ləns]

pet [pɛt]

petal [pɛtl]

petite [pə 'tit]

petition [pə 'tɪʃn]

petitioned [pə 'tɪʃnd]

petrified ['pɛ trə ˌfaɪd]

petrify ['pɛ trə ˌfaɪ]

petroleum [pə 'tro li əm]

petted ['pɛt ɪd]

petticoat ['pɛ ti ˌkot]

petting ['pɛt ɪŋ]

petty ['pɛt i]

petty cash ['pɛt i 'kæʃ]

pew [pju]

phantom ['fæn təm]

pharaoh ['fɛɚ o]

pharmaceutical
    [ˌfaɚ mə 'su tɪ kl]

pharmacist ['faɚ mə sɪst]

pharmacology
    [ˌfaɚ mə 'kal ə dʒi]

pharmacy ['faɚ mə si]

pharyngitis [ˌfæɚ ɪn 'dʒaɪ tɪs]

pharynx ['fæɚ ɪŋks]

phase [fez]

phased [fezd]

phasing ['fez ɪŋ]

phenomena [fɪ 'nam ə nə]

phenomenal [fɪ 'nam ə nl]

phenomenon [fɪ 'nam ə ˌnan]

Philadelphia (PA)
    [ˌfɪl ə 'dɛl fi ə]

philander [fi 'læn dɚ]

philanthropy [fɪ 'læn θrə pi]

philharmonic [ˌfɪl haɚ 'man ɪk]

philosopher [fɪ 'las ə fɚ]

philosophical [fɪ lə 'saf ɪ kl]

philosophy [fɪ 'las ə fi]

phlebitis [flə 'baɪ tɪs]

phlegm [flɛm]

phlegmatic [flɛg 'mæt ɪk]

phobia ['fo bi ə]

Phoenix (AZ) ['fi nɪks]

phone [fon]

phone book ['fon ˌbʊk]

phone booth ['fon ˌbuθ]

phoned [fond]

phoneme ['fo nim]

phonetic [fə 'nɛt ɪk]

phonetics [fə 'nɛt ɪks]

phonics ['fɑn ɪks]

phonograph ['fo nə ˌgræf]

phonology [fo 'nɑl ə dʒi]

phony ['fo ni]

photo ['fo to]

photocopier ['fo tə ˌkɑp i ɚ]

photocopy ['fo tə ˌkɑp i]

photogenic [ˌfo tə 'dʒɛn ɪk]

photograph ['fo tə ˌgræf]

photographer [fə 'tɑg rə fɚ]

photographic [ˌfo tə 'græf ɪk]

photography [fə 'tɑg rə fi]

phrase [frez]

phrased [frezd]

phrasing ['frez ɪŋ]

physic ['fɪz ɪk]

physical ['fɪz ɪ kl]

physically ['fɪz ɪk li]

physician [fɪ 'zɪʃn]

physicist ['fɪz ɪ sɪst]

physics ['fɪz ɪks]

physiology [ˌfɪz i 'ɑl ə dʒi]

physiotherapy [ˌfɪz i o 'θɛɚ ə pi]

physique [fɪ 'zik]

pianist ['pi ə nɪst]

piano [pi 'æn o]

pick [pɪk]

picked [pɪkt]

picket ['pɪk ɪt]

picking ['pɪk ɪŋ]

pickle ['pɪkl]

pickled ['pɪkld]

pickling ['pɪk lɪŋ]

pickpocket ['pɪk ˌpɑk ɪt]

picks [pɪks]

pickup ['pɪk ˌəp]

picky ['pɪk i]

picnic ['pɪk nɪk]

picnicked ['pɪk nɪkt]

picnicking ['pɪk nɪk ɪŋ]

pictorial [ˌpɪk 'tɔɚ i əl]

picture ['pɪk tʃɚ]

pictured ['pɪk tʃɚd]

picturesque [ˌpɪk tʃɚ 'ɛsk]

picturing ['pɪk tʃɚ ɪŋ]

pie [pɑɪ]

piece [pis]

piecemeal ['pis ˌmil]

pier [pɪɚ]

pierce [pɪɚs]

pierced [pɪɚst]

pierces ['pɪɚs ɪz]

piercing ['pɪɚs ɪŋ]

pies [pɑɪz]

pig [pɪg]

pigeon [pɪdʒn]

pigeonhole ['pɪdʒn ˌhol]

piggyback ['pɪg i ˌbæk]

pigheaded ['pɪg ˌhɛd ɪd]

pigment ['pɪg mənt]

pigmentation [ˌpɪg mən 'te ʃn]

pigpen ['pɪg ˌpɛn]

pigskin ['pɪg ˌskɪn]

pigtail ['pɪg ˌtel]

pike [pɑɪk]

piker ['pɑɪ kɚ]

pile [pɑɪl]

piled [pɑɪld]

piles [pɑɪlz]

pileup ['pɑɪl ˌəp]

pilfering   ['pɪl fɚ ɪŋ]
pilgrim   ['pɪl grɪm]
pilgrimage   ['pɪl grə mɪdʒ]
piling   ['paɪl ɪŋ]
pill   [pɪl]
pillar   ['pɪl ɚ]
pillbox   ['pɪl ˌbɑks]
pillow   ['pɪl o]
pillowcase   ['pɪl o ˌkes]
pilot   ['paɪ lət]
piloted   ['paɪ lə tɪd]
piloting   ['paɪ lə tɪŋ]
pimp   [pɪmp]
pimple   ['pɪm pl]
pin   [pɪn]
pincers   ['pɪn sɚz]
pinch   [pɪntʃ]
pinched   [pɪntʃt]
pinching   ['pɪntʃ ɪŋ]
pincushion   ['pɪn ˌkʊʃn]
pine   [paɪn]
pineapple   ['paɪn ˌæpl]
pined   [paɪnd]
Ping-Pong   ['pɪŋ ˌpɑŋ]
pinhead   ['pɪn ˌhɛd]
pinhole   ['pɪn ˌhol]
pink   [pɪŋk]
pinkeye   ['pɪŋk ˌaɪ]
pinkie   ['pɪŋ ki]
pinnacle   ['pɪn ə kl]
pinpoint   ['pɪn ˌpɔɪnt]
pinprick   ['pɪn ˌprɪk]
pinsetter   ['pɪn ˌsɛt ɚ]
pint   [paɪnt]
pinup   ['pɪn ˌəp]
pinwheel   ['pɪn ˌʍil]
pioneer   [ˌpaɪ ə 'nɪɚ]

pious   ['paɪ əs]
pip-squeak   ['pɪp ˌskwik]
pipe   [paɪp]
piped   [paɪpt]
pipeline   ['paɪp ˌlaɪn]
piper   ['paɪ pɚ]
piping   ['paɪp ɪŋ]
piping hot   ['paɪp ɪŋ 'hɑt]
piracy   ['paɪ rə si]
pirate   ['paɪ rɪt]
pistachio nut   [pɪ 'stæʃ i ˌo 'nət]
pistol   ['pɪs tl]
piston   ['pɪs tn]
pit   [pɪt]
pitch   [pɪtʃ]
pitched   [pɪtʃt]
pitcher   ['pɪtʃ ɚ]
pitches   ['pɪtʃ ɪz]
pitchfork   ['pɪtʃ ˌfɔɚk]
pitching   ['pɪtʃ ɪŋ]
piteous   ['pɪt i əs]
piteously   ['pɪt i əs li]
pitfall   ['pɪt ˌfɔl]
pitied   ['pɪt id]
pitiful   ['pɪt ə fl]
pitiless   ['pɪt i lɪs]
pits   [pɪts]
pittance   ['pɪt əns]
pitted   ['pɪt ɪd]
pitting   ['pɪt ɪŋ]
Pittsburgh (PA)   ['pɪts ˌbɚg]
pity   ['pɪt i]
pitying   ['pɪt i ɪŋ]
pivot   ['pɪv ət]
pivotal   ['pɪv ə tl]
pizza   ['pit sə]
placard   ['plæk ɚd]

placate   ['ple ˌket]
placated   ['ple ˌket ɪd]
placating   ['ple ˌket ɪŋ]
place   [ples]
place mat   ['ples ˌmæt]
place setting   ['ples 'sɛt ɪŋ]
placebo   [plə 'si bo]
placed   [plest]
placement   ['ples mənt]
placenta   [plə 'sɛn tə]
places   ['ples ɪz]
placid   ['plæs ɪd]
placing   ['ples ɪŋ]
plagiarism   ['ple dʒə ˌrɪ zm]
plagiarize   ['ple dʒə ˌrɑɪz]
plague   [pleg]
plaid   [plæd]
plain   [plen]
plainly   ['plen li]
plaintiff   ['plen tɪf]
plaintive   ['plen tɪv]
plan   [plæn]
plane   [plen]
planet   ['plæn ɪt]
planetarium   [ˌplæn ɪ 'tɛɚ i əm]
planetary   ['plæn ə ˌtɛɚ i]
plank   [plæŋk]
planned   [plænd]
planning   ['plæn ɪŋ]
plans   [plænz]
plant   [plænt]
plantation   [plæn 'te ʃn]
planted   ['plænt ɪd]
planter   ['plænt ɚ]
planting   ['plænt ɪŋ]
plants   [plænts]
plaque   [plæk]

plasma   ['plæz mə]
plaster   ['plæs tɚ]
plasterboard   ['plæs tɚ ˌbɔɚd]
plastering   ['plæs tɚ ɪŋ]
plasters   ['plæs tɚz]
plastic   ['plæs tɪk]
plate   [plet]
plate glass   ['plet 'glæs]
plateau   [plæ 'to]
platform   ['plæt ˌfɔɚm]
platinum   ['plæt nəm]
platitude   ['plæt ɪ ˌtud]
Platonic   [plə 'tɑn ɪk]
platoon   [plə 'tun]
platter   ['plæt ɚ]
plausible   ['plɔ zə bl]
play   [ple]
play-off   ['ple ˌɔf]
playback   ['ple ˌbæk]
playboy   ['ple ˌbɔɪ]
played   [pled]
player   ['ple ɚ]
playful   ['ple fl]
playground   ['ple ˌgræʊnd]
playing   ['ple ɪŋ]
playmate   ['ple ˌmet]
playpen   ['ple ˌpɛn]
plays   [plez]
playschool   ['ple ˌskul]
plaything   ['ple ˌθɪŋ]
playwright   ['ple ˌrɑɪt]
plea   [pli]
plead   [plid]
pleaded   ['plid ɪd]
pleading   ['plid ɪŋ]
pleads   [plidz]
pleasant   ['plɛz ənt]

pleasantly ['plɛz ənt li]

pleasantries ['plɛz ən triz]

please [pliz]

pleased [plizd]

pleasing ['pliz ɪŋ]

pleasurable ['plɛʒ ɚ ə bl]

pleasure ['plɛʒ ɚ]

pleat [plit]

pleated ['plit ɪd]

plebiscite ['plɛb ɪ ˌsaɪt]

pledge [plɛdʒ]

pledged [plɛdʒd]

plentiful ['plɛn tɪ fl]

plenty ['plɛn ti]

plethora ['plɛθ ɚ ə]

pleurisy ['plʊɚ ɪ si]

pliable ['plaɪ ə bl]

pliant ['plaɪ ənt]

pliers ['plaɪɚz]

plight [plaɪt]

plod [plad]

plodded ['plad ɪd]

plodder ['plad ɚ]

plosive ['plo sɪv]

plot [plat]

plotted ['plat ɪd]

plotter ['plat ɚ]

plotting ['plat ɪŋ]

plow [plæʊ]

plowed [plæʊd]

plowing ['plæʊ ɪŋ]

ploy [plɔɪ]

pluck [plək]

plucked [pləkt]

plucky ['plək i]

plug [pləg]

plugged [pləgd]

plugging ['pləg ɪŋ]

plum [pləm]

plumage ['plu mɪdʒ]

plumb [pləm]

plumber ['pləm ɚ]

plumbing ['pləm ɪŋ]

plume [plum]

plummet ['pləm ɪt]

plump [pləmp]

plunder ['plən dɚ]

plundered ['plən dɚd]

plunge [pləndʒ]

plunged [pləndʒd]

plunger ['plən dʒɚ]

plunging ['pləndʒ ɪŋ]

plural ['plʊɚ əl]

plurality [plʊ 'ræl ɪ ti]

pluralize ['plʊɚ ə ˌlaɪz]

plus [pləs]

plush [pləʃ]

ply [plaɪ]

plywood ['plaɪ ˌwʊd]

pneumatic drill
   [nu 'mæt ɪk 'drɪl]

pneumonia [nʊ 'mon jə]

poach [potʃ]

poached [potʃt]

Pocatello (ID) [ˌpok ə 'tɛl o]

pocket ['pa kɪt]

pocket money ['pak ɪt ˌmən i]

pocketbook ['pa kɪt ˌbʊk]

pocketful ['pa kɪt ˌfʊl]

pocketknife ['pa kɪt ˌnaɪf]

pockmark ['pak ˌmaɚk]

pod [pad]

podiatrist [pə 'daɪ ə trɪst]

podiatry [pə 'daɪ ə tri]

podium ['po di əm]

poem ['po əm]

poet ['po ɪt]

poetic [po 'ɛt ɪk]

poetry ['po ɪ tri]

poignant ['pɔɪn jənt]

poinsettia [pɔɪn 'sɛt i ə]

point [pɔɪnt]

point-blank ['pɔɪnt 'blæŋk]

point of view ['pɔɪnt əv 'vju]

pointed ['pɔɪn tɪd]

pointer ['pɔɪn tɚ]

pointing ['pɔɪn tɪŋ]

pointless ['pɔɪnt lɪs]

poise [pɔɪz]

poised [pɔɪzd]

poison ['pɔɪ zn]

poisoning ['pɔɪ zn ɪŋ]

poisonous ['pɔɪ zn əs]

poke [pok]

poked [pokt]

poker ['po kɚ]

poker-faced ['po kɚ ˌfest]

polar ['po lɚ]

polar bear ['po lɚ ˌbɛɚ]

Pole [pol]

pole [pol]

police [pə 'lis]

policeman [pə 'lis mən]

policewoman [pə 'lis ˌwʊ mən]

policy ['pal ɪ si]

polio ['po li ˌo]

polish ['pal ɪʃ]

Polish ['po lɪʃ]

polished ['pa lɪʃt]

polite [pə 'laɪt]

politely [pə 'laɪt li]

politeness [pə 'laɪt nɪs]

politic ['pal ɪ tɪk]

political [pə 'lɪt ɪ kl]

politically [pə 'lɪt ɪk li]

politician [ˌpal ɪ 'tɪʃn]

politics ['pal ɪ tɪks]

polka ['pol kə]

polka dot ['po kə ˌdat]

polled [pold]

pollen ['pal ən]

pollen count ['pal ən ˌkæʊnt]

polling ['pol ɪŋ]

polling booth ['pol ɪŋ ˌbuθ]

pollster ['pol stɚ]

pollute [pə 'lut]

polluted [pə 'lut ɪd]

polluting [pə 'lut ɪŋ]

pollution [pə 'lu ʃn]

polo ['po lo]

polyester ['pal i ˌɛs tɚ]

polygamy [pə 'lɪg ə mi]

polygraph ['pal i ˌgræf]

polyp ['pal ɪp]

polysyllabic [ˌpal i sɪ 'læb ɪk]

pomp [pamp]

pompous ['pam pəs]

pond [pand]

ponder ['pan dɚ]

pondered ['pan dɚd]

pondering ['pan dɚ ɪŋ]

ponderous ['pan dɚ əs]

pontoon [pan 'tun]

pony ['po ni]

ponytail ['po ni ˌtel]

poodle [pudl]

pool [pul]

poor [pʊɚ]

poor-mouth [ˈpʊɚ ˌmæʊθ]

poorly [ˈpʊɚ li]

pop [pɑp]

pop concert [ˈpɑp ˈkɑn sɚt]

popcorn [ˈpɑp ˌkɔɚn]

pope [pop]

poplar [ˈpɑp lɚ]

popped [pɑpt]

popping [ˈpɑp ɪŋ]

poppy [ˈpɑp i]

populace [ˈpɑp jə ləs]

popular [ˈpɑp jə lɚ]

popularity [ˌpɑp jə ˈlæɚ ɪ ti]

popularize [ˈpɑp jə lə ˌraɪz]

popularized [ˈpɑp jə lə ˌraɪzd]

popularizing
  [ˈpɑp jə lə ˌraɪz ɪŋ]

populate [ˈpɑp jə ˌlet]

populated [ˈpɑp jə ˌlet ɪd]

populating [ˈpɑp jə ˌlet ɪŋ]

population [ˌpɑp jə ˈle ʃn]

populous [ˈpɑp jə ləs]

porcelain [ˈpɔɚs lɪn]

porch [pɔɚtʃ]

porcupine [ˈpɔɚ kjə ˌpaɪn]

pore [pɔɚ]

pork [pɔɚk]

pornography [pɔɚ ˈnɑg rə fi]

porous [ˈpɔɚ əs]

porpoise [ˈpɔɚ pəs]

port [pɔɚt]

portable [ˈpɔɚ tə bl]

portal [ˈpɔɚ tl]

porter [ˈpɔɚ tɚ]

portfolio [pɔɚt ˈfo li ˌo]

porthole [ˈpɔɔɚt ˌhol]

portion [ˈpɔɚ ʃn]

Portland (ME, OR)
  [ˈpɔɚt lənd]

portly [ˈpɔɚt li]

portrait [ˈpɔɚ trɪt]

portray [pɔɚ ˈtre]

portrayed [pɔɚ ˈtred]

portraying [pɔɚ ˈtre ɪŋ]

portrays [pɔɚ ˈtrez]

Portsmouth (VA) [ˈpɔɚts mɪθ]

Portuguese [ˌpɔɚ tʃə ˈgiz]

pose [poz]

posed [pozd]

poses [ˈpoz ɪz]

posh [pɑʃ]

posing [ˈpoz ɪŋ]

position [pə ˈzɪʃn]

positive [ˈpɑz ɪ tɪv]

positively [ˈpɑz ɪ tɪv li]

possess [pə ˈzɛs]

possessed [pə ˈzɛst]

possessing [pə ˈzɛs ɪŋ]

possession [pə ˈzɛʃn]

possessive [pə ˈzɛs ɪv]

possibility [ˌpɑs ə ˈbɪl ɪ ti]

possible [ˈpɑs ə bl]

possibly [ˈpɑs ə bli]

post [post]

postcard [ˈpost ˌkɑɚd]

post office [ˈpost ˌɔf ɪs]

postage [ˈpo stɪdʒ]

postal [ˈpos tl]

posted [ˈpos tɪd]

poster [ˈpos tɚ]

posterior [pɑ ˈstɪɚ i ɚ]

posterity [pɑ ˈstɛɚ ɪ ti]

postgraduate [ˌpost ˈgrædʒ u ɪt]

posthaste [ˈpost ˈhest]

posthumously ['pas tʃə məs li]

posting ['post ɪŋ]

postman ['post mən]

postmark ['post ˌmaɚk]

postmaster ['post ˌmæs tɚ]

postmortem [ˌpost 'mɔɚ tm]

postnasal drip
['post 'ne zl 'drɪp]

postnatal ['post 'netl]

postoperative ['post 'ap ɚ ə tɪv]

postpaid ['post 'ped]

postpone [post 'pon]

postponed [post 'pond]

postponing [post 'pon ɪŋ]

posts [posts]

postscript ['post ˌskrɪpt]

postulate n. ['pas tʃə lɪt]
v. ['pas tʃə ˌlet]

posture ['pas tʃɚ]

postwar ['post 'wɔɚ]

pot [pat]

potable ['po tə bl]

potassium [pə 'tæs i əm]

potato [pə 'te to]

potato chip [pə 'te to ˌtʃɪp]

potent ['pot nt]

potential [pə 'tɛn ʃl]

potentially [pə 'tɛn ʃə li]

pot holder ['pat ˌhol dɚ]

pothole ['pat ˌhol]

potion ['po ʃn]

potluck ['pat ˌlək]

potshot ['pat ˌʃat]

potted ['pat ɪd]

potter ['pat ɚ]

pottery ['pat ə ri]

pouch [pæʊtʃ]

poultry ['pol tri]

pounce [pæʊns]

pounced [pæʊnst]

pound [pæʊnd]

pounded ['pæʊn dɪd]

pounding ['pæʊn dɪŋ]

pour [pɔɚ]

poured [pɔɚd]

pourer ['pɔɚ ɚ]

pouring ['pɔɚ ɪŋ]

pours [pɔɚz]

pout [pæʊt]

pouted ['pæʊt ɪd]

pouting ['pæʊt ɪŋ]

poverty ['pav ɚ ti]

poverty-stricken
['pav ɚ ti ˌstrɪ kn]

powder ['pæʊ dɚ]

powdered ['pæʊ dɚd]

power ['pæʊ ɚ]

powered ['pæʊ ɚd]

powerful ['pæʊ ɚ fl]

powerhouse ['pæʊ ɚ ˌhæʊs]

powerless ['pæʊ ɚ lɪs]

powwow ['pæʊ ˌwæʊ]

practical ['præk tɪ kl]

practicality [ˌpræk tɪ 'kæl ɪ ti]

practically ['præk tɪk li]

practice ['præk tɪs]

practiced ['præk tɪst]

practicing ['præk tɪs ɪŋ]

practitioner [præk 'tɪʃ ə nɚ]

pragmatic [præg 'mæt ɪk]

pragmatism ['præg mə ˌtɪzm]

pragmatist ['præg mə tɪst]

prairie ['prɛɚ i]

praise [prez]

praised [prezd]

praiseworthy [ˈprez ˌwɚ ði]

praising [ˈprez ɪŋ]

praline [ˈpre ˌlin]

prance [præns]

pranced [prænst]

prancing [ˈpræns ɪŋ]

prank [præŋk]

prankster [ˈpræŋk stɚ]

pray [pre]

prayed [pred]

prayer [preɚ]

praying [ˈpre ɪŋ]

preach [pritʃ]

preached [pritʃt]

preacher [ˈpritʃ ɚ]

preaching [ˈpritʃ ɪŋ]

preamble [ˈpri ˌæm bl]

prearrange [ˌpri ɚ ˈrendʒ]

prearranged [ˌpri ə ˈrendʒd]

precancerous [pri ˈkæn sə rəs]

precarious [prɪ ˈkɛɚ i əs]

precaution [prɪ ˈkɔ ʃn]

precede [prɪ ˈsid]

preceded [prɪ ˈsid ɪd]

precedence [ˈprɛs ɪ dəns]

precedent [ˈprɛs ɪ dənt]

preceding [prɪ ˈsi dɪŋ]

precept [ˈpri sɛpt]

precinct [ˈpri sɪŋkt]

precious [ˈprɛʃ əs]

precipice [ˈprɛs ə pɪs]

precipitate [prɪ ˈsɪp ɪ ˌtet]

precipitated [prɪ ˈsɪp ɪ ˌtet ɪd]

precipitating [prɪ ˈsɪp ɪ ˌtet ɪŋ]

precipitation [prɪ ˌsɪp ɪ ˈte ʃn]

precipitous [prɪ ˈsɪp ɪ təs]

precise [prɪ ˈsɑɪs]

precisely [prɪ ˈsɑɪs li]

precision [prɪ ˈsɪʒn]

preclude [prɪ ˈklud]

precluded [prɪ ˈklud ɪd]

precluding [prɪ ˈklud ɪŋ]

precocious [prɪ ˈko ʃəs]

preconceive [ˌpri kən ˈsiv]

precondition [ˌpri kən ˈdɪʃn]

precursor [pri ˈkɚ sɚ]

predatory [ˈprɛd ə ˌtɔɚ i]

predecessor [ˈprɛd ɪ ˌsɛs ɚ]

predetermine [ˌpri dɪ ˈtɚ mɪn]

predicament [prɪ ˈdɪk ə mənt]

predict [prɪ ˈdɪkt]

predicted [prɪ ˈdɪk tɪd]

predicting [prɪ ˈdɪk tɪŋ]

prediction [prɪ ˈdɪk ʃn]

predictor [prɪ ˈdɪk tɚ]

predicts [prɪ ˈdɪkts]

predisposed [ˌpri dɪ ˈspozd]

predominance
 [prɪ ˈdɑ mə nəns]

predominant [prɪ ˈdɑm ə nənt]

predominantly
 [prɪ ˈdɑm ə nənt li]

predominate [prɪ ˈdɑm ə ˌnet]

preeminent [pri ˈɛm ə nənt]

prefab [ˈpri ˌfæb]

prefabricated
 [pri ˈfæb rə ˌket ɪd]

preface [ˈprɛf ɪs]

prefaced [ˈprɛf ɪst]

prefer [prɪ ˈfɚ]

preferable [ˈprɛf ɚ ə bl]

preferably [ˈprɛf ɚ ə bli]

preference [ˈprɛf ɚ əns]

preferential   [ˌprɛf ə 'rɛn ʃl]
preferred   [prɪ 'fɚd]
prefix   ['pri fɪks]
pregnancy   ['prɛg nən si]
pregnant   ['prɛg nənt]
prehistoric   [ˌpri hɪ 'staɚ ɪk]
prejudice   ['prɛdʒ ə dɪs]
prejudiced   ['prɛdʒ ə dɪst]
preliminary   [prɪ 'lɪm ə ˌnɛɚ i]
prelude   ['pre lud]
premarital   [pri 'mæɚ ɪ tl]
premature   [ˌpri mə 'tʃʊɚ]
prematurely   [ˌpri mə 'tʃʊɚ li]
premeditate   [pri 'mɛ dɪ ˌtet]
premier   [prɪ 'mɪɚ]
premise   ['prɛm ɪs]
premium   ['pri mi əm]
premonition   [ˌprɛm ə 'nɪʃn]
preoccupied   [pri 'ak jə ˌpaɪd]
preoccupy   [pri 'ak jə ˌpaɪ]
prepackaged   [pri 'pæk ɪdʒd]
prepaid   [pri 'ped]
preparation   [ˌprɛp ə 're ʃn]
preparatory   [prɪ 'pæɚ ə ˌtɔɚ i]
prepare   [prɪ 'pɛɚ]
prepared   [prɪ 'pɛɚd]
preparedness   [prɪ 'pɛɚ ɪd nɪs]
preparing   [prɪ 'pɛɚ ɪŋ]
prepay   [pri 'pe]
preponderance
   [prɪ 'pan də rəns]
preposition   [ˌprɛp ə 'zɪʃn]
preposterous   [prɪ 'pas trəs]
prerecord   [ˌpri ri 'kɔɚd]
prerequisite   [prɪ 'rɛk wɪ zɪt]
prerogative   [prɪ 'rag ə tɪv]
Presbyterian   [ˌprɛz bɪ 'tɪɚ i ən]

preschool   ['pri ˌskul]
prescribe   [prɪ 'skraɪb]
prescribed   [prɪ 'skraɪbd]
prescribing   [prɪ 'skraɪb ɪŋ]
prescription   [prɪ 'skrɪp ʃn]
presence   ['prɛz əns]
present   n.   ['prɛz ənt]
   v.   [prɪ 'zɛnt]
present-day   ['prɛz ənt 'de]
presentable   [prɪ 'zɛn tə bl]
presentation   [ˌprɛz ən 'te ʃn]
presented   [prɪ 'zɛnt ɪd]
presenter   [prɪ 'zɛnt ɚ]
presenting   [prɪ 'zɛn tɪŋ]
presently   ['prɛz ənt li]
preservation   [ˌprɛ zɚ 've ʃn]
preservative   [prɪ 'zɚv ə tɪv]
preserve   [prɪ 'zɚv]
preserved   [prɪ 'zɚvd]
preserving   [prɪ 'zɚv ɪŋ]
preside   [prɪ 'zaɪd]
presided   [prɪ 'zaɪd ɪd]
presidency   ['prɛz ɪ dən si]
president   ['prɛz ɪ dənt]
presidential   [ˌprɛz ɪ 'dɛn ʃl]
presiding   [prɪ 'zaɪd ɪŋ]
press   [prɛs]
pressed   [prɛst]
pressing   ['prɛs ɪŋ]
pressure   ['prɛʃ ɚ]
pressure gauge   ['prɛʃ ɚ ˌgedʒ]
prestige   [prɛs 'tiʒ]
presumably   [prɪ 'zum ə bli]
presume   ['pri zum]
presumed   ['pri zumd]
presuming   ['pri zum ɪŋ]
presumption   [prɪ 'zəmp ʃn]

presumptuous
   [prɪ 'zəmp tʃu əs]
pretend   [prɪ 'tɛnd]
pretended   [prɪ 'tɛnd ɪd]
pretending   [prɪ 'tɛnd ɪŋ]
pretense   ['pri ˌtɛns]
pretension   [prɪ 'tɛn ʃn]
pretentious   [prɪ 'tɛn ʃəs]
pretext   ['pri ˌtɛkst]
pretty   ['prɪt i]
pretzel   ['prɛt sl]
prevail   [prɪ 'vel]
prevailed   [prɪ 'veld]
prevailing   [ˌprɪ 'vel ɪŋ]
prevalent   ['prɛv ə lənt]
prevaricate   [prɪ 'væɚ ə ˌket]
prevarication   [prɪ ˌvæɚ ə 'ke ʃn]
prevent   [prɪ 'vɛnt]
preventable   [prɪ 'vɛnt ə bl]
prevented   [prɪ 'vɛn tɪd]
preventing   [prɪ 'vɛn tɪŋ]
prevention   [prɪ 'vɛn ʃn]
preventive   [prɪ 'vɛn tɪv]
preview   ['pri ˌvju]
previewed   ['pri ˌvjud]
previous   ['pri vi əs]
previously   ['pri vi əs li]
prewar   ['pri 'wɔɚ]
prey   [pre]
price   [praɪs]
price list   ['praɪs ˌlɪst]
priced   [praɪst]
prices   ['praɪs ɪz]
priceless   ['praɪs lɪs]
pricing   ['praɪs ɪŋ]
prick   [prɪk]
pride   [praɪd]

prided   ['praɪd ɪd]
pried   [praɪd]
priest   [prist]
priesthood   ['prist ˌhʊd]
priestly   ['prist li]
prim   [prɪm]
prima donna   [ˌprɪm ə 'dan ə]
primacy   ['praɪ mə si]
primarily   [praɪ 'mɛɚ ɪ li]
primary   ['praɪ ˌmɚ i]
primate   ['praɪ ˌmet]
prime   [praɪm]
prime time   ['praɪm 'taɪm]
primed   [praɪmd]
primer   ['prɪm ɚ]
primeval   [praɪ 'mi vl]
primitive   ['prɪm ɪ tɪv]
primp   [prɪmp]
prince   [prɪns]
princely   ['prɪns li]
princess   ['prɪn sɪs]
principal   ['prɪn sə pl]
principality   [ˌprɪn sə 'pæl ɪ ti]
principally   ['prɪn sə pli]
principle   ['prɪn sə pl]
print   [prɪnt]
printed   ['prɪn tɪd]
printer   ['prɪn tɚ]
printing   ['prɪn tɪŋ]
printout   n.   ['prɪnt ˌæʊt]
prior   ['praɪ ɚ]
priority   [praɪ 'aɚ ɪ ti]
prism   [prɪzm]
prison   [prɪzn]
prisoner   ['prɪz ə nɚ]
prissy   ['prɪs i]
pristine   ['prɪs ˌtin]

privacy ['praɪ və si]

private ['praɪ vɪt]

private eye ['praɪ vɪt 'aɪ]

privately ['praɪ vɪt li]

privation [praɪ 've ʃn]

privilege ['prɪv lɪdʒ]

privileged ['prɪv lɪdʒd]

privy ['prɪv i]

prize [praɪz]

prized [praɪzd]

prizes ['praɪz ɪz]

prizewinner ['praɪz ˌwɪn ə]

pro [pro]

probability [ˌprab ə 'bɪl ɪ ti]

probable ['prab ə bl]

probably ['prab ə bli]

probation [pro 'be ʃn]

probe [prob]

probed [probd]

probing ['prob ɪŋ]

problem ['prab ləm]

problematic [ˌpra blə 'mæt ɪk]

procedure [prə 'si dʒə]

proceed [prə 'sid]

proceeded [prə 'si dɪd]

proceeding [prə 'si dɪŋ]

proceeds ['pro sidz]

process ['pra ˌsɛs]

processed ['pra ˌsɛst]

processing ['pra ˌsɛs ɪŋ]

procession [prə 'sɛʃn]

proclaim [prə 'klem]

proclaimed [prə 'klemd]

proclaiming [prə 'klem ɪŋ]

proclamation [ˌprak lə 'me ʃn]

proclivity [pro 'klɪv ɪ ti]

procrastinate [prə 'kræs tə ˌnet]

procrastination [prə ˌkræs tə 'ne ʃn]

procreate ['pro kri ˌet]

proctor ['prak tə]

procure [pro 'kjʊə]

prod [prad]

prodigal ['prad ə gl]

prodigious [prə 'dɪdʒ əs]

prodigy ['prad ɪ dʒi]

produce n. vegetables ['pro dus] v. to make [prə 'dus]

produced [prə 'dust]

producer [prə 'dus ə]

producing [prə 'dus ɪŋ]

product ['pra ˌdəkt]

production [prə 'dək ʃn]

productive [prə 'dək tɪv]

productivity [pro dək 'tɪv ɪ ti]

profane [prə 'fen]

profanity [prə 'fæn ɪ ti]

profess [prə 'fɛs]

professed [prə 'fɛst]

profession [prə 'fɛʃn]

professional [prə 'fɛʃ ə nl]

professionally [prə 'fɛʃ ə nə li]

professor [prə 'fɛs ə]

professorial [ˌpra fə 'sɔə i əl]

professorship [prə 'fɛs ə ˌʃɪp]

proficiency [prə 'fɪʃ ən si]

proficient [prə 'fɪʃ ənt]

profile ['pro faɪl]

profiled ['pro faɪld]

profit ['praf ɪt]

profitable ['praf ɪt ə bl]

profited ['praf ɪt ɪd]

profiteering [ˌpraf ɪ 'tɪə ɪŋ]

profound [prə ˈfæʊnd]
profoundly [prə ˈfæʊnd li]
profuse [prə ˈfjus]
profusely [prə ˈfjus li]
progeny [ˈpradʒ ə ni]
program [ˈpro græm]
programmed [ˈpro græmd]
programmer [ˈpro græm ɚ]
programming [ˈpro græm ɪŋ]
progress n. [ˈprag rɛs]
   v. [prə ˈgrɛs]
progressed [prə ˈgrɛst]
progressing [prə ˈgrɛs ɪŋ]
progression [prə ˈgrɛʃn]
progressive [prə ˈgrɛs ɪv]
prohibit [pro ˈhɪb ɪt]
prohibited [pro ˈhɪb ɪ tɪd]
prohibiting [pro ˈhɪb ɪ tɪŋ]
prohibition [ˌpro ə ˈbɪʃn]
prohibitive [pro ˈhɪb ɪ tɪv]
project n. [ˈpra dʒɛkt]
   v. [prə ˈdʒɛkt]
projected [prə ˈdʒɛk tɪd]
projectile [prə ˈdʒɛk ˌtaɪl]
projecting [prə ˈdʒɛk tɪŋ]
projection [prə ˈdʒɛk ʃn]
projector [prə ˈdʒɛk tɚ]
prolific [pro ˈlɪf ɪk]
prologue [ˈpro ˌlag]
prolong [pro ˈlɔŋ]
prolonged [pro ˈlɔŋd]
prolonging [pro ˈlɔŋ ɪŋ]
prom [pram]
promenade [ˌpram ə ˈned]
promenaded [ˌpram ə ˈned ɪd]
promenading [ˌpra mə ˈned ɪŋ]
prominence [ˈpram ə nəns]

prominent [ˈpram ə nənt]
promiscuities
   [ˌpraɪm ɪ ˈskju ɪ tiz]
promiscuous [prə ˈmɪs kju əs]
promise [ˈpram ɪs]
promised [ˈpram ɪst]
promising [ˈpram ɪs ɪŋ]
promissory [ˈpram ɪ ˌsɔɚ i]
promote [prə ˈmot]
promoted [prə ˈmot ɪd]
promoter [prə ˈmo tɚ]
promoting [prə ˈmot ɪŋ]
promotion [prə ˈmo ʃn]
prompt [prampt]
prompted [ˈpramp tɪd]
prompter [ˈprampt ɚ]
prompting [ˈpramp tɪŋ]
promptly [ˈprampt li]
promulgate [ˈpraml ˌget]
prone [pron]
prong [praŋ]
pronoun [ˈpro ˌnæʊn]
pronounce [prə ˈnæʊns]
pronounces [prə ˈnæʊns ɪz]
pronouncing [prə ˈnæʊns ɪŋ]
pronunciation [prə ˌnən si ˈe ʃn]
proof [pruf]
proofread [ˈpruf ˌrid]
proofreader [ˈpruf ˌrid ɚ]
prop [prap]
propaganda [ˌprap ə ˈgæn də]
propagandize
   [ˌprap ə ˈgæn ˌdaɪz]
propagate [ˈprap ə ˌget]
propagation [ˌprap ə ˈge ʃn]
propane [ˈpro pen]
propel [prə ˈpɛl]

propellant   [prə 'pɛl ənt]

propelled   [prə 'pɛld]

propeller   [prə 'pɛl ɚ]

propelling   [prə 'pɛl ɪŋ]

propensity   [prə 'pɛn sɪ ti]

proper   ['prap ɚ]

properly   ['prap ɚ li]

property   ['prap ɚ ti]

prophecies   ['praf ɪ siz]

prophecy   ['praf ɪ si]

prophesied   ['praf ɪ ˌsaɪd]

prophesy   ['praf ɪ ˌsaɪ]

prophesying   ['praf ɪ ˌsaɪ ɪŋ]

prophet   ['praf ɪt]

prophetic   [prə 'fɛt ɪk]

prophylactic   [ˌpro fə 'læk tɪk]

propitious   [prə 'pɪʃ əs]

proponent   [prə 'po nənt]

proportion   [prə 'pɔɚ ʃn]

proportional   [prə 'pɔɚ ʃə nl]

proportionate   [prə 'pɔɚ ʃə nɪt]

proposal   [prə 'pozl]

propose   [prə 'poz]

proposed   [prə 'pozd]

proposes   [prə 'poz ɪz]

proposing   [prə 'poz ɪŋ]

proposition   [ˌprap ə 'zɪʃn]

proprietor   [prə 'praɪ ɪ tɚ]

propriety   [prə 'praɪ ɪ ti]

propulsion   [prə 'pəl ʃn]

prorate   [ˌpro 'ret]

proscribe   [pro 'skraɪb]

prose   [proz]

prosecute   ['pras ə ˌkjut]

prosecuted   ['pras ə ˌkjut ɪd]

prosecuting   ['pras ə ˌkjut ɪŋ]

prosecution   [ˌpras ə 'kju ʃn]

prosecutor   ['pras ə ˌkjut ɚ]

prospect   ['pras pɛkt]

prospective   [prə 'spɛk tɪv]

prospector   ['pras pɛk tɚ]

prospectus   [prə 'spɛk təs]

prosper   ['pras pɚ]

prospered   ['pras pɚd]

prospering   ['pras pɚ ɪŋ]

prosperity   [pras 'pɛɚ ɪ ti]

prosperous   ['pras pɚ əs]

prostate   ['pras ˌtet]

prosthesis   [pras 'θi sɪs]

prostitute   ['pras tɪ ˌtut]

prostituted   ['pras tɪ ˌtut ɪd]

prostituting   ['pras tɪ ˌtut ɪŋ]

prostitution   [ˌpras tɪ 'tu ʃn]

prostrate   ['pras tret]

prostrated   ['pras tret ɪd]

prostrating   ['pras tret ɪŋ]

protagonist   [pro 'tæg ə nɪst]

protect   [prə 'tɛkt]

protected   [prə 'tɛk tɪd]

protecting   [prə 'tɛk tɪŋ]

protection   [prə 'tɛkt ʃn]

protective   [prə 'tɛk tɪv]

protector   [prə 'tɛk tɚ]

protects   [prə 'tɛkts]

protege   ['pro tə ˌʒe]

protein   ['pro ˌtin]

protest   n. ['pro ˌtɛst]
    v. [prə 'tɛst]

Protestant   ['prat ɪ stənt]

protested   [pro 'tɛs tɪd]

protester   [pro 'tɛs tɚ]

protesting   [pro 'tɛs tɪŋ]

protests   n. ['pro ˌtɛsts]
    v. [pro 'tɛsts]

protocol ['pro tə ˌkɔl]

proton ['pro ˌtan]

prototype ['pro tə ˌtaɪp]

protracted [pro 'træk tɪd]

protracting [pro 'træk tɪŋ]

protractor [pro 'træk tɚ]

protrude [pro 'trud]

protruded [pro 'trud ɪd]

protrudes [pro 'trudz]

protruding [pro 'trud ɪŋ]

protuberance [pro 'tu bɚ əns]

proud [præʊd]

proudly ['præʊd li]

prove [pruv]

proved [pruvd]

proven [pruvn]

proverb ['pra ˌvɚb]

provide [prə 'vaɪd]

provided [prə 'vaɪd ɪd]

providence ['prav ɪ dəns]

Providence (RI) ['prav ɪ dəns]

provides [prə 'vaɪdz]

providing ['prə vaɪd ɪŋ]

province ['pra vɪns]

provincial [prə 'vɪn ʃl]

proving ['pruv ɪŋ]

provision [prə 'vɪ ʒn]

provisional [prə 'vɪʒ ə nl]

Provo (UT) ['prov o]

provocation [ˌprav ə 'ke ʃn]

provocative [prə 'vak ə tɪv]

provoke [prə 'vok]

provoked [prə 'vokt]

provokes [prə 'voks]

provoking [prə 'vok ɪŋ]

provost ['pro ˌvost]

prowess ['præʊ ɪs]

prowl [præʊl]

prowled [præʊld]

prowler ['præʊl ɚ]

prowling ['præʊl ɪŋ]

prowls [præʊlz]

proximity [prak 'sɪm ɪ ti]

proxy ['prak si]

prudence ['prud əns]

prudent ['prud nt]

prudish ['prud ɪʃ]

prune [prun]

pry [praɪ]

prying ['praɪ ɪŋ]

psalm [sam]

pseudo ['su do]

pseudonym ['sud ə ˌnɪm]

psoriasis [sə 'raɪ ə sɪs]

psyche ['saɪ ki]

psychedelic [ˌsaɪ kɪ 'dɛl ɪk]

psychiatric [ˌsaɪ ki 'æ trɪk]

psychiatrist [sɪ 'kaɪ ə trɪst]

psychiatry [sɪ 'kaɪ ə tri]

psychic ['saɪ kɪk]

psychoanalysis
[ˌsaɪ ko ə 'næl ɪ sɪs]

psychoanalyst
[ˌsaɪ ko 'æn ə lɪst]

psychoanalyze
[ˌsaɪ ko 'æn ə ˌlaɪz]

psychological [ˌsaɪ kə 'ladʒ ɪ kl]

psychologist [saɪ 'kal ə dʒɪst]

psychology [saɪ 'kal ə dʒi]

psychopath ['saɪ kə ˌpæθ]

psychopathic [ˌsaɪ kə 'pæθ ɪk]

psychosis [saɪ 'ko sɪs]

psychosomatic
[ˌsaɪ ko so 'mæt ɪk]

psychotherapy
[ˌsaɪ ko 'θɛɚ ə pi]

puberty   ['pju bɚ ti]

pubic   ['pju bɪk]

public   ['pəb lɪk]

public school   ['pəb lɪk ˌskul]

public-spirited
['pəb lɪk 'spɪɚ ɪ tɪd]

public utility   ['pəb lɪk ju 'tɪl ɪ ti]

publication   [ˌpəb lɪ 'ke ʃn]

publicist   ['pəb lɪ sɪst]

publicity   [pəb 'lɪs ɪ ti]

publicize   ['pəb lɪ saɪz]

publicized   ['pəb lɪ ˌsaɪzd]

publicizing   ['pəb lɪ ˌsaɪz ɪŋ]

publicly   ['pəb lɪk li]

publish   ['pəb lɪʃ]

published   ['pəb lɪʃt]

publisher   ['pəb lɪʃ ɚ]

publishing   ['pəb lɪʃ ɪŋ]

puck   [pək]

pucker   ['pək ɚ]

puckered   ['pək ɚd]

puckering   ['pək ɚ ɪŋ]

pudding   ['pʊd ɪŋ]

puddle   [pədl]

puff   [pəf]

puffed   [pəft]

puffing   ['pəf ɪŋ]

puffy   ['pəf i]

puke   [pjuk]

pull   [pʊl]

pullback   ['pʊl ˌbæk]

pulled   [pʊld]

pulley   ['pʊl i]

pulling   ['pʊl ɪŋ]

pullout   ['pʊl ˌæʊt]

pullover   ['pʊl ˌo vɚ]

pulls   [pʊlz]

pulmonary   ['pʊl mə ˌnɛɚ i]

pulp   [pəlp]

pulpit   ['pʊl pɪt]

pulsate   ['pəl ˌset]

pulsated   ['pəl ˌset ɪd]

pulsating   ['pəl ˌset ɪŋ]

pulse   [pəls]

pulverize   ['pəl və ˌraɪz]

pump   [pəmp]

pumped   [pəmpt]

pumping   ['pəmp ɪŋ]

pumpkin   ['pəmp kɪn]

pun   [pən]

punch   [pəntʃ]

punch line   ['pəntʃ ˌlaɪn]

punched   [pəntʃt]

punching   ['pəntʃ ɪŋ]

punctual   ['pəŋk tʃu əl]

punctuate   ['pəŋk tʃu ˌet]

punctuation   [ˌpəŋk tʃu 'e ʃn]

puncture   ['pəŋk tʃɚ]

punctured   ['pəŋk tʃɚd]

pundit   ['pən dɪt]

pungent   ['pən dʒənt]

punish   ['pən ɪʃ]

punished   ['pən ɪʃt]

punishing   ['pən ɪʃ ɪŋ]

punishment   ['pən ɪʃ mənt]

punitive   ['pju nɪ tɪv]

punk   [pəŋk]

punt   [pənt]

punted   ['pən tɪd]

punter   ['pən tɚ]

punting   ['pən tɪŋ]

puny   ['pju ni]

pup [pəp]

pupil ['pju pl]

puppet ['pəp ɪt]

puppeteer [ˌpəp ɪ 'tɪɚ]

puppy ['pəp i]

purchase ['pɚ tʃəs]

purchased ['pɚ tʃəst]

purchaser ['pɚ tʃəs ɚ]

purchasing ['pɚ tʃəs ɪŋ]

pure [pjʊɚ]

puree [pjʊ 're]

purely ['pjʊɚ li]

purge [pɚdʒ]

purged [pɚdʒd]

purging ['pɚdʒ ɪŋ]

purified ['pjʊɚ ə ˌfaɪd]

purify ['pjʊɚ ə ˌfaɪ]

purifying ['pjʊɚ ə ˌfaɪ ɪŋ]

Puritan ['pjʊɚ ɪ tn]

purity ['pjʊɚ ɪ ti]

purple ['pɚ pl]

purpose ['pɚ pəs]

purr [pɚ]

purred [pɚd]

purring ['pɚ ɪŋ]

purse [pɚs]

pursue [pɚ 'su]

pursued [pɚ 'sud]

pursuer [pɚ 'su ɚ]

pursuing [pɚ 'su ɪŋ]

pursuit [pɚ 'sut]

purview ['pɚ vju]

push [pʊʃ]

push-up ['pʊʃ ˌəp]

push-button ['pʊʃ ˌbətn]

pushed [pʊʃt]

pushes ['pʊʃ ɪz]

pushing ['pʊʃ ɪŋ]

pushover ['pʊʃ ˌo vɚ]

pushy ['pʊʃ i]

pussycat ['pʊs i ˌkæt]

pussyfoot ['pʊs i ˌfʊt]

put [pʊt]

put-down ['pʊt ˌdæʊn]

put-on ['pʊt ˌɔn]

putrid ['pju trɪd]

putt [pət]

putter ['pət ɚ]

putting green ['pət ɪŋ ˌgrin]

putty ['pət i]

puzzle [pəzl]

puzzled [pəzld]

puzzles [pəzlz]

puzzling ['pəz lɪŋ]

Pygmy ['pɪg mi]

pyramid ['pɪɚ ə ˌmɪd]

Q

Q [ˈkju]

quack [kwæk]

quacked [kwækt]

quadrangle [ˈkwɑd ˌræŋ gl]

quadruple [kwɑ ˈdru pl]

quadruplet [kwɑ ˈdrup lɪt]

quail [kwel]

quaint [kwent]

quake [kwek]

quaked [kwekt]

Quaker [ˈkwe kɚ]

quaking [ˈkwek ɪŋ]

qualification [ˌkwɑl ɪ fɪ ˈke ʃn]

qualified [ˈkwɑl ə ˌfɑɪd]

qualify [ˈkwɑl ə ˌfɑɪ]

qualitative [ˈkwɑ lɪ ˌtet ɪv]

quality [ˈkwɑ l ɪ ti]

qualm [kwɑm]

quandary [ˈkwɑn dri]

quantitative [ˈkwɑn tɪ ˌte tɪv]

quantity [ˈkwɑn tə ti]

quarantine [ˈkwɑɚ ən ˌtin]

quarrel [ˈkwɑɚ əl]

quarreled [ˈkwɑɚ əld]

quarreling [ˈkwɑɚ ə lɪŋ]

quarrels [ˈkwɑɚ əlz]

quarrelsome [ˈkwɑɚ əl səm]

quarry [ˈkwɑɚ i]

quart [kwɔɚt]

quarter [ˈkwɔɚ tɚ]

quarterback [ˈkwɔɚ tɚ ˌbæk]

quarterly [ˈkwɔɚ tɚ li]

quartet [kwɔɚ ˈtɛt]

quartz [kwɔɚts]

quash [kwɑʃ]

quashed [kwɑʃt]

queasy [ˈkwi zi]

queen [kwin]

queer [kwɪɚ]

quell [kwɛl]

quelled [kwɛld]

quench [kwɛntʃ]

query [ˈkwɪɚ i]

quest [kwɛst]

question [ˈkwɛs tʃn]

question mark
[ˈkwɛs tʃn ˌmɑɚk]

questionable [ˈkwɛs tʃə nə bl]

questionnaire [ˌkwɛs tʃə ˈnɛɚ]

quibble [kwɪbl]

quibbled [kwɪbld]
quibbles [kwɪblz]
quibbling ['kwɪb lɪŋ]
quick [kwɪk]
quicken [kwɪkn]
quickly ['kwɪk li]
quickness ['kwɪk nɪs]
quicksand ['kwɪk ˌsænd]
quid pro quo [ˌkwɪd ˌpro 'kwo]
quiescent [kwaɪ 'ɛs ənt]
quiet ['kwaɪ ɪt]
quietly ['kwaɪ ɪt li]
quilt [kwɪlt]
quintuplet [kwɪn 'təp lɪt]
quip [kwɪp]
quirk [kwɚk]

quit [kwɪk]
quite [kwaɪt]
quits [kwɪts]
quitter ['kwɪt ɚ]
quiver ['kwɪv ɚ]
quiz [kwɪz]
quizzed [kwɪzd]
quizzes ['kwɪz ɪz]
quizzical ['kwɪz ɪ kl]
quizzing ['kwɪz ɪŋ]
quorum ['kwɔɚ əm]
quota ['kwo tə]
quotation [ˌkwo 'te ʃn]
quote [kwot]
quoted ['kwot ɪd]
quoting ['kwot ɪŋ]

R

R [ɑɚ]
rabbi [ˈræb ˌɑɪ]
rabbit [ˈræb ɪt]
rabble [ˈræbl]
rabble-rouser [ˈræbl ˌræʊz ɚ]
rabid [ˈræb ɪd]
rabies [ˈre biz]
raccoon [ræ ˈkun]
race [res]
raced [rest]
racehorse [ˈres ˌhɔɚs]
racer [ˈres ɚ]
racetrack [ˈres ˌtræk]
racial [ˈre ʃl]
Racine (WI) [rə ˈsin]
racing [ˈres ɪŋ]
racism [ˈre ˌsɪzm]
racist [ˈres ɪst]
rack [ræk]
racket [ˈræk ɪt]
racketeer [ˌræk ɪ ˈtɪɚ]
raconteur [ˌræk ɑn ˈtɚ]
radar [ˈre ˌdɑɚ]
radial [ˈre di əl]
radiance [ˈre di əns]

radiant [ˈre di ənt]
radiate [ˈre di ˌet]
radiated [ˈre di ˌet ɪd]
radiating [ˈre di ˌet ɪŋ]
radiation [ˌre di ˈe ʃn]
radical [ˈræd ɪ kl]
radicalism [ˈræd ɪ kl ˌɪzm]
radically [ˈræd ɪk li]
radio [ˈre di ˌo]
radioactive [ˌre di o ˈæk tɪv]
radioisotope [ˌre di o ˈɑɪ sə ˌtop]
radiology [ˌre di ˈɑl ə dʒi]
radish [ˈræd ɪʃ]
radium [ˈre di əm]
radius [ˈre di əs]
raffle [ˈræfl]
raffled [ˈræfld]
raffling [ˈræf lɪŋ]
raft [ræft]
rafted [ˈræf tɪd]
rafter [ˈræf tɚ]
rafting [ˈræf tɪŋ]
rag [ræg]
ragamuffin [ˈræg ə ˌməf ɪn]
rage [redʒ]

raged [redʒd]

ragged ['ræg ɪd]

raging ['redʒ ɪŋ]

ragweed ['ræg ˌwid]

raid [red]

raided ['red ɪd]

raiding ['red ɪŋ]

rail [rel]

railing ['rel ɪŋ]

railroad ['rel ˌrod]

railway ['rel ˌwe]

rain [ren]

rain check ['ren ˌtʃɛk]

rainbow ['ren ˌbo]

raincoat ['ren ˌkot]

raindrop ['ren ˌdrɑp]

rained [rend]

rainfall ['ren ˌfɔl]

raining ['ren ɪŋ]

rainstorm ['ren ˌstɔˑm]

rainy ['ren i]

raise [rez]

raised [rezd]

raisin ['re zɪn]

raising ['rez ɪŋ]

rake [rek]

raked [rekt]

raking ['rek ɪŋ]

Raleigh (NC) ['rɔl i]

rally ['ræl i]

ram [ræm]

ramble ['ræm bl]

rambler ['ræm blɚ]

rambling ['ræm blɪŋ]

rambunctious [ræm 'bəŋk ʃəs]

rammed [ræmd]

ramming ['ræm ɪŋ]

ramp [ræmp]

rampage ['ræm ˌpedʒ]

rampant ['ræm pənt]

ramshackle ['ræm ˌʃækl]

ran [ræn]

ranch [ræntʃ]

rancher ['ræntʃ ɚ]

rancid ['ræn sɪd]

rancor ['ræŋ kɚ]

random ['ræn dm]

rang [ræŋ]

range [rendʒ]

ranged [rendʒd]

ranger ['rendʒ ɚ]

ranging ['rendʒ ɪŋ]

rangy ['rendʒ i]

rank [ræŋk]

ranked [ræŋkt]

ranking ['ræŋk ɪŋ]

ransack ['ræn ˌsæk]

ransacked ['ræn ˌsækt]

ransacking ['ræn ˌsæk ɪŋ]

ransom ['ræn sm]

ransomed ['ræn smd]

ransoming ['ræn səm ɪŋ]

rant [rænt]

ranted ['ræn tɪd]

rap [ræp]

rape [rep]

raped [rept]

rapid ['ræp ɪd]

Rapid City (SD) ['ræp ɪd 'sɪt i]

rapidity [rə 'pɪd ɪ ti]

rapidly ['ræp ɪd li]

raping ['rep ɪŋ]

rapist ['rep ɪst]

rapped [ræpt]

rapping   ['ræp ɪŋ]

rapport   [ræ 'pɔɚ]

rapt   [ræpt]

rapture   ['ræp tʃɚ]

rare   [rɛɚ]

rarely   ['rɛɚ li]

rascal   ['ræs kl]

rash   [ræʃ]

raspberry   ['ræz ˌbɛɚ i]

rat   [ræt]

rate   [ret]

rated   ['ret ɪd]

rather   ['ræð ɚ]

ratification   [ˌræt ə fɪ 'ke ʃn]

ratified   ['ræt ɪ ˌfaɪd]

ratify   ['ræt ɪ ˌfaɪ]

rating   ['ret ɪŋ]

ratio   ['re ʃi ˌo]

ration   [reʃn]

rational   ['ræʃ ə nl]

rationale   [ˌræʃ ə 'næl]

rationalize   ['ræʃ ə nə ˌlaɪz]

rattle   [rætl]

rattled   [rætld]

rattlesnake   ['rætl ˌsnek]

raucous   ['rɔ kəs]

raunchy   ['rɔn tʃi]

ravage   ['ræv ɪdʒ]

rave   [rev]

raved   [revd]

raven   ['re vn]

ravenous   ['ræv ə nəs]

ravine   [rə 'vin]

raving   ['rev ɪŋ]

ravioli   [ˌræv i 'o li]

ravish   ['ræv ɪʃ]

ravishing   ['ræv ɪ ʃɪŋ]

raw   [rɔ]

raw deal   ['rɔ ˌdil]

rawhide   ['rɔ ˌhaɪd]

ray   [re]

rayon   ['re ˌɑn]

rays   [rez]

raze   [rez]

razed   [rezd]

razor   ['rez ɚ]

razor blade   ['re zɚ ˌbled]

razzle-dazzle   ['ræzl 'dæzl]

résumé   ['rɛ zʊ ˌme]

reach   [ritʃ]

reached   [ritʃt]

reaching   ['ritʃ ɪŋ]

react   [ri 'ækt]

reacted   [ri 'æk tɪd]

reacting   [ri 'æk tɪŋ]

reaction   [ri 'æk ʃn]

reactionary   [ri 'æk ʃə ˌnɛɚ i]

reactivate   [ri 'æk tɪ ˌvet]

reactive   [ri 'æk tɪv]

reactor   [ri 'æk tɚ]

read   v. present tense [rid]
    v. past tense [rɛd]

reader   ['rid ɚ]

readership   ['rid ɚ ˌʃɪp]

readied   ['rɛd id]

readily   ['rɛd ɪ li]

readiness   ['rɛd i nɪs]

reading   ['rid ɪŋ]

Reading (PA)   ['rɛd ɪŋ]

readjust   [ˌri ə 'dʒəst]

readout   ['rid ˌæʊt]

ready   ['rɛd i]

ready-made   ['rɛd i 'med]

ready-to-wear   ['rɛd i tə 'wɛɚ]

real [ril]

real estate ['ril ə ˌstet]

realism ['ri ə ˌlɪzm]

realistic [ˌri ə 'lɪs tɪk]

realistically [ˌri əl 'ɪs tɪk li]

reality [ri 'æl ɪ ti]

realization [ˌri əl ɪ 'ze ʃn]

realize ['ri ə ˌlɑɪz]

really ['ri li]

realm [rɛlm]

realtor ['ri əl tɚ]

ream [rim]

reap [rip]

reaped [ript]

reaper ['ri pɚ]

reappear [ˌri ə 'pɪɚ]

reappeared [ˌri ə 'pɪɚd]

reappearing [ˌri ə 'pɪɚ ɪŋ]

reapportion [ˌri ə 'pɔɚ ʃn]

rear [rɪɚ]

rear-view mirror
['rɪɚ ˌvju 'mɪɚ ɚ]

reason ['ri zn]

reasonable ['ri zn ə bl]

reasonably ['ri zn ə bli]

reasoned ['ri znd]

reasoning ['riz ən ɪŋ]

reassurance [ˌri ə 'ʃʊɚ əns]

reassure [ˌri ə 'ʃʊɚ]

reassured [ˌri ə 'ʃʊɚd]

rebate ['ri ˌbet]

rebel n. [rɛbl] v. [rɪ 'bɛl]

rebelled [rɪ 'bɛld]

rebelling [rɪ 'bɛl ɪŋ]

rebellion [rɪ 'bɛl jən]

rebellious [rɪ 'bɛl jəs]

rebirth [ˌri 'bɚθ]

rebound n. ['ri ˌbæʊnd]
v. [rɪ 'bæʊnd]

rebounded [rɪ 'bæʊn dɪd]

rebounding [rɪ 'bæʊn dɪŋ]

rebuff [ri 'bəf]

rebuild [rɪ 'bɪld]

rebuke [rɪ 'bjuk]

rebuked [rɪ 'bjukt]

rebukes [rɪ 'bjuks]

rebuking [rɪ 'bjuk ɪŋ]

rebut [rɪ 'bət]

rebutted [rɪ 'bət ɪd]

rebutting [rɪ 'bət ɪŋ]

recall [rɪ 'kɔl]

recalled [rɪ 'kɔld]

recalling [rɪ 'kɔl ɪŋ]

recant [ri 'kænt]

recap [rɪ 'kæp]

recapitulate [ˌrɪ kə 'pɪtʃ ə ˌlet]

recapitulated
[ˌrɪ kə 'pɪtʃ ə ˌlet ɪd]

recapitulating
[ˌrɪ kə 'pɪtʃ ə ˌlet ɪŋ]

recapped [rɪ 'kæpt]

recapping [rɪ 'kæp ɪŋ]

recapture [ri 'kæp tʃɚ]

recede [rɪ 'sid]

receded [rɪ 'sid ɪd]

receding [rɪ 'sid ɪŋ]

receipt [rɪ 'sit]

receivable [rɪ 'si və bl]

receive [rɪ 'siv]

received [rɪ 'sivd]

receiver [rɪ 'si vɚ]

receives [rɪ 'sivz]

receiving [rɪ 'siv ɪŋ]

recent ['ri sənt]

recently   ['ri sənt li]

receptacle   [rɪ 'sɛp tə kl]

reception   [rɪ 'sɛp ʃn]

receptionist   [rɪ 'sɛp ʃə nɪst]

receptive   [rɪ 'sɛp tɪv]

recess   ['ri sɛs]

recessed   ['ri sɛst]

recessing   ['ri sɛs ɪŋ]

recession   [rɪ 'sɛʃn]

recessive   [rɪ 'sɛs ɪv]

recipe   ['rɛs ə pi]

recipient   [rɪ 'sɪp i ənt]

reciprocal   [rɪ 'sɪp rə kl]

reciprocate   [rɪ 'sɪp rə ˌket]

reciprocated   [rɪ 'sɪp rə ˌket ɪd]

reciprocates   [rɪ 'sɪp rə ˌkets]

reciprocating   [rɪ 'sɪp rə ˌket ɪŋ]

reciprocity   [ˌrɛ sə 'pras ɪ ti]

recital   [rɪ 'saɪtl]

recitation   [ˌrɛs ɪ 'te ʃn]

recite   [rɪ 'saɪt]

recited   [rɪ 'saɪt ɪd]

recites   [rɪ 'saɪts]

reciting   [rɪ 'saɪt ɪŋ]

reckless   ['rɛk lɪs]

reckon   [rɛkn]

reckoned   [rɛknd]

reckoning   ['rɛk ə nɪŋ]

reclaim   [rɪ 'klem]

reclaimed   [rɪ 'klemd]

reclaiming   [rɪ 'kle mɪŋ]

recline   [rɪ 'klaɪn]

reclining   [rɪ 'klaɪn ɪŋ]

recluse   ['rɛk ˌlus]

recognition   [ˌrɛk əg 'nɪʃn]

recognizance   [rɪ 'kag nɪ zəns]

recognize   ['rɛk əg ˌnaɪz]

recognized   ['rɛk əg ˌnaɪzd]

recognizes   ['rɛk əg ˌnaɪ zɪz]

recognizing   ['rɛk əg ˌnaɪz ɪŋ]

recoil   n. ['ri kɔɪl]   v. [rɪ 'kɔɪl]

recollect   [ˌrɛk ə 'lɛkt]

recollected   [ˌrɛk ə 'lɛk tɪd]

recollecting   [ˌrɛk ə 'lɛk tɪŋ]

recollection   [ˌrɛk ə 'lɛk ʃn]

recollects   [ˌrɛk ə 'lɛkts]

recommend   [ˌrɛk ə 'mɛnd]

recommendation
   [ˌrɛk ə mɛn 'de ʃn]

recommended   [ˌrɛk ə 'mɛn dɪd]

recommending   [ˌrɛk ə 'mɛn dɪŋ]

recommends   [ˌrɛk ə 'mɛndz]

recommit   [ˌri kə 'mɪt]

recompense   ['rɛk əm ˌpɛns]

reconcile   ['rɛk ən ˌsaɪl]

reconciled   ['rɛk ən ˌsaɪld]

reconciliation   [ˌrɛk ən ˌsɪl i 'e ʃn]

reconciling   ['rɛk ən ˌsaɪl ɪŋ]

recondition   [ˌri kən 'dɪʃn]

reconditioned   [ˌri kən 'dɪʃnd]

reconnaissance   [rɪ 'kan ɪ səns]

reconnoiter   [ˌrɛ kə 'nɔɪ tɚ]

reconnoitered   [ˌrɛ kə 'nɔɪ tɚd]

reconnoitering
   [ˌrɛ kə 'nɔɪ tɚ ɪŋ]

reconsider   [ˌri kən 'sɪd ɚ]

reconsidered   [ˌri kən 'sɪd ɚd]

reconsidering   [ˌri kən 'sɪd ɚ ɪŋ]

reconstitute   [ri 'kan stɪ ˌtut]

reconstruct   [ˌri kən 'strəkt]

reconstructed   [ˌri kən 'strək tɪd]

reconstructing
   [ˌri kən 'strək tɪŋ]

reconstruction   [ˌri kən 'strək ʃn]

record *n.* ['rɛk ə‑d]
   v. [rɪ 'kɔ‑d]
recorded [rɪ 'kɔə‑ dɪd]
recorder [rɪ 'kɔə‑ də‑]
recording [rɪ 'kɔə‑ dɪŋ]
records *n.* ['rɛk ə‑dz]
   v. [rɪ 'kɔə‑dz]
recount *n.* another counting
   ['ri ˌkæʊnt] *v.* to tell
   [ri 'kæʊnt]
recounted [ri 'kæʊn tɪd]
recounting [ri 'kæʊn tɪŋ]
recoup [rɪ 'kup]
recouped [rɪ 'kupt]
recourse ['ri kɔə‑s]
recover [ri 'kəv ə‑]
recovered [ri 'kəv ə‑d]
recoveries [ri 'kəv ə‑ iz]
recovering [ri 'kəv ə‑ ɪŋ]
recovery [ri 'kəv ə‑ i]
recreation [ˌrɛk ri 'e ʃn]
recreational [ˌrɛk ri 'e ʃə nl]
recruit [rɪ 'krut]
recruited [rɪ 'kru tɪd]
recruiting [rɪ 'kru tɪŋ]
rectal ['rɛk tl]
rectangle ['rɛk ˌtæŋ gl]
rectangular [ˌrɛk 'tæŋ gjə lə‑]
rectified ['rɛk tə ˌfaɪd]
rectify ['rɛk tə ˌfaɪ]
rectifying ['rɛk tə ˌfaɪ ɪŋ]
rector ['rɛk tə‑]
rectum ['rɛk tm]
recuperate [rɪ 'ku pə ˌret]
recuperated [rɪ 'ku pə ˌre tɪd]
recuperating [rɪ 'ku pə ˌre tɪŋ]
recur [rɪ 'kə‑]

recurred [rɪ 'kə‑d]
recurrent [rɪ 'kə‑ ənt]
recurring [rɪ 'kə‑ ɪŋ]
recycle [ri 'saɪ kl]
red [rɛd]
red-blooded ['rɛd 'bləd ɪd]
red carpet ['rɛd 'kaə‑ pɪt]
red-handed ['rɛd 'hæn dɪd]
red-hot ['rɛd 'hat]
red-letter ['rɛd 'lɛt ə‑]
redden [rɛdn]
redeem [rɪ 'dim]
redeemed [rɪ 'dimd]
redeeming [ri 'dim ɪŋ]
redemption [rɪ 'dɛmp ʃn]
redeploy [ˌri dɪ 'plɔɪ]
redevelop [ˌri dɪ 'vɛl əp]
redhead ['rɛd ˌhɛd]
redirect [ri dɪ 'rɛkt]
redirected [ri dɪ 'rɛk tɪd]
redirecting [ri dɪ 'rɛk tɪŋ]
redo [ri 'du]
redouble [ri 'də bl]
redress *n.* ['ri ˌdrɛs]
   v. [rɪ 'drɛs]
reduce [rɪ 'dus]
reduced [rɪ 'dust]
reducing [rɪ 'dus ɪŋ]
reduction [rɪ 'dək ʃn]
redundancy [rɪ 'dən dən si]
redundant [rɪ 'dən dənt]
reed [rid]
reef [rif]
reek [rik]
reel [ril]
reelect [ˌri ə 'lɛkt]
reelected [ˌri ə 'lɛk tɪd]

reenforcement
[ˌri ɛn 'fɔ˞s mənt]
reentry [ri 'ɛn tri]
reestablish [ˌri ɛs 'tæb lɪʃ]
reestablished [ˌri ɛs 'tæb lɪʃt]
reestablishing [ˌri ɛs 'tæb lɪʃ ɪŋ]
refer [rɪ 'fɚ]
referee [ˌrɛf ə 'ri]
reference ['rɛf rəns]
referendum [ˌrɛf ə 'rɛn dm]
referral [rɪ 'fɚ əl]
referred [rɪ 'fɚd]
referring [rɪ 'fɚ ɪŋ]
refill n. ['ri ˌfɪl] v. [rɪ 'fɪl]
refilled [ri 'fɪld]
refilling [ri 'fɪl ɪŋ]
refine [rɪ 'faɪn]
refined [rɪ 'faɪnd]
refinement [rɪ 'faɪn mənt]
refinery [rɪ 'faɪ nə ri]
refining [rɪ 'faɪn ɪŋ]
refinish [ri 'fɪn ɪʃ]
reflect [rɪ 'flɛkt]
reflected [rɪ 'flɛk tɪd]
reflecting [rɪ 'flɛk tɪŋ]
reflection [rɪ 'flɛk ʃn]
reflector [rɪ 'flɛk tɚ]
reflex ['ri flɛks]
reforest [ri 'faɚ ɪst]
reform [ri 'fɔ˞m]
reformation [ˌrɛf ɚ 'me ʃn]
reformatory [rɪ 'fɔ˞ mə ˌtɔ˞ i]
reformed [ri 'fɔ˞md]
reformer [ri 'fɔ˞ mɚ]
reforming [ri 'fɔ˞ mɪŋ]
refrain [rɪ 'fren]
refrained [rɪ 'frend]

refraining [rɪ 'fren ɪŋ]
refresh [rɪ 'frɛʃ]
refreshed [rɪ 'frɛʃt]
refreshing [rɪ 'frɛʃ ɪŋ]
refreshments [rɪ 'frɛʃ mənts]
refrigerate [rɪ 'frɪdʒ ə ˌret]
refrigerated [rɪ 'frɪdʒ ə ˌret ɪd]
refrigerating [rɪ 'frɪdʒ ə ˌret ɪŋ]
refrigerator [rɪ 'frɪdʒ ə ˌre tɚ]
refuel [ri 'fjul]
refueled [ri 'fjuld]
refueling [ri 'fjul ɪŋ]
refuge ['rɛf judʒ]
refugee [ˌrɛf ju 'dʒi]
refund n. ['ri ˌfənd]
v. [rɪ 'fənd]
refunded [rɪ 'fən dɪd]
refunding [rɪ 'fən dɪŋ]
refurbish [ri 'fɚ bɪʃ]
refurbished [ri 'fɚ bɪʃt]
refurbishing [ri 'fɚ bɪʃ ɪŋ]
refusal [rɪ 'fjuzl]
refuse [rɪ 'fjuz]
refused [rɪ 'fjuzd]
refusing [rɪ 'fjuz ɪŋ]
refute [rɪ 'fjut]
regain [rɪ 'gen]
regained [rɪ 'gend]
regaining [rɪ 'gen ɪŋ]
regard [rɪ 'gaɚd]
regarded [rɪ 'gaɚ dɪd]
regarding [rɪ 'gaɚ dɪŋ]
regardless [rɪ 'gaɚd lɪs]
regenerate [rɪ 'dʒɛn ə ˌret]
regent ['ri dʒənt]
regime [rə 'ʒim]
regimen ['rɛdʒ ə mən]

regiment *n.* [ˈrɛdʒ ə mənt]
   v. [ˈrɛdʒ ə ˌmɛnt]
regimental [ˌrɛ dʒə ˈmɛn tl]
region [ˈri dʒn]
regional [ˈridʒ ə nl]
register [ˈrɛdʒ ɪ stɚ]
registered [ˈrɛdʒ ɪ stɚd]
registering [ˈrɛdʒ ɪ stɚ ɪŋ]
registrar [ˈrɛdʒ ɪ ˌstrɑɚ]
registration [ˌrɛdʒ ɪ ˈstre ʃn]
registry [ˈrɛdʒ ɪ stri]
regress [rɪ ˈgrɛs]
regret [rɪ ˈgrɛt]
regretfully [rɪ ˈgrɛt fə li]
regroup [rɪ ˈgrup]
regular [ˈrɛg jə lɚ]
regularity [ˌrɛg jə ˈlæɚ ɪ ti]
regularly [ˈrɛg jə lɚ li]
regulate [ˈrɛg jə ˌlet]
regulated [ˈrɛg jə ˌlet ɪd]
regulating [ˈrɛg jə ˌlet ɪŋ]
regulation [ˌrɛg jə ˈle ʃn]
regurgitate [rɪ ˈgɚ dʒɪ ˌtet]
rehabilitate [ˌri hə ˈbɪl ɪ ˌtet]
rehabilitated [ˌri hə ˈbɪl ɪ ˌtet ɪd]
rehabilitation [ˌri hə ˌbɪl ɪ ˈte ʃn]
rehash [ri ˈhæʃ]
rehearsal [rɪ ˈhɚ sl]
rehearse [rɪ ˈhɚs]
rehearsed [rɪ ˈhɚst]
rehearsing [rɪ ˈhɚs ɪŋ]
reheat [ri ˈhit]
reign [ren]
reigned [rend]
reigning [ˈre nɪŋ]
reimburse [ˌri ɪm ˈbɚs]
reimbursed [ˌri ɪm ˈbɚst]

reimbursement
   [ˌri ɪm ˈbɚs mənt]
reimbursing [ˌri ɪm ˈbɚs ɪŋ]
rein [ren]
reindeer [ˈren ˌdɪɚ]
reinforce [ˌri ɪn ˈfɔɚs]
reinforced [ˌri ɪn ˈfɔɚst]
reinforcements
   [ˌri ɪn ˈfɔɚs mənts]
reinstate [ˌri ɪn ˈstet]
reinstated [ˌri ɪn ˈstet ɪd]
reinstating [ˌri ɪn ˈstet ɪŋ]
reiterate [ri ˈɪt ə ˌret]
reiterated [ri ˈɪt ə ˌret ɪd]
reiterating [ri ˈɪt ə ˌret ɪŋ]
reject *n.* [ˈri ˌdʒɛkt]
   v. [rɪ ˈdʒɛkt]
rejected [rɪ ˈdʒɛk tɪd]
rejecting [rɪ ˈdʒɛk tɪŋ]
rejection [rɪ ˈdʒɛk ʃn]
rejects *n.* [ˈri ˌdʒɛkts]
   v. [rɪ ˈdʒɛkts]
rejoice [rɪ ˈdʒɔɪs]
rejoiced [rɪ ˈdʒɔɪst]
rejoicing [rɪ ˈdʒɔɪs ɪŋ]
rejoin [ri ˈdʒɔɪn]
rejoined [ri ˈdʒɔɪnd]
rejoining [ri ˈdʒɔɪn ɪŋ]
rejuvenate [ri ˈdʒu və ˌnet]
rejuvenated [ri ˈdʒu və ˌnet ɪd]
rejuvenating [ri ˈdʒu və ˌnet ɪŋ]
relapse *n.* [ˈri ˌlæps]
   v. [rɪ ˈlæps]
relate [rɪ ˈlet]
related [rɪ ˈlet ɪd]
relates [rɪ ˈlets]
relating [rɪ ˈlet ɪŋ]

relation   [rɪ 'le ʃn]

relationship   [rɪ 'le ʃn ˌʃɪp]

relative   ['rɛl ə tɪv]

relatively   ['rɛl ə tɪv li]

relativity   [ˌrɛl ə 'tɪv ɪ ti]

relax   [rɪ 'læks]

relaxant   [rɪ 'læk sənt]

relaxation   [rɪ ˌlæk 'se ʃn]

relaxed   [rɪ 'lækst]

relaxes   [rɪ 'læk sɪz]

relaxing   [rɪ 'læk sɪŋ]

relay   n. ['ri le] v. [rɪ 'le]

relayed   [rɪ 'led]

relaying   [ri 'le ɪŋ]

relays   n. ['ri lez] v. [rɪ 'lez]

release   [rɪ 'lis]

released   [rɪ 'list]

releasing   [rɪ 'lis ɪŋ]

relegate   ['rɛl ə ˌget]

relegated   ['rɛl ə ˌget ɪd]

relegating   ['rɛl ə ˌget ɪŋ]

relent   [rɪ 'lɛnt]

relented   [rɪ 'lɛn tɪd]

relenting   [rɪ 'lɛn tɪŋ]

relentless   [rɪ 'lɛnt lɪs]

relevance   ['rɛl ə vəns]

relevant   ['rɛl ə vənt]

reliable   [rɪ 'laɪ ə bl]

reliably   [rɪ 'laɪ ə bli]

reliance   [rɪ 'laɪ əns]

relic   ['rɛl ɪk]

relied   [rɪ 'laɪd]

relief   [rɪ 'lif]

relieve   [rɪ 'liv]

relieved   [rɪ 'livd]

relieving   [rɪ 'liv ɪŋ]

religion   [rɪ 'lɪdʒn]

religious   [rɪ 'lɪdʒ əs]

relinquish   [rɪ 'lɪŋk wɪʃ]

relinquished   [rɪ 'lɪŋk wɪʃt]

relinquishing   [rɪ 'lɪŋk wɪʃ ɪŋ]

relish   ['rɛl ɪʃ]

relished   ['rɛl ɪʃt]

relishes   ['rɛl ɪʃ ɪz]

relishing   ['rɛl ɪʃ ɪŋ]

relive   [ri 'lɪv]

relocate   [ri 'lo ˌket]

relocated   [ri 'lo ˌket ɪd]

relocates   [ri 'lo ˌkets]

relocating   [ri 'lo ˌket ɪŋ]

reluctance   [rɪ 'lək təns]

reluctant   [rɪ 'lək tənt]

reluctantly   [rɪ 'lək tənt li]

rely   [rɪ 'laɪ]

relying   [rɪ 'laɪ ɪŋ]

remain   [rɪ 'men]

remainder   [rɪ 'men dɚ]

remained   [rɪ 'mend]

remaining   [rɪ 'men ɪŋ]

remains   [rɪ 'menz]

remark   [rɪ 'maɚk]

remarkable   [rɪ 'maɚ kə bl]

remarkably   [rɪ 'maɚ kə bli]

remarked   [rɪ 'maɚkt]

remarking   [rɪ 'maɚ kɪŋ]

remarks   [rɪ 'maɚks]

remedial   [rɪ 'mi di əl]

remedied   ['rɛm ɪ did]

remedies   ['rɛm ɪ diz]

remedy   ['rɛm ɪ di]

remember   [rɪ 'mɛm bɚ]

rememberer   [rɪ 'mɛm bɚ ɚ]

remembering   [rɪ 'mɛm bɚ ɪŋ]

remembrance   [rɪ 'mɛm brəns]

remind [rɪ 'maɪnd]

reminded [rɪ 'maɪn dɪd]

reminder [rɪ 'maɪn dɚ]

reminding [rɪ 'maɪn dɪŋ]

reminiscence [ˌrɛm ə 'nɪs əns]

reminiscent [ˌrɛm ə 'nɪs ənt]

remiss [rɪ 'mɪs]

remission [rɪ 'mɪʃn]

remit [rɪ 'mɪt]

remittance [rɪ 'mɪt əns]

remitted [rɪ 'mɪt ɪd]

remitting [rɪ 'mɪt ɪŋ]

remnant ['rɛm nənt]

remodel [ri 'mɑdl]

remodeled [ri 'mɑdld]

remodeling [ri 'mɑd lɪŋ]

remorse [rɪ 'mɔɚs]

remorseless [rɪ 'mɔɚs lɪs]

remote [rɪ 'mot]

remotely [rɪ 'mot li]

removable [rɪ 'muv ə bl]

removal [rɪ 'muvl]

remove [rɪ 'muv]

removed [rɪ 'muvd]

removes [rɪ 'muvz]

removing [rɪ 'muv ɪŋ]

remunerate [rɪ 'mju nə ˌret]

remuneration
[rɪ ˌmju nə 're ʃn]

renaissance [ˌrɛn ɪ 'zɑns]

renal [rinl]

rend [rɛnd]

render ['rɛn dɚ]

rendered ['rɛn dɚd]

rendering ['rɛn dɚ ɪŋ]

rendezvous ['rɑn de ˌvu]

rendition [rɛn 'dɪʃn]

renegade ['rɛn ə ˌged]

renege [rɪ 'nɪg]

renew [rɪ 'nu]

renewal [rɪ 'nu əl]

renewed [rɪ 'nud]

renewing [rɪ 'nu ɪŋ]

Reno (NV) ['ri no]

renounce [rɪ 'næʊns]

renounced [rɪ 'næʊnst]

renouncing [rɪ 'næʊns ɪŋ]

renovate ['rɛn ə ˌvet]

renovated ['rɛn ə ˌvet ɪd]

renovates ['rɛn ə ˌvets]

renovating ['rɛn ə ˌvet ɪŋ]

renovation [ˌrɛn ə 'vet ʃn]

renown [rɪ 'næʊn]

renowned [rɪ 'næʊnd]

rent [rɛnt]

rental ['rɛn tl]

rented ['rɛn tɪd]

renting ['rɛn tɪŋ]

rents [rɛnts]

renunciation [rɪ ˌnən si 'e ʃn]

reorganization
[ri ˌɔɚ gə nɪ 'ze ʃn]

reorganize [ri 'ɔɚ gə nɪz]

repaid [ri 'ped]

repair [rɪ 'pɛɚ]

repairable [rɪ 'pɛɚ ə bl]

repaired [rɪ 'pɛɚd]

repairing [rɪ 'pɛɚ ɪŋ]

reparation [ˌrɛp ə 're ʃn]

repast [rɪ 'pæst]

repatriate [ri 'pe tri ˌet]

repay [ri 'pe]

repaying [ri 'pe ɪŋ]

repayment [ri 'pe mənt]

repeal [rɪ 'pil]

repealed [rɪ 'pild]

repealing [rɪ 'pil ɪŋ]

repeat [rɪ 'pit]

repeated [rɪ 'pit ɪd]

repeatedly [rɪ 'pit ɪd li]

repeating [rɪ 'pit ɪŋ]

repel [rɪ 'pɛl]

repelled [rɪ 'pɛld]

repellent [rɪ 'pɛl ənt]

repelling [rɪ 'pɛl ɪŋ]

repent [rɪ 'pɛnt]

repentance [rɪ 'pɛnt əns]

repented [rɪ 'pɛn tɪd]

repenting [rɪ 'pɛn tɪŋ]

repercussion [ˌri pɚ 'kəʃn]

repertory ['rɛp ɚ ˌtɔɚ i]

repetition [ˌrɛp ɪ 'tɪʃn]

repetitive [rɪ 'pɛt ɪ tɪv]

replace [rɪ 'ples]

replaced [rɪ 'plest]

replacement [rɪ 'ples mənt]

replacing [rɪ 'ples ɪŋ]

replay *n.* ['ri ˌple] *v.* [rɪ 'ple]

replayed [rɪ 'pled]

replenish [rɪ 'plɛn ɪʃ]

replenished [rɪ 'plɛn ɪʃt]

replenishing [rɪ 'plɛn ɪʃ ɪŋ]

replica ['rɛp lə kə]

replied [rɪ 'plaɪd]

reply [rɪ 'plaɪ]

replying [rɪ 'plaɪ ɪŋ]

report [rɪ 'pɔɚt]

reported [rɪ 'pɔɚ tɪd]

reportedly [rɪ 'pɔɚ tɪd li]

reporter [rɪ 'pɔɚ tɚ]

reporting [rɪ 'pɔɚ tɪŋ]

repose [rɪ 'poz]

repository [rɪ 'paz ɪ ˌtɔɚ i]

repossess [ˌri pə 'zɛs]

reprehend [ˌrɛp rɪ 'hɛnd]

represent [ˌrɛp rɪ 'zɛnt]

representation [ˌrɛp rɪ ˌzɛn 'teʃn]

representative
    [ˌrɛp rɪ 'zɛn tə tɪv]

represented [ˌrɛp rɪ 'zɛn tɪd]

representing [ˌrɛp rɪ 'zɛn tɪŋ]

repress [rɪ 'prɛs]

repressed [rɪ 'prɛst]

repressing [rɪ 'prɛs ɪŋ]

repression [rɪ 'prɛ ʃn]

reprieve [rɪ 'priv]

reprieved [rɪ 'privd]

reprieving [rɪ 'priv ɪŋ]

reprimand ['rɛp rɪ ˌmænd]

reprint [ri 'prɪnt]

reprinted [ri 'prɪn tɪd]

reprinting [ri 'prɪn tɪŋ]

reprisal [rɪ 'praɪ zl]

reproach [rɪ 'protʃ]

reproached [rɪ 'protʃt]

reproaching [rɪ 'protʃ ɪŋ]

reproduce [ˌri prə 'dus]

reproduced [ˌri prə 'dust]

reproducing [ˌri prə 'dus ɪŋ]

reproduction [ˌri prə 'dək ʃn]

reprove [rɪ 'pruv]

reptile ['rɛp ˌtaɪl]

republic [rɪ 'pəb lɪk]

Republican [rɪ 'pəb lɪ kn]

repudiate [rɪ 'pju di ˌet]

repudiated [rɪ 'pju di ˌet ɪd]

repudiating [rɪ 'pju di ˌet ɪŋ]

repugnant [rɪ 'pəg nənt]

repulse [rɪ 'pəls]
repulsed [rɪ 'pəlst]
repulsing [rɪ 'pəl sɪŋ]
repulsive [rɪ 'pəl sɪv]
reputable ['rɛp jə tə bl]
reputation [ˌrɛp jə 'te ʃn]
reputed [rɪ 'pjut ɪd]
reputedly [rɪ 'pjut ɪd li]
request [rɪ 'kwɛst]
requested [rɪ 'kwɛs tɪd]
requesting [rɪ 'kwɛs tɪŋ]
require [rɪ 'kwaɪɚ]
required [rɪ 'kwaɪɚd]
requirement [rɪ 'kwaɪɚ mənt]
requires [rɪ 'kwaɪɚz]
requiring [rɪ 'kwaɪɚ ɪŋ]
requisite ['rɛk wɪ zɪt]
requisition [ˌrɛk wɪ 'zɪʃn]
rerun ['ri ˌrən]
resale ['ri ˌsel]
rescind [rɪ 'sɪnd]
rescue ['rɛs kju]
rescued ['rɛs kjud]
rescuing ['rɛs kju ɪŋ]
research [ri 'sɚtʃ]
researched [ri 'sɚtʃt]
researching [ri 'sɚtʃ ɪŋ]
resemblance [rɪ 'zɛm bləns]
resemble [rɪ 'zɛm bl]
resembled [rɪ 'zɛm bld]
resent [rɪ 'zɛnt]
resented [rɪ 'zɛn tɪd]
resentful [rɪ 'zɛnt fl]
resenting [rɪ 'zɛn tɪŋ]
resentment [rɪ 'zɛnt mənt]
reservation [ˌrɛ zɚ 've ʃn]
reserve [rɪ 'zɚv]

reserved [rɪ 'zɚvd]
reserving [rɪ 'zɚv ɪŋ]
reservoir ['rɛ zɚ ˌvwaɚ]
reshuffle [ri 'ʃə fl]
reside [rɪ 'zaɪd]
resided [rɪ 'zaɪd ɪd]
residence ['rɛz ɪ dəns]
resident ['rɛz ɪ dənt]
residential [ˌrɛz ɪ 'dɛn ʃl]
residing [rɪ 'zaɪd ɪŋ]
residual [rɪ 'zɪdʒ u əl]
residue ['rɛz ɪ ˌdu]
resign [rɪ 'zaɪn]
resignation [ˌrɛz ɪg 'ne ʃn]
resigned [rɪ 'zaɪnd]
resigning [ri 'zaɪ nɪŋ]
resilience [ri 'zɪl jəns]
resilient [rɪ 'zɪl jənt]
resist [rɪ 'zɪst]
resistance [rɪ 'zɪs təns]
resisted [rɪ 'zɪs tɪd]
resisting [rɪ 'zɪs tɪŋ]
resists [rɪ 'zɪsts]
resole [ri 'sol]
resolute ['rɛz ə ˌlut]
resolutely ['rɛz ə ˌlut li]
resolution [ˌrɛz ə 'lu ʃn]
resolve [rɪ 'zalv]
resolved [rɪ 'zalvd]
resolving [rɪ 'zalv ɪŋ]
resonance ['rɛz ə nəns]
resonant ['rɛz ə nənt]
resonator ['rɛz ə ˌne tɚ]
resort [rɪ 'zɔɚt]
resorted [rɪ 'zɔɚt ɪd]
resorting [rɪ 'zɔɚt ɪŋ]
resounding [rɪ 'zæʊnd ɪŋ]

resource ['ri sɔɚs]

resourceful [ri 'sɔɚs fl]

respect [rɪ 'spɛkt]

respectable [rɪ 'spɛk tə bl]

respected [rɪ 'spɛk tɪd]

respectful [rɪ 'spɛkt fl]

respectfully [rɪ 'spɛkt fə li]

respective [rɪ 'spɛk tɪv]

respectively [rɪ 'spɛk tɪv li]

respiration [ˌrɛs pə 're ʃn]

respirator ['rɛs pə ˌre tɚ]

respiratory ['rɛs pɚ ə ˌtɔɚ i]

respite ['rɛs pɪt]

respond [rɪ 'spand]

responded [rɪ 'span dɪd]

responding [rɪ 'span dɪŋ]

response [rɪ 'spans]

responsibility
    [rɪ ˌspan sə 'bɪl ɪ ti]

responsible [rɪ 'span sə bl]

responsibly [rɪ 'span sə bli]

responsive [rɪ 'span sɪv]

rest [rɛst]

rest room ['rɛst ˌrum]

restaurant ['rɛs tə ˌrant]

rested ['rɛs tɪd]

restful ['rɛst fl]

resting ['rɛs tɪŋ]

restitution [ˌrɛs tɪ 'tu ʃn]

restive ['rɛs tɪv]

restless ['rɛst lɪs]

restlessly ['rɛst lɪs li]

restlessness ['rɛst lɪs nɪs]

restoration [ˌrɛs tə 're ʃn]

restorative [rɪ 'stɔɚ ə tɪv]

restore [rɪ 'stɔɚ]

restored [rɪ 'stɔɚd]

restoring [rɪ 'stɔɚ ɪŋ]

restrain [rɪ 'stren]

restrained [rɪ 'strend]

restraint [rɪ 'strent]

restrict [rɪ 'strɪkt]

restricted [rɪ 'strɪk tɪd]

restricting [rɪ 'strɪk tɪŋ]

restriction [rɪ 'strɪk ʃn]

rests [rɛsts]

result [rɪ 'zəlt]

resulted [rɪ 'zəl tɪd]

resulting [rɪ 'zəl tɪŋ]

resume [rɪ 'zum]

resumed [rɪ 'zumd]

resumption [rɪ 'zəmp ʃn]

resurface [ri 'sɚ fɪs]

resurgence [rɪ 'sɚ dʒəns]

resurrection [ˌrɛz ə 'rɛk ʃn]

resuscitate [rɪ 'səs ɪ ˌtet]

resuscitated [rɪ 'səs ɪ ˌtet ɪd]

retail ['ri tel]

retail price ['ri tel ˌpraɪs]

retailer ['ri tel ɚ]

retain [rɪ 'ten]

retained [rɪ 'tend]

retainer [rɪ 'te nɚ]

retaining [rɪ 'te nɪŋ]

retake n. ['ri tek] v. [ri 'tek]

retaliate [rɪ 'tæl i ˌet]

retaliated [rɪ 'tæl i ˌet ɪd]

retaliating [rɪ 'tæl i ˌet ɪŋ]

retaliation [rɪ ˌtæl i 'e ʃn]

retard [rɪ 'taɚd]

retardant [rɪ 'taɚ dənt]

retarded [rɪ 'taɚ dɪd]

retarding [rɪ 'taɚ dɪŋ]

retch [rɛtʃ]

retention   [rɪ 'tɛn ʃn]

retentive   [rɪ 'tɛn tɪv]

reticent   ['rɛt ɪ sənt]

retina   ['rɛt ə nə]

retire   [rɪ 'taɪɚ]

retired   [rɪ 'taɪɚd]

retirement   [rɪ 'taɪɚ mənt]

retiring   [rɪ 'taɪɚ ɪŋ]

retook   [ri 'tʊk]

retort   [rɪ 'tɔɚt]

retorted   [rɪ 'tɔɚ tɪd]

retouch   [ri 'tətʃ]

retrace   [rɪ 'tres]

retraced   [rɪ 'trest]

retracing   [rɪ 'tres ɪŋ]

retract   [rɪ 'trækt]

retracted   [rɪ 'træk tɪd]

retracting   [rɪ 'træk tɪŋ]

retrain   [ri 'tren]

retread   n. ['ri ˌtrɛd] v. [ri 'trɛd]

retreat   [rɪ 'trit]

retreated   [rɪ 'tri tɪd]

retreating   [rɪ 'tri tɪŋ]

retrench   [rɪ 'trɛntʃ]

retribution   [ˌrɛ trə 'bju ʃn]

retrieval   [rɪ 'trivl]

retrieve   [rɪ 'triv]

retrieved   [rɪ 'trivd]

retriever   [rɪ 'tri vɚ]

retrieving   [rɪ 'triv ɪŋ]

retroactive   [ˌrɛ tro 'æk tɪv]

retrogress   ['rɛ trə ˌgrɛs]

retrospect   ['rɛ trə ˌspɛkt]

return   [rɪ 'tɚn]

returned   [rɪ 'tɚnd]

returning   [rɪ 'tɚn ɪŋ]

returns   [rɪ 'tɚnz]

reunion   [ri 'jun jən]

reunite   [ˌri ju 'naɪt]

reunited   [ˌri ju 'naɪt ɪd]

reuniting   [ˌri ju 'naɪt ɪŋ]

revamp   [ri 'væmp]

revamped   [ri 'væmpt]

reveal   [rɪ 'vil]

revealed   [rɪ 'vild]

revealing   [rɪ 'vil ɪŋ]

reveals   [rɪ 'vilz]

reveille   ['rɛv ə li]

revel   ['rɛv əl]

revelation   [ˌrɛv ə 'le ʃn]

reveled   ['rɛv əld]

reveling   ['rɛv əl ɪŋ]

revenge   [rɪ 'vɛndʒ]

revenged   [rɪ 'vɛndʒd]

revenging   [rɪ 'vɛndʒ ɪŋ]

revenue   ['rɛv ən ju]

reverberate   [rɪ 'vɚ bə ˌret]

reverberated   [rɪ 'vɚ bə ˌret ɪd]

reverberates   [rɪ 'vɚ bə ˌrets]

reverberating   [rɪ 'vɚ bə ˌret ɪŋ]

revere   [rɪ 'vɪɚ]

revered   [rɪ 'vɪɚd]

reverence   ['rɛv ɚ əns]

Reverend   ['rɛv rənd]

reverie   ['rɛv ə ri]

reversal   [rɪ 'vɚ sl]

reverse   [rɪ 'vɚs]

reversed   [rɪ 'vɚst]

reverses   [rɪ 'vɚs ɪz]

reversing   [rɪ 'vɚs ɪŋ]

revert   [rɪ 'vɚt]

reverted   [rɪ 'vɚ tɪd]

reverting   [rɪ 'vɚ tɪŋ]

review   [rɪ 'vju]

reviewed [rɪ 'vjud]

reviewer [rɪ 'vju ɚ]

reviewing [rɪ 'vju ɪŋ]

revile [rɪ 'vaɪl]

reviled [rɪ 'vaɪld]

revise [rɪ 'vaɪz]

revised [rɪ 'vaɪzd]

revises [rɪ 'vaɪz ɪz]

revising [rɪ 'vaɪz ɪŋ]

revision [rɪ 'vɪʒn]

revival [rɪ 'vaɪ vl]

revive [rɪ 'vaɪv]

revived [rɪ 'vaɪvd]

reviving [rɪ 'vaɪv ɪŋ]

revoke [rɪ 'vok]

revoked [rɪ 'vokt]

revoking [rɪ 'vok ɪŋ]

revolt [rɪ 'volt]

revolted [rɪ 'vol tɪd]

revolting [rɪ 'vol tɪŋ]

revolution [ˌrɛv ə 'lu ʃn]

revolutionary
  [ˌrɛv ə 'lu ʃə ˌnɛɚ i]

revolve [rɪ 'valv]

revolved [rɪ 'valvd]

revolver [rɪ 'val vɚ]

revolves [rɪ 'valvz]

revolving [rɪ 'valv ɪŋ]

revulsion [rɪ 'vəl ʃn]

reward [rɪ 'wɔɚd]

rewarded [rɪ 'wɔɚ dɪd]

rewarding [rɪ 'wɔɚ dɪŋ]

rewind [ri 'waɪnd]

rewire [ri 'waɪɚ]

rewired [ri 'waɪɚd]

rewiring [ri 'waɪɚ ɪŋ]

reword [ri 'wɚd]

rewrite [ri 'raɪt]

rheostat ['ri ə ˌstæt]

rhesus ['ri səs]

rhetoric ['rɛt ɚ ɪk]

rheumatic fever
  [ru 'mæt ɪk 'fi vɚ]

rheumatism ['ru mə ˌtɪzm]

rhinitis [raɪ 'naɪ tɪs]

rhinoceros [raɪ 'nas ɚ əs]

Rhode Island [rod 'aɪ lənd]

rhyme [raɪm]

rhythm ['rɪ ðm]

rib [rɪb]

ribbon [rɪbn]

rice [raɪs]

rich [rɪtʃ]

riches ['rɪtʃ ɪz]

richly ['rɪtʃ li]

Richmond (VA) ['rɪtʃ mənd]

richness ['rɪtʃ nɪs]

rickety ['rɪk ɪ ti]

rickshaw ['rɪk ˌʃɔ]

rid [rɪd]

riddance ['rɪd əns]

ridden [rɪdn]

riddle [rɪdl]

riddled [rɪdld]

ride [raɪd]

rider ['raɪ dɚ]

rides [raɪdz]

ridge [rɪdʒ]

ridicule ['rɪd ə ˌkjul]

ridiculed ['rɪd ə ˌkjuld]

ridiculing ['rɪd ə ˌkjul ɪŋ]

ridiculous [rɪ 'dɪk jə ləs]

riding ['raɪd ɪŋ]

rifle ['raɪ fl]

rifle range ['raɪ fl ˌrendʒ]

rifled ['raɪ fld]

rift [rɪft]

rig [rɪg]

rigged [rɪgd]

rigging ['rɪg ɪŋ]

right [raɪt]

right-hand man
  ['raɪt ˌhænd 'mæn]

right-handed ['raɪt ˌhæn dɪd]

right of way ['raɪt əv 'we]

righteous ['raɪ tʃəs]

righteousness ['raɪ tʃəs nɪs]

rightful ['raɪt fl]

rightly ['raɪt li]

rigid ['rɪdʒ ɪd]

rigidly ['rɪdʒ ɪd li]

rigor ['rɪg ɚ]

rigor mortis ['rɪg ɚ 'mɔɚ tɪs]

rigorous ['rɪg ɚ əs]

rim [rɪm]

rind [raɪnd]

ring [rɪŋ]

ringed [rɪŋd]

ringer ['rɪŋ ɚ]

ringing ['rɪŋ ɪŋ]

ringleader ['rɪŋ ˌli dɚ]

rink [rɪŋk]

rinse [rɪns]

rinsed [rɪnst]

rinses ['rɪns ɪz]

rinsing ['rɪns ɪŋ]

riot ['raɪ ət]

rioted ['raɪ ət ɪd]

rioting ['raɪ ət ɪŋ]

riotous ['raɪ ət əs]

rip [rɪp]

rip-off ['rɪp ˌɔf]

rip-roaring ['rɪp 'rɔɚ ɪŋ]

ripe [raɪp]

ripen ['raɪ pən]

ripped [rɪpt]

ripping ['rɪp ɪŋ]

ripple [rɪpl]

ripsaw ['rɪp ˌsɔ]

rise [raɪz]

risen [rɪzn]

rising ['raɪz ɪŋ]

risk [rɪsk]

risked [rɪskt]

risking ['rɪs kɪŋ]

risks [rɪsks]

risky ['rɪsk i]

risque [rɪ 'ske]

rite [raɪt]

ritual ['rɪtʃ u əl]

rival ['raɪ vl]

rivalry ['raɪ vl ri]

river ['rɪv ɚ]

riverside ['rɪv ɚ ˌsaɪd]

Riverside (CA) ['rɪv ɚ ˌsaɪd]

rivet ['rɪv ɪt]

riveted ['rɪv ɪt ɪd]

riveting ['rɪ vɪt ɪŋ]

roach [rotʃ]

road [rod]

road map ['rod ˌmæp]

roadblock ['rod ˌblak]

roadside ['rod ˌsaɪd]

roam [rom]

roamed [romd]

roaming ['rom ɪŋ]

roams [romz]

Roanoke (VA) ['ro ə ˌnok]

roar [rɔɚ]

roared [rɔɚd]

roaring ['rɔɚ ɪŋ]

roars [rɔɚz]

roast [rost]

roasted ['ros tɪd]

roasting ['ros tɪŋ]

rob [rab]

robbed [rabd]

robber ['rab ɚ]

robbery ['rab ə ri]

robbing ['rab ɪŋ]

robe [rob]

robed [robd]

robin [rabn]

robot ['ro ˌbat]

robust [ro 'bəst]

Rochester (MN, NY)
  ['ra ˌtʃɛs tɚ]

rock [rak]

rock and roll ['rak ən 'rol]

rock bottom ['rak 'batm]

Rock Island (IL) ['rak 'aɪ lənd]

rocked [rakt]

rocker ['rak ɚ]

rocket ['rak ɪt]

rocketing ['rak ɪt ɪŋ]

Rockford (IL) ['rak fɚd]

rocking ['rak ɪŋ]

rocks [raks]

rocky ['rak i]

rod [rad]

rode [rod]

rodent ['rod nt]

rodeo ['ro di ˌo]

role [rol]

roll [rol]

rolled [rold]

roller ['ro lɚ]

rolling ['rol ɪŋ]

rolls [rolz]

Roman ['ro mən]

Roman Catholic
  ['ro mən 'kæθ lɪk]

romance [ro 'mæns]

romantic [ro 'mæn tɪk]

romp [ramp]

roof [ruf]

roofer ['ruf ɚ]

roofing ['ruf ɪŋ]

roofless ['ruf lɪs]

rookie ['rʊk i]

room [rum]

roomer ['rum ɚ]

rooming ['rum ɪŋ]

roommate ['rum ˌmet]

rooms [rumz]

roomy ['rum i]

roost [rust]

rooster ['ru stɚ]

root [rut]

root beer ['rut ˌbɪɚ]

rooted ['rut ɪd]

rope [rop]

roped [ropt]

roping ['rop ɪŋ]

rosary ['ro zə ri]

rose [roz]

rosebud ['roz ˌbəd]

rosebush ['roz ˌbʊʃ]

rosin ['raz ɪn]

roster ['ras tɚ]

rostrum ['ras trəm]

rosy ['ro zi]

rot [rɑt]
rotary [ˈro tə ri]
rotate [ˈro ˌtet]
rotated [ˈro ˌtet ɪd]
rotating [ˈro ˌtet ɪŋ]
rotation [ro ˈte ʃn]
rote [rot]
rotisserie [ro ˈtɪs ə ri]
rotted [ˈrɑt ɪd]
rotten [rɑtn]
rotting [ˈrɑt ɪŋ]
rouge [ruʒ]
rough [rəf]
rough copy [ˈrəf ˈkɑp i]
roughage [ˈrəf ɪdʒ]
roughed [rəft]
roughen [rəfn]
roughhouse [ˈrəf ˌhæʊs]
roughing [ˈrəf ɪŋ]
roughly [ˈrəf li]
roughneck [ˈrəf ˌnɛk]
roughshod [ˈrəf ˈʃɑd]
roulette [ru ˈlɛt]
round [ræʊnd]
round-the-clock
   [ˈræʊnd ðə ˈklɑk]
round trip [ˈræʊnd ˈtrɪp]
roundabout [ˈræʊnd ə ˌbæʊt]
rounded [ˈræʊn dɪd]
rounding [ˈræʊn dɪŋ]
roundup [ˈræʊnd ˌəp]
rouse [ræʊz]
roused [ræʊzd]
rousing [ˈræʊz ɪŋ]
rout [ræʊt]
route [rut]
routed [ˈrut ɪd]

routine [ru ˈtin]
roving [ˈrov ɪŋ]
row [ro]
rowboat [ˈro ˌbot]
rowdy [ˈræʊ di]
rowed [rod]
rowing [ˈro ɪŋ]
royal [ˈrɔɪ əl]
royally [ˈrɔɪ əl i]
royalty [ˈrɔɪ əl ti]
rub [rəb]
rubbed [rəbd]
rubber [ˈrəb ɚ]
rubbing [ˈrəb ɪŋ]
rubbish [ˈrəb ɪʃ]
rubble [rəbl]
rubdown [ˈrəb ˌdæʊn]
rubella [ru ˈbɛl ə]
ruby [ˈru bi]
ruckus [ˈrək əs]
rudder [ˈrəd ɚ]
ruddy [ˈrəd i]
rude [rud]
rudely [ˈrud li]
rudiment [ˈru də mənt]
rudimentary [ˌru də ˈmɛn tri]
ruffle [rəfl]
rug [rəg]
rugby [ˈrəg bi]
rugged [rəgɪd]
ruin [ˈru ɪn]
rule [rul]
rule of thumb [ˈrul əv ˈθəm]
ruled [ruld]
ruler [ˈru lɚ]
ruling [ˈru lɪŋ]
rum [rəm]

rumble   ['rəm bl]

rummage   ['rəm ɪdʒ]

rummage sale   ['rəm ɪdʒ ˌsel]

rummaged   ['rəm ɪdʒd]

rumor   ['ru mɚ]

rumored   ['ru mɚd]

rump   [rəmp]

rumpus   ['rəm pəs]

run   [rən]

run-in   ['rən ˌɪn]

run-of-the-mill   ['rən əv ðə 'mɪl]

runaround   ['rən ə ˌræʊnd]

runaway   ['rən ə ˌwe]

rundown   ['rən 'dæʊn]

rung   [rəŋ]

runner   ['rən ɚ]

runner-up   ['rən ɚ ˌəp]

running   ['rən ɪŋ]

runny   ['rən i]

runt   [rənt]

runway   ['rən ˌwe]

rupture   ['rəp tʃɚ]

rural   ['rʊɚ əl]

ruse   [ruz]

rush   [rəʃ]

rush hour   ['rəʃ ˌæʊ ɚ]

rushed   [rəʃt]

rushes   ['rəʃ ɪz]

rushing   ['rəʃ ɪŋ]

Russian   [rəʃn]

rust   [rəst]

rusted   ['rəs tɪd]

rustic   ['rəs tɪk]

rusting   ['rəs tɪŋ]

rustle   [rəsl]

rustproof   ['rəst ˌpruf]

rusts   [rəsts]

rusty   ['rəst i]

rut   [rət]

ruthless   ['ruθ lɪs]

rye   [raɪ]

rye bread   ['raɪ ˌbrɛd]

S

S [ɛs]

Sabbath ['sæb əθ]

sabbatical [sə 'bæt ɪ kl]

sabotage ['sæb ə ˌtɑʒ]

saccharine ['sæk ˌrɪn]

sachet [sæ 'ʃe]

sack [sæk]

sacked [sækt]

Sacramento (CA)
    [ˌsæk rə 'mɛn to]

sacred ['se krɪd]

sacrifice ['sæk rə ˌfɑɪs]

sacrificed ['sæk rə ˌfɑɪst]

sacrilege ['sæk rə lɪdʒ]

sad [sæd]

sadden [sædn]

saddened [sædnd]

saddest ['sæd ɪst]

saddle [sædl]

saddlebag ['sædl ˌbæg]

saddled [sædld]

saddles [sædlz]

sadism ['sed ɪzm]

sadistic [sə 'dɪs tɪk]

sadly ['sæd li]

sadness ['sæd nɪs]

safari [sə 'fɑɚ i]

safe [sef]

safe-conduct ['sef 'kɑn ˌdəkt]

safe-deposit ['sef dɪ 'pɑz ɪt]

safeguard ['sef ˌgɑɚd]

safekeeping ['sef 'kip ɪŋ]

safely ['sef li]

safety ['sef ti]

safety belt ['sef ti ˌbɛlt]

safety glass ['sef ti ˌglæs]

safety valve ['sef ti ˌvælv]

sag [sæg]

saga ['sɑ gə]

sage [sedʒ]

sagged [sægd]

sagging ['sæg ɪŋ]

said [sɛd]

sail [sel]

sailboat ['sel ˌbot]

sailed [seld]

sailing ['sel ɪŋ]

sailor ['se lɚ]

sails [selz]

saint [sent]

sake [sek]
salad ['sæl əd]
salami [sə 'lɑ mi]
salary ['sæl ə ri]
sale [sel]
sales slip ['selz ˌslɪp]
sales talk ['selz ˌtɔk]
sales tax ['selz ˌtæks]
salesclerk ['selz ˌklɚk]
salesman ['selz mən]
saleswoman ['selz ˌwʊ mən]
saliva [sə 'lɑɪ və]
salmon ['sæ mən]
salt [sɔlt]
Salt Lake City (UT)
  ['sɔlt ˌlek 'sɪt i]
salt shaker ['sɔlt ˌʃe kɚ]
salt-water ['sɔlt 'wɔ tɚ]
saltine [sɔl 'tin]
salty ['sɔl ti]
salutation [ˌsæl jə 'te ʃn]
salute [sə 'lut]
saluted [sə 'lut ɪd]
saluting [sə 'lut ɪŋ]
salvage ['sæl vɪdʒ]
salvation [sæl 've ʃn]
Salvation Army
  [sæl 've ʃn 'ɑɚ mi]
salve [sæv]
same [sem]
sample ['sæm pl]
sampled ['sæm pld]
sampling ['sæm plɪŋ]
San Diego (CA) [ˌsæn di 'e go]
San Francisco (CA)
  [ˌsæn fræn 'sɪs ko]
sanction ['sæŋk ʃn]

sanctity ['sæŋk tɪ ti]
sanctuary ['sæŋk tʃu ˌɛɚ i]
sand [sænd]
sandal [sændl]
sandbag ['sænd ˌbæg]
sandblast ['sænd ˌblæst]
sandbox ['sænd ˌbɑks]
sand castle ['sænd ˌkæsl]
sanded ['sæn dɪd]
sanding ['sæn dɪŋ]
sandlot ['sænd ˌlɑt]
sandpaper ['sænd ˌpe pɚ]
sandstone ['sænd ˌston]
sandstorm ['sænd ˌstɔɚm]
sandwich ['sænd ˌwɪtʃ]
sandwiched ['sænd ˌwɪtʃt]
sandy ['sænd i]
sane [sen]
sang [sæŋ]
sanitarium [ˌsæn ɪ 'tɛɚ i əm]
sanitary ['sæn ɪ ˌtɛɚ i]
sanitation [ˌsæn ɪ 'te ʃn]
sanity ['sæn ɪ ti]
sank [sæŋk]
sap [sæp]
sapling ['sæp lɪŋ]
sapped [sæpt]
sapphire ['sæf ˌɑɪɚ]
sapping ['sæp ɪŋ]
sarcasm ['sɑɚ ˌkæzm]
sarcastic [sɑɚ 'kæs tɪk]
sardine [sɑɚ 'din]
sardonic [sɑɚ 'dɑn ɪk]
sari ['sɑɚ i]
sarong [sə 'rɑŋ]
sash [sæʃ]
sass [sæs]

sat ['sæt]

Satan ['setn]

satanic [sə 'tæn ɪk]

satchel ['sætʃl]

satellite ['sæt ə ˌlaɪt]

satiate ['se ʃi ˌet]

satin ['sætn]

satire ['sæ ˌtaɪɚ]

satirical [sə 'tɪɚ ɪ kl]

satisfaction [ˌsæt ɪs 'fæk ʃn]

satisfactorily
 [ˌsæt ɪs 'fæk tə rɪ li]

satisfactory [ˌsæt ɪs 'fæk tə ri]

satisfied ['sæt ɪs ˌfaɪd]

satisfies ['sæt ɪs ˌfaɪz]

satisfy ['sæt ɪs ˌfaɪ]

satisfying ['sæt ɪs ˌfaɪ ɪŋ]

saturate ['sætʃ ə ˌret]

saturated ['sætʃ ə ˌret ɪd]

saturating ['sætʃ ə ˌret ɪŋ]

Saturday ['sæt ɚ ˌde]

Saturn ['sæt ɚn]

sauce [sɔs]

saucepan ['sɔs ˌpæn]

saucer ['sɔ sɚ]

sauerkraut ['sæʊɚ ˌkraʊt]

sauna ['sɔ nə]

saunter ['sɔn tɚ]

sausage ['sɔ sɪdʒ]

saute [sɔ 'te]

savage ['sæv ɪdʒ]

savagely ['sæv ɪdʒ li]

save [sev]

saved [sevd]

saves [sevz]

saving ['sev ɪŋ]

savings bank ['sev ɪŋz ˌbæŋk]

savior ['sev jɚ]

savoir-faire ['sæv waɚ 'fɛɚ]

savor ['se vɚ]

savored ['se vɚd]

savoring ['se vɚ ɪŋ]

savory ['se vɚ i]

savvy ['sæv i]

saw [sɔ]

sawdust ['sɔ ˌdəst]

sawed [sɔd]

sawing ['sɔ ɪŋ]

sawmill ['sɔ ˌmɪl]

saxophone ['sæk sə ˌfon]

say [se]

saying ['se ɪŋ]

says [sɛz]

scab [skæb]

scaffold ['skæf əld]

scald [skɔld]

scalding ['skɔl dɪŋ]

scalds [skɔldz]

scale [skel]

scale model ['skel 'mɑdl]

scaled [skeld]

scallop ['skæ ləp]

scalp [skælp]

scalped [skælpt]

scalpel ['skæl pl]

scalper ['skæl pɚ]

scalping ['skæl pɪŋ]

scalps [skælps]

scaly ['skel i]

scamper ['skæm pɚ]

scampered ['skæm pɚd]

scampers ['skæm pɚz]

scan [skæn]

scandal ['skæn dl]

scandalous   ['skæn də ləs]

Scandinavian
   [ˌskæn dɪ 'ne vi ən]

scanned   [skænd]

scanning   ['skæn ɪŋ]

scans   [skænz]

scant   [skænt]

scanty   ['skæn ti]

scapegoat   ['skep ˌgot]

scar   [skɑ˞]

scarce   [skɛ˞s]

scarcely   ['skɛ˞s li]

scarcity   ['skɛ˞ sɪ ti]

scare   [skɛ˞]

scarecrow   ['skɛ˞ ˌkro]

scared   [skɛ˞d]

scares   [skɛ˞z]

scarf   [skɑ˞f]

scaring   ['skɛ˞ ɪŋ]

scarlet   ['skɑ˞ lɪt]

scarlet fever   ['skɑ˞ lɪt 'fi v˞]

scarred   [skɑ˞d]

scarring   ['skɑ˞ ɪŋ]

scathing   ['ske ðɪŋ]

scatter   ['skæt ˞]

scatterbrained   ['skæt ˞ ˌbrend]

scattered   ['skæt ˞d]

scavenger   ['skæv ɪn dʒ˞]

scenario   [sɪ 'nɛ˞ i ˌo]

scene   [sin]

scenery   ['si nə ri]

scenic   ['si nɪk]

scent   [sɛnt]

schedule   ['skɛdʒ ul]

scheduled   ['skɛdʒ uld]

scheduled flight
   ['skɛdʒ uld 'flaɪt]

scheduling   ['skɛdʒ ul ɪŋ]

schematic   [ski 'mæt ɪk]

scheme   [skim]

schemed   [skimd]

scheming   ['skim ɪŋ]

schizophrenia   [ˌskɪt sə 'fri ni ə]

schizophrenic   [ˌskɪt sə 'frɛn ɪk]

scholar   ['skɑl ˞]

scholarly   ['skɑl ˞ li]

scholarship   ['skɑl ˞ ˌʃɪp]

scholastic   [skə 'læs tɪk]

school   [skul]

schoolboy   ['skul ˌbɔɪ]

schoolchildren   ['skul ˌtʃɪl drɪn]

schooldays   ['skul ˌdez]

schooled   [skuld]

schoolgirl   ['skul ˌg˞l]

schooling   ['skul ɪŋ]

schoolroom   ['skul ˌrum]

schoolteacher   ['skul ˌti tʃ˞]

schooner   ['sku n˞]

schwa   [ʃwa]

sciatica   [saɪ 'æt ɪ kə]

science   ['saɪ əns]

science fiction   ['saɪ əns 'fɪk ʃn]

scientific   [ˌsaɪ ən 'tɪf ɪk]

scientist   ['saɪ ən tɪst]

scissors   ['sɪz ˞z]

sclerosis   [sklɪ 'ro sɪs]

scoff   [skɑf]

scoffed   [skɑft]

scold   [skold]

scolded   ['skold ɪd]

scolding   ['skold ɪŋ]

scoop   [skup]

scooped   [skupt]

scoot   [skut]

scooter   ['sku tɚ]

scope   [skop]

scoped   [skopt]

scorch   [skɔɚtʃ]

scorched   [skɔɚtʃt]

scorching   ['skɔɚtʃ ɪŋ]

score   [skɔɚ]

scoreboard   ['skɔɚ ˌbɔɚd]

scored   [skɔɚd]

scorer   ['skɔɚ ɚ]

scoring   ['skɔɚ ɪŋ]

scorn   [skɔɚn]

scorned   [skɔɚnd]

scornful   ['skɔɚn fl]

scornfully   ['skɔɚn fə li]

scorning   ['skɔɚn ɪŋ]

scorns   [skɔɚnz]

scorpion   ['skɔɚ pi ən]

Scot   [skɑt]

scot-free   ['skɑt 'fri]

Scotch   [skɑtʃ]

Scottie   ['skɑt i]

Scottish   ['skɑt ɪʃ]

scoundrel   ['skæʊn drəl]

scour   [skæʊ ɚ]

scoured   ['skæʊ ɚd]

scouring   ['skæʊ ɚ ɪŋ]

scours   ['skæʊ ɚz]

scout   [skæʊt]

scouted   ['skæʊt ɪd]

scouting   ['skæʊt ɪŋ]

scowl   [skæʊl]

scowled   [skæʊld]

scrabble   [skræbl]

scramble   ['skræm bl]

scrambled   ['skræm bld]

scrap   [skræp]

scrapbook   ['skræp ˌbʊk]

scrape   [skrep]

scraped   [skrept]

scraper   ['skrep ɚ]

scrapes   [skreps]

scraping   ['skrep ɪŋ]

scrapped   [skræpt]

scrapping   ['skræp ɪŋ]

scratch   [skrætʃ]

scratched   [skrætʃt]

scratches   ['skrætʃ ɪz]

scratching   ['skrætʃ ɪŋ]

scrawl   [skrɔl]

scrawny   ['skrɔ ni]

scream   [skrim]

screamed   [skrimd]

screaming   ['skrim ɪŋ]

screams   [skrimz]

screech   [skritʃ]

screeched   [skritʃt]

screeching   ['skritʃ ɪŋ]

screen   [skrin]

screened   [skrind]

screening   ['skrin ɪŋ]

screenplay   ['skrin ˌple]

screw   [skru]

screwdriver   ['skru ˌdraɪ vɚ]

screwed   [skrud]

scribble   [skrɪbl]

scribbled   [skrɪbld]

scribbles   [skrɪblz]

scribbling   ['skrɪb lɪŋ]

scribe   [skraɪb]

scrimmage   ['skrɪm ɪdʒ]

scrimp   [skrɪmp]

script   [skrɪpt]

Scripture   ['skrɪp tʃɚ]

scroll [skrol]

scrounge [skræʊndʒ]

scrounged [skræʊndʒd]

scrub [skrəb]

scrubbed [skrəbd]

scrubbing ['skrəb ɪŋ]

scrumptious ['skrəmp ʃəs]

scruple ['skru pl]

scrutinize ['skrut ə ˌnaɪz]

scrutinized ['skrut ə ˌnaɪzd]

scrutinizing ['skrut ə ˌnaɪz ɪŋ]

scrutiny ['skrut ə ni]

scuff [skəf]

scuffle [skəfl]

scuffled [skəfld]

scuffling ['skəf lɪŋ]

sculptor ['skəlp tɚ]

sculpture ['skəlp tʃɚ]

sculptured ['skəlp tʃɚd]

sculpturing ['skəlp tʃɚ ɪŋ]

scum [skəm]

scuttle [skətl]

scuttlebutt ['skətl ˌbət]

scuttled [skətld]

scuttling ['skət lɪŋ]

scythe [saɪð]

sea [si]

seacoast ['si ˌkost]

seafood ['si ˌfud]

seagull ['si ˌgəl]

seal [sil]

sealant ['si lənt]

sealed [sild]

sealing ['sil ɪŋ]

seam [sim]

seaman ['si mən]

seamstress ['sim strɪs]

seance ['se ˌɑns]

seaplane ['si plen]

seaport ['si ˌpɔɚt]

sear [sɪɚ]

search [sɚtʃ]

searched [sɚtʃt]

searching ['sɚtʃ ɪŋ]

searchlight ['sɚtʃ ˌlaɪt]

seascape ['si skep]

seashore ['si ˌʃɔɚ]

seasick ['si ˌsɪk]

seasickness ['si ˌsɪk nɪs]

season ['si zn]

season ticket ['si zn 'tɪk ɪt]

seasonable ['si zn ə bl]

seasonal ['si zə nl]

seasoned ['si znd]

seasoning ['si zə nɪŋ]

seat [sit]

seat belt ['sit ˌbɛlt]

seated ['sit ɪd]

seating ['sit ɪŋ]

Seattle (WA) [ˌsi 'ætl]

seaweed ['si ˌwid]

seaworthy ['si ˌwɚ ði]

secede [sɪ 'sid]

secluded [sɪ 'klud ɪd]

seclusion [sɪ 'klu ʒn]

second ['sɛk nd]

second-class ['sɛk nd 'klæs]

second-guess ['sɛk nd 'gɛs]

second-rate ['sɛk nd 'ret]

secondary ['sɛkn ˌdɛɚ i]

secondhand ['sɛk nd 'hænd]

secondly ['sɛk nd li]

secrecy ['si krɪ si]

secret ['si krɪt]

secretary   ['sɛk rɪ ˌtɛɚ i]
secrete   [sɪ 'krit]
secretion   [sɪ 'kri ʃn]
secretive   ['si krɪ tɪv]
secretly   ['si krɪt li]
sect   [sɛkt]
sectarian   [sɛk 'tɛɚ i ən]
section   ['sɛk ʃn]
sectioned   ['sɛk ʃnd]
sector   ['sɛk tɚ]
secular   ['sɛk jə lɚ]
secure   [sɪ 'kjʊɚ]
secured   [sɪ 'kjʊɚd]
securely   [sɪ 'kjʊɚ li]
security   [sɪ 'kjʊɚ ɪ ti]
sedan   [sɪ 'dæn]
sedate   [sɪ 'det]
sedated   [sɪ 'det ɪd]
sedating   [sɪ 'det ɪŋ]
sedation   [sɪ 'de ʃn]
sedative   ['sɛd ə tɪv]
sedentary   ['sɛdn ˌtɛɚ i]
sediment   ['sɛd ə mənt]
sedition   [sɪ 'dɪʃn]
seduce   [sɪ 'dus]
seduced   [sɪ 'dust]
seducing   [sɪ 'dus ɪŋ]
seduction   [sɪ 'dək ʃn]
seductive   [sɪ 'dək tɪv]
see   [si]
see-through   ['si ˌθru]
seed   [sid]
seedling   ['sid lɪŋ]
seedy   ['si di]
seeing   ['si ɪŋ]
seek   [sik]
seem   [sim]

seemed   [simd]
seemingly   ['sim ɪŋ li]
seems   [simz]
seen   [sin]
seep   [sip]
seeps   [sips]
seer   [sɪɚ]
seersucker   ['sɪɚ ˌsək ɚ]
seesaw   ['si ˌsɔ]
seethe   [sið]
segment   ['sɛg mənt]
segregate   ['sɛg rə ˌget]
segregated   ['sɛg rə ˌget ɪd]
segregation   [ˌsɛg rə 'ge ʃn]
seismic   ['saɪz mɪk]
seismograph   ['saɪz mə ˌgræf]
seize   [siz]
seized   [sizd]
seizes   ['siz ɪz]
seizing   ['siz ɪŋ]
seizure   ['si ʒɚ]
seldom   ['sɛl dm]
select   [sɪ 'lɛkt]
selected   [sɪ 'lɛk tɪd]
selecting   [sɪ 'lɛk tɪŋ]
selection   [sɪ 'lɛk ʃn]
selects   [sɪ 'lɛkts]
self   [sɛlf]
self-centered   ['sɛlf 'sɛn tɚd]
self-confidence   [ˌsɛlf 'kɑn fɪ dəns]
self-conscious   [ˌsɛlf 'kɑn ʃəs]
self-contained   [ˌsɛlf kən 'tend]
self-control   [ˌsɛlf kən 'trol]
self-defense   [ˌsɛlf dɪ 'fɛns]
self-discipline   ['sɛlf 'dɪs ɪ plɪn]
self-educated   [ˌsɛlf 'ɛdʒ ə ket ɪd]

self-employed [ˌsɛlf ɛm ˈplɔɪd]
self-esteem [ˌsɛlf ə ˈstim]
self-evident [ˌsɛlf ˈɛv ɪ dənt]
self-explanatory
  [ˌsɛlf ɛks ˈplæn ə ˌtɔɚ i]
self-government
  [ˌsɛlf ˈgəv ɚn mənt]
self-interest [ˈsɛlf ˈɪn trɪst]
self-made [ˈsɛlf ˈmed]
self-pity [ˈsɛlf ˈpɪt i]
self-preservation
  [ˌsɛlf ˌprɛz ɚ ˈve ʃn]
self-reliance [ˌsɛlf rɪ ˈlaɪ əns]
self-respect [ˌsɛlf rɪ ˈspɛkt]
self-righteous [ˌsɛlf ˈraɪ tʃəs]
self-sacrifice [ˌsɛlf ˈsæk rɪ faɪs]
self-satisfaction
  [ˌsɛlf ˌsæt ɪs ˈfæk ʃn]
self-service [ˈsɛlf ˈsɚ vɪs]
self-sufficient [ˈsɛlf sə ˈfɪʃ ənt]
self-taught [ˈsɛlf ˈtɔt]
selfish [ˈsɛl fɪʃ]
selfishness [ˈsɛlf ɪʃ nɪs]
sell [sɛl]
seller [ˈsɛl ɚ]
selling [ˈsɛl ɪŋ]
selling price [ˈsɛl ɪŋ ˌpraɪs]
sellout [ˈsɛl ˌæʊt]
semaphore [ˈsɛm ə ˌfɔɚ]
semblance [ˈsɛm bləns]
semen [ˈsi mən]
semester [sɪ ˈmɛs tɚ]
semiannual [ˌsɛm i ˈæn ju əl]
semicircle [ˈsɛm ɪ ˌsɚ kl]
semicolon [ˈsɛm ɪ ˌko lən]
semiconductor
  [ˌsɛm i kən ˈdək tɚ]

semiconscious [ˌsɛm i ˈkan ʃəs]
semidetached [ˌsɛm i dɪ ˈtætʃt]
semifinal [ˌsɛ mi ˈfaɪnl]
semimonthly [ˌsɛm i ˈmənθ li]
seminar [ˈsɛm ə ˌnaɚ]
seminary [ˈsɛm ə ˌnɛɚ i]
semiprecious [ˌsɛm i ˈprɛʃ əs]
semiprofessional
  [ˌsɛ mi prə ˈfɛʃ ə nl]
semiskilled [ˌsɛm i ˈskɪld]
Semitic [sə ˈmɪt ɪk]
senate [ˈsɛn ɪt]
senator [ˈsɛn ə tɚ]
send [sɛnd]
send-off [ˈsɛnd ˌɔf]
sender [ˈsɛnd ɚ]
senile [ˈsi naɪl]
senior [ˈsin jɚ]
senior citizen [ˈsin jɚ ˈsɪt ɪ zn]
seniority [sin ˈjaɚ ɪ ti]
sensation [sɛn ˈse ʃn]
sensational [sɛn ˈse ʃə nl]
sense [sɛns]
sensed [sɛnst]
senseless [ˈsɛns lɪs]
senses [ˈsɛn sɪz]
sensibility [ˌsɛn sə ˈbɪl ɪ ti]
sensible [ˈsɛn sə bl]
sensitive [ˈsɛn sɪ tɪv]
sensitivity [ˌsɛn sɪ ˈtɪv ɪ ti]
sensitize [ˈsɛn sɪ ˌtaɪz]
sensor [ˈsɛn sɚ]
sensory [ˈsɛn sə ri]
sensual [ˈsɛn ʃu əl]
sensuous [sɛn ˈʃu əs]
sent [sɛnt]
sentence [sɛntns]

sentenced [ˈsɛntnst]

sentiment [ˈsɛn tə mənt]

sentimental [ˌsɛn tə ˈmɛn tl]

sentry [ˈsɛn tri]

separable [ˈsɛp rə bl]

separate *adj.* [ˈsɛp ɚ ɪt]
   v. [ˈsɛp ə ˌret]

separately [ˈsɛp ɚ ɪt li]

separation [ˌsɛp ə ˈre ʃn]

September [sɛp ˈtɛm bɚ]

septic tank [ˈsɛp tɪk ˌtæŋk]

sequel [ˈsi kwəl]

sequence [ˈsi kwəns]

sequester [sɪ ˈkwɛs tɚ]

sequins [ˈsi kwɪnz]

serenade [ˌsɛɚ ə ˈned]

serene [sə ˈrin]

sergeant [ˈsɑɚ dʒənt]

serial [ˈsɪɚ i əl]

series [ˈsɪɚ iz]

serious [ˈsɪɚ i əs]

seriously [ˈsɪɚ i əs li]

seriousness [ˈsɪɚ i əs nɪs]

sermon [ˈsɚ mən]

serpent [ˈsɚ pənt]

serrated [ˈsɚ e tɪd]

serum [ˈsɪɚ əm]

servant [ˈsɚ vənt]

serve [sɚv]

served [sɚvd]

serves [sɚvz]

service [ˈsɚ vɪs]

service charge [ˈsɚ vɪs ˌtʃɑɚdʒ]

serviceable [ˈsɚ vɪ sə bl]

serviced [ˈsɚ vɪst]

serviceman [ˈsɚ vɪs ˌmən]

servicing [ˈsɚ vɪs ɪŋ]

servile [ˈsɚ vaɪl]

serving [ˈsɚ vɪŋ]

servitude [ˈsɚ vɪ ˌtud]

sesame [ˈsɛs ə mi]

session [ˈsɛʃn]

set [sɛt]

setback [ˈsɛt ˌbæk]

setter [ˈsɛt ɚ]

setting [ˈsɛt ɪŋ]

settle [sɛtl]

settled [sɛtld]

settlement [ˈsɛtl mənt]

settler [ˈsɛt lɚ]

settles [sɛtlz]

settling [ˈsɛt lɪŋ]

setup [ˈsɛt ˌəp]

seven [sɛvn]

seventeen [ˈsɛvn ˈtin]

seventeenth [ˈsɛvn ˈtinθ]

seventh [ˈsɛvnθ]

seventies [ˈsɛvn tiz]

seventy [ˈsɛvn ti]

seventy-five [ˈsɛvn ti ˌfaɪv]

sever [ˈsɛv ɚ]

several [ˈsɛv rəl]

severance pay [ˈsɛv rəns ˌpe]

severe [sɪ ˈvɪɚ]

severed [ˈsɛv ɚd]

severely [sɪ ˈvɪɚ li]

severing [ˈsɛv ɚ ɪŋ]

severity [sɪ ˈvɛɚ ɪ ti]

sew [so]

sewage [ˈsu ɪdʒ]

sewed [sod]

sewer [ˈsu ɚ]

sewing [ˈso ɪŋ]

sewn [son]

sews [soz]

sex [sɛks]

sex appeal ['sɛks ə ˌpil]

sexism ['sɛk ˌsɪzm]

sexist ['sɛk sɪst]

sextet [sɛks 'tɛt]

sexual ['sɛk ʃu əl]

sexuality [ˌsɛk ʃu 'æl ɪ ti]

sexy ['sɛk si]

shabby ['ʃæb i]

shack [ʃæk]

shackled [ʃækld]

shackles [ʃæklz]

shade [ʃed]

shaded ['ʃed ɪd]

shading ['ʃed ɪŋ]

shadow ['ʃæd o]

shadowy ['ʃæd o i]

shady ['ʃe di]

shaft [ʃæft]

shafted ['ʃæf tɪd]

shag [ʃæg]

shaggy ['ʃæg i]

shake [ʃek]

shake-up ['ʃek ˌəp]

shakedown ['ʃek ˌdæʊn]

shaken [ʃekn]

shakes [ʃeks]

shaking ['ʃek ɪŋ]

shaky ['ʃe ki]

shall [ʃæl]

shallow ['ʃæl o]

sham [ʃæm]

shambles ['ʃæm blz]

shame [ʃem]

shamed [ʃemd]

shameful ['ʃem fl]

shameless ['ʃem lɪs]

shampoo [ʃæm 'pu]

shampooed [ʃæm 'pud]

shamrock ['ʃæm ˌrɑk]

shanty ['ʃæn ti]

shape [ʃep]

shaped [ʃept]

shapeless ['ʃep lɪs]

shapely ['ʃep li]

shapes [ʃeps]

shaping ['ʃep ɪŋ]

share [ʃɛɚ]

sharecropper ['ʃɛɚ ˌkrɑp ɚ]

shared [ʃɛɚd]

shareholder ['ʃɛɚ ˌhol dɚ]

shares [ʃɛɚz]

sharing ['ʃɛɚ ɪŋ]

shark [ʃɑɚk]

sharp [ʃɑɚp]

sharpen ['ʃɑɚ pən]

sharpened ['ʃɑɚ pənd]

sharper ['ʃɑɚ pɚ]

sharply ['ʃɑɚp li]

sharpshooter ['ʃɑɚp ˌʃu tɚ]

shatter ['ʃæt ɚ]

shattered ['ʃæt ɚd]

shatterproof ['ʃæt ɚ ˌpruf]

shatters ['ʃæt ɚz]

shave [ʃev]

shaved [ʃevd]

shaver ['ʃe vɚ]

shaving ['ʃe vɪŋ]

shaving cream ['ʃe vɪŋ ˌkrim]

shawl [ʃɔl]

she [ʃi]

sheaf [ʃif]

shear [ʃɪɚ]

shears   [ʃɪɚz]

sheath   [ʃiθ]

she'd   [ʃid]

shed   [ʃɛd]

sheep   [ʃip]

sheepish   ['ʃi pɪʃ]

sheepskin   ['ʃip ˌskɪn]

sheer   [ʃɪɚ]

sheerer   ['ʃɪɚ ɚ]

sheering   ['ʃɪɚ ɪŋ]

sheet   [ʃit]

sheik   [ʃik]

shelf   [ʃɛlf]

she'll   [ʃil]

shell   [ʃɛl]

shelled   [ʃɛld]

shellfish   ['ʃɛl ˌfɪʃ]

shelling   ['ʃɛl ɪŋ]

shelter   ['ʃɛl tɚ]

sheltered   ['ʃɛl tɚd]

sheltering   ['ʃɛl tɚ ɪŋ]

shelve   [ʃɛlv]

shelved   [ʃɛlvd]

shelves   [ʃɛlvz]

shelving   ['ʃɛl vɪŋ]

shenanigans   [ʃə 'næn ə gnz]

shepherd   ['ʃɛp ɚd]

sherbet   ['ʃɚ bɪt]

sheriff   ['ʃɛɚ ɪf]

sherry   ['ʃɛɚ i]

she's   [ʃiz]

shield   [ʃild]

shielded   ['ʃil dɪd]

shift   [ʃɪft]

shifted   ['ʃɪf tɪd]

shifting   ['ʃɪf tɪŋ]

shiftless   ['ʃɪft lɪs]

shimmer   ['ʃɪm ɚ]

shimmered   ['ʃɪm ɚd]

shin   [ʃɪn]

shinbone   ['ʃɪn ˌbon]

shindig   ['ʃɪn ˌdɪg]

shine   [ʃaɪn]

shined   [ʃaɪnd]

shiner   ['ʃaɪ nɚ]

shines   [ʃaɪnz]

shingle   ['ʃɪŋ gl]

shingles   ['ʃɪŋ glz]

shining   ['ʃaɪn ɪŋ]

Shintoism   ['ʃɪn to ˌɪzm]

shiny   ['ʃaɪn i]

ship   [ʃɪp]

shipboard   ['ʃɪp ˌbɔɚd]

shipbuilding   ['ʃɪp ˌbɪl dɪŋ]

shipmate   ['ʃɪp ˌmet]

shipment   ['ʃɪp mənt]

shipped   [ʃɪpt]

shipping   ['ʃɪp ɪŋ]

ships   [ʃɪps]

shipshape   ['ʃɪp ˌʃep]

shipwreck   ['ʃɪp ˌrɛk]

shipwrecked   ['sɪp ˌrɛkt]

shipyard   ['ʃɪp ˌjaɚd]

shirk   [ʃɚk]

shirked   [ʃɚkt]

shirt   [ʃɚt]

shish kebab   ['ʃɪʃ kə ˌbab]

shiver   ['ʃɪv ɚ]

shivered   ['ʃɪv ɚd]

shivering   ['ʃɪv ɚ ɪŋ]

shivers   ['ʃɪv ɚz]

shock   [ʃak]

shocking   ['ʃak ɪŋ]

shockproof   ['ʃak ˌpruf]

shoddy   [ˈʃɑd i]

shoe   [ʃu]

shoe polish   [ˈʃu ˌpɑl ɪʃ]

shoehorn   [ˈʃu ˌhɔɚn]

shoelace   [ˈʃʊ ˌles]

shoemaker   [ˈʃu ˌme kɚ]

shoeshine   [ˈʃu ˌʃɑɪn]

shoestring   [ˈʃu ˌstrɪŋ]

shone   [ʃon]

shoo-in   [ˈʃu ˌɪn]

shook   [ʃʊk]

shoot   [ʃut]

shooting   [ˈʃut ɪŋ]

shop   [ʃɑp]

shopkeeper   [ˈʃɑp ˌki pɚ]

shoplifting   [ˈʃɑp ˌlɪft ɪŋ]

shopped   [ʃɑpt]

shopping   [ˈʃɑp ɪŋ]

shopping bag   [ˈʃɑp ɪŋ ˌbæg]

shops   [ʃɑps]

shopworn   [ˈʃɑp ˌwɔɚn]

shore   [ʃɔɚ]

shorn   [ʃɔɚn]

short   [ʃɔɚt]

short-circuit   [ˈʃɔɚt ˈsɚ kɪt]

short-lived   [ˈʃɔɚt ˈlɪvd]

short-staffed   [ˈʃɔɚt ˈstæft]

short-tempered
    [ˈʃɔɚt ˈtɛm pɚd]

short-term   [ˈʃɔɚt ˈtɚm]

shortage   [ˈʃɔɚ tɪdʒ]

shortchange   [ˈʃɔɚt ˈtʃendʒ]

shortcoming   [ˈʃɔɚt ˌkəm ɪŋ]

shortcut   [ˈʃɔɚt ˌkət]

shorten   [ˈʃɔɚtn]

shortening   [ˈʃɔɚt nɪŋ]

shortfall   [ˈʃɔɚt ˌfɔl]

shorthand   [ˈʃɔɚt ˌhænd]

shortly   [ˈʃɔɚt li]

shorts   [ʃɔɚts]

shortsighted   [ˈʃɔɚt ˈsɑɪt ɪd]

shortstop   [ˈʃɔɚt ˌstɑp]

shortwave   [ˈʃɔɚt ˈwev]

shot   [ʃɑt]

shot-put   [ˈʃɑt ˌpʊt]

shotgun   [ˈʃɑt ˌgən]

should   [ʃʊd]

shoulder   [ˈʃol dɚ]

shouldered   [ˈʃol dɚd]

shouldering   [ˈʃol dɚ ɪŋ]

shouldn't   [ˈʃʊd nt]

shout   [ʃæʊt]

shouted   [ˈʃæʊ tɪd]

shouting   [ˈʃæʊ tɪŋ]

shouts   [ʃæʊts]

shove   [ʃəv]

shoved   [ʃəvd]

shovel   [ʃəvl]

shoveled   [ʃəvld]

shoveling   [ˈʃəv lɪŋ]

shoves   [ʃəvz]

shoving   [ˈʃəv ɪŋ]

show   [ʃo]

showcase   [ˈʃo ˌkes]

showdown   [ˈʃo ˌdæʊn]

showed   [ʃod]

shower   [ˈʃæʊ ɚ]

showered   [ˈʃæʊ ɚd]

showering   [ˈʃæʊ ɚ ɪŋ]

showing   [ˈʃo ɪŋ]

showman   [ˈʃo mən]

showmanship   [ˈʃo mən ˌʃɪp]

shown   [ʃon]

showroom   [ˈʃo ˌrum]

shows [ʃoz]

shrank [ʃræŋk]

shrapnel [ˈʃræp nl]

shred [ʃrɛd]

shredded [ˈʃrɛd ɪd]

shredder [ˈʃrɛd ɚ]

shredding [ˈʃrɛd ɪŋ]

shrew [ʃru]

shrewd [ʃrud]

shriek [ʃrik]

shrieked [ʃrikt]

shrieking [ˈʃri kɪŋ]

shrill [ʃrɪl]

shrilly [ˈʃrɪl i]

shrimp [ʃrɪmp]

shrine [ʃraɪn]

shrink [ʃrɪŋk]

shrinkage [ˈʃrɪŋ kɪdʒ]

shrivel [ʃrɪvl]

shriveled [ʃrɪvld]

shriveling [ˈʃrɪv lɪŋ]

shroud [ʃraʊd]

shrub [ʃrəb]

shrubbery [ˈʃrəb ə ri]

shrug [ʃrəg]

shrugged [ʃrəgd]

shrunk [ʃrəŋk]

shrunken [ˈʃrəŋ kn]

shuck [ʃək]

shucks [ʃəks]

shudder [ˈʃəd ɚ]

shuffle [ʃəfl]

shuffleboard [ˈʃəfl ˌbɔɚd]

shun [ʃən]

shunt [ʃənt]

shut [ʃət]

shut-eye [ˈʃət ˌaɪ]

shut-in [ˈʃət ˌɪn]

shutdown [ˈʃət ˌdaʊn]

shutout [ˈʃət ˌaʊt]

shutter [ˈʃət ɚ]

shuttle [ʃətl]

shy [ʃaɪ]

shyly [ˈʃaɪ li]

shyster [ˈʃaɪ stɚ]

sibilant [ˈsɪb ə lənt]

siblings [ˈsɪb lɪŋz]

sick [sɪk]

sicken [sɪkn]

sickle [sɪkl]

sickly [ˈsɪk li]

sickness [ˈsɪk nɪs]

sickroom [ˈsɪk ˌrum]

side [saɪd]

side dish [ˈsaɪd ˌdɪʃ]

side street [ˈsaɪd ˌstrit]

sideburns [ˈsaɪd ˌbɚnz]

sidekick [ˈsaɪd ˌkɪk]

sidelight [ˈsaɪd ˌlaɪt]

sideline [ˈsaɪd ˌlaɪn]

sidesaddle [ˈsaɪd ˌsædl]

sideshow [ˈsaɪd ˌʃo]

sidesplitting [ˈsaɪd ˌsplɪt ɪŋ]

sidestep [ˈsaɪd ˌstɛp]

sideswipe [ˈsaɪd ˌswaɪp]

sidetrack [ˈsaɪd ˌtræk]

sidewalk [ˈsaɪd ˌwɔk]

sideways [ˈsaɪd ˌwez]

siding [ˈsaɪ dɪŋ]

siege [sidʒ]

siesta [si ˈɛs tə]

sieve [sɪv]

sift [sɪft]

sifted [ˈsɪf tɪd]

sifting   ['sɪf tɪŋ]

sifts   [sɪfts]

sigh   [saɪ]

sighed   [saɪd]

sighing   ['saɪ ɪŋ]

sight   [saɪt]

sighted   ['saɪ tɪd]

sighting   ['saɪ tɪŋ]

sightless   ['saɪt lɪs]

sightseeing   ['saɪt ˌsi ɪŋ]

sign   [saɪn]

signal   ['sɪg nl]

signaled   ['sɪg nld]

signaling   ['sɪg nl ɪŋ]

signatory   ['sɪg nə ˌtɔ˞ i]

signature   ['sɪg nə ˌtʃ˞]

signed   [saɪnd]

significance   [sɪg 'nɪf ə kəns]

significant   [sɪg 'nɪf ə kənt]

signified   ['sɪg nə ˌfaɪd]

signifies   ['sɪg nə ˌfaɪz]

signify   ['sɪg nə ˌfaɪ]

signing   ['saɪn ɪŋ]

signpost   ['saɪn ˌpost]

signs   [saɪnz]

silence   ['saɪ ləns]

silenced   ['saɪ lənst]

silencer   ['saɪ lən sə˞]

silences   ['saɪ lən sɪz]

silencing   ['saɪ lən sɪŋ]

silent   ['saɪ lənt]

silently   ['saɪ lənt li]

silhouette   [ˌsɪl u 'ɛt]

silicon chip   ['sɪl ə ˌkan 'tʃɪp]

silk   [sɪlk]

silkworm   ['sɪlk ˌwə˞m]

silky   ['sɪlk i]

sill   [sɪl]

silly   ['sɪl i]

silo   ['saɪ lo]

silver   ['sɪl və˞]

silver-plated   ['sɪl və˞ ˌplet ɪd]

silver-tongued   ['sɪl və˞ ˌtəŋd]

silverware   ['sɪl və˞ ˌwɛ˞]

silvery   ['sɪl və ri]

similar   ['sɪm ə lə˞]

similarity   [ˌsɪm ə 'læ˞ ɪ ti]

similarly   ['sɪm ə lə˞ li]

simmer   ['sɪm ə˞]

simmered   ['sɪm ə˞d]

simmering   ['sɪm ə˞ ɪŋ]

simple   ['sɪm pl]

simplicity   [sɪm 'plɪs ɪ ti]

simplified   ['sɪm plɪ ˌfaɪd]

simplifies   ['sɪm plɪ ˌfaɪz]

simplify   ['sɪm plɪ ˌfaɪ]

simplistic   [sɪm 'plɪs tɪk]

simply   ['sɪm pli]

simulate   ['sɪm jə ˌlet]

simulation   [ˌsɪm jə 'le ʃn]

simultaneous   [ˌsaɪ məl 'te ni əs]

simultaneously
   [ˌsaɪ məl 'te ni əs li]

sin   [sɪn]

since   [sɪns]

sincere   [sɪn 'sɪ˞]

sincerely   [sɪn 'sɪ˞ li]

sincerity   [sɪn 'sɛ˞ ɪ ti]

sinew   ['sɪn ju]

sinful   ['sɪn fl]

sing   [sɪŋ]

sing-along   ['sɪŋ ə ˌlɔŋ]

singe   [sɪndʒ]

singed   [sɪndʒd]

singer   ['sɪŋ ɚ]

singing   ['sɪŋ ɪŋ]

single   ['sɪŋ gl]

single bed   ['sɪŋ gl 'bɛd]

single-breasted   ['sɪŋ gl 'brɛs tɪd]

single file   ['sɪŋ gl 'faɪl]

single-handed   ['sɪŋ gl 'hæn dɪd]

single-minded
   ['sɪŋ gl 'maɪn dɪd]

single-track   ['sɪŋ gl ˌtræk]

singsong   ['sɪŋ ˌsɔŋ]

singular   ['sɪŋ gjə lɚ]

singularly   ['sɪŋ gjə lɚ li]

sinister   ['sɪn ɪ stɚ]

sink   [sɪŋk]

sinking   ['sɪŋk ɪŋ]

sinks   [sɪŋks]

sinner   ['sɪn ɚ]

sinus   ['saɪ nəs]

sinusitis   [ˌsaɪ nə 'saɪ tɪs]

Sioux Falls (SD)   ['su 'fɔlz]

sip   [sɪp]

siphon   ['saɪ fn]

siphoned   ['saɪ fnd]

siphoning   ['saɪ fn ɪŋ]

sipped   [sɪpt]

sipping   ['sɪp ɪŋ]

sips   [sɪps]

sir   [sɚ]

siren   ['saɪ rən]

sirloin   ['sɚ ˌlɔɪn]

sissy   ['sɪs i]

sister   ['sɪs tɚ]

sister-in-law   ['sɪs tɚ ɪn ˌlɔ]

sisterhood   ['sɪs tɚ ˌhʊd]

sit   [sɪt]

sit-in   ['sɪt ˌɪn]

sit-up   ['sɪt ˌəp]

sitcom   ['sɪt ˌkɑm]

site   [saɪt]

sitting   ['sɪt ɪŋ]

situated   ['sɪtʃ u ˌet ɪd]

situation   [ˌsɪtʃ u 'e ʃn]

six   [sɪks]

six-pack   ['sɪks ˌpæk]

six-shooter   ['sɪks ˌʃu tɚ]

sixteen   ['sɪks 'tin]

sixteenth   ['sɪks 'tinθ]

sixth   [sɪksθ]

sixty   ['sɪks ti]

sizable   ['saɪz ə bl]

size   [saɪz]

sized   [saɪzd]

sizzle   [sɪzl]

sizzled   [sɪzld]

sizzling   ['sɪz lɪŋ]

skate   [sket]

skateboard   ['sket ˌbɔɚd]

skated   ['sket ɪd]

skates   [skets]

skating   ['sket ɪŋ]

skating rink   ['sket ɪŋ ˌrɪŋk]

skeleton   ['skɛl ɪ tn]

skeptic   ['skɛp tɪk]

skeptical   ['skɛp tɪ kl]

skepticism   ['skɛp tɪ ˌsɪzm]

sketch   [skɛtʃ]

sketched   [skɛtʃt]

sketching   ['skɛtʃ ɪŋ]

sketchy   ['skɛtʃ i]

skewer   ['skju ɚ]

ski   [ski]

ski jump   ['ski ˌdʒəmp]

ski lift   ['ski ˌlɪft]

skid [skɪd]

skid row ['skɪd 'ro]

skidded ['skɪd ɪd]

skidding ['skɪd ɪŋ]

skied [skid]

skier ['ski ɚ]

skies *n.* sky (*plural*) [skaɪz]
  v. third person singular of *ski* [skiz]

skiing ['ski ɪŋ]

skill [skɪl]

skilled [skɪld]

skillet ['skɪl ɪt]

skillful ['skɪl fl]

skim [skɪm]

skimmed [skɪmd]

skimming ['skɪm ɪŋ]

skimp [skɪmp]

skimpy ['skɪm pi]

skin [skɪn]

skin-deep ['skɪn 'dip]

skinflint ['skɪn ˌflɪnt]

skinless ['skɪn lɪs]

skinned [skɪnd]

skinny ['skɪn i]

skintight ['skɪn 'taɪt]

skip [skɪp]

skipped [skɪpt]

skipper ['skɪp ɚ]

skipping ['skɪp ɪŋ]

skirmish ['skɚ mɪʃ]

skirt [skɚt]

skit [skɪt]

skittish ['skɪt ɪʃ]

skull [skəl]

skunk [skəŋk]

sky [skaɪ]

skycap ['skaɪ ˌkæp]

skyjack ['skaɪ ˌdʒæk]

skylight ['skaɪ ˌlaɪt]

skyline ['skaɪ ˌlaɪn]

skyscraper ['skaɪ ˌskre pɚ]

skywriting ['skaɪ ˌraɪt ɪŋ]

slab [slæb]

slack [slæk]

slacken [slækn]

slacks [slæks]

slain [slen]

slalom ['slɑ ləm]

slam [slæm]

slander ['slæn dɚ]

slandered ['slæn dɚd]

slanderer ['slæn dɚ ɚ]

slandering ['slæn dɚ ɪŋ]

slanders ['slæn dɚz]

slang [slæŋ]

slant [slænt]

slanted ['slæn tɪd]

slanting ['slæn tɪŋ]

slap [slæp]

slap-happy ['slæp ˌhæ pi]

slapped [slæpt]

slapping ['slæp ɪŋ]

slaps [slæps]

slapstick ['slæp ˌstɪk]

slash [slæʃ]

slat [slæt]

slate [slet]

slated ['slet ɪd]

slaughter ['slɔ tɚ]

slave [slev]

slavery ['sle və ri]

Slavic ['slɑ vɪk]

slay [sle]

sleazy   ['sli zi]

sled   [slɛd]

sledgehammer   ['slɛdʒ ˌhæ mɚ]

sleek   [slik]

sleep   [slip]

sleeper   ['sli pɚ]

sleepily   ['slip ɪ li]

sleeping   ['slip ɪŋ]

sleepless   ['slip lɪs]

sleepwalker   ['slip ˌwɔ kɚ]

sleepy   ['sli pi]

sleet   [slit]

sleeve   [sliv]

sleeveless   ['sliv lɪs]

sleigh   [sle]

sleight   [slaɪt]

slender   ['slɛn dɚ]

slept   [slɛpt]

slice   [slaɪs]

sliced   [slaɪst]

slicing   ['slaɪs ɪŋ]

slick   [slɪk]

slid   [slɪd]

slide   [slaɪd]

slides   [slaɪdz]

sliding   ['slaɪd ɪŋ]

sliding scale   ['slaɪd ɪŋ 'skel]

slight   [slaɪt]

slightly   ['slaɪt li]

slim   [slɪm]

slime   [slaɪm]

slimming   ['slɪm ɪŋ]

slimy   ['slaɪm i]

sling   [slɪŋ]

slingshot   ['slɪŋ ˌʃat]

slink   [slɪŋk]

slip   [slɪp]

slipcover   ['slɪp ˌkəv ɚ]

slipknot   ['slɪp ˌnat]

slippage   ['slɪp ɪdʒ]

slipped   [slɪpt]

slipped disc   ['slɪpt 'dɪsk]

slipper   ['slɪp ɚ]

slippery   ['slɪp ə ri]

slipping   ['slɪp ɪŋ]

slipshod   ['slɪp ˌʃad]

slipup   ['slɪp ˌəp]

slit   [slɪt]

sliver   ['slɪv ɚ]

slob   [slab]

slobber   ['slab ɚ]

slogan   ['slo gn]

slope   [slop]

sloppy   ['slap i]

slot   [slat]

slot machine   ['slat mə ˌʃin]

slouch   [slæʊtʃ]

slow   [slo]

slow-motion   ['slo 'mo ʃn]

slowed   [slod]

slowing   ['slo ɪŋ]

slowly   ['slo li]

sludge   [slədʒ]

slug   [sləg]

sluggish   ['sləg ɪʃ]

slum   [sləm]

slumber   ['sləm bɚ]

slumming   ['sləm ɪŋ]

slump   [sləmp]

slumped   [sləmpt]

slumping   ['sləmp ɪŋ]

slur   [slɚ]

slurp   [slɚp]

slurred   [slɚd]

slurring   ['slɝ ɪŋ]

slush   [sləʃ]

slut   [slət]

sly   [slɑɪ]

smack   [smæk]

smacked   [smækt]

small   [smɔl]

small talk   ['smɔl ,tɔk]

smallpox   ['smɔl ,pɑks]

smart   [smɑɚt]

smart aleck   ['smɑɚt ,æl ɪk]

smash   [smæʃ]

smashed   [smæʃt]

smashup   ['smæʃ ,əp]

smattering   ['smæt ɚ ɪŋ]

smear   [smɪɚ]

smeared   [smɪɚd]

smearing   ['smɪɚ ɪŋ]

smell   [smɛl]

smelled   [smɛld]

smelling   ['smɛl ɪŋ]

smelly   ['smɛl i]

smidgen   [smɪdʒn]

smile   [smɑɪl]

smiled   [smɑɪld]

smiles   [smɑɪlz]

smiling   ['smɑɪl ɪŋ]

smirk   [smɝk]

smithereens   [,smɪ ðə 'rinz]

smock   [smɑk]

smog   [smɑg]

smoke   [smok]

smoke screen   ['smok ,skrin]

smoked   [smokt]

smoker   ['smok ɚ]

smokes   [smoks]

smokestack   ['smok ,stæk]

smoking   ['smok ɪŋ]

smoky   ['smok i]

smolder   ['smol dɚ]

smoldered   ['smol dɚd]

smoldering   ['smol dɚ ɪŋ]

smooth   [smuð]

smoothed   [smuðd]

smoothing   ['smuð ɪŋ]

smoothly   ['smuð li]

smother   ['sməð ɚ]

smothered   ['sməð ɚd]

smothering   ['sməð ɚ ɪŋ]

smudge   [smədʒ]

smudged   [smədʒd]

smug   [sməg]

smuggle   [sməgl]

smuggled   [sməgld]

smuggles   [sməglz]

smuggling   ['sməg lɪŋ]

smut   [smət]

snack   [snæk]

snack bar   ['snæk ,bɑɚ]

snacked   [snækt]

snacking   ['snæk ɪŋ]

snag   [snæg]

snagged   [snægd]

snagging   ['snæg ɪŋ]

snags   [snægz]

snail   [snel]

snake   [snek]

snap   [snæp]

snapped   [snæpt]

snapping   ['snæp ɪŋ]

snappy   ['snæp i]

snapshot   ['snæp ,ʃɑt]

snare   [snɛɚ]

snared   [snɛɚd]

snarl [snɑɚl]

snarled [snɑɚld]

snarling ['snɑɚl ɪŋ]

snatch [snætʃ]

sneak [snik]

sneaked [snikt]

sneakers ['sni kɚz]

sneaking ['snik ɪŋ]

sneaky ['snik i]

sneer [snɪɚ]

sneeze [sniz]

sneezed [snizd]

sneezing ['sniz ɪŋ]

snicker ['snɪk ɚ]

sniff [snɪf]

sniffed [snɪft]

sniffing ['snɪf ɪŋ]

sniffle [snɪfl]

snip [snɪp]

sniper ['snɑɪp ɚ]

snipped [snɪpt]

snob [snɑb]

snoop [snup]

snooped [snupt]

snooty ['snut i]

snooze [snuz]

snoozed [snuzd]

snoozing ['snuz ɪŋ]

snore [snɔɚ]

snored [snɔɚd]

snoring ['snɔɚ ɪŋ]

snorkel ['snɔɚ kl]

snort [snɔɚt]

snorted ['snɔɚt ɪd]

snorting ['snɔɚt ɪŋ]

snotty ['snɑt i]

snout [snæʊt]

snow [sno]

snow tire ['sno ˌtɑɪɚ]

snowball ['sno ˌbɔl]

snowbank ['sno ˌbæŋk]

snowbound ['sno ˌbæʊnd]

snowdrift ['sno ˌdrɪft]

snowed [snod]

snowfall ['sno ˌfɔl]

snowflake ['sno ˌflek]

snowing ['sno ɪŋ]

snowman ['sno ˌmæn]

snowmobile ['sno mə ˌbil]

snowplow ['sno ˌplæʊ]

snowshoe ['sno ʃu]

snowstorm ['sno ˌstɔɚm]

snowy ['sno i]

snub [snəb]

snubbed [snəbd]

snubbing ['snəb ɪŋ]

snuff [snəf]

snug [snəg]

snuggle [snəgl]

snugly ['snəg li]

so [so]

so-and-so ['so ən ˌso]

so-called ['so 'kɔld]

so-so ['so 'so]

soak [sok]

soaked [sokt]

soaking ['sok ɪŋ]

soaks [soks]

soap [sop]

soap opera ['sop 'ɑp rə]

soapbox ['sop ˌbɑks]

soapsuds ['sop ˌsədz]

soapy ['sop i]

soar [sɔɚ]

soarer   ['sɔɚ ɚ]

soaring   ['sɔɚ ɪŋ]

soars   [sɔɚz]

sob   [sɑb]

sobbed   [sɑbd]

sobbing   ['sɑb ɪŋ]

sober   ['so bɚ]

soberly   ['so bɚ li]

sobriety   [sə 'braɪ ɪ ti]

sobs   [sɑbz]

soccer   ['sɑk ɚ]

sociable   ['so ʃə bl]

social   ['so ʃl]

social security   ['so ʃl sɪ 'kjʊɚ ɪ ti]

social work   ['so ʃl ˌwɚk]

social worker   ['so ʃl ˌwɚ kɚ]

socialism   ['so ʃə ˌlɪzm]

socialist   ['so ʃə lɪst]

socialite   ['so ʃə ˌlaɪt]

socialize   ['so ʃə ˌlaɪz]

socialized   ['so ʃə ˌlaɪzd]

socializing   ['so ʃə ˌlaɪz ɪŋ]

socially   ['so ʃə li]

society   [sə 'saɪ ɪ ti]

sociologist   [ˌso si 'al ə dʒɪst]

sociology   [ˌso si 'al ə dʒi]

sociopath   ['so si ə ˌpæθ]

sock   [sɑk]

socked   [sɑkt]

socket   ['sɑk ɪt]

sod   [sɑd]

soda   ['so də]

sodium   ['so di əm]

sofa   ['so fə]

sofa bed   ['so fə ˌbɛd]

soft   [sɔft]

soft-boiled   ['sɔft 'bɔɪld]

soft drink   ['sɔft ˌdrɪŋk]

soft-pedal   ['sɔft 'pɛdl]

softball   ['sɔft ˌbɔl]

soften   [sɔfn]

softhearted   ['sɔft 'hɑɚt ɪd]

softly   ['sɔft li]

softness   ['sɔft nɪs]

software   ['sɔft ˌwɛɚ]

soggy   ['sɑg i]

soil   [sɔɪl]

soiled   [sɔɪld]

sojourn   ['so ˌdʒɚn]

solace   ['sɑl ɪs]

solar   ['so lɚ]

solar system   ['so lɚ ˌsɪs tm]

sold   [sold]

solder   ['sɑd ɚ]

soldier   ['sol dʒɚ]

sole   [sol]

solely   ['sol li]

solemn   ['sɑl əm]

solemnity   [sə 'lɛm nɪ ti]

solemnly   ['sɑl əm li]

solicit   [sə 'lɪs ɪt]

solicited   [sə 'lɪs ɪ tɪd]

soliciting   [sə 'lɪs ɪ tɪŋ]

solicitor   [sə 'lɪs ɪ tɚ]

solid   ['sɑl ɪd]

solid-state   ['sɑl ɪd 'stet]

solidarity   [ˌsɑl ɪ 'dæɚ ɪ ti]

solidly   ['sɑl ɪd li]

solitaire   ['sɑl ɪ ˌtɛɚ]

solitary   ['sɑl ɪ ˌtɛɚ i]

solitude   ['sɑl ɪ ˌtud]

solo   ['so lo]

soloed   ['so lod]

soloist   ['so lo ɪst]

solos   ['so loz]

soluble   ['sal jə bl]

solution   [sə 'lu ʃn]

solve   [salv]

solved   [salvd]

solvent   ['sal vənt]

solves   [salvz]

solving   ['salv ɪŋ]

somber   ['sam bɚ]

some   [səm]

somebody   ['səm ˌbad i]

someday   ['səm ˌde]

somehow   ['səm ˌhæʊ]

someone   ['səm ˌwən]

someplace   ['səm ˌples]

somersault   ['səm ɚ ˌsɔlt]

something   ['səm θɪŋ]

sometime   ['səm ˌtaɪm]

sometimes   ['səm ˌtaɪmz]

somewhat   ['səm ˌʍət]

somewhere   ['səm ˌʍɛɚ]

son   [sən]

son-in-law   ['sən ɪn ˌlɔ]

sonar   ['so naɚ]

song   [sɔŋ]

sonic   ['san ɪk]

sonic boom   ['san ɪk 'bum]

sonnet   ['san ɪt]

soon   [sun]

sooner   ['sun ɚ]

soot   [sʊt]

soothe   [suð]

soothed   [suðd]

soothes   [suðz]

soothing   ['suð ɪŋ]

soothsayer   ['suθ ˌse ɚ]

sophisticated   [sə 'fɪs tə ˌket ɪd]

sophomore   ['saf ˌmɔɚ]

soporific   [ˌsap ə 'rɪf ɪk]

soprano   [sə 'præn o]

sorcery   ['sɔɚ sə ri]

sordid   ['sɔɚ dɪd]

sore   [sɔɚ]

sorehead   ['sɔɚ ˌhɛd]

sorely   ['sɔɚ li]

soreness   ['sɔɚ nɪs]

sorority   [sə 'raɚ ɪ ti]

sorrow   ['saɚ o]

sorrowful   ['saɚ ə fl]

sorry   ['saɚ i]

sort   [sɔɚt]

sorted   ['sɔɚt ɪd]

sorting   ['sɔɚt ɪŋ]

sorts   [sɔɚts]

sought   [sɔt]

soul   [sol]

soulful   ['sol fl]

sound   [sæʊnd]

sound asleep   ['sæʊnd ə ˌslip]

sound effects   ['ʃæʊnd ə ˌfɛkts]

sounded   ['sæʊnd ɪd]

sounding   ['sæʊnd ɪŋ]

soundly   ['sæʊnd li]

soundproof   ['sæʊnd ˌpruf]

sounds   [sæʊndz]

soundtrack   ['sæʊnd ˌtræk]

soup   [sup]

soupspoon   ['sup ˌspun]

sour   ['sæʊ ɚ]

sour grapes   ['sæʊ ɚ 'greps]

source   [sɔɚs]

south   [sæʊθ]

South Carolina
  ['sæʊθ ˌkæɚ ə 'laɪ nə]

South Dakota [ˈʃæʊθ də ˈko tə]

southeast [ˌsæʊθ ˈist]

southeastern [ˌsæʊθ ˈist ɚn]

southern [ˈsəð ɚn]

southerner [ˈsəð ɚ nɚ]

southpaw [ˈsæʊθ ˌpɔ]

southward [ˈsæʊθ wɚd]

southwest [ˌsæʊθ ˈwɛst]

southwestern [ˌsæʊθ ˈwɛst ɚn]

souvenir [ˌsu və ˈnɪɚ]

sovereign [ˈsɑv rɪn]

sovereignty [ˈsɑv rɪn ti]

sow [so]

sowed [sod]

sowing [ˈso ɪŋ]

sox [sɑks]

soy [sɔɪ]

soy sauce [ˈsɔɪ ˌsɔs]

soybean [ˈsɔɪ ˌbin]

spa [spɑ]

space [spes]

space heater [ˈspes ˌhi tɚ]

space station [ˈspes ˌste ʃn]

spacecraft [ˈspes ˌkræft]

spaced [spest]

spaceship [ˈspes ˌʃɪp]

spacesuit [ˈspes ˌsut]

spacing [ˈspes ɪŋ]

spacious [ˈspe ʃəs]

spade [sped]

spaded [ˈsped ɪd]

spadework [ˈsped ˌwɚk]

spading [ˈspe dɪŋ]

spaghetti [spə ˈgɛt i]

span [spæn]

Spaniard [ˈspæn jɚd]

spaniel [ˈspæn jəl]

Spanish [ˈspæn ɪʃ]

spank [spæŋk]

spanked [spæŋkt]

spanking [ˈspæŋ kɪŋ]

spanned [spænd]

spanning [ˈspæn ɪŋ]

spans [spænz]

spar [spɑɚ]

spare [spɛɚ]

spare part [ˈspɛɚ ˈpɑɚt]

spare time [ˈspɛɚ ˈtɑɪm]

spared [spɛɚd]

spareribs [ˈspɛɚ ˌrɪbz]

sparing [ˈspɛɚ ɪŋ]

sparingly [ˈspɛɚ ɪŋ li]

spark [spɑɚk]

sparked [spɑɚkt]

sparkle [ˈspɑɚ kl]

sparkled [ˈspɑɚ kld]

sparkling [ˈspɑɚk lɪŋ]

sparred [spɑɚd]

sparring [ˈspɑɚ ɪŋ]

sparrow [ˈspæɚ o]

sparse [spɑɚs]

sparsely [ˈspɑɚs li]

spasm [spæzm]

spasmodic [ˌspæz ˈmɑd ɪk]

spastic [ˈspæs tɪk]

spat [spæt]

spatial [ˈspe ʃl]

spatter [ˈspæt ɚ]

spawn [spɔn]

speak [spik]

speaker [ˈspi kɚ]

speaking [ˈspi kɪŋ]

spear [spɪɚ]

spearhead [ˈspɪɚ ˌhɛd]

spearmint ['spɪɚ ˌmɪnt]
special ['spɛʃ əl]
specialist ['spɛʃ əl ɪst]
specialize ['spɛʃ ə ˌlaɪz]
specialized ['spɛʃ ə ˌlaɪzd]
specializing ['spɛʃ ə ˌlaɪz ɪŋ]
specially ['spɛʃ ə li]
specialty ['spɛʃ əl ti]
species ['spi ʃiz]
specific [spɪ 'sɪf ɪk]
specifically [spɪ 'sɪf ɪk li]
specification [ˌspɛs ɪ fɪ 'ke ʃn]
specified ['spɛs ə ˌfaɪd]
specifies ['spɛs ə ˌfaɪz]
specify ['spɛs ə ˌfaɪ]
specifying ['spɛs ə ˌfaɪ ɪŋ]
specimen ['spɛs ə mən]
specious ['spi ʃəs]
speck [spɛk]
speckled [spɛkld]
spectacle ['spɛk ˌtə kl]
spectacular [spɛk 'tæk jə lɚ]
spectator ['spɛk ˌte tɚ]
specter ['spɛk tɚ]
spectrum ['spɛk trəm]
speculate ['spɛk jə ˌlet]
speculated ['spɛk jə ˌlet ɪd]
speculates ['spɛk jə ˌlets]
speculating ['spɛk jə ˌlet ɪŋ]
speculation [ˌspɛk jə 'le ʃn]
speculative ['spɛk jə ˌlə tɪv]
speculator ['spɛk jə ˌle tɚ]
sped [spɛd]
speech [spitʃ]
speechless ['spitʃ lɪs]
speed [spid]
speed limit ['spid ˌlɪm ɪt]

speedboat ['spid ˌbot]
speeded ['spid ɪd]
speedily ['spid ɪ li]
speeding ['spid ɪŋ]
speedometer [spɪ 'dam ɪ tɚ]
speeds [spidz]
speedster ['spid stɚ]
speedway ['spid ˌwe]
speedy ['spid i]
spell [spɛl]
spellbinding ['spɛl ˌbaɪn dɪŋ]
spellbound ['spɛl ˌbæʊnd]
spelled [spɛld]
spelling ['spɛl ɪŋ]
spells [spɛlz]
spelunker [spɪ 'lən kɚ]
spend [spɛnd]
spendthrift ['spɛnd ˌθrɪft]
spent [spɛnt]
sperm [spɚm]
sphere [sfɪɚ]
sphincter ['sfɪŋk tɚ]
sphinx [sfɪŋks]
spice [spaɪs]
spiced [spaɪst]
spicing ['spaɪs ɪŋ]
spicy ['spaɪs i]
spider ['spaɪ dɚ]
spiffy ['spɪf i]
spigot ['spɪg ət]
spike [spaɪk]
spiked [spaɪkt]
spikes [spaɪks]
spiking ['spaɪk ɪŋ]
spill [spɪl]
spilled [spɪld]
spilling ['spɪl ɪŋ]

spills [spɪlz]

spin [spɪn]

spin-off ['spɪn ˌɔf]

spinach ['spɪn ɪtʃ]

spinal [spaɪnl]

spinal cord ['spaɪnl ˌkɔɚd]

spindle ['spɪn dl]

spine [spaɪn]

spinet ['spɪn ɪt]

spinner ['spɪn ɚ]

spinning ['spɪn ɪŋ]

spins [spɪnz]

spinster ['spɪn stɚ]

spiral ['spaɪ rəl]

spire [spaɪɚ]

spirit ['spɪɚ ɪt]

spirited ['spɪɚ ɪt ɪd]

spiritual ['spɪɚ ɪ tʃu əl]

spit [spɪt]

spite [spaɪt]

spiteful ['spaɪt fl]

spits [spɪts]

splash [splæʃ]

splashed [splæʃt]

splashes ['splæʃ ɪz]

splashing ['splæʃ ɪŋ]

splatter ['splæt ɚ]

spleen [splin]

splendid ['splɛn dɪd]

splendor ['splɛn dɚ]

splice [splaɪs]

splint [splɪnt]

splinter ['splɪn tɚ]

split [splɪt]

splits [splɪts]

splitting ['splɪt ɪŋ]

splurge [splɚdʒ]

spoil [spɔɪl]

spoiled [spɔɪld]

spoiling ['spɔɪl ɪŋ]

spoils [spɔɪlz]

spoilsport ['spɔɪl ˌspɔɚt]

spoke [spok]

spoken ['spo kn]

spokesman ['spoks mən]

spokesperson ['spoks ˌpɚ sn]

spokeswoman ['spoks ˌwʊ mən]

sponge [spəndʒ]

sponged [spəndʒd]

sponges ['spəndʒ ɪz]

sponging ['spəndʒ ɪŋ]

sponsor ['spɑn sɚ]

sponsored ['spɑn sɚd]

sponsoring ['spɑn sɚ ɪŋ]

sponsors ['spɑn sɚz]

sponsorship ['spɑn sɚ ˌʃɪp]

spontaneous [spɑn 'te ni əs]

spoof [spuf]

spooky ['spuk i]

spool [spul]

spoon [spun]

spoon-fed ['spun ˌfɛd]

spoonful ['spun fl]

sporadic [spə 'ræd ɪk]

sporadically [spə 'ræd ɪk li]

sport [spɔɚt]

sport jacket ['spɔɚt ˌdʒæk ɪt]

sporting ['spɔɚt ɪŋ]

sports car ['spɔɚts ˌkaɚ]

sportscast ['spɔɚts ˌkæst]

sportsman ['spɔɚts mən]

sportsmanship
['spɔɚts mən ˌʃɪp]

sportswoman ['spɔɚts ˌwʊ mən]

sporty   ['spɔɚ ti]

spot   [spat]

spot-check   ['spat ˌtʃɛk]

spotless   ['spat lɪs]

spotlight   ['spat ˌlaɪt]

spotlighted   ['spat ˌlaɪt ɪd]

spotted   ['spat ɪd]

spouse   [spæʊs]

spout   [spæʊt]

sprain   [spren]

sprained   [sprend]

sprang   [spræŋ]

sprawl   [sprɔl]

sprawled   [sprɔld]

sprawling   ['sprɔl ɪŋ]

spray   [spre]

sprayed   [spred]

spread   [sprɛd]

spread-eagled   ['sprɛd ˌi gld]

spreading   ['sprɛd ɪŋ]

spreads   [sprɛdz]

spreadsheet   ['sprɛd ˌʃit]

spree   [spri]

sprig   [sprɪg]

spring   [sprɪŋ]

spring-cleaning   ['sprɪŋ 'klin ɪŋ]

spring fever   ['sprɪŋ 'fi vɚ]

springboard   ['sprɪŋ ˌbɔɚd]

springtime   ['sprɪŋ ˌtaɪm]

springy   ['sprɪŋ i]

sprinkle   ['sprɪŋ kl]

sprinkled   ['sprɪŋ kld]

sprinkler   ['sprɪŋk lɚ]

sprinkling   ['sprɪŋk lɪŋ]

sprint   [sprɪnt]

sprinted   ['sprɪnt ɪd]

sprinter   ['sprɪnt ɚ]

sprinting   ['sprɪnt ɪŋ]

sprints   [sprɪnts]

sprout   [spræʊt]

sprouted   ['spræʊ tɪd]

sprouting   ['spræʊ tɪŋ]

spruce   [sprus]

sprung   [sprəŋ]

spry   [spraɪ]

spun   [spən]

spunk   [spəŋk]

spur   [spɚ]

spurn   [spɚn]

spurned   [spɚnd]

spurns   [spɚnz]

spurred   [spɚd]

spurring   ['spɚ ɪŋ]

spurt   [spɚt]

sputter   ['spət ɚ]

sputum   ['spju tm]

spy   [spaɪ]

spying   ['spaɪ ɪŋ]

squabble   [skwabl]

squad   [skwad]

squad car   ['skwad ˌkaɚ]

squadron   ['skwad rən]

squalid   ['skwa lɪd]

squall   [skwɔl]

squalor   ['skwal ɚ]

squander   ['skwan dɚ]

squandered   ['skwan dɚd]

squandering   ['skwan dɚ ɪŋ]

squanders   ['skwan dɚz]

square   [skwɛɚ]

square dance   ['skwɛɚ ˌdæns]

squared   [skwɛɚd]

squarely   ['skwɛɚ li]

squash   [skwaʃ]

squashed   [skwɑʃt]

squashes   ['skwɑʃ ɪz]

squashing   ['skwɑʃ ɪŋ]

squat   [skwɑt]

squatted   ['skwɑt ɪd]

squatter   ['skwɑt ɚ]

squatting   ['skwɑt ɪŋ]

squaw   [skwɔ]

squawk   [skwɔk]

squeak   [skwik]

squeaked   [skwikt]

squeal   [skwil]

squealed   [skwild]

squealing   ['skwil ɪŋ]

squeamish   ['skwi mɪʃ]

squeeze   [skwiz]

squeezed   [skwizd]

squeezes   ['skwiz ɪz]

squeezing   ['skwiz ɪŋ]

squelch   [skwɛltʃ]

squelched   [skwɛltʃt]

squib   [skwɪb]

squid   [skwɪd]

squint   [skwɪnt]

squinted   ['skwɪn tɪd]

squinting   ['skwɪn tɪŋ]

squints   [skwɪnts]

squire   [skwaɪɚ]

squirm   [skwɚm]

squirmed   [skwɚmd]

squirming   ['skwɚm ɪŋ]

squirms   [skwɚmz]

squirrel   ['skwɚ əl]

squirt   [skwɚt]

squirted   ['skwɚ tɪd]

squirting   ['skwɚ tɪŋ]

stab   [stæb]

stabbed   [stæbd]

stabbing   ['stæb ɪŋ]

stability   [stə 'bɪl ɪ ti]

stabilize   ['steb ə ˌlaɪz]

stable   ['ste bl]

stabs   [stæbz]

staccato   [stə 'kɑ to]

stack   [stæk]

stacked   [stækt]

stacking   ['stæk ɪŋ]

stacks   [stæks]

stadium   ['ste di əm]

staff   [stæf]

staffed   [stæft]

staffing   ['stæf ɪŋ]

staffs   [stæfs]

stag   [stæg]

stag party   ['stæg ˌpɑɚ ti]

stage   [stedʒ]

stagecoach   ['stedʒ ˌkotʃ]

staged   [stedʒd]

stagehand   ['stedʒ ˌhænd]

stagestruck   ['stedʒ ˌstrək]

stagger   ['stæg ɚ]

staggered   ['stæg ɚd]

staggering   ['stæg ɚ ɪŋ]

staggers   ['stæg ɚz]

staging   ['stedʒ ɪŋ]

stagnant   ['stæg nənt]

stagnate   ['stæg ˌnet]

staid   [sted]

stain   [sten]

stained   [stend]

stained glass   ['stend ˌglæs]

staining   ['sten ɪŋ]

stains   [stenz]

stair   [stɛɚ]

staircase   ['stɛɚ ˌkes]

stairway   ['stɛɚ ˌwe]

stake   [stek]

staked   [stekt]

stale   [stel]

stalemate   ['stel ˌmet]

stalk   [stɔk]

stalked   [stɔkt]

stalking   ['stɔk ɪŋ]

stalks   [stɔks]

stall   [stɔl]

stalled   [stɔld]

stalling   ['stɔl ɪŋ]

stallion   ['stæl jən]

stalwart   ['stɔl wɚt]

stamina   ['stæm ə nə]

stamp   [stæmp]

stamp album   ['stæmp ˌæl bəm]

stamped   [stæmpt]

stampede   [stæm 'pid]

stampeded   [stæm 'pid ɪd]

stampeding   [stæm 'pid ɪŋ]

stamping   ['stæmp ɪŋ]

stamps   [stæmps]

stand   [stænd]

stand-in   ['stænd ˌɪn]

standard   ['stæn dɚd]

standardization
    [ˌstænd ɚd ɪ 'ze ʃn]

standardize   ['stæn dɚ ˌdaɪz]

standby   ['stænd ˌbaɪ]

standing   ['stænd ɪŋ]

standoffish   [ˌstænd 'ɔ fɪʃ]

standpoint   ['stænd ˌpɔɪnt]

stands   [stændz]

standstill   ['stænd 'stɪl]

stank   [stæŋk]

stanza   ['stæn zə]

staple   ['ste pl]

stapled   ['ste pld]

stapling   ['step lɪŋ]

star   [staɚ]

Star-Spangled Banner
    ['staɚ ˌspæŋ gld 'bæn ɚ]

starboard   ['staɚ bɚd]

starch   [staɚtʃ]

stardom   ['staɚ dm]

stare   [stɛɚ]

stared   [stɛɚd]

stares   [stɛɚz]

staring   ['stɛɚ ɪŋ]

stark   [staɚk]

stark naked   ['staɚk 'ne kɪd]

starlight   ['staɚ ˌlaɪt]

starred   [staɚd]

starring   ['staɚ ɪŋ]

starry   ['staɚ i]

starry-eyed   ['staɚ i 'aɪd]

start   [staɚt]

started   ['staɚ tɪd]

starter   ['staɚ tɚ]

starting   ['staɚt ɪŋ]

startle   ['staɚ tl]

startled   ['staɚ tld]

startling   ['staɚt lɪŋ]

starts   [staɚts]

starvation   [staɚ 've ʃn]

starve   [staɚv]

starved   [staɚvd]

starving   ['staɚv ɪŋ]

stash   [stæʃ]

state   [stet]

stated   ['stet ɪd]

stately   ['stet li]

statement ['stet mənt]

stateroom ['stet ˌrum]

states [stets]

stateside ['stet ˌsaɪd]

statesman ['stets mən]

static ['stæt ɪk]

stating ['stet ɪŋ]

station ['ste ʃn]

station break ['ste ʃn ˌbrek]

station wagon ['ste ʃn ˌwægn]

stationary ['ste ʃə ˌnɛɚ i]

stationed ['ste ʃnd]

stationery ['ste ʃə ˌnɛɚ i]

statistical [stə 'tɪs tɪ kl]

statistician [ˌstæt ɪ 'stɪʃn]

statistics [stə 'tɪs tɪks]

statue ['stætʃ u]

statuesque [ˌstætʃ u 'ɛsk]

statuette [ˌstætʃ u 'ɛt]

stature ['stætʃ ɚ]

status ['stæt əs]

status quo ['stæt əs 'kwo]

status symbol ['stæt əs ˌsɪm bl]

statute ['stætʃ ut]

staunch [stɔntʃ]

stay [ste]

stayed [sted]

staying ['ste ɪŋ]

stays [stez]

steadfast ['stɛd ˌfæst]

steadily ['stɛd ɪ li]

steady ['stɛd i]

steak [stek]

steal [stil]

steam [stim]

steamed [stimd]

steamer ['sti mɚ]

steaming ['sti mɪŋ]

steamroller ['stim ˌrol ɚ]

steamship ['stim ˌʃɪp]

steel [stil]

steel wool ['stil 'wʊl]

steep [stip]

steeple ['sti pl]

steeplechase ['sti pl ˌtʃes]

steer [stɪɚ]

steered [stɪɚd]

steering ['stɪɚ ɪŋ]

steering wheel ['stɪɚ ɪŋ ˌʍil]

stellar ['stɛl ɚ]

stem [stɛm]

stemmed [stɛmd]

stemming ['stɛm ɪŋ]

stems [stɛmz]

stemware ['stɛm ˌwɛɚ]

stench [stɛntʃ]

stencil ['stɛn sl]

stenciled ['stɛn sld]

stenographer [stə 'nɑg rə fɚ]

step [stɛp]

stepchild ['stɛp ˌtʃaɪld]

stepfather ['stɛp ˌfɑ ðɚ]

stepladder ['stɛp ˌlæd ɚ]

stepmother ['stɛp ˌməð ɚ]

stepped [stɛpt]

stepping ['stɛp ɪŋ]

stepping-stone ['stɛp ɪŋ ˌston]

stereo ['stɛɚ i ˌo]

stereophonic [ˌstɛɚ i ə 'fɑn ɪk]

stereotype ['stɛɚ i ə ˌtaɪp]

sterile ['stɛɚ ɪl]

sterilize ['stɛɚ ə ˌlaɪz]

sterilized ['stɛɚ ɪ ˌlaɪzd]

sterilizes ['stɛɚ ɪ ˌlaɪz ɪz]

sterilizing ['stɛɚ ɪ ˌlaɪz ɪŋ]
sterling ['stɚ lɪŋ]
stern [stɚn]
sternly ['stɚn li]
sternum ['stɚ nəm]
stethoscope ['stɛθ ə ˌskop]
stew [stu]
steward ['stu ɚd]
stewardess ['stu ɚ dɪs]
stewed [stud]
stewing ['stu ɪŋ]
stick [stɪk]
sticker ['stɪk ɚ]
stickler ['stɪk lɚ]
sticks [stɪks]
stickup ['stɪk ˌəp]
sticky ['stɪk i]
stiff [stɪf]
stiffen [stɪfn]
stiffly ['stɪf li]
stifle ['staɪ fl]
stifled ['staɪ fld]
stifling ['staɪf lɪŋ]
stigma ['stɪg mə]
stigmatize ['stɪg mə ˌtaɪz]
still [stɪl]
stillborn ['stɪl ˌbɔɚn]
stilled [stɪld]
stillness ['stɪl nɪs]
stilted ['stɪl tɪd]
stilts [stɪlts]
stimulant ['stɪm jə lənt]
stimulate ['stɪm jə ˌlet]
stimulating ['stɪm jə ˌlet ɪŋ]
stimulus ['stɪm jə ləs]
sting [stɪŋ]
stings [stɪŋz]

stingy ['stɪn dʒi]
stink [stɪŋk]
stinker ['stɪŋk ɚ]
stinking ['stɪŋk ɪŋ]
stinks [stɪŋks]
stint [stɪnt]
stipend ['staɪ ˌpɛnd]
stipulated ['stɪp jə ˌlet ɪd]
stipulation [ˌstɪp jə 'le ʃn]
stir [stɚ]
stirred [stɚd]
stirring ['stɚ ɪŋ]
stirrup ['stɚ əp]
stirs [stɚz]
stitch [stɪtʃ]
stitched [stɪtʃt]
stitching ['stɪtʃ ɪŋ]
stock [stak]
stock market ['stak ˌmaɚ kɪt]
stock phrase ['stak 'frez]
stockade [sta 'ked]
stockbroker ['stak ˌbro kɚ]
stocked [stakt]
stockholder ['stak ˌhol dɚ]
stocking ['stak ɪŋ]
stockpile ['stak ˌpaɪl]
stocks [staks]
stocky ['stak i]
stockyard ['stak ˌjaɚd]
stodgy ['stadʒ i]
stoical ['sto ɪ kl]
stoke [stok]
stole [stol]
stolen ['sto lən]
stomach ['stəm ək]
stomach ache ['stəm ək ˌek]
stone [ston]

stone-cold   ['ston 'kold]

stoned   [stond]

stone's throw   ['stonz ˌθro]

stood   [stʊd]

stooge   [studʒ]

stool   [stul]

stoop   [stup]

stooped   [stupt]

stooping   ['stup ɪŋ]

stop   [stɑp]

stopgap   ['stɑp ˌgæp]

stoplight   ['stɑp ˌlaɪt]

stopover   ['stɑp ˌo vɚ]

stoppage   ['stɑp ɪdʒ]

stopped   [stɑpt]

stopper   ['stɑp ɚ]

stopping   ['stɑp ɪŋ]

stops   [stɑps]

stopwatch   ['stɑp ˌwɑtʃ]

storage   ['stɔɚ ɪdʒ]

store   [stɔɚ]

stored   [stɔɚd]

storefront   ['stɔɚ ˌfrɑnt]

storehouse   ['stɔɚ ˌhæʊs]

storeroom   ['stɔɚ ˌrum]

stores   [stɔɚz]

storing   ['stɔɚ ɪŋ]

stork   [stɔɚk]

storm   [stɔɚm]

storm door   ['stɔɚm ˌdɔɚ]

storm window   ['stɔɚm ˌwɪn do]

stormed   [stɔɚmd]

storming   ['stɔɚ mɪŋ]

stormy   ['stɔɚm i]

story   ['stɔɚ i]

storybook   ['stɔɚ i ˌbʊk]

storyteller   ['stɔɚ i ˌtɛl ɚ]

stout   [stæʊt]

stove   [stov]

stowaway   ['sto ə ˌwe]

straddle   [strædl]

straight   [stret]

straight-faced   ['stret 'fest]

straighten   [stretn]

straightforward
    ['stret 'fɔɚ wɚd]

strain   [stren]

strained   [strend]

strainer   ['stren ɚ]

straining   ['stren ɪŋ]

strains   [strenz]

strait   [stret]

straitjacket   ['stret ˌdʒæk ɪt]

straitlaced   ['stret 'lest]

strand   [strænd]

stranded   ['stræn dɪd]

strange   [strendʒ]

strangely   ['strendʒ li]

stranger   ['strendʒ ɚ]

strangle   ['stræŋ gl]

stranglehold   ['stræŋ gl ˌhold]

strangulate   ['stræŋ gjə ˌlet]

strap   [stræp]

strapped   [stræpt]

strapping   ['stræp ɪŋ]

straps   [stræps]

stratagem   ['stræt ə dʒəm]

strategic   [strə 'ti dʒɪk]

strategy   ['stræt ɪ dʒi]

straw   [strɔ]

straw vote   ['strɔ ˌvot]

strawberry   ['strɔ ˌbɛɚ i]

stray   [stre]

stray bullet   ['stre 'bʊl ɪt]

strayed [stred]

straying ['stre ɪŋ]

strays [strez]

streak [strik]

stream [strim]

streamer ['stri mɚ]

streamline ['strim ˌlaɪn]

streamlined ['strim ˌlaɪnd]

streamlining ['strim ˌlaɪn ɪŋ]

street [strit]

streetcar ['strit ˌkaɚ]

streetwise ['strit ˌwaɪz]

strength [strɛŋθ]

strengthen ['strɛŋ θn]

strenuous ['strɛn ju əs]

stress [strɛs]

stressed [strɛst]

stresses ['strɛs ɪz]

stressful ['strɛs fl]

stressing ['strɛs ɪŋ]

stretch [strɛtʃ]

stretched [strɛtʃt]

stretcher ['strɛtʃ ɚ]

stretches ['strɛtʃ ɪz]

stretching ['strɛtʃ ɪŋ]

stricken [strɪkn]

strict [strɪkt]

strictly ['strɪkt li]

stride [straɪd]

strident ['straɪd nt]

strides [straɪdz]

strife [straɪf]

strike [straɪk]

striking ['straɪk ɪŋ]

string [strɪŋ]

stringent ['strɪn dʒənt]

strip [strɪp]

stripe [straɪp]

striped [straɪpt]

stripped [strɪpt]

stripper ['strɪp ɚ]

stripping ['strɪp ɪŋ]

strive [straɪv]

stroke [strok]

stroked [strokt]

stroking ['strok ɪŋ]

stroll [strol]

strolled [strold]

stroller ['stro lɚ]

strolling ['strol ɪŋ]

strolls [strolz]

strong [strɔŋ]

strongbox ['strɔŋ ˌbaks]

stronghold ['strɔŋ ˌhold]

strongly ['strɔŋ li]

struck [strək]

structural ['strək tʃɚ əl]

structure ['strək tʃɚ]

struggle [strəgl]

strung [strəŋ]

strut [strət]

struts [strəts]

strutted ['strət ɪd]

stub [stəb]

stubbed [stəbd]

stubble ['stə bl]

stubborn ['stəb ɚn]

stubbornly ['stəb ɚn li]

stucco ['stək ˌo]

stuck [stək]

stuck-up ['stək 'əp]

stud [stəd]

student ['stud nt]

studied ['stəd id]

studies   ['stəd iz]

studio   ['stu di ,o]

studio couch   ['stu di ,o ,kæʊtʃ]

studious   ['stu di əs]

studiously   ['stu di əs li]

study   ['stəd i]

studying   ['stəd i ɪŋ]

stuff   [stəf]

stuffed   [stəft]

stuffing   ['stəf ɪŋ]

stuffs   [stəfs]

stuffy   ['stəf i]

stumble   ['stəm bl]

stumbled   ['stəm bld]

stumbling   ['stəm blɪŋ]

stump   [stəmp]

stun   [stən]

stung   [stəŋ]

stunk   [stəŋk]

stunned   [stənd]

stunning   ['stən ɪŋ]

stuns   [stənz]

stunt   [stənt]

stunted   ['stən tɪd]

stuntman   ['stənt 'mæn]

stupendous   [stu 'pɛn dəs]

stupid   ['stu pɪd]

stupidity   [stu 'pɪd ɪ ti]

stupor   ['stu pɚ]

sturdy   ['stɚ di]

stutter   ['stət ɚ]

sty   [staɪ]

style   [staɪl]

styled   [staɪld]

styling   ['staɪl ɪŋ]

stylish   ['staɪ lɪʃ]

stylist   ['staɪ lɪst]

stylus   ['staɪ ləs]

stymied   ['staɪ mid]

styptic pencil   ['stɪp tɪk ,pɛn sl]

suave   [swɑv]

subcommittee   ['səb kə ,mɪt i]

subconscious   [səb 'kɑn ʃəs]

subcontract   ['səb 'kɑn trækt]

subdivide   ['səb dɪ ,vaɪd]

subdivision   ['səb dɪ ,vɪ ʒn]

subdue   [səb 'du]

subdued   [səb 'dud]

subject   n.   ['səb dʒɪkt]
　　　v.   [səb 'dʒɛkt]

subjected   [səb 'dʒɛk tɪd]

subjecting   [səb 'dʒɛk tɪŋ]

subjective   [səb 'dʒɛk tɪv]

sublease   ['səb 'lis]

subleasing   ['səb 'lis ɪŋ]

sublet   ['səb ,lɛt]

sublime   [sə 'blaɪm]

subliminal   [səb 'lɪm ə nl]

submarine   ['səb mə ,rin]

submerge   [səb 'mɚdʒ]

submerged   [səb 'mɚdʒd]

submerges   [səb 'mɚdʒ ɪz]

submerging   [səb 'mɚdʒ ɪŋ]

submission   [səb 'mɪʃn]

submissive   [səb 'mɪs ɪv]

submit   [səb 'mɪt]

submitted   [səb 'mɪt ɪd]

submitting   [səb 'mɪt ɪŋ]

subnormal   [səb 'nɔɚ ml]

subordinate   n.   [sə 'bɔɚ də nɪt]
　　　v.   [sə 'bɔɚ də ,net]

subpoena   [sə 'pi nə]

subpoenaed   [sə 'pi nəd]

subscribe   [səb 'skraɪb]

subscribed   [səb 'skraɪbd]

subscriber   [səb 'skraɪb ɚ]

subscribes   [səb 'skraɪbz]

subscribing   [səb 'skraɪb ɪŋ]

subscription   [səb 'skrɪp ʃn]

subsequent   ['səb sə kwənt]

subsequently   ['səb sə ˌkwənt li]

subservient   [səb 'sɚ vi ənt]

subside   [səb 'saɪd]

subsided   [səb 'saɪd ɪd]

subsidence   [səb 'sɪ dəns]

subsides   [səb 'saɪdz]

subsidiary   [səb 'sɪd i ˌɛɚ i]

subsidies   ['səb sɪ diz]

subsiding   [səb 'saɪd ɪŋ]

subsidize   ['səb sɪ ˌdaɪz]

subsidized   ['səb sɪ ˌdaɪzd]

subsidizes   ['səb sɪ ˌdaɪz ɪz]

subsidizing   ['səb sɪ ˌdaɪz ɪŋ]

subsidy   ['səb sɪ di]

subsist   [səb 'sɪst]

subsistence   [səb 'sɪs təns]

subsoil   ['səb ˌsɔɪl]

substance   ['səb stəns]

substandard   [ˌsəb 'stæn dɚd]

substantial   [səb 'stæn ʃl]

substantially   [səb 'stæn ʃə li]

substantiate   [səb 'stæn ʃi ˌet]

substitute   ['səb stɪ ˌtut]

substituted   ['səb stɪ ˌtut ɪd]

substitutes   ['səb stɪ ˌtuts]

substituting   ['səb stɪ ˌtut ɪŋ]

substitution   [ˌsəb stɪ 'tu ʃn]

subterfuge   ['səb tɚ ˌfjudʒ]

subterranean   [ˌsəb tə 're ni ən]

subtitle   ['səb ˌtaɪtl]

subtle   [sətl]

subtlety   ['sətl ti]

subtotal   ['səb ˌtotl]

subtract   [səb 'trækt]

subtracted   [səb 'træk tɪd]

subtracting   [səb 'træk tɪŋ]

subtraction   [səb 'træk ʃn]

subtracts   [səb 'trækts]

suburb   ['sə bɚb]

suburban   [sə 'bɚ bn]

suburbanite   [sə 'bɚ bə ˌnaɪt]

suburbia   [sə 'bɚ bi ə]

subversive   [səb 'vɚ sɪv]

subway   ['səb ˌwe]

succeed   [sək 'sid]

succeeded   [sək 'sid ɪd]

succeeding   [sək 'sɪd ɪŋ]

succeeds   [sək 'sidz]

success   [sək 'sɛs]

successful   [sək 'sɛs fl]

successfully   [sək 'sɛs fə li]

succession   [sək 'sɛʃn]

successive   [sək 'sɛs ɪv]

successor   [sək 'sɛs ɚ]

succinct   [sək 'sɪŋkt]

succor   ['sək ɚ]

succulent   ['sək jə lənt]

succumb   [sə 'kəm]

succumbed   [sə 'kəmd]

succumbing   [sə 'kəm ɪŋ]

succumbs   [sə 'kəmz]

such   [sətʃ]

suck   [sək]

sucked   [səkt]

sucker   ['sək ɚ]

sucking   ['sək ɪŋ]

suckle   [səkl]

sucks   [səks]

sucrose   ['su ˌkros]

suction   ['sək ʃn]

sudden   [sədn]

suddenly   ['sədn li]

suds   [sədz]

sue   [su]

sued   [sud]

suede   [swed]

suffer   ['səf ɚ]

suffered   ['səf ɚd]

sufferer   ['səf ɚ ɚ]

suffering   ['səf ɚ ɪŋ]

suffers   ['səf ɚz]

suffice   [sə 'faɪs]

sufficient   [sə 'fɪʃ ənt]

sufficiently   [sə 'fɪʃ ənt li]

suffix   ['səf ɪks]

suffocate   ['səf ə ˌket]

suffocated   ['səf ə ˌket ɪd]

suffocating   ['səf ə ˌket ɪŋ]

suffocation   [ˌsəf ɪ 'ke ʃn]

suffrage   ['səf rɪdʒ]

sugar   ['ʃʊg ɚ]

sugarcoat   ['ʃʊg ɚ ˌkot]

sugary   ['ʃʊg ɚ i]

suggest   [səg 'dʒɛst]

suggested   [səg 'dʒɛs tɪd]

suggestible   [səg 'dʒɛs tə bl]

suggesting   [səg 'dʒɛs tɪŋ]

suggestion   [səg 'dʒɛs tʃn]

suggestive   [səg 'dʒɛs tɪv]

suicidal   ['su ɪ ˌsaɪdl]

suicide   ['su ɪ ˌsaɪd]

suing   ['su ɪŋ]

suit   [sut]

suitable   ['su tə bl]

suitably   ['su tə bli]

suitcase   ['sut ˌkes]

suite   [swit]

suited   ['sut ɪd]

suitor   ['su tɚ]

sulfur   ['səl fɚ]

sulfuric acid   [ˌsəl 'fjʊɚ ɪk 'æs ɪd]

sulk   [səlk]

sulked   [səlkt]

sulking   ['səl kɪŋ]

sullen   ['səl n]

sultry   ['səl tri]

sum   [səm]

summarize   ['səm ə ˌraɪz]

summary   ['səm ə ri]

summation   [sə 'me ʃn]

summed   [səmd]

summer   ['səm ɚ]

summertime   ['səm ɚ ˌtaɪm]

summing   ['səm ɪŋ]

summit   ['səm ɪt]

summon   ['səm ən]

summons   ['səm ənz]

sumptuous   ['səmp tʃu əs]

sun   [sən]

sunbathe   ['sən ˌbeð]

sunbathed   ['sən ˌbeðd]

sunbeam   ['sən ˌbim]

sunburn   ['sən bɚn]

sunburned   ['sən ˌbɚnd]

sundae   ['sən di]

Sunday   ['sən de]

sundial   ['sən ˌdaɪl]

sundown   ['sən ˌdæʊn]

sundry   ['sən dri]

sunflower   ['sən ˌflæʊ ɚ]

sung   [səŋ]

sunglasses   ['sən ˌglæs ɪz]

sunk   [səŋk]

sunken   ['səŋ kn]

sunlamp   ['sən ˌlæmp]

sunlight   ['sən ˌlaɪt]

sunlit   ['sən ˌlɪt]

sunny   ['sən ɪ]

sunrise   ['sən ˌraɪz]

sunset   ['sən ˌsɛt]

sunshade   ['sən ˌʃed]

sunshine   ['sən ˌʃaɪn]

sunstroke   ['sən ˌstrok]

suntan   ['sən ˌtæn]

sunup   ['sən ˌəp]

super   ['su pɚ]

superb   [sə 'pɚb]

superego   [ˌsu pɚ 'i go]

superficial   [ˌsu pɚ 'fɪʃl]

superfluous   [sʊ 'pɚ flu əs]

superhuman   [ˌsu pɚ 'hju mən]

superimpose   [ˌsu pɚ ɪm 'poz]

superintendent
   [ˌsu prɪn 'tɛn dənt]

superior   [sə 'pɪɚ i ɚ]

superiority   [sə ˌpɪɚ i 'aɚ ɪ ti]

superlative   [sə 'pɚ lə tɪv]

superman   ['su pɚ ˌmæn]

supermarket   ['su pɚ ˌmaɚ kɪt]

supernatural   [ˌsu pɚ 'nætʃ ɚ əl]

superpower   ['su pɚ ˌpæʊ ɚ]

supersede   [ˌsu pɚ 'sid]

superseded   [ˌsu pɚ 'si dɪd]

supersonic   [ˌsu pɚ 'san ɪk]

superstition   [ˌsu pɚ 'stɪʃn]

superstitious   [ˌsu pɚ 'stɪ ʃəs]

supervise   ['su pɚ ˌvaɪz]

supervised   ['su pɚ ˌvaɪzd]

supervising   ['su pɚ ˌvaɪz ɪŋ]

supervision   [ˌsu pɚ 'vɪ ʒn]

supervisor   ['su pɚ ˌvaɪ zɚ]

supervisory   [ˌsu pɚ 'vaɪ zə ri]

supine   [su 'paɪn]

supper   ['səp ɚ]

supple   [səpl]

supplement   n. ['səp lə mənt]
   v. ['səp lə ˌmɛnt]

supplementary   [ˌsəp lə 'mɛn tri]

supplied   [sə 'plaɪd]

supplier   [sə 'plaɪ ɚ]

supplies   [sə 'plaɪz]

supply   [sə 'plaɪ]

supplying   [sə 'plaɪ ɪŋ]

support   [sə 'pɔɚt]

supporter   [sə 'pɔɚt ɚ]

suppose   [sə 'poz]

supposed   [sə 'pozd]

supposedly   [sə 'poz ɪd li]

supposing   [sə 'poz ɪŋ]

supposition   [ˌsə pə 'zɪʃn]

suppress   [sə 'prɛs]

suppressed   [sə 'prɛst]

suppressing   [sə 'prɛs ɪŋ]

suppression   [sə 'prɛʃn]

supremacy   [sə 'prɛm ə si]

supreme   [sə 'prim]

surcharge   ['sɚ ˌtʃaɚdʒ]

sure   [ʃʊɚ]

surefooted   ['ʃʊɚ 'fʊt ɪd]

surely   ['sʊɚ li]

surf   [sɚf]

surface   ['sɚ fɪs]

surfaced   ['sɚ fɪst]

surfaces   ['sɚ fɪs ɪz]

surfacing   ['sɚ fɪs ɪŋ]

surfboard   ['sɚf ˌbɔɚd]

surfer ['sɚf ɚ]

surfing ['sɚ fɪŋ]

surge [sɚdʒ]

surged [sɚdʒd]

surgeon ['sɚ dʒn]

surgery ['sɚ dʒə ri]

surgical ['sɚ dʒɪ kl]

surly ['sɚ li]

surmise [sɚ 'maɪz]

surmised [sɚ 'maɪzd]

surmount [sɚ 'mæʊnt]

surname ['sɚ ,nem]

surpass [sɚ 'pæs]

surpassed [sɚ 'pæst]

surpasses [sɚ 'pæs ɪz]

surpassing [sɚ 'pæs ɪŋ]

surplus ['sɚ pləs]

surprise [sɚ 'praɪz]

surprised [sɚ 'praɪzd]

surprises [sɚ 'praɪz ɪz]

surprising [sɚ 'praɪz ɪŋ]

surprisingly [sɚ 'praɪz ɪŋ li]

surrender [sə 'rɛn dɚ]

surrendered [sə 'rɛn dɚd]

surrendering [sə 'rɛn dɚ ɪŋ]

surrenders [sə 'rɛn dɚz]

surrogate ['sɚ ə gɪt]

surrogate mother
  ['sɚ ə gɪt 'məð ɚ]

surround [sə 'ræʊnd]

surrounded [sə 'ræʊn dɪd]

surrounding [sə 'ræʊn dɪŋ]

surroundings [sə 'ræʊn dɪŋz]

surtax ['sɚ ,tæks]

surveillance [sɚ 've ləns]

survey n. ['sɚ ve] v. [sɚ 've]

surveyed [sɚ 'ved]

surveying [sɚ 've ɪŋ]

surveyor [sɚ 've ɚ]

survival [sɚ 'vaɪvl]

survive [sɚ 'vaɪv]

survived [sɚ 'vaɪvd]

survives [sɚ 'vaɪvz]

surviving [sɚ 'vaɪv ɪŋ]

survivor [sɚ 'vaɪ vɚ]

susceptible [sə 'sɛp tə bl]

suspect n. ['səs ,pɛkt]
  v. [sə 'spɛkt]

suspected [sə 'spɛk tɪd]

suspecting [sə 'spɛk tɪŋ]

suspects [sə 'spɛkts]

suspend [sə 'spɛnd]

suspended [sə 'spɛn dɪd]

suspenders [sə 'spɛn dɚz]

suspending [sə 'spɛn dɪŋ]

suspends [sə 'spɛndz]

suspense [sə 'spɛns]

suspension [sə 'spɛn ʃn]

suspicion [sə 'spɪʃn]

suspicious [sə 'spɪʃ əs]

sustain [sə 'sten]

sustained [sə 'stend]

sustaining [sə 'ste nɪŋ]

sustenance ['səs tə nəns]

suture ['su tʃɚ]

swab [swab]

swabbed [swabd]

swagger ['swæg ɚ]

swallow ['swal o]

swallowed ['swal od]

swallowing ['swal o ɪŋ]

swallows ['swal oz]

swam [swæm]

swamp [swamp]

swamped   [swɑmpt]

swan   [swɑn]

swap   [swɑp]

swapped   [swɑpt]

swapping   ['swɑp ɪŋ]

swaps   [swɑps]

swarm   [swɔɚm]

swarmed   [swɔɚmd]

swarming   ['swɔɚm ɪŋ]

swarthy   ['swɑɚ ði]

swastika   ['swɑs tɪ kə]

swat   [swɑt]

swatch   [swɑtʃ]

swath   [swɑθ]

swats   [swɑts]

swatted   ['swɑt ɪd]

swatting   ['swɑt ɪŋ]

sway   [swe]

swaybacked   ['swe ˌbækt]

swayed   [swed]

swaying   ['swe ɪŋ]

swear   [swɛɚ]

swearword   ['swɛɚ ˌwɚd]

sweat   [swɛt]

sweated   ['swɛt ɪd]

sweater   ['swɛt ɚ]

sweating   ['swɛt ɪŋ]

sweats   [swɛts]

sweatshirt   ['swɛt ˌʃɚt]

sweatshop   ['swɛt ˌʃɑp]

sweaty   ['swɛt i]

Swede   [swid]

Swedish   ['swi dɪʃ]

sweep   [swip]

sweeping   ['swip ɪŋ]

sweepstakes   ['swip ˌsteks]

sweet   [swit]

sweet tooth   ['swit ˌtuθ]

sweeten   ['swit ən]

sweetened   ['swit ənd]

sweetener   ['swit ən ɚ]

sweetens   [switnz]

sweetheart   ['swit ˌhɑɚt]

sweetly   ['swit li]

sweetness   ['swit nɪs]

swell   [swɛl]

swelled   [swɛld]

swellhead   ['swɛl ˌhɛd]

swelling   ['swɛl ɪŋ]

swells   [swɛlz]

sweltering   ['swɛl tɚ ɪŋ]

swept   [swɛpt]

swerve   [swɚv]

swerved   [swɚvd]

swerving   ['swɚv ɪŋ]

swift   [swɪft]

swiftly   ['swɪft li]

swiftness   ['swɪft nɪs]

swim   [swɪm]

swimmer   ['swɪm ɚ]

swimming   ['swɪm ɪŋ]

swimsuit   ['swɪm ˌsut]

swindle   ['swɪn dl]

swindled   ['swɪn dld]

swindling   ['swɪnd lɪŋ]

swine   [swaɪn]

swing   [swɪŋ]

swinger   ['swɪŋ ɚ]

swinging   ['swɪŋ ɪŋ]

swings   [swɪŋz]

swipe   [swaɪp]

swiped   [swaɪpt]

swirl   [swɚl]

swirled   [swɚld]

swirling   ['swɚl ɪŋ]

swish   [swɪʃ]

swished   [swɪʃt]

Swiss   [swɪs]

switch   [swɪtʃ]

switch-hitter   ['swɪtʃ 'hɪt ɚ]

switchboard   ['swɪtʃ ˌbɔɚd]

switched   [swɪtʃt]

switching   ['swɪtʃ ɪŋ]

swivel   [swɪvl]

swiveled   [swɪvld]

swiveling   ['swɪv lɪŋ]

swivels   [swɪvlz]

swollen   ['swo lən]

swoon   [swun]

swooned   [swund]

swoop   [swup]

swooped   [swupt]

swooping   ['swup ɪŋ]

sword   [sɔɚd]

swordfish   ['sɔɚd ˌfɪʃ]

swore   [swɔɚ]

sworn   [swɔɚn]

swung   [swəŋ]

sycamore   ['sɪk ə ˌmɔɚ]

syllabic   [sɪ 'læb ɪk]

syllabification   [sɪ ˌlæb ɪ fɪ 'ke ʃn]

syllable   ['sɪl ə bl]

syllabus   ['sɪl ə bəs]

symbol   ['sɪm bl]

symbolic   [sɪm 'bal ɪk]

symbolical   [sɪm 'bal ɪ kl]

symbolically   [sɪm 'bal ɪk li]

symbolize   ['sɪm bə ˌlaɪz]

symmetrical   [sɪ 'mɛ trɪ kl]

symmetry   ['sɪm ɪ tri]

sympathetic   [ˌsɪm pə 'θɛt ɪk]

sympathize   ['sɪm pə ˌθaɪz]

sympathized   ['sɪm pə ˌθaɪzd]

sympathizer   ['sɪm pə ˌθaɪz ɚ]

sympathizing   ['sɪm pə ˌθaɪz ɪŋ]

sympathy   ['sɪm pə θi]

symphonic   [sɪm 'fan ɪk]

symphony   ['sɪm fə ni]

symposium   [sɪm 'po zi əm]

symptom   ['sɪm tm]

synagogue   ['sɪn ə ˌgag]

synapse   ['sɪn ˌæps]

synchronize   ['sɪn krə ˌnaɪz]

synchronized   ['sɪn krə ˌnaɪzd]

syndicate   n. ['sɪn də kɪt]
    v. ['sɪn də ˌket]

syndicated   ['sɪn dɪ ˌket ɪd]

syndicates   ['sɪn də ˌkets]

syndicating   ['sɪn dɪ ˌket ɪŋ]

syndication   [ˌsɪn dɪ 'ke ʃn]

syndrome   ['sɪn drom]

synonym   ['sɪ nən ɪm]

synopsis   [sɪ 'nap sɪs]

syntax   ['sɪn tæks]

synthesis   ['sɪn θɪ sɪs]

synthetic   [sɪn 'θɛt ɪk]

syphilis   ['sɪf ə lɪs]

syphon   ['saɪ fn]

syphoned   ['saɪ fnd]

syphons   ['saɪ fnz]

Syracuse (NY)   ['sɪɚ ə ˌkjus]

syringe   [sə 'rɪndʒ]

syrup   ['sɪɚ əp]

system   ['sɪs tm]

systematic   [ˌsɪs tə 'mæt ɪk]

systematically   [ˌsɪs tə 'mæt ɪk li]

systematize   ['sɪs tə mə ˌtaɪz]

systemic   [sɪ 'stɛm ɪk]

T

T [ti]

T-shirt ['ti ˌʃɚt]

tab [tæb]

table ['te bl]

tablecloth ['te bl ˌklɔθ]

tabled ['te bld]

tablespoon ['te bl ˌspun]

tablespoonful ['te bl ˌspun fl]

tablet ['tæb lɪt]

tableware ['te bl ˌwɛɚ]

tabloid ['tæb lɔɪd]

taboo [tə 'bu]

tabulate ['tæb jə ˌlet]

tabulated ['tæb jə ˌlet ɪd]

tabulating ['tæb jə ˌlet ɪŋ]

tack [tæk]

tacked [tækt]

tacking ['tæk ɪŋ]

tackle [tækl]

tackled [tækld]

tackler ['tæk lɚ]

tackling ['tæk lɪŋ]

tacky ['tæk i]

taco ['tɑ ko]

tact [tækt]

tactful ['tækt fl]

tactical ['tæk tɪ kl]

tactician [ˌtæk 'tɪʃn]

tactics ['tæk tɪks]

tactile ['tæk tɪl]

tactless ['tækt lɪs]

tadpole ['tæd ˌpol]

taffy ['tæf i]

tag [tæg]

tagged [tægd]

tagging ['tæg ɪŋ]

tail [tel]

tailed [teld]

tailgate ['tel ˌget]

tailing ['tel ɪŋ]

taillight ['tel ˌlɑɪt]

tailor ['te lɚ]

tailor-made ['te lɚ 'med]

tailored ['te lɚd]

tailpipe ['tel ˌpɑɪp]

tailspin ['tel ˌspɪn]

tailwind ['tel ˌwɪnd]

taint [tent]

tainted ['ten tɪd]

take [tek]

take-home pay   ['tek ,hom 'pe]
taken   ['te kn]
takeoff   ['tek ,ɔf]
takeout   ['tek ,æʊt]
takeover   ['tek ,o vɚ]
takes   [teks]
taking   ['te kɪŋ]
talcum powder
   ['tæl kəm ,pæʊ dɚ]
tale   [tel]
talent   ['tæl ənt]
talented   ['tæl ənt ɪd]
talk   [tɔk]
talkative   ['tɔ kə tɪv]
talked   [tɔkt]
talker   ['tɔk ɚ]
talking   ['tɔ kɪŋ]
talking-to   ['tɔ kɪŋ ,tu]
talks   [tɔks]
tall   [tɔl]
tall story   ['tɔl 'stɔɚ i]
tally   ['tæl i]
tambourine   [,tæm bə 'rin]
tame   [tem]
tamed   [temd]
tames   [temz]
taming   ['tem ɪŋ]
tamper   ['tæm pɚ]
tampered   ['tæm pɚd]
tampering   ['tæm pɚ ɪŋ]
tampers   ['tæm pɚz]
tampon   ['tæm ,pɑn]
tan   [tæn]
tandem   ['tæn dm]
tangerine   [,tæn dʒə 'rin]
tangible   ['tæn dʒə bl]
tangle   ['tæŋ gl]

tangled   ['tæŋ gld]
tank   [tæŋk]
tank truck   ['tæŋk ,trək]
tanker   ['tæŋ kɚ]
tanned   [tænd]
tanner   ['tæn ɚ]
tantalize   ['tæn tə ,lɑɪz]
tantalizing   ['tæn tə ,lɑɪz ɪŋ]
tantamount   ['tæn tə ,mæʊnt]
tantrum   ['tæn trəm]
tap   [tæp]
tap-dance   ['tæp ,dæns]
tap dancing   ['tæp ,dæns ɪŋ]
tape   [tep]
tape measure   ['tep ,mɛʒ ɚ]
taped   [tept]
tapes   [teps]
tapestry   ['tæp ɪ stri]
tapeworm   ['tep ,wɚm]
taping   ['tep ɪŋ]
tapped   [tæpt]
tapping   ['tæp ɪŋ]
taproom   ['tæp ,rum]
taproot   ['tæp ,rut]
taps   [tæps]
tar   [tɑɚ]
tardy   ['tɑɚ di]
target   ['tɑɚ gɪt]
targeted   ['tɑɚ gɪt ɪd]
targeting   ['tɑɚ gɪt ɪŋ]
tariff   ['tæɚ ɪf]
tarmac   ['tɑɚ ,mæk]
tarnish   ['tɑɚ nɪʃ]
tarpaulin   ['tɑɚ pə lɪn]
tarred   [tɑɚd]
tarry   ['tæɚ i]
tart   [tɑɚt]

tartan   [ˈtɑɚtn]
tartar sauce   [ˈtɑɚ tɚ ˌsɔs]
task   [tæsk]
task force   [ˈtæsk ˌfɔɚs]
tassel   [ˈtæsl]
taste   [test]
tasted   [ˈtest ɪd]
tasteless   [ˈtest lɪs]
tastes   [tests]
tasting   [ˈtest ɪŋ]
tasty   [ˈtest i]
tatter   [ˈtæt ɚ]
tattered   [ˈtæt ɚd]
tattletale   [ˈtætl ˌtel]
tattoo   [tæ ˈtu]
tattooed   [tæ ˈtud]
taught   [tɔt]
taunt   [tɔnt]
taunted   [ˈtɔn tɪd]
taut   [tɔt]
tavern   [ˈtæv ɚn]
tax   [tæks]
tax evasion   [ˈtæks ɪ ˌve ʒn]
tax return   [ˈtæks rɪ ˌtɚn]
taxable   [ˈtæks ə bl]
taxation   [tæks ˈe ʃn]
taxed   [tækst]
taxes   [ˈtæks ɪz]
taxi   [ˈtæk si]
taxi driver   [ˈtæk si ˌdraɪv ɚ]
taxicab   [ˈtæk si ˌkæb]
taxing   [ˈtæks ɪŋ]
taxpayer   [ˈtæks ˌpeɚ]
tea   [ti]
tea bag   [ˈti ˌbæg]
teach   [titʃ]
teacher   [ˈti tʃɚ]

teaches   [ˈti tʃɪz]
teaching   [ˈtitʃ ɪŋ]
teacup   [ˈti ˌkəp]
teak   [tik]
teakettle   [ˈti ˌkɛtl]
team   [tim]
teamed   [timd]
teammate   [ˈtim ˌmet]
teamster   [ˈtim stɚ]
teamwork   [ˈtim ˌwɚk]
teapot   [ˈti ˌpat]
tear   n. moisture from weeping [tɪɚ] v. to make moisture by weeping [tɪɚ] n. a torn place [tɛɚ] v. to rip [tɛɚ]
teardrop   [ˈtɪɚ ˌdrap]
tearful   [ˈtɪɚ fl]
tearfully   [ˈtɪɚ fə li]
tearoom   [ˈti ˌrum]
tease   [tiz]
teased   [tizd]
teaser   [ˈtiz ɚ]
teases   [ˈtiz ɪz]
teasing   [ˈtiz ɪŋ]
teaspoon   [ˈti ˌspun]
teaspoonful   [ˈti ˌspun ˌfʊl]
technical   [ˈtɛk nɪ kl]
technicality   [ˌtɛk nɪ ˈkæl ɪ ti]
technically   [ˈtɛk nɪk li]
technician   [tɛk ˈnɪʃn]
technique   [tɛk ˈnik]
technological   [ˌtɛk nə ˈladʒ ɪ kl]
technology   [tɛk ˈnal ə dʒi]
tedious   [ˈti di əs]
tedium   [ˈti di əm]
tee   [ti]
tee shirt   [ˈti ˌʃɚt]

teeming ['tim ɪŋ]

teenage ['tin ˌedʒ]

teenager ['tin ˌedʒ ɚ]

teens [tinz]

teeny ['ti ni]

teeth [tiθ]

teethe [tið]

teethed [tiðd]

teething ['tɪð ɪŋ]

teething ring ['tɪð ɪŋ ˌrɪŋ]

teetotaler ['ti 'tot lɚ]

Teflon ['tɛf lɑn]

telecast ['tɛl ə ˌkæst]

telecaster ['tɛl ə ˌkæs tɚ]

telecasting ['tɛl ə ˌkæst ɪŋ]

telegram ['tɛl ə ˌgræm]

telegraph ['tɛl ə ˌgræf]

telepathy [tə 'lɛp ə θi]

telephone ['tɛl ə ˌfon]

telephoned ['tɛl ə ˌfond]

telephoning ['tɛl ə ˌfon ɪŋ]

telescope ['tɛl ə ˌskop]

telescopic [ˌtɛl ə 'skɑp ɪk]

telethon ['tɛl ə ˌθɑn]

televise ['tɛl ə ˌvɑɪz]

televised ['tɛl ə ˌvɑɪzd]

televises ['tɛl ə ˌvɑɪz ɪz]

televising ['tɛl ə ˌvɑɪz ɪŋ]

television ['tɛl ə ˌvɪ ʒn]

tell [tɛl]

teller ['tɛl ɚ]

telling ['tɛl ɪŋ]

temerity [tɪ 'mɛɚ ɪ ti]

temper ['tɛm pɚ]

temperament ['tɛm pɚ mənt]

temperamental [ˌtɛm pɚ 'mɛn tl]

temperance ['tɛm pɚ əns]

temperate ['tɛm pɚ ɪt]

temperature ['tɛm prə ˌtʃɚ]

tempered ['tɛm pɚd]

tempest ['tɛm pɪst]

tempestuous [tɛm 'pɛs tʃu əs]

template ['tɛm plɪt]

temple ['tɛm pl]

temporarily [ˌtɛm pə 'rɛɚ ɪ li]

temporary ['tɛm pə ˌrɛɚ i]

tempt [tɛmpt]

temptation [tɛmp 'te ʃn]

tempted ['tɛmp tɪd]

tempting ['tɛmp tɪŋ]

tempts [tɛmpts]

ten [tɛn]

tenable ['tɛn ə bl]

tenacious [tə 'ne ʃəs]

tenaciously [tə 'ne ʃəs li]

tenacity [tə 'næs ɪ ti]

tenant ['tɛn ənt]

tend [tɛnd]

tended ['tɛn dɪd]

tendency ['tɛn dn si]

tender ['tɛn dɚ]

tenderize ['tɛn də ˌrɑɪz]

tenderized ['tɛn də ˌrɑɪzd]

tenderizing ['tɛn də ˌrɑɪz ɪŋ]

tenderly ['tɛn dɚ li]

tenderness ['tɛn dɚ nɪs]

tending ['tɛn dɪŋ]

tendon ['tɛn dn]

tends [tɛndz]

tenement ['tɛn ə mənt]

tenet ['tɛn ɪt]

Tennessee [ˌtɛn ɪ 'si]

tennis ['tɛn ɪs]

tenor ['tɛn ɚ]

tenpins ['tɛn ˌpɪnz]

tense [tɛns]

tensely ['tɛns li]

tension ['tɛn ʃn]

tent [tɛnt]

tentative ['tɛn tə tɪv]

tenth [tɛnθ]

tenuous ['tɛn ju əs]

tenure ['tɛn jɚ]

tepee ['ti pi]

tepid ['tɛp ɪd]

term [tɚm]

terminable ['tɚm ə nə bl]

terminal ['tɚ mə nl]

terminate ['tɚ mə ˌnet]

terminated ['tɚ mə ˌnet ɪd]

termination [ˌtɚ mə 'ne ʃn]

termite ['tɚ ˌmaɪt]

terrace ['tɛɚ əs]

terraced ['tɛɚ əst]

terrain [tə 'ren]

terrazzo [tə 'ræz o]

terrible ['tɛɚ ə bl]

terribly ['tɛɚ ə bli]

terrier ['tɛɚ i ɚ]

terrific [tə 'rɪf ɪk]

terrified ['tɛɚ ɪ ˌfaɪd]

terrify ['tɛɚ ə ˌfaɪ]

terrifying ['tɛɚ ə ˌfaɪ ɪŋ]

territory ['tɛɚ ɪ ˌtɔɚ i]

terror ['tɛɚ ɚ]

terrorism ['tɛɚ ə ˌrɪzm]

terrorist ['tɛɚ ə rɪst]

terrorize ['tɛɚ ə ˌraɪz]

terrorized ['tɛɚ ə ˌraɪzd]

terrorizing ['tɛɚ ə ˌraɪz ɪŋ]

terse [tɚs]

test [tɛst]

test tube ['tɛst ˌtub]

testament ['tɛs tə mənt]

tested ['tɛs tɪd]

testicle ['tɛs tɪ kl]

testified ['tɛs tə ˌfaɪd]

testifies ['tɛs tə ˌfaɪz]

testify ['tɛs tə ˌfaɪ]

testifying ['tɛs tə ˌfaɪ ɪŋ]

testimonial [ˌtɛs tə 'mo ni əl]

testimony ['tɛs tə ˌmo ni]

testing ['tɛs tɪŋ]

testosterone [tɛ 'stas tə ˌron]

tests [tɛsts]

testy ['tɛs ti]

tetanus ['tɛt nəs]

tether ['tɛð ɚ]

Texas ['tɛk səs]

text [tɛkst]

textbook ['tɛkst ˌbʊk]

textile ['tɛks ˌtaɪl]

texture ['tɛks tʃɚ]

than [ðæn]

thank [θæŋk]

thank you ['θæŋk ju]

thanked [θæŋkt]

thankful ['θæŋk fl]

thanking ['θæŋk ɪŋ]

thankless ['θæŋk lɪs]

thanks [θæŋks]

thanksgiving [ˌθæŋks 'gɪv ɪŋ]

that [ðæt]

thatched [θætʃt]

thatched roof ['θætʃt 'ruf]

that's [ðæts]

thaw [θɔ]

the [ðə]
theater ['θi ə tɚ]
theatergoer ['θi ə tɚ ˌgo ɚ]
theatrical [θi 'æ trɪ kl]
theft [θɛft]
their [ðɛɚ]
theirs [ðɛɚz]
them [ðɛm]
theme [θim]
themselves [ðɛm 'sɛlvz]
then [ðɛn]
theologian [ˌθi ə 'lodʒn]
theological [ˌθi ə 'ladʒ ɪ kl]
theology [θi 'al ə dʒi]
theorem ['θiɚ əm]
theoretical [ˌθi ə 'rɛt ɪ kl]
theoretically [ˌθi ɚ 'rɛt ɪk li]
theory ['θiɚ i]
therapeutic [ˌθɛɚ ə 'pju tɪk]
therapist ['θɛɚ ə pɪst]
therapy ['θɛɚ ə pi]
there [ðɛɚ]
thereabouts ['ðɛɚ ə ˌbæʊts]
thereafter [ˌðɛɚ 'æf tɚ]
thereby [ˌðɛɚ 'baɪ]
therefore ['ðɛɚ ˌfɔɚ]
there's [ðɛɚz]
thereupon [ˌðɛɚ ə 'pan]
therewith [ˌðɛɚ 'wɪθ]
thermal ['θɚ ml]
thermometer [θɚ 'mam ə tɚ]
thermonuclear
　[ˌθɚ mo 'nu kli ɚ]
thermos ['θɚ məs]
thermostat ['θɚ mə ˌstæt]
thesaurus [θɪ 'sɔɚ əs]
these [ðiz]

thesis ['θi sɪs]
they [ðe]
they'd [ðed]
they'll [ðel]
they're [ðeɚ]
they've [ðev]
thick [θɪk]
thick-skinned ['θɪk 'skɪnd]
thicken [θɪkn]
thickly ['θɪk li]
thickness ['θɪk nɪs]
thief [θif]
thievery ['θi və ri]
thieves [θivz]
thigh [θaɪ]
thighbone ['θaɪ ˌbon]
thimble ['θɪm bl]
thin [θɪn]
thin-skinned ['θɪn 'skɪnd]
thing [θɪŋ]
think [θɪŋk]
thinker ['θɪŋk ɚ]
thinking ['θɪŋk ɪŋ]
thinly ['θɪn li]
thinness ['θɪn nɪs]
third [θɚd]
third-class ['θɚd 'klæs]
third degree ['θɚd dɪ 'gri]
third-rate ['θɚd 'ret]
third world ['θɚd 'wɚld]
thirdly ['θɚd li]
thirst [θɚst]
thirsty ['θɚs ti]
thirteen ['θɚ 'tin]
thirteenth ['θɚ 'tinθ]
thirtieth ['θɚ ti ɪθ]
thirty ['θɚ ti]

this [ðɪs]

thorax ['θɔɚ æks]

thorn [θɔɚn]

thorny ['θɔɚn i]

thorough ['θɚ o]

thoroughbred ['θɚ o ˌbrɛd]

thoroughfare ['θɚ o ˌfɛɚ]

thoroughly ['θɚ ə li]

those [ðoz]

though [ðo]

thought [θɔt]

· thoughtful ['θɔt fl]

thoughtfully ['θɔt fə li]

thoughtfulness ['θɔt fl nɪs]

thoughtless ['θɔt lɪs]

thoughtlessness ['θɔt lɪs nɪs]

thousand ['θæʊ znd]

thousandth ['θæʊ zndθ]

thrash [θræʃ]

thrashed [θræʃt]

thrashing ['θræʃ ɪŋ]

thread [θrɛd]

threadbare ['θrɛd ˌbɛɚ]

threaded ['θrɛd ɪd]

threading ['θrɛd ɪŋ]

threat [θrɛt]

threaten [θrɛtn]

threatened [θrɛtnd]

threatening ['θrɛtn ɪŋ]

threatens [θrɛtnz]

three [θri]

three-dimensional
['θri dɪ 'mɛn ʃə nl]

three-piece suit ['θri ˌpis 'sut]

threefold ['θri ˌfold]

threescore ['θri 'skɔɚ]

threshold ['θrɛʃ ˌhold]

threw [θru]

thrift [θrɪft]

thrift shop ['θrɪft ˌʃap]

thriftiness ['θrɪf ti nɪs]

thrifty ['θrɪf ti]

thrill [θrɪl]

thrilled [θrɪld]

thriller ['θrɪl ɚ]

thrilling ['θrɪl ɪŋ]

thrills [θrɪlz]

thrive [θraɪv]

thrived [θraɪvd]

thrives [θraɪvz]

thriving ['θraɪv ɪŋ]

throat [θrot]

throaty ['θro ti]

throb [θrab]

throbbed [θrabd]

throbbing ['θrab ɪŋ]

throbs [θrabz]

thrombosis [θram 'bo sɪs]

throne [θron]

throng [θraŋ]

throttle [θratl]

through [θru]

throughout [θru 'æʊt]

throughway ['θru ˌwe]

throw [θro]

throw rug ['θro ˌrəg]

throwaway ['θro ə ˌwe]

throwback ['θro ˌbæk]

throwing ['θro ɪŋ]

thrown [θron]

thrust [θrəst]

thud [θəd]

thug [θəg]

thumb [θəm]

thumbed [θəmd]

thumbing ['θəm ɪŋ]

thumbnail ['θəm ˌnel]

thumbtack ['θəm ˌtæk]

thump [θəmp]

thumped [θəmpt]

thunder ['θən dɚ]

thunderbolt ['θən dɚ ˌbolt]

thunderclap ['θən dɚ ˌklæp]

thundercloud ['θən dɚ ˌklæʊd]

thundered ['θən dɚd]

thundering ['θən dɚ ɪŋ]

thunderous ['θən dɚ əs]

thundershower
  ['θən dɚ ˌʃæʊ ɚ]

thunderstorm ['θən dɚ ˌstɔɚm]

Thursday ['θɚz de]

thus [ðəs]

thwart [θwɔɚt]

tic [tɪk]

tic-tac-toe ['tɪk 'tæk 'to]

tick [tɪk]

tick-tock ['tɪk ˌtak]

ticked [tɪkt]

ticker ['tɪk ɚ]

ticker tape ['tɪk ɚ ˌtep]

ticket ['tɪk ɪt]

ticket office ['tɪk ɪt ˌɔ fɪs]

ticking ['tɪk ɪŋ]

tickle [tɪkl]

tickled [tɪkld]

tickles [tɪklz]

tickling ['tɪk lɪŋ]

ticklish ['tɪk lɪʃ]

ticks [tɪks]

tidal [taɪdl]

tidal wave ['taɪdl ˌwev]

tidbit ['tɪd ˌbɪt]

tide [taɪd]

tidied ['taɪd id]

tidings ['taɪd ɪŋz]

tidy ['taɪ di]

tidying ['taɪ di ɪŋ]

tie [taɪ]

tie clip ['taɪ ˌklɪp]

tie-up ['taɪ ˌəp]

tied [taɪd]

tier [tɪɚ]

ties [taɪz]

tiger ['taɪ gɚ]

tight [taɪt]

tight-fisted ['taɪt 'fɪs tɪd]

tight-lipped ['taɪt ˌlɪpt]

tighten [taɪtn]

tightly ['taɪt li]

tightrope ['taɪt ˌrop]

tights [taɪts]

tightwad ['taɪt ˌwad]

tile [taɪl]

tiled [taɪld]

tiling ['taɪl ɪŋ]

till [tɪl]

tiller ['tɪl ɚ]

tilt [tɪlt]

tilted ['tɪl tɪd]

tilting ['tɪl tɪŋ]

tilts [tɪlts]

timber ['tɪm bɚ]

timbre ['tɪm bɚ]

time [taɪm]

time-honored ['taɪm ˌan ɚd]

time off ['taɪm ˌɔf]

time-out ['taɪm 'æʊt]

time sharing ['taɪm ˌʃɛɚ ɪŋ]

time zone ['taɪm ˌzon]
timed [taɪmd]
timekeeper ['taɪm ˌkip ɚ]
timeless ['taɪm lɪs]
timely ['taɪm li]
timepiece ['taɪm ˌpis]
timer ['taɪm ɚ]
times [taɪmz]
timetable ['taɪm ˌte bl]
timid ['tɪm ɪd]
timidly ['tɪm ɪd li]
timing ['taɪ mɪŋ]
tin [tɪn]
tinderbox ['tɪn dɚ ˌbaks]
tinfoil ['tɪn ˌfɔɪl]
tinge [tɪndʒ]
tingle ['tɪŋ gl]
tingled ['tɪŋ gld]
tingles ['tɪŋ glz]
tingling ['tɪŋ glɪŋ]
tinier ['taɪ ni ɚ]
tiniest ['taɪ ni ɪst]
tinker ['tɪŋk ɚ]
tinkered ['tɪŋ kɚd]
tinkering ['tɪŋ kɚ ɪŋ]
tinkers ['tɪŋ kɚz]
tinny ['tɪn i]
tinsel ['tɪn sl]
tint [tɪnt]
tinted ['tɪn tɪd]
tinted glass ['tɪn tɪd ˌglæs]
tinting ['tɪn tɪŋ]
tiny ['taɪ ni]
tip [tɪp]
tip-off ['tɪp ˌɔf]
tip-top ['tɪp 'tap]
tipped [tɪpt]

tipping ['tɪp ɪŋ]
tips [tɪps]
tipster ['tɪp stɚ]
tiptoe ['tɪp ˌto]
tirade ['taɪ ˌred]
tire [taɪɚ]
tire pressure ['taɪɚ ˌprɛʃ ɚ]
tired [taɪɚd]
tireless ['taɪɚ lɪs]
tiresome ['taɪɚ səm]
tiring ['taɪɚ ɪŋ]
tissue ['tɪʃ u]
tissue paper ['tɪʃ u ˌpe pɚ]
tit for tat ['tɪt fɚ 'tæt]
titanic [taɪ 'tæn ɪk]
tithe [taɪð]
tithes [taɪðz]
titillate ['tɪt ə ˌlet]
titillated ['tɪt ə ˌlet ɪd]
title [taɪtl]
title role ['taɪtl 'rol]
titular ['tɪt jə lɚ]
tizzy ['tɪz i]
to [to]
to-do [tə 'du]
toad [tod]
toadstool ['tod ˌstul]
toast [tost]
toasted ['to stɪd]
toaster ['to stɚ]
toaster oven ['to stɚ ˌə vn]
toasting ['to stɪŋ]
toastmaster ['tost ˌmæs tɚ]
toasts [tosts]
tobacco [tə 'bæk o]
toboggan [tə 'bagn]
today [tə 'de]

toddle [tadl]
toddled [tadld]
toddler ['tad lɚ]
toddling ['tad lɪŋ]
toe [to]
toehold ['to ˌhold]
toenail ['to ˌnel]
together [tə 'gɛð ɚ]
togetherness [tə 'gɛð ɚ nɪs]
toil [tɔɪl]
toilet ['tɔɪ lɪt]
toilet paper ['tɔɪ lɪt ˌpe pɚ]
token ['to kn]
tokenism ['to kn ˌɪzm]
told [told]
Toledo (OH) [tə 'li do]
tolerable ['tal ɚ ə bl]
tolerance ['tal ɚ əns]
tolerant ['tal ɚ ənt]
tolerate ['tal ə ˌret]
tolerated ['tal ə ˌret ɪd]
tolerating ['tal ə ˌret ɪŋ]
toll [tol]
tollgate ['tol ˌget]
tomahawk ['tam ə ˌhɔk]
tomato [tə 'me to]
tomb [tum]
tomboy ['tam ˌbɔɪ]
tombstone ['tum ˌston]
tomcat ['tam ˌkæt]
tomorrow [tə 'maɚ o]
ton [tən]
tone [ton]
tone-deaf ['ton ˌdɛf]
tongs [taŋz]
tongue [təŋ]
tongue in cheek ['təŋ ɪn 'tʃik]

tongue-lashing ['təŋ ˌlæʃ ɪŋ]
tongue-tied ['təŋ ˌtaɪd]
tongue twister ['təŋ ˌtwɪst ɚ]
tonic ['tan ɪk]
tonic water ['tan ɪk ˌwɔ tɚ]
tonight [tə 'naɪt]
tonsillectomy [ˌtan sə 'lɛk tə mi]
tonsillitis [ˌtan sə 'laɪ tɪs]
tonsils ['tan slz]
too [tu]
took [tʊk]
tool [tul]
toot [tut]
tooted ['tut ɪd]
tooth [tuθ]
toothache ['tuθ ˌek]
toothbrush ['tuθ ˌbrəʃ]
toothpaste ['tuθ ˌpest]
toothpick ['tuθ ˌpɪk]
tooting ['tut ɪŋ]
toots [tuts]
top [tap]
top brass ['tap 'bræs]
top-drawer ['tap 'drɔɚ]
top-heavy ['tap ˌhɛv i]
top-level ['tap ˌlɛvl]
top-notch ['tap 'natʃ]
top-secret ['tap 'si krɪt]
topaz ['to pæz]
topcoat ['tap ˌkot]
topic ['tap ɪk]
topical ['tap ɪ kl]
topless ['tap lɪs]
topmost ['tap ˌmost]
topography [tə 'pag rə fi]
topped [tapt]
topping ['tap ɪŋ]

topple [tapl]

toppled [tapld]

toppling ['tap lɪŋ]

topsoil ['tap ˌsɔɪl]

topsy-turvy [ˌtap si 'tɚ vi]

torch [tɔɚtʃ]

torchbearer ['tɔɚtʃ ˌbɛɚ ɚ]

tore [tɔɚ]

torment n. ['tɔɚ mɛnt]
  v. [tɔɚ 'mɛnt]

torn [tɔɚn]

tornado [tɔɚ 'ne do]

torpedo [tɔɚ 'pi do]

torrent ['tɔɚ ənt]

torrid ['tɔɚ ɪd]

torso ['tɔɚ so]

torte [tɔɚt]

tortoise ['tɔɚ təs]

tortuous ['tɔɚ tʃu əs]

torture ['tɔɚ tʃɚ]

tortured ['tɔɚ tʃɚd]

torturing ['tɔɚ tʃɚ ɪŋ]

toss [tɔs]

tossed [tɔst]

tot [tat]

total [totl]

totaled [totld]

totaling ['tot lɪŋ]

totality [to 'tæl ɪ ti]

totally ['to tə li]

tote [tot]

totter ['tat ɚ]

touch [tətʃ]

touch-and-go ['tətʃ ən 'go]

touchdown ['tətʃ ˌdæʊn]

touched [tətʃt]

touching ['tətʃ ɪŋ]

touchy ['tətʃ i]

tough [təf]

toughen [təfn]

toupee [tu 'pe]

tour [tʊɚ]

toured [tʊɚd]

touring ['tʊɚ ɪŋ]

tourism ['tʊɚ ˌɪzm]

tourist ['tʊɚ ɪst]

tournament ['tʊɚ nə mənt]

tourniquet ['tɚ nə kɪt]

tours [tʊɚz]

tout [tæʊt]

touted ['tæʊ tɪd]

touting ['tæʊ tɪŋ]

touts [tæʊts]

tow [to]

tow truck ['to ˌtrək]

toward [tɔɚd]

towards [tɔɚdz]

towed [tod]

towel ['tæʊ əl]

towel rack ['tæʊ əl ˌræk]

tower [tæʊɚ]

towering ['tæʊɚ ɪŋ]

towing ['to ɪŋ]

town [tæʊn]

town house ['tæʊn ˌhæʊs]

township ['tæʊn ˌʃɪp]

towrope ['to ˌrop]

toxic ['tak sɪk]

toxicologist [ˌtak sə 'kal ə dʒɪst]

toxicology [ˌtak sə 'kal ə dʒi]

toxin ['tak sɪn]

toy [tɔɪ]

toyed [tɔɪd]

trace [tres]

traced [trest]

traces ['tres ɪz]

trachea ['tre ki ə]

tracheotomy [ˌtre ki 'ɑt ə mi]

tracing ['tres ɪŋ]

track [træk]

tracked [trækt]

tracking ['træk ɪŋ]

tracks [træks]

tract [trækt]

traction ['træk ʃn]

tractor ['træk tɚ]

trade [tred]

trade-in ['tred ˌɪn]

trade union ['tred ˌjun jən]

traded ['tred ɪd]

trademark ['tred ˌmaɚk]

tradename ['tred ˌnem]

trader ['tred ɚ]

trades [tredz]

trading ['tred ɪŋ]

tradition [trə 'dɪʃn]

traditional [trə 'dɪʃ ə nl]

traffic ['træf ɪk]

traffic jam ['træf ɪk ˌdʒæm]

traffic lights ['træf ɪk ˌlaɪts]

trafficked ['træf ɪkt]

trafficking ['træf ɪ kɪŋ]

tragedy ['trædʒ ɪ di]

tragic ['trædʒ ɪk]

trail [trel]

trailblazer ['trel ˌble zɚ]

trailed [treld]

trailer ['tre lɚ]

trailer park ['tre lɚ ˌpaɚk]

trailing ['trel ɪŋ]

train [tren]

trained [trend]

trainee [tre 'ni]

trainer ['tren ɚ]

training ['tren ɪŋ]

trains [trenz]

traipse [treps]

trait [tret]

traitor ['tre tɚ]

trajectory [trə 'dʒɛk tə ri]

tramp [træmp]

tramped [træmpt]

tramping ['træmp ɪŋ]

trample ['træm pl]

trampled ['træm pld]

trampoline ['træm pə ˌlin]

tramps [træmps]

trance [træns]

tranquil ['træŋ kwɪl]

tranquility [træŋ 'kwɪl ɪ ti]

tranquilizer ['træŋ kwə ˌlaɪ zɚ]

transact [ˌtræn 'zækt]

transacted [ˌtræn 'zæk tɪd]

transacting [ˌtræn 'zæk tɪŋ]

transaction [ˌtræn 'zæk ʃn]

transacts [ˌtræn 'zækts]

transatlantic [ˌtrænz ət 'læn tɪk]

transcend [træn 'sɛnd]

transcontinental
  [ˌtrænz ˌkɑn tə 'nɛn tl]

transcribe [træn 'skraɪb]

transcript ['træn skrɪpt]

transcription [træn 'skrɪp ʃn]

transfer n. ['træns fɚ]
  v. [træns 'fɚ]

transferred [træns 'fɚd]

transferring [træns 'fɚ ɪŋ]

transform [træns 'fɔɚm]

transformation
[ˌtræns fɚ 'me ʃn]

transformed [træns 'fɚmd]

transforming [træns 'fɚ mɪŋ]

transfusion [træns 'fju ʒn]

transgress [trænz 'grɛs]

transgressed [trænz 'grɛst]

transgression [trænz 'grɛʃn]

transgressor [trænz 'grɛs ɚ]

transient ['træn ʒənt]

transistor [træn 'zɪs tɚ]

transit ['træn zɪt]

transition [træn 'zɪʃn]

translate ['træns ˌlet]

translated ['træns ˌlet ɪd]

translates ['træns ˌlets]

translating ['træns ˌlet ɪŋ]

translation [træns 'le ʃn]

translator ['træns ˌle tɚ]

transmission [træns 'mɪʃn]

transmit [træns 'mɪt]

transmits [træns 'mɪts]

transmitter [træns 'mɪt ɚ]

transmitting [trænz 'mɪt ɪŋ]

transom ['træn sm]

transparency [træns 'pɛɚ ən si]

transparent [træns 'pɛɚ ənt]

transpire [træn 'spaɪɚ]

transpired [træn 'spaɪɚd]

transpires [træn 'spaɪɚz]

transpiring [træn 'spaɪɚ ɪŋ]

transplant n. ['træns ˌplænt]
v. [træns 'plænt]

transplanted [træns 'plæn tɪd]

transplanting [træns 'plæn tɪŋ]

transport n. ['træns ˌpɔɚt]
v. [træns 'pɔɚt]

transportation
[ˌtræns pɚ 'te ʃn]

transported [træns 'pɔɚ tɪd]

transporting [træns 'pɔɚ tɪŋ]

transports [træns 'pɔɚts]

trap [træp]

trapdoor ['træp ˌdɔɚ]

trapeze [træ 'piz]

trapped [træpt]

trapper ['træp ɚ]

trapping ['træp ɪŋ]

trappings ['træp ɪŋz]

trash [træʃ]

trash can ['træʃ ˌkæn]

trauma ['trɔ mə]

traumatic [trɔ 'mæt ɪk]

travel [trævl]

travel agent ['trævl ˌe dʒənt]

traveled [trævld]

traveler ['træv lɚ]

traveler's check
['træv lɚz ˌtʃɛk]

traveling ['træv lɪŋ]

travelogue ['træv ə ˌlɑg]

traverse [trə 'vɚs]

travesty ['træv ɪs ti]

tray [tre]

treacherous ['trɛtʃ ɚ əs]

treachery ['trɛtʃ ə ri]

tread [trɛd]

treadmill ['trɛd ˌmɪl]

treason ['tri zn]

treasure ['trɛʒ ɚ]

treasured ['trɛʒ ɚd]

treasurer ['trɛʒ ɚ ɚ]

treasury ['trɛʒ ɚ i]

treat [trit]

treated ['tri tɪd]

treating ['tri tɪŋ]

treatise ['tri tɪs]

treatment ['trit mənt]

treats [trits]

treaty ['tri ti]

treble [trɛbl]

tree [tri]

treetop ['tri ˌtɑp]

trek [trɛk]

tremble ['trɛm bl]

tremendous [trɪ 'mɛn dəs]

tremendously [trɪ 'mɛn dəs li]

tremor ['trɛm ɚ]

trench [trɛntʃ]

trend [trɛnd]

trendy ['trɛn di]

trepidation [ˌtrɛp ɪ 'de ʃn]

trespass ['trɛs ˌpæs]

trespassed ['trɛs ˌpæst]

trespasser ['trɛs ˌpæs ɚ]

trespassing ['trɛs ˌpæs ɪŋ]

trestle [trɛsl]

trial [traɪl]

triangle ['traɪ ˌæŋ gl]

triangular [traɪ 'æŋ gjə lɚ]

tribe [traɪb]

tribulation [ˌtrɪb jə 'le ʃn]

tribunal [traɪ 'bjunl]

tributary ['trɪb jə ˌtɛɚ i]

tribute ['trɪb jut]

trick [trɪk]

tricked [trɪkt]

trickery ['trɪk ə ri]

trickle [trɪkl]

trickled [trɪkld]

tricks [trɪks]

tricky ['trɪk i]

tricycle ['traɪ sɪ kl]

tried [traɪd]

triennial [traɪ 'ɛn i əl]

trifle ['traɪ fl]

trifled ['traɪ fld]

trifling ['traɪf lɪŋ]

trifocals ['traɪ ˌfo klz]

trigger ['trɪg ɚ]

trigonometry [ˌtrɪ gə 'nam ɪ tri]

trill [trɪl]

trillion ['trɪl jən]

trilogy ['trɪl ə dʒi]

trim [trɪm]

trimester ['traɪ ˌmɛs tɚ]

trimmed [trɪmd]

trimmer ['trɪm ɚ]

trimmings ['trɪm ɪŋz]

trims [trɪmz]

trinket ['trɪŋ kɪt]

trio ['tri o]

trip [trɪp]

triple [trɪpl]

triplets ['trɪp lɪts]

triplicate ['trɪp lə kɪt]

tripod ['traɪ ˌpad]

tripped [trɪpt]

tripping ['trɪp ɪŋ]

trite [traɪt]

triumph ['traɪ əmf]

triumphant [traɪ 'əm fənt]

triumphantly [traɪ 'əm fənt li]

trivet ['trɪv ɪt]

trivia ['trɪv i ə]

trivial ['trɪv i əl]

trod [trad]

trodden [tradn]

trolley   ['trɑl i]

trombone   [trɑm 'bon]

troop   [trup]

trooper   ['tru pɚ]

trophy   ['tro fi]

tropic   ['trɑp ɪk]

tropical   ['trɑp ɪ kl]

trot   [trɑt]

trots   [trɑts]

trotted   ['trɑt ɪd]

trotting   ['trɑt ɪŋ]

trouble   [trəbl]

troubled   [trəbld]

troublemaker   ['trəbl ˌme kɚ]

troubleshooter   ['trəbl ˌʃu tɚ]

troublesome   ['trəbl səm]

trough   [trɔf]

trounce   [træʊns]

trounced   [træʊnst]

trouncing   ['træʊns ɪŋ]

troupe   [trup]

trousers   ['træʊ zɚz]

trout   [træʊt]

truant   ['tru ənt]

truce   [trus]

truck   [trək]

truck driver   ['trək ˌdraɪv ɚ]

trucker   ['trə kɚ]

trudge   [trədʒ]

trudged   [trədʒd]

trudging   ['trədʒ ɪŋ]

true   [tru]

truism   ['tru ˌɪzm]

truly   ['tru li]

trump   [trəmp]

trumped-up   ['trəmpt 'əp]

trumpet   ['trəm pɪt]

trunk   [trəŋk]

truss   [trəs]

trust   [trəst]

trust fund   ['trəst ˌfənd]

trusted   ['trəs tɪd]

trustee   [ˌtrə 'sti]

trusting   ['trəs tɪŋ]

trusts   [trəsts]

trustworthy   ['trəst ˌwɚ ði]

trusty   ['trəs ti]

truth   [truθ]

truthful   ['truθ fl]

truthfully   ['truθ fə li]

try   [traɪ]

trying   ['traɪ ɪŋ]

tryout   ['traɪ ˌæʊt]

tub   [təb]

tuba   ['tu bə]

tube   [tub]

tuberculosis   [tʊ ˌbɚ kjə 'lo sɪs]

tubing   ['tub ɪŋ]

tuck   [tək]

tucked   [təkt]

Tucson (AZ)   ['tu ˌsɑn]

Tuesday   ['tuz de]

tuft   [təft]

tug   [təg]

tug-of-war   ['təg əv 'wɔɚ]

tugboat   ['təg ˌbot]

tugged   [təgd]

tugging   ['təg ɪŋ]

tuition   [tu 'ɪʃn]

tulip   ['tu lɪp]

tumble   ['təm bl]

tumbled   ['təm bld]

tumbler   ['təm blɚ]

tumbling   ['təm blɪŋ]

tummy ['təm i]	**turquoise** ['tɚ ˌkɔɪz]
tumor ['tu mɚ]	**turret** ['tɚ ɪt]
tumult ['tu ˌməlt]	**turtle** ['tɚ tl]
tumultuous [tu 'məl tʃu əs]	**turtleneck** ['tɚ tl ˌnɛk]
tuna ['tu nə]	**tusk** [təsk]
tuna fish ['tu nə ˌfɪʃ]	**tussle** [təsl]
tune [tun]	**tutelage** ['tut ə lɪdʒ]
tune-up ['tun ˌəp]	**tutor** ['tu tɚ]
tuned [tund]	**tutorial** [tu 'tɔɚ i əl]
tunes [tunz]	**tuxedo** [tək 'si do]
tuning ['tun ɪŋ]	**twang** [twæŋ]
tunnel [tənl]	**tweed** [twid]
turban ['tɚ bn]	**tweezers** ['twi zɚz]
turbine ['tɚ bɪn]	**twelfth** [twɛlfθ]
turbojet ['tɚ bo ˌdʒɛt]	**twelve** [twɛlv]
turboprop ['tɚ bo ˌprɑp]	**twentieth** ['twɛn ti əθ]
turbulence ['tɚ bjələns]	**twenty** ['twɛn ti]
turbulent ['tɚ bjə lənt]	**twenty-one** ['twɛn ti 'wən]
turf [tɚf]	**twice** [twaɪs]
Turk [tɚk]	**twig** [twɪg]
turkey ['tɚ ki]	**twilight** ['twaɪ ˌlaɪt]
Turkish ['tɚ kɪʃ]	**twin** [twɪn]
turmoil ['tɚ ˌmɔɪl]	**twine** [twaɪn]
turn [tɚn]	**twinge** [twɪndʒ]
turnabout ['tɚn ə ˌbæʊt]	**twinkle** ['twɪŋ kl]
turnaround ['tɚn ə ˌræʊnd]	**twinkled** ['twɪŋ kld]
turned [tɚnd]	**twinkling** ['twɪŋk lɪŋ]
turning ['tɚn ɪŋ]	**twirl** [twɚl]
turning point ['tɚn ɪŋ ˌpɔɪnt]	**twirled** [twɚld]
turnip ['tɚ nɪp]	**twirling** ['twɚl ɪŋ]
turnout ['tɚn ˌæʊt]	**twirls** [twɚlz]
turnover ['tɚn ˌo vɚ]	**twist** [twɪst]
turnpike ['tɚn ˌpaɪk]	**twisted** ['twɪs tɪd]
turns [tɚnz]	**twister** ['twɪs tɚ]
turnstile ['tɚn ˌstaɪl]	**twisting** ['twɪs tɪŋ]
turntable ['tɚn ˌte bl]	**twists** [twɪsts]
turpentine ['tɚ pən ˌtaɪn]	**twitch** [twɪtʃ]

twitter ['twɪt ɚ]

two [tu]

two-bit ['tu ˌbɪt]

two-door ['tu ˌdɔɚ]

two-faced ['tu ˌfest]

two-fisted ['tu 'fɪs tɪd]

two-fold ['tu ˌfold]

two-piece ['tu ˌpis]

two-seater ['tu 'sit ɚ]

two-timed ['tu ˌtaɪmd]

two-timing ['tu ˌtaɪm ɪŋ]

two-way ['tu 'we]

twosome ['tu sm]

tycoon [taɪ 'kun]

tying ['taɪ ɪŋ]

tyke [taɪk]

type [taɪp]

typecast ['taɪp ˌkæst]

typed [taɪpt]

typeface ['taɪp ˌfes]

types [taɪps]

typewriter ['taɪp ˌraɪ tɚ]

typewritten ['taɪp ˌrɪtn]

typhoid ['taɪ ˌfɔɪd]

typical ['tɪp ɪ kl]

typified ['tɪp ə ˌfaɪd]

typify ['tɪ pə ˌfaɪ]

typing ['taɪp ɪŋ]

typist ['taɪ pɪst]

typo ['taɪ po]

tyrannical [tɪ 'ræn ɪ kl]

tyrannize ['tɪɚ ə ˌnaɪz]

tyrannized ['tɪɚ ə ˌnaɪzd]

tyranny ['tɪɚ ə ni]

tyrant ['taɪ rənt]

U

U [ju]

U-turn ['ju ˌtɚn]

ubiquitous [ju 'bɪk wɪ təs]

udder ['əd ɚ]

uglier ['əg li ɚ]

ugliest ['əg li ɪst]

ugly ['əg li]

ulcer ['əl sɚ]

ulceration [ˌəl sə 're ʃn]

ulterior [əl 'tɪɚ i ɚ]

ulterior motive
  [əl 'tɪɚ i ɚ 'mo tɪv]

ultimate ['əl tə mɪt]

ultimately ['əl tə mɪt li]

ultimatum [ˌəl tə 'me tm]

ultra ['əl trə]

ultrasonic [ˌəl trə 'sɑn ɪk]

ultrasound ['əl trə ˌsæʊnd]

ultraviolet [ˌəl trə 'vaɪ ə lɪt]

umbilical cord
  [əm 'bɪl ɪ kl ˌkɔɚd]

umbrage ['əm brɪdʒ]

umbrella [əm 'brɛl ə]

umpire ['əm ˌpaɪɚ]

umpired ['əm ˌpaɪɚd]

umpires ['əm ˌpaɪɚz]

umpiring ['əm paɪɚ ɪŋ]

un-American [ˌən ə 'mɛɚ ɪ kn]

unable [ən 'e bl]

unaccompanied
  [ˌən ə 'kəm pə nid]

unaccountable
  [ˌən ə 'kæʊn tə bl]

unaccountably
  [ˌə nə 'kæʊn tə bli]

unaccustomed [ˌən ə 'kəs təmd]

unafraid [ˌən ə 'fred]

unaided [ən 'ed ɪd]

unanimity [ˌju nə 'nɪm ɪ ti]

unanimous [ju 'næn ə məs]

unanimously [ju 'næn ə məs li]

unannounced [ˌən ə 'næʊnst]

unanswered [ˌən 'æn sɚd]

unarmed [ən 'ɑɚmd]

unashamed [ˌən ə 'ʃemd]

unassisted [ˌən ə 'sɪs tɪd]

unassuming [ˌən ə 'su mɪŋ]

unattached [ˌən ə 'tætʃt]

unattainable [ˌən ə 'ten ə bl]

unattended [ˌən ə 'tɛn dɪd]

unattractive [ˌən ə 'træk tɪv]
unauthorized [ˌən 'ɔ θɚ ˌaɪzd]
unavailable [ˌən ə 'vel ə bl]
unaware [ˌən ə 'wɛɚ]
unbearable [ˌən 'bɛɚ ə bl]
unbecoming [ˌən bɪ 'kəm ɪŋ]
unbelievable [ˌən bə 'liv ə bl]
unbend [ˌən 'bɛnd]
unbending [ˌən 'bɛn dɪŋ]
unbiased [ˌən 'baɪ əst]
unborn [ˌən 'bɔɚn]
unbreakable [ˌən 'brek ə bl]
unbroken [ˌən 'brokn]
unbutton [ˌən 'bətn]
unbuttoned [ˌən 'bətnd]
uncalled-for [ˌən 'kɔld ˌfɔɚ]
uncanny [ˌən 'kæn i]
unceasing [ˌən 'sis ɪŋ]
uncensored [ˌən 'sɛn sɚd]
uncertain [ˌən 'sɚtn]
uncertainly [ˌən 'sɚtn li]
uncertainty [ˌən 'sɚtn ti]
unchanged [ˌən 'tʃendʒd]
unchecked [ˌən 'tʃɛkt]
uncivilized [ˌən 'sɪv ɪ ˌlaɪzd]
uncle ['əŋ kl]
unclean [ˌən 'klin]
uncomfortable [ˌən 'kəmf tə bl]
uncommon [ˌən 'kam ən]
uncompromising
  [ˌən 'kam prə ˌmaɪ zɪŋ]
unconcerned [ˌən kən 'sɚnd]
unconditional [ˌən kən 'dɪʃ ə nl]
unconscious [ˌən 'kan ʃəs]
unconsciously [ˌən 'kan ʃəs li]
unconstitutional
  [ˌən ˌkan stɪ 'tu ʃə nl]

uncontrollable
  [ˌən kən 'trol ə bl]
unconventional
  [ˌən kən 'vɛn ʃə nl]
uncooked [ˌən 'kʊkt]
uncork [ˌən 'kɔɚk]
uncouth [ˌən 'kuθ]
uncover [ˌən 'kəv ɚ]
uncovered [ˌən 'kəv ɚd]
uncut [ˌən 'kət]
undamaged [ˌən 'dæm ɪdʒd]
undaunted [ˌən 'dɔn tɪd]
undecided [ˌən dɪ 'saɪ dɪd]
undefeated [ˌən dɪ 'fit ɪd]
undefended [ˌən dɪ 'fɛn dɪd]
undeniable [ˌən dɪ 'naɪ ə bl]
under ['ən dɚ]
under-the-table
  ['ən dɚ ðə 'te bl]
underage [ˌən dɚ 'edʒ]
underarm ['ən dɚ ˌaɚm]
underbrush ['ən dɚ ˌbrəʃ]
undercharge [ˌən dɚ 'tʃaɚdʒ]
underclassman
  [ˌən dɚ 'klæs mən]
underclothes ['ən dɚ ˌkloðz]
undercoat ['ən dɚ ˌkot]
undercover [ˌən dɚ 'kəv ɚ]
undercurrent ['ən dɚ ˌkɚ ənt]
undercut ['ən dɚ ˌkət]
underdeveloped
  [ˌən dɚ dɪ 'vɛl əpt]
underdog ['ən dɚ ˌdɔg]
underdone [ˌən dɚ 'dən]
underestimate
  [ˌən dɚ 'ɛs tə ˌmet]
underfed [ˌən dɚ 'fɛd]

underfoot [ˌən dɚ 'fʊt]

undergarment
  ['ən dɚ ˌgaɚ mənt]

undergo [ˌən dɚ 'go]

undergone [ˌən dɚ 'gɔn]

undergraduate
  [ˌən dɚ 'grædʒ u ɪt]

underground ['ən dɚ ˌgræʊnd]

undergrowth ['ən dɚ ˌgroθ]

underhanded ['ən dɚ 'hæn dɪd]

underline ['ən dɚ ˌlaɪn]

underlined ['ən dɚ ˌlaɪnd]

underling ['ən dɚ ˌlɪŋ]

underlying ['ən dɚ ˌlaɪ ɪŋ]

undermine ['ən dɚ ˌmaɪn]

underneath [ˌən dɚ 'niθ]

underpaid [ˌən dɚ 'ped]

underpants ['ən dɚ ˌpænts]

underpass ['ən dɚ ˌpæs]

underpinning ['ən dɚ ˌpɪn ɪŋ]

underprivileged
  [ˌən dɚ 'prɪv lɪdʒd]

underrate [ˌən dɚ 'ret]

underrated [ˌən dɚ 'ret ɪd]

underscore ['ən dɚ ˌskɔɚ]

underscored ['ən dɚ ˌskɔɚd]

undersell [ˌən dɚ 'sɛl]

undershirt ['ən dɚ ˌʃɚt]

undershorts ['ən dɚ ˌʃɔɚts]

understand [ˌən dɚ 'stænd]

understandable
  [ˌən dɚ 'stænd ə bl]

understanding
  [ˌən dɚ 'stænd ɪŋ]

understatement
  [ˌən dɚ 'stet mənt]

understood [ˌən dɚ 'stʊd]

understudy ['ən dɚ ˌstəd i]

undertake [ˌən dɚ 'tek]

undertaker ['ən dɚ ˌte kɚ]

undertaking ['ən dɚ ˌte kɪŋ]

undertook [ˌən dɚ 'tʊk]

undertow ['ən dɚ ˌto]

underwater ['ən dɚ ˌwɔ tɚ]

underwear ['ən dɚ ˌwɛɚ]

underweight ['ən dɚ 'wet]

underwent ['ən dɚ ˌwɛnt]

underworld ['ən dɚ ˌwɚld]

underwrite [ˌən dɚ 'raɪt]

underwriter ['ən dɚ ˌraɪt ɚ]

undeserved [ˌən dɪ 'zɚvd]

undesirable [ˌən dɪ 'zaɪɚ ə bl]

undeveloped [ˌən dɪ 'vɛl əpt]

undisturbed [ˌən dɪs 'tɚbd]

undo [ˌən 'du]

undoing [ˌən 'du ɪŋ]

undone [ˌən 'dən]

undoubtedly [ˌən 'dæʊ tɪd li]

undress [ˌən 'drɛs]

undressed [ˌən 'drɛst]

undresses [ˌən 'drɛs ɪz]

undressing [ˌən 'drɛs ɪŋ]

undue [ˌən 'du]

undulate ['ən djə ˌlet]

unduly [ˌən 'du li]

undying [ˌən 'daɪ ɪŋ]

unearned [ˌən 'ɚnd]

unearth [ˌən 'ɚθ]

unearthed [ˌən 'ɚθt]

unearthing [ˌən 'ɚθ ɪŋ]

unearthly [ˌən 'ɚθ li]

uneasiness [ˌən 'i zi nɪs]

uneasy [ˌən 'i zi]

uneducated [ˌən 'ɛdʒ ə ˌket ɪd]

unemotional   [ˌən ə 'mo ʃə nl]

unemployed   [ˌən ɛm 'plɔɪd]

unemployment
   [ˌən ɛm 'plɔɪ mənt]

unending   [ˌən 'ɛn dɪŋ]

unequal   [ˌən 'i kwəl]

unerring   [ˌən 'ɚ ɪŋ]

uneven   [ˌən 'i vn]

uneventful   [ˌən ɪ 'vɛnt fl]

unexpected   [ˌən ɛk 'spɛk tɪd]

unexpectedly   [ˌən ɛk 'spɛk tɪd li]

unexplained   [ˌən ɛk 'splɛnd]

unexplored   [ˌən ɛk 'splɔɚd]

unfailing   [ˌən 'fel ɪŋ]

unfair   [ˌən 'fɛɚ]

unfaithful   [ˌən 'feθ fl]

unfamiliar   [ˌən fə 'mɪl jɚ]

unfashionable   [ˌən 'fæʃ ɪ nə bl]

unfasten   [ˌən 'fæsn]

unfavorable   [ˌən 'fe vɚ ə bl]

unfeeling   [ˌən 'fil ɪŋ]

unfinished   [ˌən 'fɪn ɪʃt]

unfit   [ˌən 'fɪt]

unfold   [ˌən 'fold]

unfolded   [ˌən 'fol dɪd]

unfolding   [ˌən 'fol dɪŋ]

unfolds   [ˌən 'foldz]

unforeseen   [ˌən fɚ 'sin]

unforgettable   [ˌən fɚ 'gɛt ə bl]

unforgivable   [ˌən fɚ 'gɪv ə bl]

unfortunate   [ˌən 'fɔɚ tʃə nɪt]

unfortunately
   [ˌən 'fɔɚ tʃə nɪt li]

unfounded   [ˌən 'fæʊn dɪd]

unfriendly   [ˌən 'frɛnd li]

ungodly   [ˌən 'gɑd li]

ungrateful   [ˌən 'gret fl]

unguarded   [ˌən 'gɑɚd ɪd]

unhappily   [ˌən 'hæp ə li]

unhappiness   [ˌən 'hæp i nɪs]

unhappy   [ˌən 'hæp i]

unharmed   [ˌən 'hɑɚmd]

unhealthy   [ˌən 'hɛl θi]

unheard-of   [ˌən 'hɚd ˌəv]

unhurt   [ˌən 'hɚt]

unidentified
   [ˌən aɪ 'dɛnt ə ˌfaɪd]

unified   ['ju nɪ ˌfaɪd]

uniform   ['ju nə ˌfɔɚm]

uniformity   [ˌju nə 'fɔɚ mɪ ti]

uniformly   ['ju nə ˌfɔɚm li]

unify   ['ju nə ˌfaɪ]

unilateral   [ju nə 'læt ɚ əl]

unimaginative
   [ˌən ɪ 'mædʒ ɪ nə tɪv]

unimportant   [ˌən ɪm 'pɔɚt ənt]

uninformed   [ˌən ɪn 'fɔɚmd]

uninhabited   [ˌən ɪn 'hæb ɪ tɪd]

uninjured   [ˌən 'ɪn dʒɚd]

uninsured   [ˌən ɪn 'ʃʊɚd]

unintelligible
   [ˌən ɪn 'tɛl ɪ dʒɪ bl]

uninterested   [ˌən 'ɪn trɪs tɪd]

uninterrupted
   [ˌən ɪn tə 'rəp tɪd]

union   ['jun jən]

unionize   ['jun jə ˌnaɪz]

unique   [ju 'nik]

unison   ['ju nɪ sn]

unit   ['ju nɪt]

Unitarian   [ju nɪ 'tɛɚ i ən]

unite   [ju 'naɪt]

united   [ju 'naɪ tɪd]

United Nations
[ju 'naɪ tɪd 'ne ʃnz]

United States [ju 'naɪt ɪd 'stets]

uniting [ju 'naɪt ɪŋ]

unity ['ju nɪ ti]

universal [ˌju nə 'vɚ sl]

universally [ˌju nə 'vɚ sə li]

universe ['ju nə ˌvɚs]

university [ˌju nə 'vɚ sɪ ti]

unjust [ˌən 'dʒəst]

unjustly [ˌən 'dʒəst li]

unkempt [ˌən 'kɛmt]

unkept [ˌən 'kɛpt]

unkind [ˌən 'kaɪnd]

unknowing [ˌən 'no ɪŋ]

unknown [ˌən 'non]

unlace [ˌən 'les]

unlawful [ˌən 'lɔ fl]

unleash [ˌən 'liʃ]

unleashed [ˌən 'liʃt]

unless [ˌən 'lɛs]

unlettered [ˌən 'lɛt ɚd]

unlike [ˌən 'laɪk]

unlikely [ˌən 'laɪk li]

unlimited [ˌən 'lɪm ɪ tɪd]

unlisted [ˌən 'lɪs tɪd]

unlisted number
[ˌən 'lɪs tɪd 'nəm bɚ]

unload [ˌən 'lod]

unloaded [ˌən 'lod ɪd]

unlock [ˌən 'lak]

unlocked [ˌən 'lakt]

unlucky [ˌən 'lək i]

unmarried [ˌən 'mæɚ id]

unmask [ˌən 'mæsk]

unmentionable
[ˌən 'mɛn ʃə nə bl]

unmistakable [ˌən mɪ 'ste kə bl]

unmoved [ˌən 'muvd]

unnamed [ˌən 'nemd]

unnatural [ˌən 'nætʃ ɚ əl]

unnecessary [ˌən 'nɛs ɪ ˌsɛɚ i]

unnoticed [ˌən 'no tɪst]

unobserved [ˌən əb 'zɚvd]

unobtainable [ˌən əb 'ten ə bl]

unobtrusive [ˌən əb 'tru sɪv]

unoccupied [ˌən 'ak jə ˌpaɪd]

unofficial [ˌən ə 'fɪʃl]

unopened [ˌən 'o pənd]

unorganized [ˌən 'ɔɚ gə ˌnaɪzd]

unpack [ˌən 'pæk]

unpacked [ˌən 'pækt]

unpacking [ˌən 'pæk ɪŋ]

unparalleled [ˌən 'pæɚ ə ˌlɛld]

unpaved [ˌən 'pevd]

unpleasant [ˌən 'plɛz ənt]

unplug [ˌən 'pləg]

unplugged [ˌən 'pləgd]

unpopular [ˌən 'pap jə lɚ]

unprecedented
[ˌən 'prɛs ɪ ˌdɛn tɪd]

unpredictable [ˌən prɪ 'dɪk tə bl]

unprepared [ˌən prɪ 'pɛɚd]

unprofessional [ˌən prə 'fɛʃ ə nl]

unprofitable [ˌən 'praf ɪ tə bl]

unprotected [ˌən prə 'tɛk tɪd]

unpublished [ˌən 'pəb lɪʃt]

unpunished [ˌən 'pən ɪʃt]

unqualified [ˌən 'kwal ə ˌfaɪd]

unquestionably
[ˌən 'kwɛs tʃə nə bli]

unravel [ˌən 'rævl]

unraveled [ˌən 'rævld]

unrealistic [ˌən ri ə 'lɪs tɪk]

unreasonable [ˌən 'ri zə nə bl]

unrelated [ˌən rɪ 'let ɪd]

unreliable [ˌən rɪ 'laɪ ə bl]

unrest [ˌən 'rɛst]

unroll [ˌən 'rol]

unsafe [ˌən 'sef]

unsaid [ˌən 'sɛd]

unsatisfactory
[ˌən ˌsæt ɪs 'fæk tɚ i]

unscientific [ˌən ˌsaɪ ən 'tɪf ɪk]

unscrew [ˌən 'skru]

unseasonable [ˌən 'si zə nə bl]

unseen [ˌən 'sin]

unselfish [ˌən 'sɛl fɪʃ]

unsettled [ˌən 'sɛtld]

unshaken [ˌən 'ʃe kn]

unshaven [ˌən 'ʃevn]

unsightly [ˌən 'saɪt li]

unskilled [ˌən 'skɪld]

unsold [ˌən 'sold]

unsolicited [ˌən sə 'lɪs ɪ tɪd]

unspeakable [ˌən 'spi kə bl]

unstable [ˌən 'ste bl]

unsteady [ˌən 'stɛd i]

unstructured [ˌən 'strək tʃɚd]

unstuck [ˌən 'stək]

unsuccessful [ˌən sək 'sɛs fl]

unsuitable [ˌən 'su tə bl]

unsure [ˌən 'ʃʊɚ]

unsuspected [ˌən səs 'pɛk tɪd]

unsympathetic
[ˌən sɪm pə 'θɛt ɪk]

untangle [ˌən 'tæŋ gl]

untapped [ˌən 'tæpt]

unthankful [ˌən 'θæŋk fl]

unthinkable [ˌən 'θɪŋ kə bl]

untidy [ˌən 'taɪ di]

untie [ˌən 'taɪ]

untied [ˌən 'taɪd]

until [ˌən 'tɪl]

untimely [ˌən 'taɪm li]

unto [ˈən tu]

untold [ˌən 'told]

untouchable [ˌən 'tətʃ ə bl]

untouched [ˌən 'tətʃt]

untrained [ˌən 'trend]

untranslatable
[ˌən ˌtræns 'let ə bl]

untrue [ˌən 'tru]

untruth [ˌən 'truθ]

unused [ˌən 'juzd]

unusual [ˌən 'ju ʒu əl]

unusually [ˌən 'ju ʒu ə li]

unveil [ˌən 'vel]

unveiled [ˌən 'veld]

unwanted [ˌən 'wən tɪd]

unwarranted [ˌən 'waɚ ən tɪd]

unwavering [ˌən 'we vɚ ɪŋ]

unwed [ˌən 'wɛd]

unwelcome [ˌən 'wɛl kəm]

unwell [ˌən 'wɛl]

unwholesome [ˌən 'hol səm]

unwieldy [ˌən 'wil di]

unwilling [ˌən 'wɪl ɪŋ]

unwind [ˌən 'waɪnd]

unwise [ˌən 'waɪz]

unworthy [ˌən 'wɚ ði]

unwrap [ˌən 'ræp]

unwrapped [ˌən 'ræpt]

unwritten [ˌən 'rɪtn]

unzip [ˌən 'zɪp]

unzipped [ˌən 'zɪpt]

up [əp]

up-and-coming [ˈəp ən 'kə mɪŋ]

up-to-date ['əp tə 'det]

upbeat ['əp ˌbit]

upbringing ['əp ˌbrɪŋ ɪŋ]

upcoming ['əp ˌkəm ɪŋ]

update ['əp ˌdet]

updated [əp 'det ɪd]

upend ['əp 'ɛnd]

upheaval [ˌəp 'hi vl]

upheld [əp 'hɛld]

uphill ['əp 'hɪl]

uphold [ˌəp 'hold]

upholster [ə 'pol stɚ]

upholsterer [ə 'pol stɚ ɚ]

upholstery [ə 'pol stɚ i]

upkeep ['əp ˌkip]

uplift n. ['əp ˌlɪft] v. [əp 'lɪft]

uplifted [əp 'lɪf tɪd]

upon [ə 'pɑn]

upper ['əp ɚ]

upperclassman
   [ˌəp ɚ 'klæs mən]

uppermost ['əp ɚ ˌmost]

upright ['əp ˌraɪt]

uprising ['əp ˌraɪ zɪŋ]

uproar ['əp ˌrɔɚ]

uproarious [ˌəp 'rɔɚ i əs]

uproot [əp 'rut]

upset [əp 'sɛt]

upshot ['əp ˌʃɑt]

upside down [ˌəp ˌsaɪd 'dæʊn]

upstairs ['əp 'stɛɚz]

upstanding [ˌəp 'stæn dɪŋ]

upstart ['əp ˌstɑɚt]

upstate ['əp 'stet]

upstream ['əp 'strim]

upswing ['əp ˌswɪŋ]

uptight ['əp 'taɪt]

uptown n. ['əp ˌtæʊn] adv., adj.
   ['əp 'tæʊn]

upturn n. ['əp ˌtɚn]
   v. [əp 'tɚn]

upward ['əp wɚd]

upwards ['əp wɚdz]

uranium [jʊ 're ni əm]

urban ['ɚ bn]

urban renewal ['ɚ bn ri 'nu əl]

urbane [ɚ 'ben]

urbanize ['ɚ bə ˌnaɪz]

urchin ['ɚ tʃɪn]

urge [ɚdʒ]

urged [ɚdʒd]

urgency ['ɚ dʒən si]

urgent ['ɚ dʒənt]

urgently ['ɚ dʒənt li]

urging ['ɚ dʒɪŋ]

urinal ['jʊɚ ə nl]

urinary ['jʊɚ ə ˌnɛɚ i]

urinate ['jʊɚ ə ˌnet]

urinated ['jʊɚ ə ˌnet ɪd]

urinating ['jʊɚ ə ˌnet ɪŋ]

urine ['jʊɚ ɪn]

urn [ɚn]

urologist [jʊɚ 'al ə dʒɪst]

urology [jʊɚ 'al ə dʒi]

us [əs]

usage ['ju sɪdʒ]

use n. [jus] v. [juz]

used [juzd]

useful ['jus fl]

usefulness ['jus fl nɪs]

useless ['jus lɪs]

user ['ju zɚ]

user-friendly ['ju zɚ 'frɛnd li]

using ['juz ɪŋ]

usual   ['ju ʒu əl]
usually   ['ju ʒu ə li]
usurp   [ju 'sɚp]
Utah   ['ju ˌtɔ]
utensil   [ju 'tɛn sl]
uterus   ['ju tɚ əs]
utilitarian   [ju ˌtɪl ɪ 'tɛɚ i ən]
utility   [ju 'tɪl ɪ ti]

utility room   [ju 'tɪl ɪ ti ˌrum]
utilize   ['ju tə ˌlaɪz]
utmost   ['ət ˌmost]
Utopia   [ju 'to pi ə]
utter   ['ət ɚ]
utterance   ['ət ɚ əns]
uttered   ['ət ɚd]
utterly   ['ət ɚ li]

V

V [vi]

v-neck ['vi ˌnɛk]

vacancy ['ve kən si]

vacant ['ve kənt]

vacate ['ve ˌket]

vacated ['ve ˌket ɪd]

vacating ['ve ˌket ɪŋ]

vacation [ve 'ke ʃn]

vacationed [ve 'ke ʃnd]

vacationing [ve 'ke ʃə nɪŋ]

vaccinate ['væk sə ˌnet]

vaccinated ['væk sə ˌnet ɪd]

vaccination [ˌvæk sə 'ne ʃn]

vaccine [væk 'sin]

vacillate ['væs ə ˌlet]

vacuum ['væk jum]

vacuum-packed
  ['væk jum ˌpækt]

vagabond ['væg ə ˌbɑnd]

vagina [və 'dʒɑɪ nə]

vagrant ['ve grənt]

vague [veg]

vaguely ['veg li]

vain [ven]

vainly ['ven li]

valedictorian
  [ˌvæl ə ˌdɪk 'tɔɚ i ən]

valentine ['væl ən ˌtɑɪn]

valet [væ 'le]

valiant ['væl jənt]

valiantly ['væl jənt li]

valid ['væl ɪd]

validate ['væl ɪ ˌdet]

validated ['væl ɪ ˌdet ɪd]

validity [və 'lɪd ɪ ti]

valise [və 'lis]

valley ['væl i]

valor ['væl ɚ]

valuable ['væl jə bl]

valuation [ˌvæl ju 'e ʃn]

value ['væl ju]

valued ['væl jud]

valve [vælv]

van [væn]

vandal ['væn dl]

vandalism ['væn dl ˌɪzm]

vandalize ['væn dl ˌɑɪz]

vandalized ['væn dl ˌɑɪzd]

vandalizing ['væn dl ˌɑɪz ɪŋ]

vanguard ['væn ˌgɑɚd]

vanilla   [və 'nɪl ə]

vanish   ['væn ɪʃ]

vanished   ['væn ɪʃt]

vanishing   ['væn ɪʃ ɪŋ]

vanity   ['væn ɪ ti]

vanquish   ['væŋ kwɪʃ]

vanquished   ['væŋ kwɪʃt]

vantage   ['væn tɪdʒ]

vapor   ['ve pɚ]

vaporize   ['ve pə ˌraɪz]

vaporized   ['ve pə raɪzd]

vaporizer   ['ve pə ˌraɪz ɚ]

variability   [ˌvɛɚ i ə 'bɪl ɪ ti]

variable   ['vɛɚ i ə bl]

variance   ['vɛɚ i əns]

variation   [ˌvɛɚ i 'e ʃn]

varicose veins   ['vɛɚ ɪ ˌkos 'venz]

varied   ['vɛɚ id]

variety   [və 'raɪ ɪ ti]

various   ['vɛɚ i əs]

varnish   ['vaɚ nɪʃ]

varnished   ['vaɚ nɪʃt]

varsity   ['vaɚ sɪ ti]

vary   ['vɛɚ i]

vascular   ['væs kjə lɚ]

vase   [ves]

vasectomy   [væ 'sɛk tə mi]

Vaseline   ['væs ə ˌlin]

vast   [væst]

vastly   ['væst li]

vat   [væt]

vaudeville   ['vɔd vɪl]

vault   [vɔlt]

vaulting   ['vɔl tɪŋ]

veal   [vil]

veer   [vɪɚ]

veered   [vɪɚd]

veering   ['vɪɚ ɪŋ]

vegetable   ['vɛdʒ tə bl]

vegetarian   [ˌvɛdʒ ɪ 'tɛɚ i ən]

vegetate   ['vɛdʒ ɪ ˌtet]

vegetation   [ˌvɛdʒ ɪ 'te ʃn]

vehemence   ['vi ə məns]

vehemently   ['vi ə mənt li]

vehicle   ['vɪ ˌhi kl]

vehicular   [ˌvi 'hɪk jə lɚ]

veil   [vel]

veiled   [veld]

vein   [ven]

velocity   [və 'las ɪ ti]

velour   [və 'lʊɚ]

velvet   ['vɛl vɪt]

vendetta   [vɛn 'dɛt ə]

vending machine   ['vɛn dɪŋ mə ˌʃin]

vendor   ['vɛn dɚ]

veneer   [və 'nɪɚ]

venerable   ['vɛn ɚ ə bl]

venerate   ['vɛn ɚ ˌet]

venerated   ['vɛn ɚ ˌe tɪd]

venereal   [və 'nɪɚ i əl]

venereal disease   [və 'nɪɚ i əl dɪ 'ziz]

venetian blinds   [və 'ni ʃn 'blaɪndz]

vengeance   ['vɛn dʒəns]

vengeful   ['vɛndʒ fl]

venial   ['vi ni əl]

venison   ['vɛn ɪ sn]

venom   ['vɛn əm]

venomous   ['vɛn ə məs]

venous   ['vi nəs]

vent   [vɛnt]

vented   ['vɛn tɪd]

ventilate ['vɛn tɪ ˌlet]

ventilated ['vɛn tɪ ˌlet ɪd]

ventilates ['vɛn tɪ ˌlets]

ventilating ['vɛn tɪ ˌlet ɪŋ]

ventilation [ˌvɛn tɪ 'le ʃn]

ventilator ['vɛn tɪ ˌle tɚ]

venting ['vɛn tɪŋ]

ventriloquism
  [vɛn 'trɪl ə ˌkwɪ zm]

ventriloquist [vɛn 'trɪl ə kwɪst]

vents [vɛnts]

venture ['vɛn tʃɚ]

ventured ['vɛn tʃɚd]

ventures ['vɛn tʃɚz]

venturesome ['vɛn tʃɚ səm]

venturing ['vɛn tʃɚ ɪŋ]

venue ['vɛn ju]

veracity [və 'ræs ɪ ti]

verb [vɚb]

verbal ['vɚ bl]

verbalize ['vɚ bə ˌlaɪz]

verbalized ['vɚ bə ˌlaɪzd]

verbalizing ['vɚ bə ˌlaɪz ɪŋ]

verbatim [vɚ 'be tm]

verbose [vɚ 'bos]

verdant ['vɚ dənt]

verdict ['vɚ dɪkt]

verge [vɚdʒ]

verifiable ['vɚ ɪ ˌfaɪ ə bl]

verification [ˌvɚ ɪ fɪ 'ke ʃn]

verified ['vɛɚ ɪ ˌfaɪd]

verifies ['vɛɚ ɪ ˌfaɪz]

verify ['vɛɚ ɪ ˌfaɪ]

vermilion [vɚ 'mɪl jən]

vermin ['vɚ mɪn]

Vermont [vɚ 'mant]

vermouth [vɚ 'muθ]

vernacular [vɚ 'næk jə lɚ]

versatile ['vɚ sə tl]

verse [vɚs]

versed [vɚst]

version ['vɚ ʒn]

versus ['vɚ səs]

vertebra ['vɚ tə brə]

vertebrate ['vɚ tə ˌbret]

vertical ['vɚ tɪ kl]

vertigo ['vɚ tə ˌgo]

very ['vɛɚ i]

vessel ['vɛsl]

vest [vɛst]

vested ['vɛs tɪd]

vestibule ['vɛs tə ˌbjul]

vestige ['vɛs tɪdʒ]

vet [vɛt]

veteran ['vɛt rən]

veterinarian [ˌvɛ tɚ ə 'nɛɚ i ən]

veterinary ['vɛ tɚ ə ˌnɛɚ i]

veto ['vi to]

vetoed ['vi tod]

vex [vɛks]

vexation [vɛk 'se ʃn]

via ['vi ə]

viable ['vaɪ ə bl]

viaduct ['vaɪ ə ˌdəkt]

vial [vaɪl]

vibrant ['vaɪ brənt]

vibrate ['vaɪ ˌbret]

vibrated ['vaɪ ˌbret ɪd]

vibrates ['vaɪ ˌbrets]

vibrating ['vaɪ ˌbret ɪŋ]

vibration [vaɪ 'bre ʃn]

vibrator ['vaɪ ˌbre tɚ]

vicar ['vɪ kɚ]

vicarious [ˌvaɪ 'kɛɚ i əs]

vice [vaɪs]

vice president ['vaɪs 'prɛz ɪ dənt]

vice versa ['vaɪs 'vɚ sə]

vicinity [vɪ 'sɪn ɪ ti]

vicious ['vɪʃ əs]

viciously ['vɪʃ əs li]

viciousness ['vɪʃ əs nɪs]

vicissitudes [vɪ 'sɪs ɪ ˌtudz]

victim ['vɪk tm]

victimize ['vɪk tə ˌmaɪz]

victimized ['vɪk tə ˌmaɪzd]

victor ['vɪk tɚ]

Victorian [vɪk 'tɔɚ i ən]

victorious [vɪk 'tɔɚ i əs]

victory ['vɪk tə ri]

video ['vɪd i ˌo]

videocassette ['vɪd i ˌo kə 'sɛt]

videotape ['vɪd i ˌo ˌtep]

vie [vaɪ]

view [vju]

viewed [vjud]

viewer ['vju ɚ]

viewfinder ['vju ˌfaɪn dɚ]

viewing ['vju ɪŋ]

viewpoint ['vju ˌpɔɪnt]

vigil ['vɪdʒ əl]

vigilance ['vɪdʒ ə ləns]

vigilant ['vɪdʒ ə lənt]

vigilante [ˌvɪdʒ ə 'læn ti]

vignette [vɪn 'jɛt]

vigor ['vɪg ɚ]

vigorous ['vɪg ɚ əs]

vile [vaɪl]

vilified ['vɪl ə ˌfaɪd]

vilify ['vɪl ə ˌfaɪ]

vilifying ['vɪl ə ˌfaɪ ɪŋ]

villa ['vɪl ə]

village ['vɪl ɪdʒ]

villain ['vɪl ən]

vim [vɪm]

vindicate ['vɪn də ˌket]

vindicated ['vɪn də ˌket ɪd]

vindicates ['vɪn də ˌkets]

vindicating ['vɪn də ˌket ɪŋ]

vindication [ˌvɪn də 'ke ʃn]

vindictive [vɪn 'dɪk tɪv]

vine [vaɪn]

vinegar ['vɪn ɪ gɚ]

vineyard ['vɪn jɚd]

vintage ['vɪn tɪdʒ]

vinyl [vaɪnl]

viola [vi 'o lə]

violate ['vaɪ ə ˌlet]

violated ['vaɪ ə ˌlet ɪd]

violates ['vaɪ ə ˌlets]

violating ['vaɪ ə ˌlet ɪŋ]

violation [ˌvaɪ ə 'le ʃn]

violence ['vaɪ ə ləns]

violent ['vaɪ ə lənt]

violently ['vaɪ ə lənt li]

violet ['vaɪ ə lɪt]

violin [ˌvaɪ ə 'lɪn]

violinist [ˌvaɪ ə 'lɪn ɪst]

violist [vi 'o lɪst]

viper ['vaɪ pɚ]

viral ['vaɪ rəl]

virgin ['vɚ dʒn]

Virginia [vɚ 'dʒɪn jə]

virginity [vɚ 'dʒɪn ɪ ti]

virile ['vɪɚ əl]

virologist [vaɪ 'ral ə dʒɪst]

virology [vaɪ 'ral ə dʒi]

virtually ['vɚ tʃu ə li]

virtue   ['vɚ tʃu]

virtuous   ['vɚ tʃu əs]

virulent   ['vɪɚ jə lənt]

virus   ['vaɪ rəs]

vis-à-vis   ['vi zə 'vi]

visa   ['vi zə]

visage   ['vɪz ɪdʒ]

viscera   ['vɪs ɚ ə]

visceral   ['vɪs ɚ əl]

viscous   ['vɪs kəs]

vise   [vaɪs]

visibility   [ˌvɪz ə 'bɪl ɪ ti]

visible   ['vɪz ə bl]

vision   [vɪʒn]

visionary   ['vɪʒ ə ˌnɛɚ i]

visit   ['vɪz ɪt]

visitation   [ˌvɪz ɪ 'te ʃn]

visited   ['vɪ zɪ tɪd]

visiting   ['vɪz ɪ tɪŋ]

visiting hours   ['vɪz ɪ tɪŋ ˌæʊ ɚz]

visitor   ['vɪ zɪ tɚ]

visits   ['vɪz ɪts]

vista   ['vɪs tə]

visual   ['vɪʒ u əl]

visual aid   ['vɪʒ u əl 'ed]

visualization   [ˌvɪʒ u əl ɪ 'ze ʃn]

visualize   ['vɪʒ u ə ˌlaɪz]

visualized   ['vɪʒ u ə ˌlaɪzd]

visualizing   ['vɪʒ u ə ˌlaɪ zɪŋ]

vita   ['vi tə]

vital   [vaɪtl]

vitality   [vaɪt 'æl ɪ ti]

vitalize   ['vaɪ tə ˌlaɪz]

vitally   ['vaɪ tə li]

vitamin   ['vaɪ tə mɪn]

vivacious   [vaɪ 've ʃəs]

vivid   ['vɪv ɪd]

vividly   ['vɪv ɪd li]

vocabulary   [vo 'kæb jə ˌlɛɚ i]

vocal   ['vo kl]

vocal folds   ['vo kl ˌfoldz]

vocalist   ['vo kə lɪst]

vocalize   ['vo kə ˌlaɪz]

vocalized   ['vo kə ˌlaɪzd]

vocalizing   ['vo kə ˌlaɪz ɪŋ]

vocally   ['vo kə li]

vocation   [vo 'ke ʃn]

vocational   [vo 'ke ʃə nl]

vociferous   [vo 'sɪf ɚ əs]

vociferously   [vo 'sɪf ɚ əs li]

vodka   ['vad kə]

vogue   [vog]

voice   [vɔɪs]

voiced   [vɔɪst]

voiceless   ['vɔɪs lɪs]

voices   ['vɔɪs ɪz]

voicing   ['vɔɪs ɪŋ]

void   [vɔɪd]

volatile   ['val ə tl]

volcanic   [val 'kæn ɪk]

volcano   [val 'ke no]

volition   [vo 'lɪʃn]

volley   ['val i]

volleyball   ['val i ˌbɔl]

volt   [volt]

voltage   ['vol tɪdʒ]

volume   ['val jəm]

voluminous   [və 'lu mə nəs]

voluntarily   [ˌval ən 'tɛɚ ɪ li]

voluntary   ['val ən ˌtɛɚ i]

volunteer   [ˌval ən 'tɪɚ]

voluptuous   [və 'ləp tʃu əs]

vomit   ['vam ɪt]

vomited   ['vam ɪt ɪd]

vomiting   ['vɑm ɪt ɪŋ]
vomits   ['vɑm ɪts]
voodoo   ['vu ˌdu]
voracious   [və 're ʃəs]
vortex   ['vɔɚ ˌtɛks]
vote   [vot]
voted   ['vot ɪd]
voter   ['vot ɚ]
voting   ['vot ɪŋ]
vouch   [væʊtʃ]
voucher   ['væʊ tʃɚ]

vow   [væʊ]
vowed   [væʊd]
vowel   ['væʊl]
vowels   ['væʊ əlz]
voyage   ['vɔɪ ədʒ]
voyeur   [vɔɪ 'jɚ]
vulgar   ['vəl gɚ]
vulgarity   [vəl 'gæɚ ɪ ti]
vulnerable   ['vəl nɚ ə bl]
vulture   ['vəl tʃɚ]

W

W   ['də bl ˌju]

wad   [wɑd]

waddle   [wɑdl]

waddled   [wɑdld]

wade   [wed]

waded   ['wed ɪd]

wades   [wedz]

wading   ['wed ɪŋ]

wafer   ['we fɚ]

waffle   [wɑfl]

wag   [wæg]

wage   [wedʒ]

waged   [wedʒd]

wager   ['we dʒɚ]

wagered   ['we dʒɚd]

wagged   [wægd]

wagging   ['wæg ɪŋ]

waggle   [wægl]

waging   ['wedʒ ɪŋ]

wagon   [wægn]

wags   [wægz]

waif   [wef]

wail   [wel]

waist   [west]

waistline   ['west ˌlaɪn]

wait   [wet]

waited   ['we tɪd]

waiter   ['we tɚ]

waiting   ['wet ɪŋ]

waiting list   ['wet ɪŋ ˌlɪst]

waiting room   ['wet ɪŋ ˌrum]

waitress   ['we trɪs]

waits   [wets]

waive   [wev]

waived   [wevd]

waiver   ['we vɚ]

waiving   ['wev ɪŋ]

wake   [wek]

waked   [wekt]

waken   [wekn]

wakes   [weks]

waking   ['wek ɪŋ]

walk   [wɔk]

walked   [wɔkt]

walker   ['wɔk ɚ]

walkie-talkie   ['wɔ ki 'tɔ ki]

walking   ['wɔk ɪŋ]

walkout   ['wɔk ˌaʊt]

walkover   ['wɔk ˌo vɚ]

walks   [wɔks]

walk-up   ['wɔk ,əp]
walkway   ['wɔk ,we]
wall   [wɔl]
Wall Street   ['wɔl ,strit]
wallboard   ['wɔl ,bɔ˞d]
walled   [wɔld]
wallet   ['wɑl ɪt]
wallow   ['wɑl o]
wallpaper   ['wɔl ,pe pə˞]
walnut   ['wɔl ,nət]
walrus   ['wɑl rəs]
waltz   [wɔlts]
wand   [wɑnd]
wander   ['wɑn də˞]
wandered   ['wɑn də˞d]
wanderer   ['wɑn də˞ ə˞]
wanderlust   ['wɑn də˞ ,ləst]
wanders   ['wɑn də˞z]
wane   [wen]
want   [wɑnt]
want ad   ['wɑnt ,æd]
wanted   ['wɑn tɪd]
wanting   ['wɑn tɪŋ]
wanton   ['wɑntn]
wants   [wɑnts]
war   [wɔ˞]
ward   [wɔ˞d]
warden   ['wɔ˞ dn]
wardrobe   ['wɔ˞d ,rob]
warehouse   ['wɛ˞ ,hæʊs]
warehoused   ['wɛ˞ ,hæʊzd]
warehousing   ['wɛ˞ ,hæʊz ɪŋ]
wares   [wɛ˞z]
warfare   ['wɔ˞ ,fɛ˞]
warhead   ['wɔ˞ 'hɛd]
warlike   ['wɔ˞ ,laɪk]
warm   [wɔ˞m]

warm-blooded   ['wɔ˞m 'bləd ɪd]
warm over   ['wɔ˞m 'o və˞]
warmhearted   ['wɔ˞m 'hɑ˞ tɪd]
warmly   ['wɔ˞m li]
warmonger   ['wɔ˞ ,mɑŋ gə˞]
warmth   [wɔ˞mθ]
warn   [wɔ˞n]
warned   [wɔ˞nd]
warning   ['wɔ˞ nɪŋ]
warp   [wɔ˞p]
warpath   ['wɔ˞ ,pæθ]
warrant   ['wɑ˞ ənt]
warranty   ['wɑ˞ ən ti]
warrior   ['wɔ˞ i ə˞]
warship   ['wɔ˞ ,ʃɪp]
wart   [wɔ˞t]
wartime   ['wɔ˞ ,taɪm]
wary   ['wɛ˞ i]
was   [wəz]
wash   [wɑʃ]
wash-and-wear   ['wɑʃ ən 'wɛ˞]
washup   ['wɑʃ ,əp]
washable   ['wɑʃ ə bl]
washbowl   ['wɑʃ ,bol]
washcloth   ['wɑʃ ,klɔθ]
washdown   ['wɑʃ ,dæʊn]
washed   [wɑʃt]
washer   ['wɑʃ ə˞]
washes   ['wɑʃ ɪz]
washing   ['wɑʃ ɪŋ]
Washington   ['wɑ ʃɪŋ tn]
washout   ['wɑʃ ,æʊt]
washroom   ['wɑʃ ,rum]
wasn't   ['wəz nt]
wasp   [wɑsp]
waste   [west]
wastebasket   ['west ,bæs kɪt]

wasted ['west ɪd]

wasteful ['west fl]

wasteland ['west ˌlænd]

wastepaper ['west ˌpe pɚ]

wasting ['west ɪŋ]

wastrel ['we strəl]

watch [watʃ]

watchband ['watʃ ˌbænd]

watchdog ['watʃ ˌdɔg]

watched [watʃt]

watcher ['watʃ ɚ]

watches ['watʃ ɪz]

watchful ['watʃ fl]

watching ['watʃ ɪŋ]

watchmaker ['watʃ ˌme kɚ]

watchman ['watʃ mən]

watchtower ['watʃ ˌtæʊ ɚ]

watchword ['watʃ ˌwɚd]

water ['wɔ tɚ]

water chestnut
   ['wɔ tɚ ˌtʃɛst nət]

water-cooled ['wɔ tɚ ˌkuld]

water glass ['wɔ tɚ ˌglæs]

water-ski ['wɔ tɚ ˌski]

water-skiing ['wɔ tɚ ˌski ɪŋ]

watercolor ['wɔ tɚ ˌkəl ɚ]

watered ['wɔ tɚd]

waterfall ['wɔ tɚ ˌfɔl]

waterfowl ['wɔ tɚ ˌfæʊl]

waterfront ['wɔ tɚ ˌfrənt]

watering ['wɔ tɚ ɪŋ]

waterline ['wɔ tɚ ˌlaɪn]

waterlogged ['wɔ tɚ ˌlagd]

watermark ['wɔ tɚ ˌmaɚk]

watermelon ['wɔ tɚ ˌmɛl ən]

waterproof ['wɔ tɚ ˌpruf]

waters ['wɔ tɚz]

watertight ['wɔ tɚ ˌtaɪt]

waterway ['wɔ tɚ ˌwe]

waterworks ['wɔ tɚ ˌwɚks]

watery ['wɔ tɚ i]

wave [wev]

waved [wevd]

waver ['wev ɚ]

waving ['wev ɪŋ]

wavy ['wev i]

wax [wæks]

waxed [wækst]

waxed paper ['wækst 'pe pɚ]

waxes ['wæk sɪz]

waxing ['wæk sɪŋ]

waxy ['wæk si]

way [we]

way-out ['we 'æʊt]

waylay ['we ˌle]

ways [wez]

wayside ['we ˌsaɪd]

we [wi]

weak [wik]

weaken ['wi kn]

weakling ['wik lɪŋ]

weakly ['wik li]

weakness ['wik nɪs]

wealth [wɛlθ]

wealthy ['wɛl θi]

wean [win]

weaned [wind]

weaning ['win ɪŋ]

weapon ['wɛ pn]

weaponry ['wɛ pn ri]

wear [wɛɚ]

wear and tear ['wɛɚ ænd 'tɛɚ]

wearable ['wɛɚ ə bl]

wearily ['wɪɚ ɪ li]

weariness   ['wɪə i nɪs]

wearisome   ['wɪə i səm]

wears   [wɛə-z]

weary   ['wɪə i]

weasel   ['wi zl]

weather   ['wɛð ə-]

weather-beaten   ['wɛð ə- ˌbitn]

weatherman   ['wɛð ə- ˌmæn]

weatherproof   ['wɛð ə- ˌpruf]

weatherstrip   ['wɛð ə- ˌstrɪp]

weave   [wiv]

weaved   [wivd]

weaver   ['wiv ə-]

weaves   [wivz]

weaving   ['wiv ɪŋ]

web   [wɛb]

webbed   [wɛbd]

webbing   ['wɛb ɪŋ]

webfoot   ['wɛb 'fʊt]

we'd   [wid]

wed   [wɛd]

wedded   ['wɛd ɪd]

wedding   ['wɛd ɪŋ]

wedding ring   ['wɛd ɪŋ ˌrɪŋ]

wedge   [wɛdʒ]

wedged   [wɛdʒd]

wedging   ['wɛdʒ ɪŋ]

wedlock   ['wɛd ˌlɑk]

Wednesday   ['wɛnz de]

weed   [wid]

weed killer   ['wid ˌkɪl ə-]

weeded   ['wid ɪd]

week   [wik]

weekday   ['wik ˌde]

weekend   ['wik ˌɛnd]

weekly   ['wik li]

weep   [wip]

weeping   ['wi pɪŋ]

weepy   ['wi pi]

weigh   [we]

weighed   [wed]

weight   [wet]

weight lifter   ['wet ˌlɪf tə-]

weightless   ['wet lɪs]

weighty   ['we ti]

weird   [wɪə-d]

welcome   ['wɛl kəm]

welcomed   ['wɛl kəmd]

welcomes   ['wɛl kəmz]

welcoming   ['wɛl kəm ɪŋ]

weld   [wɛld]

welded   ['wɛl dɪd]

welding   ['wɛl dɪŋ]

welfare   ['wɛl ˌfɛə-]

welfare state   ['wɛl ˌfɛə- ˌstet]

we'll   [wil]

well   [wɛl]

well-appointed   [ˌwɛl ə 'pɔɪn tɪd]

well-balanced   ['wɛl 'bæl ənst]

well-behaved   ['wɛl bɪ 'hevd]

well-being   ['wɛl 'bi ɪŋ]

well-bred   ['wɛl 'brɛd]

well-built   ['wɛl 'bɪlt]

well-done   ['wɛl 'dən]

well-dressed   ['wɛl 'drɛst]

well-fed   ['wɛl 'fɛd]

well-fixed   ['wɛl 'fɪkst]

well-founded   ['wɛl 'fæʊn dɪd]

well-groomed   ['wɛl 'grumd]

well-grounded   ['wɛl 'græʊn dɪd]

well-heeled   ['wɛl 'hild]

well-informed   ['wɛl ɪn 'fɔə-md]

well-intentioned
    [ˌwɛl ɪn 'tɛn ʃənd]

well-known   ['wɛl 'non]
well-made   ['wɛl 'med]
well-mannered   ['wɛl 'mæn ɚd]
well-meaning   ['wɛl 'min ɪŋ]
well-off   ['wɛl 'ɔf]
well-read   ['wɛl 'rɛd]
well-rounded   ['wɛl 'ræʊn dɪd]
well-spoken   ['wɛl 'spo kn]
well-thought-of   [,wɛl 'θɔt əv]
well-to-do   ['wɛl tə 'du]
well-trained   ['wɛl 'trend]
well-wisher   ['wɛl ,wɪʃ ɚ]
well-worn   ['wɛl 'wɔɚn]
Welsh   [wɛlʃ]
welt   [wɛlt]
went   [wɛnt]
wept   [wɛpt]
we're   [wɪɚ]
were   [wɚ]
weren't   ['wɚ nt]
west   [wɛst]
West Virginia
   ['wɛst vɚ 'dʒɪn jə]
westerly   ['wɛs tɚ li]
western   ['wɛs tɚn]
westerner   ['wɛs tɚ nɚ]
westward   ['wɛst wɚd]
wet   [wɛt]
wet blanket   ['wɛt 'blæŋ kɪt]
wet paint   ['wɛt 'pent]
we've   [wiv]
whack   [ʍæk]
whale   [ʍel]
whaler   ['ʍel ɚ]
wharf   [ʍɔɚf]
wharves   [ʍɔɚvz]
what   [ʍət]

whatever   [ʍət 'ɛv ɚ]
what's   [ʍəts]
whatsoever   [,ʍət so 'ɛv ɚ]
wheat   [ʍit]
wheel   [ʍil]
wheelbarrow   ['ʍil ,bæɚ o]
wheelchair   ['ʍil ,tʃɛɚ]
wheeled   [ʍild]
wheeler-dealer   [,ʍi lɚ 'di lɚ]
wheeze   [ʍiz]
wheezed   [ʍizd]
wheezing   ['ʍiz ɪŋ]
when   [ʍɛn]
whenever   [ʍɛn 'ɛv ɚ]
where   [ʍɛɚ]
whereabouts   ['ʍɛɚ ə ,bæʊts]
whereas   [ʍɛɚ 'æz]
whereby   [ʍɛɚ 'baɪ]
where's   [ʍɛɚz]
whereupon   [,ʍɛɚ ə 'pan]
wherever   [ʍɛɚ 'ɛv ɚ]
whet   [ʍɛt]
whether   ['ʍɛð ɚ]
whetstone   ['ʍɛt ,ston]
which   [ʍɪtʃ]
whichever   [ʍɪtʃ 'ɛv ɚ]
whiff   [ʍɪf]
while   [ʍaɪl]
whim   [ʍɪm]
whimper   ['ʍɪm pɚ]
whimsical   ['ʍɪm zɪ kl]
whimsy   ['ʍɪm zi]
whine   [ʍaɪn]
whined   [ʍaɪnd]
whines   [ʍaɪnz]
whining   ['ʍaɪn ɪŋ]
whinny   ['ʍɪn i]

whip [ʍɪp]

whiplash ['ʍɪp ˌlæʃ]

whipped [ʍɪpt]

whipping ['ʍɪp ɪŋ]

whippoorwill ['ʍɪp ɚ ˌwɪl]

whips [ʍɪps]

whirl [ʍɚl]

whirlpool ['ʍɚl ˌpul]

whirlwind ['ʍɚl ˌwɪnd]

whirlybird ['ʍɚ li ˌbɚd]

whisk [ʍɪsk]

whisked [ʍɪskt]

whisker ['ʍɪs kɚ]

whiskey ['ʍɪs ki]

whisks [ʍɪsks]

whisper ['ʍɪs pɚ]

whispered ['ʍɪs pɚd]

whispering ['ʍɪs pɚ ɪŋ]

whispers ['ʍɪs pɚz]

whistle [ʍɪsl]

whistle stop ['ʍɪsl ˌstɑp]

whistled [ʍɪsld]

whistles [ʍɪslz]

whistling ['ʍɪs lɪŋ]

white [ʍaɪt]

white-collar ['ʍaɪt 'kɑl ɚ]

white-hot ['ʍaɪt 'hɑt]

White House ['ʍaɪt ˌhæʊs]

whiteness ['ʍaɪt nɪs]

whitewash ['ʍaɪt ˌwɑʃ]

whittle [ʍɪtl]

whiz [ʍɪz]

whizzed [ʍɪzd]

who [hu]

whoa [ʍo]

who'd [hud]

whoever [hu 'ɛv ɚ]

whole [hol]

wholehearted ['hol 'hɑɚ tɪd]

wholesale ['hol ˌsel]

wholesaler ['hol ˌsel ɚ]

wholesome ['hol səm]

who'll [hul]

wholly ['ho li]

whom [hum]

whooping cough ['hup ɪŋ ˌkɔf]

whopper ['ʍɑp ɚ]

whopping ['ʍɑp ɪŋ]

whore [hɔɚ]

whorl [ʍɚl]

who's [huz]

whose [huz]

why [ʍaɪ]

wick [wɪk]

wicked ['wɪk ɪd]

wickedness ['wɪk ɪd nɪs]

wicker ['wɪk ɚ]

wide [waɪd]

wide-awake ['waɪd ə 'wek]

wide-eyed ['waɪd ˌaɪd]

widely ['waɪd li]

widen [waɪdn]

widespread ['waɪd 'sprɛd]

widow ['wɪd o]

widower ['wɪd o ɚ]

width [wɪdθ]

wield [wild]

wielded ['wil dɪd]

wielding ['wil dɪŋ]

wiener ['wi nɚ]

wife [waɪf]

wifely ['waɪf li]

wig [wɪg]

wiggle [wɪgl]

wiggled   [ˈwɪgld]
wiggles   [ˈwɪglz]
wiggling   [ˈwɪg lɪŋ]
wigwam   [ˈwɪg ˌwɑm]
wild   [waɪld]
wild-eyed   [ˈwaɪld ˌaɪd]
wild-goose chase
   [ˈwaɪld ˈgus ˌtʃes]
wildcat   [ˈwaɪld ˌkæt]
wilderness   [ˈwɪl dɚ nɪs]
wildfire   [ˈwaɪld ˌfaɪɚ]
wildlife   [ˈwaɪld ˌlaɪf]
wildly   [ˈwaɪld li]
will   [wɪl]
willful   [ˈwɪl fl]
willfully   [ˈwɪl fə li]
willing   [ˈwɪl ɪŋ]
willingly   [ˈwɪl ɪŋ li]
willingness   [ˈwɪl ɪŋ nɪs]
willow   [ˈwɪl o]
willpower   [ˈwɪl ˌpæʊ ɚ]
wilt   [wɪlt]
wily   [ˈwaɪ li]
win   [wɪn]
wince   [wɪns]
winch   [wɪntʃ]
wincing   [ˈwɪn sɪŋ]
wind   n. [wɪnd]   v. [waɪnd]
winded   [ˈwɪn dɪd]
windfall   [ˈwɪnd ˌfɔl]
windmill   [ˈwɪnd ˌmɪl]
window   [ˈwɪn do]
windowpane   [ˈwɪn do ˌpen]
windowsill   [ˈwɪn do ˌsɪl]
windpipe   [ˈwɪnd ˌpaɪp]
windscreen   [ˈwɪnd ˌskrin]
windshield   [ˈwɪnd ˌʃild]

windstorm   [ˈwɪnd ˌstɔɚm]
windward   [ˈwɪnd wɚd]
windy   [ˈwɪn di]
wine   [waɪn]
wine cellar   [ˈwaɪn ˌsɛl ɚ]
winery   [ˈwaɪn ə ri]
wing   [wɪŋ]
winged   [wɪŋd]
wingspan   [ˈwɪŋ ˌspæn]
wink   [wɪŋk]
winked   [wɪŋkt]
winking   [ˈwɪŋ kɪŋ]
winks   [wɪŋks]
winner   [ˈwɪn ɚ]
winning   [ˈwɪn ɪŋ]
winsome   [ˈwɪn sm]
winter   [ˈwɪn tɚ]
winterize   [ˈwɪn tə ˌraɪz]
wintertime   [ˈwɪn tɚ ˌtaɪm]
wintry   [ˈwɪn tri]
wipe   [waɪp]
wiped   [waɪpt]
wipeout   [ˈwaɪp ˌæʊt]
wipes   [waɪps]
wiping   [ˈwaɪp ɪŋ]
wire   [waɪɚ]
wired   [waɪɚd]
wireless   [ˈwaɪɚ lɪs]
wiretap   [ˈwaɪɚ ˌtæp]
wiretapped   [ˈwaɪɚ ˌtæpt]
wiretapping   [ˈwaɪɚ ˌtæp ɪŋ]
wiring   [ˈwaɪɚ ɪŋ]
wiry   [ˈwaɪɚ i]
Wisconsin   [ˌwɪs ˈkan sn]
wisdom   [ˈwɪz dm]
wisdom tooth   [ˈwɪz dm ˌtuθ]
wise   [waɪz]

wiseacre   ['waɪz ˌe kɚ]

wisecrack   ['waɪz ˌkræk]

wisely   ['waɪz li]

wish   [wɪʃ]

wishbone   ['wɪʃ ˌbon]

wished   [wɪʃt]

wishes   ['wɪ ʃɪz]

wishing   ['wɪ ʃɪŋ]

wishy-washy   ['wɪ ʃi ˌwa ʃi]

wisp   [wɪsp]

wistful   ['wɪst fl]

wit   [wɪt]

witch   [wɪtʃ]

witchcraft   ['wɪtʃ ˌkræft]

with   [wɪθ]

withall   [wiθ 'ɔl]

withdraw   [wiθ 'drɔ]

withdrawal   [wiθ 'drɔ əl]

withdrawn   [wiθ 'drɔn]

withdrew   [wiθ 'dru]

wither   ['wɪ ðɚ]

withheld   [wiθ 'hɛld]

withhold   [wiθ 'hold]

within   [wiθ 'ɪn]

without   [wiθ 'æʊt]

withstand   [wiθ 'stænd]

withstanding   [wiθ 'stæn dɪŋ]

withstood   [wiθ 'stʊd]

witness   ['wɪt nɪs]

witty   ['wɪt i]

wives   [waɪvz]

wizard   ['wɪz ɚd]

wizardry   ['wɪz ɚ dri]

wobble   [wabl]

wobbled   [wabld]

wobbles   [wablz]

wobbling   ['wab lɪŋ]

woe   [wo]

woebegone   ['wo bi ˌgɔn]

woeful   ['wo fl]

woke   [wok]

woken   ['wo kn]

wolf   [wʊlf]

wolves   [wʊlvz]

woman   ['wʊm ən]

womanize   ['wʊm ə ˌnaɪz]

womanizer   ['wʊm ə ˌnaɪz ɚ]

womanly   ['wʊ mən li]

womb   [wum]

women   ['wɪm ɪn]

won   [wən]

wonder   ['wən dɚ]

wonderful   ['wən dɚ fl]

wonderfully   ['wən dɚ fli]

wonderland   ['wən dɚ ˌlænd]

won't   [wont]

wonton soup   ['wan ˌtan ˌsup]

woo   [wu]

wood   [wʊd]

woodcarving   ['wʊd ˌkaɚ vɪŋ]

woodcraft   ['wʊd ˌkræft]

woodcut   ['wʊd ˌkət]

wooded   ['wʊd ɪd]

wooden   [wʊdn]

woodland   ['wʊd ˌlænd]

woodpecker   ['wʊd ˌpɛk ɚ]

woodpile   ['wʊd ˌpaɪl]

woodwind   ['wʊd ˌwind]

woodwork   ['wʊd ˌwɚk]

woody   ['wʊd i]

wooed   [wud]

wooing   ['wu ɪŋ]

wool   [wʊl]

woolen   ['wʊl ən]

wooly ['wʊl i]

woozy ['wu zi]

word [wɚd]

worded ['wɚ dɪd]

wording ['wɚ dɪŋ]

wordy ['wɚ di]

wore [wɔɚ]

work [wɚk]

work force ['wɚk ˌfɔɚs]

workable ['wɚ kə bl]

workaholic [ˌwɚk ə 'hɑl ɪk]

workbench ['wɚk ˌbɛntʃ]

workbook ['wɚk ˌbʊk]

workday ['wɚk ˌde]

worked ['wɚkt]

worker ['wɚ kɚ]

workhorse ['wɚk ˌhɔɚs]

workhouse ['wɚk ˌhæʊs]

working ['wɚ kɪŋ]

working-class ['wɚ kɪŋ ˌklæs]

workingman ['wɚ kɪŋ ˌmæn]

workman ['wɚk mən]

workmanship ['wɚk mən ˌʃɪp]

workmen ['wɚk mɛn]

workout ['wɚk ˌæʊt]

works [wɚks]

worksheet ['wɚk ˌʃit]

workshop ['wɚk ˌʃɑp]

workstation ['wɚk ˌste ʃn]

world [wɚld]

worldly ['wɚld li]

worldwide ['wɚld 'wɑɪd]

worm [wɚm]

worn [wɔɚn]

worn-out ['wɔɚn 'æʊt]

worried ['wɚ id]

worrier ['wɚ i ɚ]

worrisome ['wɚ i səm]

worry ['wɚ i]

worse [wɚs]

worsen ['wɚ sn]

worsened ['wɚ snd]

worsening ['wɚ sə nɪŋ]

worsens ['wɚ snz]

worship ['wɚ ʃɪp]

worshiped ['wɚ ʃɪpt]

worshiper ['wɚ ʃɪp ɚ]

worshiping ['wɚ ʃɪp ɪŋ]

worst [wɚst]

worsted ['wɚ stɪd]

worth [wɚθ]

worthless ['wɚθ lɪs]

worthwhile ['wɚθ 'ʍɑɪl]

worthy ['wɚ ði]

would [wʊd]

would-be ['wʊd ˌbi]

wouldn't ['wʊd nt]

wound [wund]

wove [wov]

woven ['wo vn]

wrangle ['ræŋ gl]

wrangled ['ræŋ gld]

wrangling ['ræŋ glɪŋ]

wrap [ræp]

wrap-up ['ræp ˌəp]

wrapped [ræpt]

wrapper ['ræp ɚ]

wrapping ['ræp ɪŋ]

wrapping paper
['ræp ɪŋ ˌpe pɚ]

wrath [ræθ]

wreak [rik]

wreath [riθ]

wreathe [rið]

wreck [rɛk]

wreckage ['rɛk ɪdʒ]

wrecked [rɛkt]

wrecker ['rɛk ɚ]

wren [rɛn]

wrench [rɛntʃ]

wrest [rɛst]

wrestle [rɛsl]

wrestled [rɛsld]

wrestling ['rɛs lɪŋ]

wretch [rɛtʃ]

wretched ['rɛtʃ ɪd]

wretchedness ['rɛtʃ ɪd nɪs]

wriggle [rɪgl]

wriggled [rɪgld]

wriggles [rɪglz]

wring [rɪŋ]

wringer ['rɪŋ ɚ]

wrinkle ['rɪŋ kl]

wrinkled ['rɪŋ kld]

wrist [rɪst]

wristwatch ['rɪst ˌwatʃ]

writ [rɪt]

write [raɪt]

write-in ['raɪt ˌɪn]

writer ['raɪ tɚ]

writhe [raɪð]

writing ['raɪt ɪŋ]

written [rɪtn]

wrong [rɔŋ]

wrote [rot]

wrought [rɔt]

wrought iron ['rɔt ˌaɪɚn]

wrung [rəŋ]

Wyoming [ˌwaɪ 'o mɪŋ]

X

X [ɛks]

X-ray [ˈɛks ˌre]

xenophobia [ˌzɛn ə ˈfo bi ə]

xerography [zɪɚ ˈɑg rə fi]

xylophone [ˈzɑɪ lə ˌfon]

Y

Y [waɪ]
yacht [jɑt]
yachting [ˈjɑt ɪŋ]
yachtsman [ˈjɑts mən]
yam [jæm]
yank [jæŋk]
Yankee [ˈjæŋ ki]
yap [jæp]
yapped [jæpt]
yapping [ˈjæp ɪŋ]
yard [jɑɚd]
yardage [ˈjɑɚ dɪdʒ]
yardstick [ˈjɑɚd ˌstɪk]
yarn [jɑɚn]
yawn [jɔn]
yawned [jɔnd]
yawning [ˈjɔ nɪŋ]
yawns [jɔnz]
yea [je]
yeah [jɛ]
year [jɪɚ]
yearbook [ˈjɪɚ ˌbʊk]
yearling [ˈjɪɚ lɪŋ]
yearly [ˈjɪɚ li]
yearn [jɚn]

yearned [jɚnd]
yearning [ˈjɚ nɪŋ]
yearns [jɚnz]
yeast [jist]
yell [jɛl]
yellow [ˈjɛl o]
yellowish [ˈjɛl o ɪʃ]
yelp [jɛlp]
yen [jɛn]
yeoman [ˈjo mən]
yes [jɛs]
yesterday [ˈjɛs tɚ ˌde]
yet [jɛt]
yield [jild]
yielded [ˈjil dɪd]
yielding [ˈjil dɪŋ]
yields [jildz]
yippie [ˈjɪp i]
yodel [jodl]
yoga [ˈjo gə]
yogurt [ˈjo gɚt]
yoke [jok]
yokel [ˈjo kl]
yolk [jok]
yonder [ˈjɑn dɚ]

you [ju]

you'd [jud]

you'll [jul]

young [jəŋ]

youngster ['jəŋ stɚ]

your [jʊɚ]

you're [juɚ]

yours [jʊɚz]

yours truly [jʊɚz 'tru li]

yourself [jʊɚ 'sɛlf]

yourselves [jʊɚ 'sɛlvz]

youth [juθ]

youthful ['juθ fl]

youthfully ['juθ fə li]

you've [juv]

yuletide ['jul ˌtaɪd]

yummy ['jəm i]

yuppie ['jəp i]

Z

Z [zi]

zany [ˈze ni]

zag [zæg]

zap [zæp]

zeal [zil]

zealot [ˈzɛl ət]

zealous [ˈzɛl əs]

zebra [ˈzi brə]

zenith [ˈzi nɪθ]

zephyr [ˈzɛf ɚ]

zero [ˈzɪɚ o]

zero hour [ˈzɪɚ o ˌæʊ ɚ]

zest [zɛst]

zestful [ˈzɛst fl]

zigzag [ˈzɪg ˌzæg]

zillion [ˈzɪl jən]

zinc [zɪŋk]

Zionism [ˈzɑɪ ə ˌnɪzm]

Zionist [ˈzɑɪ ə nɪst]

zip [zɪp]

zip code [ˈzɪp ˌkod]

zipped [zɪpt]

zipper [ˈzɪp ɚ]

zodiac [ˈzo di ˌæk]

zone [zon]

zoned [zond]

zoning [ˈzon ɪŋ]

zoo [zu]

zoological [ˌzo ə ˈlɑdʒ ɪ kl]

zoologist [zo ˈɑl ə dʒɪst]

zoology [zo ˈɑl ə dʒi]

zoom [zum]

zoomed [zumd]

zooming [ˈzum ɪŋ]

zooms [zumz]

zucchini [zu ˈki ni]

zwieback [ˈswɑɪ ˌbɑk]

ABOUT THE AUTHOR

Bernard Silverstein received his doctorate from Purdue University in 1953. He served as the founding Director of the Hearing and Speech Center at the University of Tennessee from 1953 to 1966, and has been on the teaching faculty since 1953. He created and presented a daily speech improvement television series for children, from 1956 to 1964, as a public service. In addition to teaching classes in phonetics, articulation disorders, and voice disorders, he has taught many speech improvement classes for nonnative speakers of English. Since 1967, Dr. Silverstein has been a Professor in the Department of Audiology and Speech Pathology at the University of Tennessee, Knoxville.